Arbeiterbewegung und Selbstverwaltung

Bei meiner Arbeit bin ich von den Mitarbeitern der Archive und Bibliotheken, die ich benutzt habe, freundlich unterstützt worden. Besonders dankbar für Anregung und Hilfe bin ich *Erhard Lucas* (Oldenburg), *Lothar Burchardt* und *Gert Zang* (Konstanz) sowie *Aline Poensgen* (Stadtarchiv Solingen). Dieses Buch ist die leicht bearbeitete Druckfassung der Arbeit »Arbeiterbewegung, kommunale Selbstverwaltung und Weimarer Staat«, die 1979 von der Universität Konstanz als Dissertation angenommen wurde.

Gedruckt mit finanzieller Unterstützung des Landschaftsverbandes Rheinland und des Bergischen Geschichtsvereins

Volker Wünderich

Arbeiterbewegung und Selbstverwaltung

KPD und Kommunalpolitik
in der Weimarer Republik
Mit dem Beispiel Solingen

Peter Hammer Verlag, Wuppertal

© Peter Hammer Verlag, Wuppertal 1980
Alle Rechte vorbehalten
Umschlaggestaltung: hammerteam
Umschlagabbildung: nach einer Vorlage
aus dem Stadtarchiv Solingen
Druck: F. L. Wagener, Lemgo
Buchbinderei: Klemme & Bleimund, Bielefeld
Gesetzt in der Linotype Garamond
ISBN: 3 87294 160 7

CIP-Kurztitelaufnahme der Deutschen Bibliothek

Wünderich, Volker:
Arbeiterbewegung und Selbstverwaltung : KPD u.
Kommunalpolitik in d. Weimarer Republik / Volker
Wünderich. – Wuppertal : Hammer, 1980.
ISBN 3–87294–160–7

Inhaltsverzeichnis

0.	*Einleitung*	9
0.1	Warum Solinger Lokalgeschichte?	9
0.2	Die kommunistische Kommunalpolitik zwischen Sozialdemokratie und Syndikalismus	10
0.3	Abbau der Selbstverwaltung und Krise der Republik	13
1.	*Die Solinger Kommunalpolitik und die Wahl des Kommunisten Hermann Weber zum Oberbürgermeister 1930*	15
1.1	*Industrie und Arbeiterklasse in Solingen*	15
1.1.1	Bevölkerung und Wirtschaft des Solinger Bezirks	15
1.1.2	Exportabhängigkeit und Krisenanfälligkeit der Industrie	18
1.1.3	Sozial- und Wirtschaftsstruktur (1925)	19
1.1.4	Entstehung der Solinger Arbeiterbewegung	22
1.1.5	Soziale Lage der Arbeiter	26
1.1.6	Vereinsleben	27
1.1.7	Die »Bergische Arbeiterstimme«	28
1.2	*Novemberrevolution, Streiks und Kommunalpolitik bis 1927*	30
1.2.1	Novemberrevolution und Besetzung durch englisches Militär	30
1.2.2	Generalstreik 1920; Übergang zur Kommunistischen Partei	32
1.2.3	Generalstreik 1924	35
1.2.4	Wahlen in der Weimarer Republik	36
1.2.5	Politische Mehrheiten in der Kommunalpolitik und Bestätigungskonflikte mit der Regierung 1919–1924	39
1.2.6	Kommunalpolitischer Modus Vivendi und direkte Aktion	44
1.3	*Faschisierungsprozeß und Spaltung der Arbeiterbewegung*	48
1.3.1	Der Streit um die Städtevereinigung und das Ende des »Systems Dicke«, 1927–1929	48
1.3.2	Das Scheitern der KPD-Opposition	55
1.3.3	Der Streit im DMV und die Spaltung der Solinger Gewerkschaftsbewegung 1929–1933	58
1.3.4	Streik bei der »Bergischen Arbeiterstimme« (März 1929)	62
1.3.5	Die Spaltung der Solinger Arbeitervereine	63
1.3.6	Weitere Reibungspunkte mit der SPD: Maiereignisse, Kriegsfurcht, Konkordatspolitik	65
1.4	*Kommunalwahlkampf 1929*	67
1.4.1	Kommunale Öffentlichkeit und Parteigebundenheit der Presse	67

1.4.2	Risse in der Verbindung von Parteien und Wählerschaft	68
1.4.3	Die bürgerlichen Parteien im Wahlkampf	71
1.4.4	Die Sozialdemokratie	74
1.4.5	Die Kommunistische Partei	76
1.4.6	Das Ergebnis der Kommunalwahl	78
1.5	*Erste Erfolge für die neue Kommunalpolitik der KPD*	80
1.5.1	Die Kraftprobe um die Weihnachtsbeihilfe 1929	80
1.5.2	Die Situation am Jahresende 1929	83
1.5.3	Die ungelöste Deckungsfrage	85
1.5.4	Hermann Weber – ein Solinger Arbeiterführer	86
1.6	*Die Oberbürgermeisterwahl 1930 und der politische Rückzug der KPD*	89
1.6.1	Der Gang der Vorverhandlungen	89
1.6.2	Der Kandidat der KPD wird zweimal zum Bürgermeister gewählt – und zweimal nicht bestätigt	92
1.6.3	Die Politik der Parteien und die Frage der kommunalen Selbstverwaltung	97
1.6.4	Bürgerliche Parteien	98
1.6.5	SPD und Regierung	101
1.6.6	KPD	106
1.6.7	Die weitere Entwicklung der Oberbürgermeisterfrage nach der Ernennung des Kommissars Brisch	116
1.6.8	Brischs Ausschluß aus der SPD	122
1.6.9	Das Dilemma der KPD	124
2.	*Die Kommunalpolitik der KPD 1919–1933*	129
2.1	*Die sozialdemokratische Tradition und die Begründung der kommunistischen Kommunalpolitik*	129
2.1.1	Arbeiterbewegung und Selbstverwaltung vor 1914	129
2.1.2	Die besondere Situation 1919	132
2.1.3	Die USPD in den Kommunen 1919/20; Wahlergebnisse	134
2.1.4	Das Kommunalprogramm der USPD und die munizipalsozialistische Tradition	136
2.1.5	Die Begründung der kommunistischen Kommunalpolitik durch Max Sievers 1920	141
2.1.6	Die »Leitsätze« der Kommunistischen Internationale über den Parlamentarismus	146
2.2	*Die Entwicklung 1921–1928; die Vorstellung von der Selbstverwaltung als Insel in ihrer »linken« und »rechten« Form*	148
2.2.1	Der pragmatische Aufschwung der Kommunalpolitik der KPD 1921–1923	148
2.2.2	Kommunalprogramm (1922) und Leipziger Parteitag	152

2.2.3 Erfolge bei den Kommunalwahlen 1924; Neubeginn im Zeichen der »ultralinken Taktik« 156

2.2.4 Severings Radikalenerlaß von 1924 und die Kommunisten 159

2.2.5 Die Widersprüche der linken Taktik 162

2.2.6 Die Politik des »Offenen Briefs«; vorsichtige Zusammenarbeit mit der SPD 163

2.2.7 »Kommunen als Bergwerksbesitzer« 167

2.2.8 Ansätze zu einer Auseinandersetzung mit der bürgerlichen Ideologie der Selbstverwaltung 168

2.3 *Die Linkswendung in der Kommunalpolitik der KPD 1929/30* 170

2.3.1 Die Linkswendung der Komintern 1928/29; der »ökonomische Katastrophismus« und die Unterschätzung der faschistischen Gefahr 170

2.3.2 Die Faschismusanalyse der KPO und die Politik der SPD 173

2.3.3 Die Linkswendung in der Kommunalpolitik und der Weddinger Parteitag 175

2.3.4 Zusammenhang zwischen Selbstverwaltung und Demokratie 179

2.3.5 Die Kommunalwahlen im November 1929 180

2.3.6 Die Kommunalpolitik der KPO 184

2.3.7 Höhepunkt der kommunalpolitischen Anstrengungen der KPD im Frühjahr 1930 186

2.3.8 Zwei Gesichter der sozialdemokratischen Kommunalpolitik; Ohnmacht der linken Opposition in der SPD 189

2.3.9 Ein neuer Radikalenerlaß des SPD-Innenministers (Februar 1930) 191

2.4 *Die zweite Etappe der Linkswendung (März 1930) und der Verfall der Kommunalpolitik in der Krise* 193

2.4.1 Endgültiger Bruch mit der kommunalsozialistischen Tradition und der Vorstellung von der Selbstverwaltung als »Insel« 193

2.4.2 Die illusionäre Propagierung der Räte und die Ablehnung politischer Teilforderungen in der Kommunalpolitik 195

2.4.3 Der Verfall der Kommunalpolitik im Verlauf der Krise 196

2.4.4 Die Einheitsfront mit der SPD in Braunschweig 1931 199

3. *Die kommunale Selbstverwaltung und das Scheitern der Weimarer Republik* 203

3.1 *Der vergebliche Anlauf zu einer republikanischen Selbstverwaltung: Die Thüringer Gemeindeordnung von 1922* 203

3.1.1 Republik und Selbstverwaltung 203

3.1.2 Die Bildung des Landes Thüringen und seine politische Entwicklung bis 1923   205

3.1.3 Die neue Gemeindeordnung und der Kurs der Regierung Frölich   208

3.2 *Verbandspluralismus und Sozialpolitik oder autoritärer Staat? Das Reichsreformprogramm des Deutschen Städtetages 1926–1930*   215

3.2.1 Der Städtetag als Interessenverband   216

3.2.2 Mulerts Reichsreformprogramm   222

3.2.3 Reichsreform, Lutherbund und die Opposition im Städtetag   225

3.2.4 Forsthoffs und Köttgens Pluralismusvorwurf   228

3.2.5 Krise der Selbstverwaltungsideologie und Faschisierungsprozeß   231

3.3 *Gemeindefinanzen, Notverordnungsregime und Selbstverwaltung*   233

3.3.1 Erzbergers Finanzreform und die Gemeinden   233

3.3.2 Politische Folgen der neuen Situation   236

3.3.3 Die Gemeindenfinanzen in der Wirtschaftskrise   239

3.3.4 Die sozialen Folgen und die Ausschaltung der gewählten Vertretungen in der Selbstverwaltung   243

3.4 *Der Nationalsozialismus und die kommunale Selbstverwaltung bis 1933*   246

3.4.1 Die NSDAP als faschistische Bewegung   247

3.4.2 Die Kommunalpolitik der NSDAP   249

4. *Ein Ausblick auf die Theorie*   263

4.1 Die »Selbstverwaltung« und die Widersprüche der Kommunalpolitik im Kapitalismus   263

4.2 »Parlamentarisierung« der kommunalen Selbstverwaltung?   268

Anhang: 271

Die wichtigsten Typen der deutschen Kommunalverfassung   271

Abkürzungsverzeichnis   275

Quellen- und Literaturverzeichnis   276

Tabellenverzeichnis   290

0. Einleitung

0.1 *Warum Solinger Lokalgeschichte?*

Der erste Teil dieser Arbeit beschäftigt sich ausführlich mit der Solinger Arbeiterbewegung und der Wahl des Kommunisten Hermann Weber zum Oberbürgermeister (1930). Die Analyse dieses Falles hat so viel Gewicht erhalten, weil es der Arbeit nicht darauf ankam, den gängigen Organisationsgeschichten der Arbeiterparteien eine weitere hinzuzufügen – hier spezialisiert auf das »Ressort Kommunalpolitik«. Diese Untersuchung soll vielmehr einen Beitrag zum gegenwärtigen Lernprozeß über die Vorgeschichte des Faschismus und die Rolle der Arbeiterparteien leisten. Dazu war es notwendig, die ermüdende Erörterung von »Programmen«, »Linien« und Parteistrukturen zunächst einmal hinter sich zu lassen und die Wirlichkeit der kommunistischen Politik an einem konkreten Beispiel zu studieren. Die Kommunalpolitik erschien für diesen Zweck als ein geeigneter Untersuchungsgegenstand; sie lieferte zwar selten Schlagzeilen, aber in ihr spielte sich die alltägliche Praxis besonders vieler Funktionäre und Parteimitglieder ab.

Die Lokaluntersuchung sollte nicht dazu dienen, leere Stellen in einem Gesamtbild auszufüllen, das schon vorher feststand; sie sollte sich auch nicht darauf beschränken, allgemeine Thesen am Solinger Beispiel nur zu überprüfen. In dem engen Rahmen, der einer einzelnen Untersuchung gesteckt ist, hat sie versucht, sich auf die ganze Wirklichkeit der Solinger Arbeiterbewegung einzulassen. Dementsprechend haben sich ganz neue Gesichtspunkte für das Thema ergeben, ja regelrechte Überraschungen eingestellt. Eine Lokalgeschichte hat den Nachteil, daß ihr spezieller Gegenstand nur bedingt von allgemeinem Interesse ist. Andererseits eröffnete sie gerade durch die Überschaubarkeit ihres Gegenstandes die Möglichkeit, eine enge Verbindung zwischen der gesellschaftlichen und politischen Entwicklung der Arbeiterschaft herzustellen. Die Frage der Kommunalpolitik konnte in Solingen in den Zusammenhang der gesellschaftlichen, kulturellen und gewerkschaftlichen Aktivitäten der Arbeiterbewegung gestellt werden.

Für die Auswahl des Untersuchungsgegenstandes Solingen war natürlich seine Eigenschaft als »kommunistische Hochburg« wichtig. Durch die überdurchschnittlich deutliche Linksmehrheit ließen sich die politischen Kämpfe in der Selbstverwaltung, die Konfliktpunkte mit dem Staat und die kommunalpolitischen Strategien von KPD und SPD an einem herausragenden Beispiel studieren. Die staatliche Ablehnung des Kommunisten Weber als Oberbürgermeister war vor dem Hintergrund des Radikalenerlasses in der Bundesrepublik außerdem von aktuellem

Interesse. Alle Probleme des Verhältnisses von Arbeiterbewegung, kommunaler Selbstverwaltung und Weimarer Staat verdichteten sich im Streit um die Oberbürgermeisterwahl 1930 zu einem besonders spektakulären Fall.

Die Analyse dieses Falles versteht sich auch als ein Beitrag zur Erforschung der Krise, in der sich die Arbeiterbewegung während des Faschisierungsprozesses befand. Vom Ergebnis 1933 her ist die Konstatierung dieser Krise zwar ein Allgemeinplatz; aber die Analyse der Ursachen steht erst am Anfang. Die Fragen sind oft genug gestellt worden: Warum stieß die Sozialfaschismusthese auf so wenig Widerspruch? Warum scheiterte die KPO? Warum wurde die KPD immer unbeweglicher und einflußloser, während die Wählerstimmen für sie zunahmen? Eine endgültige Erklärung ist nur zu erreichen, wenn die kommunistische Politik auf der lokalen und regionalen Konkretionsebene untersucht wird.

Der Gang der Solinger Kommunalpolitik zeigt, daß die KPD im Laufe des Faschisierungsprozesses ihre Aktionsmöglichkeiten in der Selbstverwaltung immer mehr einbüßte. Nicht genug damit, daß sie diesen Prozeß nicht erkannte und sich bis zur Machtergreifung in der Offensive wähnte. Sie scheiterte auch dort, wo sie, wie im Fall der Solinger Bürgermeisterwahl, eine hervorragende Mobilisierungsmöglichkeit in der Hand hatte. Die Frage war, was die KPD gegen die Nichtbestätigung Webers unternehmen würde. Wer hier – gerade in Solingen – auf einigermaßen festen Boden vertraut hat, fällt in ein tiefes Loch: Die KPD machte nicht nur eine erfolglose Politik; in dieser Selbstverwaltungsfrage machte sie *überhaupt keine* Politik, da sie an Webers Amtsantritt nicht interessiert war.

0.2 Die kommunistische Kommunalpolitik zwischen Sozialdemokratie und Syndikalismus

Im Laufe des Ersten Weltkrieges und der Novemberrevolution hatte sich die deutsche Arbeiterbewegung in mehrere Strömungen aufgespalten: die sozialdemokratische (SPD), die unabhängig-zentristische (USPD), die kommunistische (KPD) und linkskommunistisch-syndikalistische Gruppierungen. Die vorliegende Arbeit geht davon aus, daß diese Aufteilung nicht auf zufälligen oder bloß punktuellen Abspaltungen beruhte. Die verschiedenen Strömungen stellten vielmehr historische Alternativen dar, die zudem noch international verankert waren.

Die Kommunalpolitik der KPD stand in so verschiedenartigen Traditionen wie dem Kommunalsozialismus der Vorkriegs-SPD und der

USPD, der Rätebewegung 1918/19 und den syndikalistischen Tendenzen einiger Teile des Spartakusbundes. Daher mußte die Frage beantwortet werden, ob und inwieweit sich überhaupt eine eigenständige »kommunistische« Kommunalpolitik entfaltete. Der zweite Teil der Arbeit versucht, eine differenzierte Antwort darauf zu geben.

Hier bleibt festzuhalten, daß der Maßstab für das, was als »kommunistisch« angesehen wird, nicht von außen an die Programmatik und das politische Geschehen herangetragen wird; als Orientierungslinie dienen vielmehr die eigenen Zielvorstellungen der KPD: die »Leitsätze« der Kommunistischen Internationalen über den Parlamentarismus und die Grundlegung der Kommunalpolitik der Partei im Augenblick der Abgrenzung von der USPD (Teil 2.1.5 und 2.1.6).

Die SPD identifizierte sich mit den bestehenden Selbstverwaltungsinstitutionen und wollte die Gemeinden zu sozialistischen Musterinseln reformieren[1]; die linkskommunistisch-syndikalistischen Tendenzen lehnten auf der anderen Seite jede Beteiligung an kommunalpolitischen Agitationen, Wahlen usw. ab. Die Kommunisten versuchten hingegen, sich auf die Widersprüchlichkeit der kapitalistischen Kommunalpolitik einzustellen (vgl. auch Teil 4): Sie sahen in der Selbstverwaltung einerseits den langen Arm des bürgerlichen Staatsapparats, den sie bekämpften; andererseits war die Selbstverwaltung für sie der politische Rahmen spezifischer Aktions- und Agitationsmöglichkeiten. Der Versuch, die besonderen kommunalen Kämpfe zu einem wichtigen Teil der allgemeinen Politik der Partei zu machen, wurde freilich nur mit wechselndem Erfolg unternommen. Am ehesten gelang er wahrscheinlich in der Erwerbslosenbewegung; hier standen die Sparsamkeit der kommunalen Fürsorge (auch nach 1927 hatte nur ein kleiner Teil der Erwerbslosen Anspruch auf Versicherungsleistungen) und die Unfähigkeit zur Durchführung größerer Arbeitsbeschaffungsprogramme in offenem Widerspruch zu den elementaren Bedürfnissen der arbeitslosen Bevölkerung; hier konnten mit den Erwerbslosenausschüssen auch eigene politische Organe aufgebaut werden, die einen Alternativcharakter zur etablierten Selbstverwaltung hatten.

Angesichts der allgemeinen Literaturflut über das Selbstverwaltungsproblem ist es erstaunlich, daß weder die Kommunalpolitik der KPD noch die der SPD bisher eine umfassende Darstellung erfahren haben. Die einzige einschlägige Untersuchung ist das Buch von Beatrix Herlemann über die »Kommunalpolitik der KPD im Ruhrgebiet 1924 bis

---

1 Vgl. dazu Anton *Pelinka*, Kommunalpolitik als Gegenmacht. Das »rote Wien« als Beispiel gesellschaftsverändernder Reformpolitik, in: K. H. Naßmacher, Kommunalpolitik und Sozialdemokratie, Bonn-Bad Godesberg 1977, S. 63–77.

1933«.[2] Herlemann breitet hochinteressantes Material über die Politik der KPD-Kommunalfraktionen im Ruhrgebiet aus und referiert minutiös, welche taktischen Überlegungen und agitatorischen Absichten die Kommunisten mit ihren Aktionen verbanden. Sie weigert sich aber, die restriktiven Rahmenbedingungen der Kommunalpolitik auf ihre gesellschaftlichen Ursachen hin zu hinterfragen; wie die damalige Sozialdemokratie stellt sie sich vorbehaltlos hinter die Institutionen der Selbstverwaltung und zieht die Möglichkeit einer revolutionären Politik überhaupt nicht in Betracht. Aus diesem Grund erscheint die Politik der Kommunisten nur dort erfolgreich, wo sie sich der Sozialdemokratie annähert (1926–1928); hier spricht sie von »relativ sachlicher Mitarbeit« der KPD. Allen anderen Aktionen haftet der Makel der Perspektivlosigkeit an: im besseren Fall waren sie gut gemeint, aber utopisch (z. B. die sozialpolitischen Anträge während der Krise 1929 bis 1933; Herlemann, Teil 4.2.–4.6), im schlechteren Fall Radaupolitik (Politik der »roten Handschuhe«, Teil 2.3). Aufgrund dieser Perspektivlosigkeit werden die Bewegungen innerhalb der Organisation nur unzureichend historisch erklärt und erscheinen lediglich als Kurskorrekturen und Säuberungen »von oben« oder »aus Moskau« (z. B. in Teil 3.1 und 4.1).

Wenn man dagegen der kommunistischen Politik eine eigene historische Perspektive zugesteht, heißt das nicht, sie kritiklos zu rechtfertigen. Als ein Hauptproblem der Kommunalpolitik der KPD stellt sich in dieser Arbeit die Frage des Verhältnisses zur Demokratie und zu den politischen Teilforderungen im Tageskampf heraus. In der entscheidenden Endphase der Republik beschränkte sich die KPD in der Kommunalpolitik vorwiegend auf ökonomische Forderungen. Durch ihre ökonomisch begründete Naherwartung der Revolution war sie nicht in der Lage, den inneren Zusammenhang zwischen dem Abbau der Selbstverwaltung, dem Abbau demokratischer Rechte und dem faschistischen Angriff auf die Republik zu erkennen. Anstatt sich auf diese Situation mit demokratischen Teilforderungen in der Selbstverwaltung einzustellen, stagnierte ihre Politik in der völlig unbegründeten Hoffnung, daß demnächst Arbeiterräte auftauchen würden und die Frage der Selbstverwaltung und der bürgerlichen Demokratie sich damit von selbst erledigt habe.

---

2 Wuppertal 1977.

Die Begriffe »Republik« und »Republikanismus« werden in dieser Arbeit in einem historisch-prägnanten Sinn gebraucht, der sich auf die Weimarer Zeit bezieht. Mit »Republik« ist also immer die »liberale« oder »parlamentarisch-demokratische« Staatsform gemeint, die sich sowohl von dem (vorangegangenen) monarchischen Obrigkeitsstaat als auch von der (nachfolgenden) faschistischen Diktatur qualitativ unterschied.

Es wird ausführlich zur Sprache kommen, daß die Gemeindeordnungen der Weimarer Zeit noch den Stempel des Obrigkeitsstaates trugen, z. B. im Hinblick auf die Staatsaufsicht und das Übergewicht der Kommunalbürokratie über die Vertretungskörperschaften; eine republikanische Reform der Selbstverwaltung fand nicht statt, weder im radikal-demokratisch-parlamentarischen Sinne (Thüringer Gemeindeordnung, s. Teil 3.1) noch im verbandspluralistisch-sozialstaatlichen Sinne (Reichsreformprogramm des Deutschen Städtetages, s. Teil 3.2).

Dennoch wird hier am Begriff der »republikanischen Selbstverwaltung« für die Zeit von 1919–1933 festgehalten, denn gewisse Minimalvoraussetzungen waren dafür trotz allem gegeben:

die freie Wahl der Kommunalvertretungen nach dem gleichen Wahlrecht;

die Wählbarkeit der leitenden Kommunalbeamten;

die selbständige Verfügung über den Etat;

das Etatsbewilligungsrecht der Kommunalvertretung;

das Recht auf selbständige wirtschaftliche Betätigung;

die Personalhoheit der kommunalen Körperschaften u. a. m.[3]

Ein vorrangiges Thema dieser Arbeit ist der Faschisierungsprozeß während der letzten Jahre der Republik, d. h. die Auflösung der republikanischen Institutionen in der großen Krise. Unter den Bedingungen der Wirtschaftskrise verschärfte sich der Grundwiderspruch der Kommunalpolitik im Kapitalismus: das Ziel des Kapitals, Lohnkosten, Soziallasten und öffentliche Ausgaben einzusparen, mußte in schärferen Gegensatz denn je zu den konkreten Lebensbedürfnissen der Menschen treten. Die politischen Institutionen der Selbstverwaltung konnten die daraus entstehenden Konflikte nicht mehr auffangen und versuchten z. B., sich gegen die Durchführung der Notverordnungen zu sperren; daraufhin wurden sie entmachtet und schließlich aufgelöst. Die Entwicklung, in der die Selbstverwaltung ihre republikanischen

---

3 Formuliert in Anlehnung an: Gerhard *Kluge*, Die Rolle des Deutschen Städtetages in der Zeit der Weimarer Republik von 1919 bis 1933, phil. Diss. Leipzig 1970, S. 69.

Merkmale schrittweise verlor, ist Gegenstand des ersten und dritten Teils dieser Arbeit; Zwangsetatisierungen und Staatskommissare wurden beinahe die Regel. Der Faschisierungsprozeß betraf also nicht nur die Funktion der Parteien, Verbände und Parlamente, sondern hatte auch eine besondere Seite auf der Ebene der Selbstverwaltung.

Die Krise der Selbstverwaltung in diesen Jahren ist in der historischen Forschung bisher vorwiegend unter dem Gesichtspunkt der Dysfunktionalität ihrer Institutionen behandelt worden (vgl. bes. 3.3.4); es besteht eine Tendenz, die Krise auf ihren verwaltungstechnischen Aspekt zu verkürzen: Wenn sich die Selbstverwaltungsorgane nicht in das Unvermeidliche der Notverordnungspolitik fügen wollten, mußte der Staat eben vorübergehend »an ihrer Stelle« handeln ... In dieser Arbeit soll dagegen die Krise in ihrer inneren politischen Logik und im Zusammenhang mit dem Grundwiderspruch der kapitalistischen Kommunalpolitik analysiert werden.

Für diese Analyse ist die Lokalstudie der Solinger Kommunalpolitik von besonderer Bedeutung, denn hier gewinnt das Bild der Krise konkrete Umrisse und Farben. Schon im Verlauf des Streits um die Städtevereinigung (1927/28; deutliche Parallele zum Berliner Sklarek-Skandal, vgl. Teil 1.3) kündigten die bürgerlichen Parteien den kommunalpolitischen Modus Vivendi mit der SPD auf; auch der weitere Verlauf der Kommunalpolitik mit der Bestätigungsverweigerung des Kommunisten Weber und dem Kommissariat Brisch zeigt deutlich, daß man von einem *lokalen* Faschisierungsprozeß sprechen kann, der durchaus eigenständige Züge trug und dennoch eine überraschend deutliche Entsprechung der *allgemeinen* Entwicklung darstellte.

Der Abbau der republikanischen Selbstverwaltung war von tiefgreifenden Verschiebungen im Bereich der Ideologie begleitet; auch die Selbstverwaltungsideologie geriet in die Krise. Die Diskussion der Staatsrechtler und Politiker um die »Krise der Selbstverwaltung« spielte sich keineswegs im »luftleeren Raum« ab[4], sondern muß als Teil der ideologischen Krise verstanden werden, die den Übergang des Bürgertums zum Faschismus begleitete.[5]

---

4 So z. B. Dieter *Rebentisch*, Ludwig Landmann. Frankfurter Oberbürgermeister der Weimarer Republik, Wiesbaden 1975, S. 7.

5 Vgl. bes. Teil 3.2.4 und 3.2.5; zur ideologischen und politischen Krise des Bürgertums im Faschisierungsprozeß s. Nicos *Poulantzas*, Faschismus und Diktatur. Die Kommunistische Internationale und der Faschismus, München 1973, Abschnitte II und III.

1. Die Solinger Kommunalpolitik und die Wahl des Kommunisten Hermann Weber zum Oberbürgermeister 1930

1.1 *Industrie und Arbeiterklasse in Solingen*

1.1.1 Bevölkerung und Wirtschaft des Solinger Bezirks

Der Solinger Industriebezirk erstreckt sich über die Höhen des bergischen Landes zwischen dem Wupper- und Rheintal. Neben der Stadt Solingen umfaßte er ursprünglich eine Vielzahl kleiner Ortschaften, die sich längs der Wasserläufe und Verkehrswege gebildet hatten. Die Wasserkraft der kleinen Flüsse wurde schon seit dem Mittelalter zum Betrieb von Hammerschmieden und Schleifsteinen für die Eisen- und Stahlwarenherstellung genutzt. Bereits in der ersten Hälfte des 19. Jahrhunderts hatte die Besiedlung im gesamten Gebiet städtische Dichte erreicht, und die einzelnen Ortschaften gingen nach und nach in den Städten Solingen, Ohligs, Wald, Höhscheid und Gräfrath auf (in der Reihenfolge ihrer zahlenmäßigen Bedeutung). Diese fünf Städte wurden 1929 zur neuen Großstadt Solingen zusammengelegt, die nach der Vereinigung ca. 140 000 Einwohner zählte.

Die Bevölkerung des Solinger Bezirks ist überwiegend protestantisch: 1925 gehörten 68,1 % der evangelischen Kirche an, 22,5 % waren katholisch und 8,9 % religionslos.[1] Damit nimmt Solingen (zusammen mit anderen Orten des bergischen Landes und des Wuppertals) eine Sonderstellung innerhalb der katholischen Rheinprovinz ein.

Die Industrie des Bezirks wies bis zum Zweiten Weltkrieg eine einseitige, hochspezialisierte Struktur auf; sie war fast ausschließlich auf die Herstellung von Schneidwaren ausgerichtet (Bestecke, Taschenmesser, Rasiermesser, Scheren, blanke Waffen usw.). Dieser Industriezweig hatte sich seit dem 17. Jahrhundert aus dem Handwerks- und Verlagssystem heraus entwickelt.[2] Der Übergang zur fabrikmäßigen Massenproduktion vollzog sich hier jedoch nur mit charakteristischen Verzögerungen, da das Problem der damit verbundenen Qualitätsverschlechterung technisch schwer zu lösen war. Darum setzte sich die Fa-

---

1 *Statistik des Deutschen Reiches,* Bd. 401, S. 368 f.
2 Zur Entwicklung der Solinger Industrie s. Franz *Hendrichs,* Die Geschichte der Solinger Industrie, Solingen 1933; darauf aufbauend Heinz *Rosenthal,* Solingen – Geschichte einer Stadt, Bd. III, Duisburg 1975, S. 82 ff.

brikproduktion zunächst nur für die erste Phase des Produktionsvorgangs (Stahlerzeugung und Schmieden der Klingen) durch, während die Endfertigung (Schleifen, Polieren, Verzieren, Zusammensetzen) reine Handarbeit blieb. Die Solinger Fabrikanten konnten aus diesem Grund im Laufe des 19. Jahrhunderts Fabrikbetriebe nur für die *Rohfertigung* der Stahlwaren errichten; für die *Endfertigung* gaben sie die »schwarze Ware« weiterhin an kleine Meister, die auf eigene Rechnung und im eigenen Kleinbetrieb arbeiteten. Der typische »Solinger Fabrikbetrieb ist so eine Kombination von Fabrik und Hausindustrie geworden und im Bereich der Stahlwarenproduktion bis heute geblieben«.[3]

Das Aufkommen der Dampfmaschine führte zur Errichtung großer Dampfschleifereien, in denen die Kraftstellen vermietet wurden; die Schleifer arbeiteten also weiter auf eigene Rechnung. Um die Jahrhundertwende wurde der Antrieb der Schleifsteine durch Elektromotoren üblich, was eine neue Voraussetzung für das zähe Überleben der Hausindustrie darstellte. 1925 wurden Hand- und Schneidwerkzeugwaren zu 84 % in Klein- und Nebenbetrieben erzeugt. Die Zahl der Schleifstellenmieter schätzte man für Solingen auf 1 250.[4] In den Jahrzehnten nach der Reichsgründung waren in Solingen neue Industriezweige neben die Schneidwarenbranche getreten, vor allem die Produktion von Fahrradteilen, Schirmgestellen, Taschenbügeln, Kartonagen und Rasierklingen. Doch das Gewicht der neuen Industriezweige blieb gegenüber der traditionellen Struktur der Wirtschaft gering.

Obwohl die Solinger Wirtschaft zum rheinisch-westfälischen Industriegebiet gehört, unterscheidet sie sich grundlegend von der Industriestruktur des Ruhrgebietes. Während die bergische Eisen- und Stahlwarenherstellung schon zur Zeit der Kontinentalsperre eine Blüte erlebte, wurde die Großindustrie des Ruhrgebiets erst 80 Jahre später aus dem Boden gestampft.[5] Das Wachstum der Solinger Bevölkerung und Wirtschaft verlief dementsprechend bis 1914 zwar kräftig, aber wesentlich kontinuierlicher als die explosive Entwicklung solcher Städte wie Gelsenkirchen oder Hamborn. Im Gegensatz zu den Bergwerken

3 Rosenthal, a.a.O., S. 84.
4 Reichstagsausschuß zur Untersuchung der Erzeugungs- und Absatzbedingungen der deutschen Wirtschaft: *Die deutsche Eisen- und Stahlwarenindustrie*, Berlin 1930, S. 30 und 58.
5 Vgl. Walter *Först*, Das Rheinland in preußischer Zeit, Köln/Berlin 1965, S. 30 und 115; zur Entwicklung des rheinischen Gewerbes auch: Horst *Lademacher*, Die nördlichen Rheinlande von der Rheinprovinz bis zur Bildung des Landschaftsverbandes Rheinland (1815–1953), in: Petri/Droege, Rheinische Geschichte, Bd. 2, Düsseldorf 2. Aufl. 1976, S. 483 ff.

und Hütten des Ruhrgebiets mit ihrer massenhaften Ausbeutung ungelernter Arbeitskraft herrschte in Solingen der Typus des Kleinbetriebes mit qualifizierten Facharbeitern vor.

Das Solinger Proletariat des 19. und 20. Jahrhunderts war fast ausschließlich heimischer Herkunft und kannte keine Massenzuwanderung deutscher und polnischer Landarbeiter wie in den Städten des Ruhrgebiets.

Der typische Solinger Arbeiter erhielt seinen Lohn nach dem sogenannten »Preisverzeichnis«. Darin ist die Bezahlung der einzelnen Arbeitsgänge am Werkstück (Schleifen, Polieren, Ausmachen usw.) genau festgelegt. Das Preisverzeichnis ist also eine Form des Stücklohns, die gleichzeitig auf einer strengen Arbeitsteilung beruht. Im Unterschied zu dem im Ruhrgebiet üblichen reinen Akkordlohn bedeutet das Preisverzeichnis von vornherein die Anerkennung eines Minimallohns durch den Unternehmer. Außerdem schließt das System des Preisverzeichnisses die krasse Lohndrückerei des Akkordsystems dadurch aus, daß die Arbeitsteilung durch den Unternehmer schriftlich anerkannt ist.[6]

In den traditionellen Berufen der Stahlwarenarbeiter war Frauenarbeit unbekannt. Die Solinger Frauen wurden nur aushilfsweise für das Verpacken, Reinigen und Abliefern der Ware beim Fabrikanten beschäftigt.[7] Allerdings beruhten die seit 1870 neu angesiedelten Industrien in hohem Maße auf dem Einsatz von Frauenarbeit (z. B. die Schirmgestellproduktion). Zur außergewöhnlich großen sozialen Homogenität des Solinger Proletariats, von der noch die Rede sein wird, mag auch eine gewisse Abgelegenheit des Bezirks von den Strängen des großen Durchgangsverkehrs im Deutschen Reich beigetragen haben.

Die Solinger Fabrikanten waren aus der Zunft der Kaufleute, Schmiede oder Reider (= Fertigmacher) hervorgegangen. Da das Zeitalter der Großindustrie nur langsam Einzug hielt, setzte sich auch die Rechtsform der Aktiengesellschaft nur langsam durch; vielmehr blieb der persönlich haftende Familienbesitz die Regel. Die politische Ideologie der Unternehmer war die liberale Befürwortung von Konkurrenz und internationalem Freihandel. Die Aufsplitterung des Solinger Bürgertums in viele Klein- und Mittelindustrielle konnte von der Arbeiterbewegung oft zu Zugeständnissen genutzt werden.

In einer großen Zahl von Merkmalen läßt sich der Solinger Industriebezirk an die Seite der bergischen Nachbarstadt Remscheid stellen,

---

6 Vgl. die Bemerkungen von Erhard *Lucas* zum Stücklohn in Remscheid: Zwei Formen von Radikalismus in der deutschen Arbeiterbewegung, Frankfurt 1976, S. 120.

7 Joachim *Vogt*, Mensch und Arbeit in der Solinger Schneidwaren-Industrie, Manuskript Solingen 1950, S. 21.

deren Charakteristika Erhard Lucas in Gegensatz zur Ruhrgebietsstadt Hamborn so vielschichtig herausgearbeitet hat.[8]

1.1.2 Exportabhängigkeit und Krisenanfälligkeit der Industrie

»Man sagt, die Solinger Schneidwarenindustrie reagiere auf jede kleine Bewegung des Welthandels. Daß diese Industrie so außerordentlich konjunkturempfindlich ist, kann man in erster Linie darauf zurückführen, daß ihre Erzeugnisse nicht zu den unbedingt lebensnotwendigen Gütern zählen, wie z. B. Lebensmittel oder Textilien. Außerdem haben Qualitätsstahlwaren bei guter Behandlung eine fast unbeschränkte Lebensdauer ...«[9]

Die Solinger Industrie hat das Auf und Ab der Konjunktur seit jeher in allen Höhen und Tiefen durchlebt. Besonders krisenexponiert waren naturgemäß die Heimarbeiter, die vom ersten Augenblick der Nachfrageabschwächung an keine Aufträge mehr von ihren Fabrikanten bekamen.[10] Umgekehrt konnten die Stahlwarenarbeiter bei anziehender Konjunktur ihre Unentbehrlichkeit als Fachkräfte dazu benutzen, kräftige Lohnerhöhungen durchzusetzen. Aus zahlreichen Streikberichten geht hervor, daß der Rhythmus der Arbeitskämpfe in Solingen den Wellenbewegungen der Konjunktur folgte. Das Scheitern der RGO-Politik in den Jahren 1929 ff. (s. u.) ist ein weiteres Beispiel für die Schwierigkeit, während eines Konjunktureinbruchs größere Streikbewegungen auszulösen.

Im Vergleich mit den Jahren vor 1914 war die Konjunktur der Weimarer Zeit chronisch schwach. Mitte 1919 setzte ein Nachfrageschub wegen des Nachholbedarfs vom Kriege her ein, der aber 1921 wieder abflachte, um im Januar 1923 ganz abzusacken. 1924 erholte sich die Konjunktur wieder ein wenig, um dann ab 1926 bereits wieder zu kriseln.[11] In einem Gutachten zur Städtevereinigung schrieb der Düsseldorfer Regierungspräsident 1927, daß die Schneidwarenindustrie stagniere und der jährliche Bevölkerungszuwachs abgenommen habe.[12]

Die Rationalisierung, die die Entwicklung der deutschen Industrie in den Jahren ab 1924 prägte, stieß in Solingen auf gewisse technische Hindernisse. Sie wirkte sich dennoch katastrophal auf die Beschäftig-

---

8 In seinem Buch »Arbeiterradikalismus«, s. Anm. 6.
9 Vogt, Mensch und Arbeit, S. 34.
10 Vogt, S. 36.
11 Da es keine Vorarbeiten für eine Solinger Streik- und Produktionsstatistik gibt, muß es hier bei diesen allgemeinen Beobachtungen bleiben.
12 Staatsarchiv Koblenz, 403/16446.

tenzahlen aus: Im Jahre 1924 beschäftigten die Solinger Unternehmer des »Eisen- und Stahlwarenindustrieverbundes« noch 37 802 Fabrik- und Heimarbeiter; diese Zahl ging bis 1928 auf 22 237 und 1930 auf 14 929 zurück, was einer Einschrumpfung von 60,5 % entsprach.[13] Unter diesen Umständen traf die Weltwirtschaftskrise den Solinger Industriebezirk besonders verheerend. Der Export, in den ca. zwei Drittel der Solinger Erzeugnisse gingen[14], war lange noch ein gewisser Ausgleich für die geringe Inlandsnachfrage gewesen. 1930 sackte auch er ab, um 1931 mengenmäßig, 1932 sogar wertmäßig unter das Vor- kriegsniveau zu fallen.[15] Es gab kaum Industriebetriebe, die den ruinösen Verfall der Schneid- warenbranche hätten auffangen können. Die Zahl der unterstützten Arbeitslosen mit ihren Angehörigen lag schon Ende 1929 um die 8 000[16]; Ende 1933 war die Gesamtzahl der Personen, die aus öffent- lichen Mitteln unterstützt werden mußten, auf 53 500 angestiegen, was 38 % der Wohnbevölkerung ausmachte. Damit war Solingen nach Plauen und Chemnitz die deutsche Großstadt, die am stärksten von der Wirtschaftskrise betroffen war.[17] Auch nach 1933 erholte sich Solingen nur langsam. Noch 1936 war die Stadt Notstandsgebiet mit über 10 000 Arbeitslosen.[18]

1.1.3 Sozial- und Wirtschaftsstruktur (1925)

Aus den Ergebnissen der Volks-, Berufs- und Betriebszählung 1925 geht die Aufteilung der Erwerbstätigen auf die Wirtschaftsabteilungen im Vergleich mit der Rheinprovinz und dem Deutschen Reich hervor (s. *Tabelle 1*): Der Anteil der Erwerbstätigen der Kategorie »Industrie u. Handwerk« ist mit 74,2 % beinahe doppelt so hoch wie der Reichs- durchschnitt (41,4). Das belegt die dominierende Stellung der indu- striellen Produktion in der Wirtschaft des Bezirks. Die Zahl der Be- schäftigten in Handel, Verkehr und Verwaltung liegt hingegen weit unter dem Reichsdurchschnitt. Landwirtschaft ist als Haupterwerbs-

---

13 DZA Merseburg, Rep. 120, C VIII 1 Nr. 65, Bd. 14 (Niederschrift über eine Besprechung zwischen Vertretern der Reichsministerien und des EStI in Wuppertal am 27. 11. 1931).
14 Die deutsche Eisen- und Stahlwarenindustrie, S. 69.
15 *Industrie- und Handelskammer Solingen,* Rückblick auf die Arbeit im Jahre 1935, Solingen 1936, S. 20.
16 Rosenthal, Geschichte einer Stadt Bd. III, S. 385.
17 Hellmuth *Voß,* Krisenzahlen der Stadt Solingen in Schaubildern, Manu- skript 1933.
18 Rosenthal, S. 422 f.

Tabelle 1:

Erwerbstätige (ohne Berufslose) nach Wirtschaftsabteilungen im Solinger Industriebezirk 1925

	Solingen Erwerbst.	%	Rheinprovinz Erwerbst.	%	Reich Erwerbst.	%
Landwirtschaft	1 827	2,7	665 521	19,3	9 762 426	30,5
Industrie und Handwerk	49 392	74,2	1 726 331	50,0	13 238 765	41,4
Handel und Verkehr	8 917	13,4	642 433	18,6	5 273 498	16,5
Verwaltung etc.	1 996	3,0	150 671	4,4	1 502 379	4,7
Gesundheitswesen	931	1,4	72 245	2,1	588 788	1,8
Häusl. Dienste	3 504	5,3	194 880	5,6	1 642 983	5,1
Summe	66 567	100,0	3 452 081	100,0	32 008 839	100,0

Quellen: Statistik des Deutschen Reiches, Bd. 404, Heft 16, S. 111 ff.; Statistisches Jahrbuch für das Deutsche Reich, Bd. 46/1927, S. 22 f.

quelle so gut wie gar nicht vorhanden; dabei ist die Neben- und Freizeitbeschäftigung mit dem Ackerbau, die in der Solinger Bevölkerung verbreitet war, allerdings nicht berücksichtigt.

Die durchschnittliche Betriebsgröße in Industrie und Handwerk ist in Solingen mit 4,8 Beschäftigten geringer als im Reich (6,8) und liegt noch deutlicher unter dem Durchschnitt der Rheinprovinz (9,1). Die Solinger Stahlwarenherstellung hat sogar nur eine durchschnittliche Betriebsgröße von 3,5.[19] In der sozialen Zusammensetzung der Bevölkerung überwiegt das Proletariat im engeren Sinne sehr deutlich (*Tabelle 2*). Aus Tabelle 3 geht außerdem hervor, daß der Kern der Solinger Arbeiterschaft, nämlich 61,1 %, in der Eisen- und Stahlwarenbranche beschäftigt war.

Über die Zahl der Heimarbeiter werden sehr unterschiedliche Angaben gemacht. Die Berufsstatistik von 1925 weist genau 6 000 Hausgewerbetreibende in der typischen Solinger Industrie aus (s. *Tabelle 3*); in der Betriebsstatistik sind dagegen 6 769 erfaßt.[20] Der Arbeitgeberverband schätzt die Zahl der Heimarbeiter für das Jahr 1931 auf runde 12 000.[21] Diese Unterschiede erklären sich nicht nur durch die

---

19 *Statistik des Deutschen Reiches,* Bd. 416, Heft 9a, S. 4 f. und 111 ff.; *Statistisches Jahrbuch für das Deutsche Reich,* 46/1927, S. 80.

20 S. Anm. 19.

21 *Arbeitgeberverband* von Solingen und Umgegend, Geschäftsbericht 1931/32, hektogr. Solingen 1932, Teil I, S. 20.

Tabelle 2:
Soziale Schichtung der Bevölkerung im Solinger Industriebezirk nach ihrer Stellung im Beruf 1925

	Berufs- zugehörige	Anteil in %
1. Arbeiter	63 767	47,0
2. Hausgewerbetreibende	15 528	11,4
Zwischensumme: Industrieproletariat	79 295	58,4
3. Angestellte und Beamte	21 229	15,6
4. Mithelf. Familienangehörige und Hausangestellte	5 185	3,9
Summe (1–4): Lohnabhäng. Bevölkerung	105 709	77,9
5. Selbständige (ohne Hausgewerbetr.)	23 348	17,2
6. Berufslose	6 673	4,9
Gesamtbevölkerung	135 728	100,0

Quelle: wie Tabelle 1.

Tabelle 3:
Arbeiter und Hausgewerbetreibende in der Solinger Eisen- und Stahlwarenindustrie 1925

	Gesamtzahl	Davon in Industrie und Handwerk	Davon in der Eisen- und Stahlwaren- industrie
Arbeiter	34 743	31 476	19 059
Hausgewerbe- treibende	6 231	6 225	6 000
Gesamte Arbeiterschaft	40 974	37 701	25 059
in %	100,0	92,0	61,1

Quelle: wie Tabelle 1.

Mängel der statistischen Erhebung, die ja bei Kleinstbetrieben immer am ehesten lückenhaft ist. In der Wirtschaftskrise erklärten sich viele Solinger Facharbeiter notgedrungen zu »Hausgewerbetreibenden«; sie brauchten dazu nur eine Bude und einen Schleifstein und konnten so versuchen, noch etwas Arbeit zu bekommen.

1.1.4 Entstehung der Solinger Arbeiterbewegung

Als Ferdinand Lassalle im September 1863 auf seiner »rheinischen Heerschau« Solingen besuchte, traten Provokateure aus dem Lager des »fortschrittlichen« Bürgermeisters Trip und der Schultze-Delitzsch-Anhänger in Erscheinung. Sie wollten die überfüllte Volksversammlung im Schützenhaus sprengen und Lassalles Verhaftung erzwingen. Es kam aber anders: Die begeisterte Volksmenge begleitete Lassalle im Triumphzug durch die Stadt und nahm ihn gegen die Gendarmen in Schutz; man überreichte ihm ein Huldigungsgedicht, das von dem Solinger Eduard Willms verfaßt war; und noch am selben Tag konnten neue Mitglieder in die Ortsgruppe des Allgemeinen Deutschen Arbeitervereins aufgenommen werden, die bereits zu den stärksten Sektionen in Deutschland gehörte.[22]

Diese Episode illustriert, daß die Solinger Arbeiterbewegung zu diesem Zeitpunkt schon auf eigenen Füßen stand und die linksbürgerliche Führung abgestreift hatte, in deren Schlepptau sich noch die Arbeitervereine vieler anderer Städte bewegten. Auch die revolutionäre Bewegung der Jahre 1848/49 hatte in Solingen bereits proletarische Züge getragen und die allgemeine Abschaffung des »Warenzahlens« (Truck-System) erreicht.[23] Nach der Revolution konnte Karl Klings eine Weile lang eine Gemeinde des »Bundes der Kommunisten« aufrechterhalten.[24] Nach längerer Unterbrechung wurde 1859 der »Freireligiöse Verein« gegründet.[25] Er war Ausgangspunkt der Solinger Freidenkerbewegung, die ein wichtiger Teil der lokalen Arbeiterbewegung wurde. Der »Arbeiterbildungsverein« und der »Arbeiterkonsumverein« entstanden 1861 und 1862, beide ohne bürgerliche Beteiligung.[26] 1863 gilt als das Gründungsjahr der Solinger SPD, deren eindrucksvolles Wachstum in den folgenden 50 Jahren weder durch die polizeiliche Verfolgung noch durch die starken inneren Spannungen aufgehalten wurden, die zwischen dem Fabrikarbeiter- und dem Heimarbeiterflügel auftraten. In der Reichstagswahl 1912 erhielt Philipp Scheidemann, der

---

22 Franz *Mehring*, Geschichte der deutschen Sozialdemokratie, Teil II, Neudr. Berlin 1976², S. 101 f.; Rosenthal, Geschichte einer Stadt, Bd. III, S. 138 ff.

23 Rosenthal, Geschichte einer Stadt, Bd. II, S. 352 ff.

24 Dieter *Dowe*, Organisatorische Anfänge der Arbeiterbewegung in der Rheinprovinz und in Westfalen bis zum Sozialistengesetz, in: J. Reulecke, Arbeiterbewegung an Rhein und Ruhr, Wuppertal 1974, S. 62 f. und 67.

25 Rosenthal, Bd. III, S. 188.

26 Rosenthal, Bd. III, S. 136 f.

Kandidat der SPD in Solingen, über 27 000 Stimmen, was 65 % aller abgegebenen Voten ausmachte.[27]

Im Gegensatz zu anderen rheinischen Städten (z. B. Köln oder Essen) brauchte die Solinger SPD nicht mit dem mächtigen Einfluß des Zentrums zu kämpfen. Die lokale Zentrumspartei und der erst 1903 gegründete »Christliche Metallarbeiterverband« blieben von untergeordneter Bedeutung. Das lag am geringen Anteil von Katholiken in der Bevölkerung und an der Stärke der Freidenkerbewegung. 1925 war der Anteil der Religionslosen mit 8,9 % schon viermal so hoch wie der Durchschnitt der Rheinprovinz; 1932 erreichte er mit 15,3 % einen absoluten Höhepunkt.[28] Der Protestantismus war – im Gegensatz zum pietistischen Wuppertal – in Solingen liberal geprägt und konnte ebenfalls kaum Einfluß auf die Arbeiterschaft gewinnen.

Von großer Bedeutung für die Arbeiterbewegung war die Entstehung der *Gewerkschaften*. Viele Anzeichen deuten darauf hin, daß sich die Solinger Arbeiter früher als z. B. ihre Remscheider Kollegen aus den patriarchalischen Abhängigkeiten des Handwerksbetriebes gelöst haben.[29] Bereits seit dem 18. Jahrhundert ist eine große Zahl von Streiks überliefert. Auch zu Zeiten des strengsten Koalitionsverbotes im preußischen Staat hat es in Solingen Zusammenschlüsse der Stahlwarenarbeiter gegeben. Daraus gingen dann seit den 1860er Jahren die sogenannten »Fachvereine« hervor, die die Arbeiter gleicher Sparte (z. B. Messerschmiede, Scherenausmacher, Gabelmacher usw.) zusammenfaßten.[30]

Neben diesen typischen Solinger Lokalgewerkschaften waren andere Arbeiter der Metallindustrie, vornehmlich die Fabrikarbeiter der Maschinenfabriken und Gießereien, in einer Metallgewerkschaft organisiert, die sich Ende 1868 der »Gewerkschaft der Metall-Arbeiter« in Hannover und nach 1890 dem »Deutschen Metallarbeiterverband« in Stuttgart anschloß.[31]

Um 1900 faßte das »Zentralkomitee der Solinger Gewerkschaften« erstmals alle gewerkschaftlichen Organisationen am Ort zusammen.[32] Der Versuch scheiterte jedoch fünf Jahre später an einem Zerwürfnis zwischen der Metallgewerkschaft im DMV und den Fachvereinen; letztere traten wieder aus und gründeten einen eigenen Verband, den »Industriearbeiterverband«.

---

27 Klaus *Haase*, Radikale Sozialisten in Solingen, Ms. Köln 1969, S. 45.
28 Helmut M. *Otto*, Vier Jahre nationalsozialistische Kommunalpolitik in Solingen. Ein Rechenschaftsbericht 1933–1937, Solingen 1937, S. 410.
29 Vgl. Lucas, Arbeiterradikalismus, S. 119.
30 Rosenthal, Bd. III, S. 146 ff.
31 A.a.O., S. 146.
32 S. 161.

Der Kampf zwischen den »Lokalisten« und den Anhängern der Zentralgewerkschaft löste auch einen Streit innerhalb der SPD aus, der zeitweise bedrohliche Formen annahm; Scheidemann nannte ihn nachträglich sogar »eines der peinlichsten Kapitel in der Geschichte der SPD«.[33] 1898 kam es aus diesem Grunde zu einer sozialdemokratischen Doppelkandidatur im Wahlkreis Solingen: Scheidemann gegen den Lokalisten Schumacher. Als Schumacher unterlag, forderte er bei der Stichwahl zur Unterstützung des Liberalen Sabin auf. Dadurch ging der SPD 1898 eines ihrer sichersten Reichstagsmandate verloren. Schon bei der nächsten Wahl gewann Scheidemann den Sitz allerdings mit einer großen Mehrheit zurück.

Die Generalkommission der deutschen Gewerkschaften erkannte den Industriearbeiterverband nicht an, weil er eine rückwärtsgewandte Politik betreibe und das Fortschreiten der Arbeitsteilung aufhalten wolle.[34] Dieser Vorwurf trifft auf das System der Preisverzeichnisse wohl zu. Andererseits können die Differenzen mit den Fachvereinen nicht nur darauf reduziert werden, daß diese lediglich die örtlichen Privilegien der gutbezahlten Facharbeiter verteidigt hätten. Die zentralistische und bürokratische Struktur des DMV erschwerte die flexible Führung der örtlichen Arbeitskämpfe. Es gehörte sozusagen zum täglichen Bild in Solingen, daß in irgendeiner der zahlreichen Branchen der Stahlwarenproduktion der Streik ausgerufen war, und dafür konnte nicht jedesmal die Genehmigung der Stuttgarter Zentrale eingeholt werden. Auch in der Weimarer Republik, als der Industriearbeiterverband keine große Rolle mehr spielte, fanden noch so bedeutende Kämpfe wie der Generalstreik von 1920 ohne die »Genehmigung« der Stuttgarter Zentrale statt.

1910 waren von den ca. 20 000 Arbeitern der Stahlwarenindustrie etwa 7 500 im DMV organisiert, 6 000 im Industriearbeiterverband und 1 500 im Christl. Metallarbeiterverband.[35] Das entspricht einem Organisationsgrad von 75 %. In der Nachkriegszeit (1923) erreichte die Organisierung einen Höhepunkt: Der DMV zählte 16 000 Mitglieder, der Industriearbeiterverband 6 500 und der CMV 4 150; damit waren 80–90 % aller Metallarbeiter gewerkschaftlich organisiert.[36] Diese Organisationsdichte ist außergewöhnlich hoch; der *allgemeine*

33 Philipp *Scheidemann,* Memoiren eines Sozialdemokraten, Bd. I, Dresden 1928, S. 144–158; Rolf *Schaberg,* Die Geschichte der Solinger Arbeiterbewegung von ihren Anfängen bis zum Ausbruch des Ersten Weltkriegs, Diss. Graz 1958, S. 147 f. und 165 ff.
34 Heinz *Rosenthal,* Der Arbeitgeberverband Solingen e. V. Ein Beitrag zur Sozialgeschichte der Klingenstadt, Ms. Solingen 1962, S. 49 f.
35 Rosenthal, a.a.O., S. 49.
36 S. 116.

Organisationsgrad der deutschen Arbeiter lag in der Vorkriegszeit bei 17 % (1907) und auf dem Höhepunkt der Nachkriegszeit bei 57 % (1922)[37]. Natürlich waren die Gewerkschaften in der Metallindustrie stärker vertreten als in anderen Bereichen, aber selbst unter den Metallarbeitern dürfte Solingen eine Spitzenposition eingenommen haben. Der »Industriearbeiterverband« wurde schließlich Ende 1925 in den Solinger DMV und so auch in den ADGB aufgenommen. Die Spaltung der lokalen Arbeiterbewegung war aber damit noch nicht restlos überwunden, denn die Heimarbeiter führten auch als Branche des DMV weiterhin ein Eigenleben. Ein politisches Anzeichen dafür ist u. a. die Tatsache, daß die Höhscheider Heimarbeiter 1929 die Linkswendung der KPD ablehnten und sich vorübergehend der KPD-Opposition zuwandten (s. u.).

Wie bereits erwähnt, reichen die Streikerfahrungen der Solinger Arbeiter bis ins 18. Jahrhundert zurück. War ein Betrieb als bestreikt erklärt, konzentrierten sich die Bemühungen der Streikenden darauf, die Gefahr des Streikbruchs durch einzelne Heimarbeiter abzuwenden. Außerdem mußten die Streikenden von ihren Fachvereinen und der gesamten Arbeiterschaft unterstützt werden, denn die Streiks dauerten oft viele Monate. Im Taschen- und Federmesserschleiferstreik von 1890, der fünf Monate dauerte, wurden von den anderen Fachvereinen 30 690 Mark zur Unterstützung der Streikenden aufgebracht.[38] Der Beginn des 20. Jahrhunderts bedeutete für die Solinger Arbeiter nicht, wie für die neurekrutierten Teile des deutschen Proletariats, daß sie zum ersten Mal mit dem Streik in Berührung kamen. Sie waren vielmehr schon mit allen Wassern des Arbeitskampfes gewaschen; sie praktizierten den Warnstreik, den Teilstreik, den Boykott; je nach Einschätzung der Lage schlossen sie neue »Preisverzeichnisse« mit den Unternehmern ab oder brachen die Verhandlungen ab und streikten weiter usf. In diesen Erfahrungen bildeten sich wichtige Merkmale der Arbeiterbewegung heraus: Klassenbewußtsein, organisatorische Disziplin und Solidarität.

Die Anerkennung der Gewerkschaften als Verhandlungspartner und die Allgemeingültigkeit von Tarifverträgen, die Ende 1918 im Stinnes-Legien-Abkommen von den Unternehmern ausgesprochen wurden, waren für die Solinger Arbeiter schon seit Jahrzehnten eine Selbstverständlichkeit. Sie konnten diese Dinge darum auch nicht mehr als eine

---

37 Gerhard *Bry*, Wages in Germany 1871–1945, Princeton 1960, S. 35; diese Angaben von Bry sind immer noch sehr hoch, weil sie sich nicht auf alle abhängig Beschäftigten, sondern nur auf die *industriellen Lohnarbeiter* beziehen.
38 Rosenthal, Arbeitgeberverband, S. 27.

Errungenschaft der Novemberrevolution empfinden. Das ist eine wichtige (wenn auch keineswegs hinreichende) Erklärung dafür, warum sie einen so radikalen Standpunkt einnahmen und sofort zur sozialistischen Phase der Revolution übergehen wollten (s. u.).

Der Solinger Gewerkschaftsbewegung kam übrigens auch die Tatsache zugute, daß die Solinger Bourgeoisie zersplittert und oft zerstritten war: 1903, als es schon ein einheitliches Zentralkomitee der Gewerkschaften gab, konkurrierten immer noch drei Arbeitgeber- und Fabrikantenvereinigungen in Solingen miteinander.[39]

1.1.5 Soziale Lage der Arbeiter

Die berufliche Qualifikation der Solinger Arbeiter und ihre gewerkschaftliche Organisierung waren wichtige Voraussetzungen für die Verbesserung ihrer sozialen Lage. Vor allem bei dem Begriff des »Heimarbeiters« wird häufig das Elend der schlesischen Weber oder der Spielzeugmacher im Erzgebirge assoziiert. Die Solinger Stahlwarenarbeiter gehörten aber zu den bessergestellten Schichten des deutschen Proletariats. Ihr (relativer) Wohlstand in der Vorkriegszeit war allgemein bekannt, und häufiger werden sie sogar als ein Beispiel von »Arbeiteraristokratie« im ökonomischen Sinne angeführt.[40] Vieles deutet darauf hin, daß diese Vorrangstellung im Laufe der Weimarer Republik gefährdet war, wahrscheinlich sogar verlorenging.[41]

Eine Verbesserung ihrer sozialen Lage erreichten die Solinger Arbeiter dadurch, daß sie ihre Kinderzahl beschränkten. Im Jahr 1929 wurden in Solingen 12,5 Kinder auf 1 000 Einwohner geboren, erheblich weniger als im Reichsdurchschnitt (17,9).[42]

Auf bürgerlicher Seite hat es an Versuchen nicht gefehlt, das relativ hohe kulturelle und bildungsmäßige Niveau des Solinger Arbeiters in

---

39 A.a.O., S. 34 ff.
40 Z. B. Vogt, Mensch und Arbeit in der Solinger Schneidwaren-Industrie, S. 16; Scheidemann, Memoiren eines Sozialdemokraten, S. 144 ff.; Ossip K. *Flechtheim*, Die KPD in der Weimarer Republik, Frankfurt, 3. Aufl. 1973, S. 311 ff.
41 Gegenwärtig entstehen im Stadtarchiv Solingen einige sozialgeschichtliche Arbeiten, die Aufschluß über diese Frage bringen werden. Nach Hartmann *Wunderer* waren die Solinger Metallarbeiter in der Weimarer Zeit »die schlechtest bezahlten Metallarbeiter im Deutschen Reich«: Materialien zur Soziologie der Mitgliedschaft und Wählerschaft der KPD zur Zeit der Weimarer Republik, in: *Gesellschaft*. Beiträge zur Marxschen Theorie 5, Frankfurt/M. 1975, S. 270.
42 Otto, Vier Jahre Kommunalpolitik, S. 405.

eine Integration in die bürgerliche Gesellschaft umzudeuten. So sieht der Sanitätsrat Peipers, der aus Unternehmerkreisen stammt, in einer Rede 1930 folgende Merkmale des »bergischen Typus«: »Den arbeitsamen und ... bodenständigen Menschen ..., der auf sich selbst und seine Arbeit vertraut, der aber auch ein Wissen darum hat, daß nur das zum höchsten Ziele führt, was in der gemeinsamen Arbeit mit anderen geschaffen wird, daß nur gegenseitiges Mit- und Füreinanderarbeiten und gegenseitiges Vertrauen zu höchsten Zielen berechtigen.«[43] Diese Idee der sozialen Partnerschaft und die Behauptung, daß der Klassenkampfgedanke nur von außen nach Solingen eingeschleust worden sei, können angesichts der sozialen und politischen Geschichte Solingens bis 1933 nur als unglaubwürdige Hilfskonstruktionen bezeichnet werden.

1.1.6 Vereinsleben

Neben den Gewerkschaften und der Partei müssen die Vereine als die dritte Hauptstütze der Solinger Arbeiterbewegung angesehen werden. Die Vereine spielten eine soziale, kulturelle und wirtschaftliche Rolle im Leben des Solinger Arbeiters.

Unter den Vereinen mit wirtschaftlicher Bedeutung sind die Spar- und Bauvereine, Sterbekassen und Lotterievereine hervorzuheben. Besonders wichtig waren die Konsum-Genossenschaft »Hoffnung« und die Genossenschaftsbuchdruckerei (s. u.). Im Gegensatz zu anderen Städten, wo auf dem Gebiet des Sports die bürgerlichen Vereine beherrschend blieben[44], setzten sich in Solingen um die Jahrhundertwende die Arbeitersportvereine durch. Zu den beliebtesten Sportarten gehörten das Wandern (Naturfreunde), der Schwimmsport und das Schachspiel. Besonders auffallend ist an der Entwicklung nach 1918, daß die Arbeitervereine sich kulturelle Aktivitäten und Sportarten aneigneten, die bis dahin dem Bürgertum vorbehalten gewesen waren.[45] Noch heute erzählen die Veteranen der Solinger Arbeiterbewegung stolz, daß sich der Arbeitersportverein Ohligs in den 20er Jahren einen eigenen Tennisplatz baute.[46] Eine besondere bergische Tradition sind die Musik-

---

43 *Zweihundert Jahre J. A. Henckels Zwillingswerk,* Festgabe zum Jubiläum am 13. 6. 1931, Solingen 1931.
44 Vgl. Heinz *Timmermann,* Geschichte und Struktur der Arbeitersportbewegung 1893–1933, Diss. Marburg 1969, S. 8 ff.
45 Vgl. Timmermann, a.a.O., S. 52 f.
46 Gespräch mit Hanna Rautenbach.

vereine.[47] Es gab viele Arbeiterchöre und Orchester. Außerdem sind die Hobby- und Tierzüchtervereine zu erwähnen.

Es versteht sich, daß die Arbeitervereine in enger Verbindung mit der politischen Aktivität standen. So übernahm beispielsweise der Arbeiter-Radfahrverein »Solidarität« die Nachrichtenübermittlung im Generalstreik 1920.[48]

Der Versuch, die Gesamtzahl der Vereine anhand von amtlichen Unterlagen zu erfassen, ist an der Unübersichtlichkeit und Vielfalt des Vereinslebens gescheitert, die noch durch die Aufsplitterung des Industriebezirks in kleine Ortskerne und Weiler verstärkt wurde. Nach einer Aufstellung des *Solinger Tageblatts* gab es 1921 in der Stadt Wald (mit ca. 26 000 Einwohnern die drittgrößte Stadt des Industriebezirks) insgesamt 157 Vereine mit 13 839 aktiven und 3 769 passiven Mitgliedern.[49] Hochgerechnet auf Groß-Solingen ergäbe dieser Organisationsgrad eine Gesamtzahl von über 700 Vereinen mit ca. 70 000 Mitgliedern. Man kann davon ausgehen, daß in der Mehrzahl der Vereine Arbeiter dominierten.

Die Solinger Arbeiterklasse stellte im ersten Drittel dieses Jahrhunderts ein hochintegriertes Gefüge dar. Zu den vielfältigen wirtschaftlichen und politischen Querverbindungen fügte das entfaltete Vereinsleben noch besondere kulturelle und soziale Elemente hinzu.

1.1.7 Die *Bergische Arbeiterstimme*

Seit 1890 hatte die Solinger Arbeiterbewegung auch eine eigene Zeitung, die *Bergische Arbeiterstimme*. Sie erschien ab 1901 als Tageszeitung. Ihre Auflage hatte 1913 12 000 Exemplare erreicht und stieg bis 1925 auf 21 000; damit lag sie ungefähr gleichauf mit dem *Solinger Tageblatt,* der größten bürgerlichen Zeitung des Bezirks.[50] Die Remscheider *Bergische Volksstimme* war ihr mit eigenem Lokalteil angegliedert.

Die Eigenart der Solinger Arbeiterbewegung und die weitsichtige Arbeit ihrer Redakteure (Wilhelm Dittmann 1905–1917; Hermann Merkel 1913–1920; Ernst Becker 1927–1928; Albert Jung 1926–1933) haben aus der *Bergischen Arbeiterstimme* eine der interessantesten Zeitungen der deutschen Arbeiterbewegung gemacht. Sie versuchte, den

---

47 Vgl. Lucas, Arbeiterradikalismus, S. 95.
48 Rosenthal, Bd. III, S. 374.
49 *Solinger Tageblatt* v. 23. 10. 1965.
50 J. *Knapp,* Die Geschichte des Zeitungswesens im Solinger Kreise, Solingen-Wald 1930, S. 196.

proletarischen Standpunkt nicht nur in der Politik, sondern auch in der Kultur und der Moral zu entwickeln. Einerseits zeigte sie eine ausgeprägte lokale Eigenart, indem sie z. B. häufig Artikel auf Solinger Platt veröffentlichte; andererseits war sie weltoffen, ja ausgesprochen internationalistisch orientiert. In den 20er Jahren nahm die Redaktion an der Arbeiterkorrespondentenbewegung teil und übernahm laufend Erlebnisberichte und Reportagen, die von Laien eingereicht wurden.[51]

Zu Zeiten, als es noch kein Fernsehen gab und das Radio gerade erst aufkam, kann die politische und ideologische Wirkung einer Zeitung gar nicht hoch genug veranschlagt werden. Die Redaktion der *Arbeiterstimme* war in der Weimarer Republik neben der Partei- und Gewerkschaftsleitung die wichtigste politische Position der Arbeiterbewegung. Die große politische Bedeutung offenbarte die Zeitung z. B. in der Linksentwicklung der Solinger Arbeiter vor und während des Ersten Weltkriegs.

Unter der Leitung von Dittmann übernahm die Arbeiterstimme vor 1914 die wichtigsten Artikel von Rosa Luxemburg aus der *Leipziger Volkszeitung*. Während des Krieges gehörte sie zu den wenigen Parteizeitungen, die seit 1915 offen gegen die Kriegskreditpolitik der Reichstagsfraktionsmehrheit opponierten und sich seit der Spaltung zur USPD bekannten. Erwähnt sei noch, daß sie trotz der Zensur minutiös und aktuell über die russische Februar- und Oktoberrevolution berichtete; die Artikel stammten z. T. von Lenin und Leviné.[52] Das war eine besonders raffinierte Propaganda für den Sozialismus, denn sie erschien ja als Auslandsberichterstattung in der Zeitung.[53] Die Vermittlung der Russischen Revolution durch die *Arbeiterstimme* ist von großer Bedeutung dafür gewesen, daß sich die Solinger Arbeiterschaft später der Kommunistischen Internationale anschloß.[54]

1920 ging die *Bergische Arbeiterstimme* zusammen mit der großen Mehrheit der Solinger USPD zur KPD über und nannte sich seither »Organ der KPD, Sektion der III. Internationale«. Voraussetzung dafür, daß die Zeitung die politische Entwicklung von der SPD über

---

51 Im Jahre 1927 erschienen insgesamt 2 022 Arbeiterkorrespondenzen; s. Knapp, Geschichte des Zeitungswesens, S. 170.

52 Vgl. Henri *Walther*, Dieter *Engelmann*, Zur Linksentwicklung der Arbeiterbewegung im Rhein/Ruhrgebiet ... (1914–1919), 3. Bde., Diss. Leipzig 1965, Zeittafel.

53 Vgl. Jürgen *Tampke*, The Ruhr and Revolution: The Origin and Course of the Revolutionary Movement in the Rhenish-Westphalian Industrial Region 1912–1919, Diss. Australian Nat. Univ. 1975, S. 109.

54 Vgl. unten Teil 1.2.2.

die USPD zur KPD mitmachte, war ihre Organisationsform als Genossenschaft.

1.2 Novemberrevolution, Streiks und Kommunalpolitik bis 1927

1.2.1 Novemberrevolution und Besetzung durch englisches Militär

Während des Ersten Weltkriegs standen die Solinger Sozialdemokraten in scharfer Opposition gegen die Burgfriedenspolitik der Parteiführung und gegen die Zusammenarbeit der Gewerkschaftsführung mit der kaiserlichen Kriegsverwaltung. Bereits 1916 sprach die Kreisversammlung der Solinger SPD dem Wahlkreisabgeordneten Scheidemann seine Berechtigung zum Mandat öffentlich ab; im April 1917 ging die SPD des Solinger Bezirks fast geschlossen zur neugebildeten USPD über.[55] Die Linksentwicklung der Solinger Arbeiterbewegung stand in engem Zusammenhang mit der Oppositionsbewegung in anderen rheinischen Städten; Einzelheiten können hier übergangen werden, da sie bereits an anderer Stelle ausführlich untersucht worden sind.[56]

Die Novemberrevolution begann am 8. November 1918 mit der Befreiung der Gefangenen und der Eroberung der Waffen des militärischen Bezirkskommandos durch die demonstrierende Menge. Unverzüglich wurde ein Arbeiter- und Soldatenrat gebildet. Die Arbeiter traten in den Generalstreik. Am nächsten Tag erklärte Hermann Merkel (Redakteur der *Arbeiterstimme*) einer Massenversammlung von etwa 20 000 Teilnehmern, daß es jetzt um den Übergang zum Sozialismus gehe. Damit, daß die Arbeiter in Berlin in den nächsten Tagen die Zentralgewalt in Berlin übernehmen würden, sei die *sozialistische Republik* errichtet.[57]

Dieser Hinweis auf die Zentralgewalt und das ferne Berlin im Augenblick der Revolution macht stutzig; er offenbart die Selbstverständlichkeit und die beispiellose Disziplin, mit der sich der Übergang vollzog und die Erhard Lucas auch in Remscheid beobachtet hat.[58] Die Solinger

---

55 Haase, Radikale Sozialisten in Solingen, S. 49 ff.
56 Vgl. Walther/Engelmann, Zur Linksentwicklung der Arbeiterbewegung im Rhein/Ruhrgebiet, s. Anm. 52; Jürgen Tampke, The Ruhr and Revolution, s. Anm. 53; Jürgen *Reulecke*, Der Erste Weltkrieg und die Arbeiterbewegung im rheinisch-westfälischen Industriegebiet, in: ders., Arbeiterbewegung an Rhein und Ruhr, Wuppertal 1974, S. 205 ff.
57 Rosenthal, Bd. III, S. 349 ff.
58 Arbeiterradikalismus, S. 192 ff.; 223; 258; 280.

Arbeiter waren radikal, vertrauten aber in der Tradition der II. Internationale ihren Führern. Syndikalistische Einflüsse, die z. B. im Düsseldorfer Spartakusaufstand bald darauf zutage traten, waren ihnen fremd. Schon einen Tag nach Beginn der Revolution war das eigene Handeln sozusagen »schon gar nicht mehr nötig«, und man konnte den nächsten, folgerichtigen Schritt den Berliner Genossen überlassen.

Ein besonderes Maß an Begeisterung und revolutionärem Pathos war freilich in Solingen insofern nicht mehr vonnöten, als die Machtübernahme durch den AuSR nicht nur ein formaler Akt gewesen, sondern höchst effektiv organisiert war und von den lokalen Kräfteverhältnissen her auch als endgültig erscheinen mußte. Der AuSR unterstellte den Militärkommandeur und die fünf Bürgermeister des Bezirks seiner laufenden Kontrolle. Alle Anordnungen der Verwaltung bedurften der Gegenzeichnung durch die Räte. Auch der örtliche Demobilmachungsausschuß stand unter der Kontrolle des AuSRates. Er erreichte darin, daß die Arbeitszeit im Solinger Bezirk auf 46$^1/_2$ Stunden in der Woche gesenkt wurde.[59] Bis dahin war der Arbeitstag 9$^1/_2$ bis 10 Stunden lang gewesen.[60] Außerdem wurde ein spezieller Schutz gegen Kündigungen verfügt.[61] Der bewaffnete Arm des AuSRates war die aus Arbeitern und Soldaten gebildete »Rote Garde«.

Die gesicherte Stellung zu Hause erlaubte es den Solinger USP-Führern, sich intensiv um die überregionale Organisation der Revolution zu kümmern. Dabei trat vor allem Hermann Merkel in Erscheinung, der zusammen mit dem Remscheider Otto Braß und dem Elberfelder Paul Sauerbrey für die Zusammenfassung der Arbeiterräte im Bezirk Niederrhein unter Führung der USP arbeitete.[62] Man plante u. a. die Kontrolle des wichtigen Düsseldorfer Regierungspräsidiums durch einen gemeinsamen Vollzugsausschuß. Nach dem Streit mit ihrem Abgeordneten Scheidemann überwarf sich die Solinger Arbeiterbewegung nun auch mit ihrem früheren Redakteur Wilhelm Dittmann. Die Solinger sprachen sich gegen die Koalition mit der SPD in Berlin und gegen die Einberufung der Nationalversammlung aus. Ihre politische Richtung ist am ehesten mit der der »revolutionären Obleute« in Berlin zu vergleichen, mit denen sie wahrscheinlich (ebenso wie die Remscheider) in enger Verbindung standen.[63]

Wie öfters in der Geschichte Solingens war es ein Eingriff von außen, der die revolutionäre Entwicklung am Ort unterbrach: Der Solinger

---

59 Rosenthal, S. 355.
60 Hendrichs, Geschichte der Solinger Industrie, S. 261 f.
61 Tampke, Ruhr and Revolution, S. 167.
62 Lucas, Arbeiterradikalismus, S. 203 ff.; Haase, S. 59.
63 Vgl. Lucas, S. 152.

Bezirk war zu einem Teil des militärisch besetzten Brückenkopfs Köln erklärt worden; am 14. Dezember 1918 erhielt Solingen eine englische Besatzungstruppe in der Stärke von 7 000 Soldaten.[64] Die Engländer blieben bis zum Januar 1926 in der Stadt. Damit war die Staatsgewalt von der umkämpften neuen Republik auf eine Besatzungsmacht übergegangen, die keine revolutionären Aktivitäten bei sich duldete. Der AuSR wurde von den Engländern aufgelöst; einige Arbeiterführer mußten sich durch Flucht in das neutrale Gebiet vor der Verhaftung retten. Die Engländer griffen auch in kommunale Belange und Arbeitskämpfe ein. So untersagten sie beispielsweise einen Streik der städtischen Arbeiter in Ohligs 1922.[65] Sie unterstellten die Presse der Militärzensur und verhängten wiederholt ein Verbot über die *Bergische Arbeiterstimme*.[66]

Die militärische Besetzung stellte zunächst einen abrupten Einschnitt dar und bedingte eine andere politische Entwicklung als im benachbarten Remscheid. Auf die Dauer war der politische Unterschied zu anderen Teilen des Deutschen Reiches aber nur von nebensächlicher Bedeutung.

1.2.2 Generalstreik 1920; Übergang zur Kommunistischen Partei

Im Februar 1920 brach in Solingen der erste Generalstreik nach der Novemberrevolution aus. Der Ausgangspunkt für diesen lokalen Streik, den die Zentrale des DMV in Stuttgart für unzulässig erklärte, war die typische Solinger Situation: Mitten in einer guten Konjunktur wollten die Stahlwarenarbeiter Lohnerhöhungen durchsetzen. Außerdem ging es darum, die Abschaffung der »Solinger Arbeitszeit« von 46½ Stunden (s. oben Teil 1.2.1) für den gesamten Metallbereich zu verhindern. Der Streik brach mit großer Heftigkeit aus; in der ersten Woche umfaßte er nicht nur sämtliche Industriearbeiter, sondern auch die Büroangestellten, Transportarbeiter, Buchdrucker und Dienstmädchen. Dann wurde er im wesentlichen auf die Metallarbeiter begrenzt, die den Streik und die dagegen verhängte Aussperrung noch fünf weitere Wochen durchhielten, obwohl der DMV keine Unterstützungen zahlte.[67] Die Organisation des Streiks war ganz offensichtlich getragen von einer neuen Generation von Betriebsräten und lokalen Gewerk-

---

64 Rosenthal, Bd. III, S. 363 ff.
65 StA Solingen, Akten Ohligs N-6-29.
66 Knapp, Geschichte des Zeitungswesens, S. 164 ff.
67 Rosenthal, Bd. III, S. 374 ff.

schaftsführern, die mit der oppositionellen Politik im DMV während des Krieges Erfahrungen gesammelt hatten und die auch die wichtigsten Träger der Herrschaft des AuSRes gewesen waren. Der Generationswechsel in der Führung der lokalen Arbeiterbewegung zeigte sich auch daran, daß die Führer des »Industriearbeiterverbandes« zunehmend unter den Einfluß der SPD gerieten und für die Beendigung des Streiks arbeiteten, sich damit aber nicht durchsetzen konnten. Die Streikleitung übernahm die Organisation der öffentlichen Ordnung auf vielen Gebieten. Als es am 2. März zu schweren Ausschreitungen gegen die Fabrikanten kam, konnte die kommunale Polizei nur machtlos zusehen.

Der Schiedsspruch, der den großen Streik beendete, bedeutete eine taktische Niederlage für die Arbeiter; sie mußten die 48-Stunden-Woche hinnehmen. Die Streiktage wurden nicht bezahlt, und ein neuer Tarifvertrag brachte nur geringfügige Lohnerhöhungen.[68]

Nicht zufällig stand die Frage der Arbeitszeit im Mittelpunkt der Auseinandersetzungen. Anfang 1920 unternahmen die Arbeitgeberverbände an vielen Stellen des Reiches Vorstöße, um die Arbeitszeit zu verlängern. Ungefähr gleichzeitig mit der Niederlage der Solinger büßten die Bergleute des Ruhrgebiets ihre Sieben-Stunden-Schicht ein. Die Unternehmer wollten langfristig den Acht-Stunden-Tag zurücknehmen, den sie 1918 zugestanden hatten.[69]

Darüber hinaus war die Arbeitszeit in der Solinger Industrie von besonderer Bedeutung, weil die Stahlwarenindustrie überaus lohnintensiv war und die Rationalisierung der Arbeitsgänge durch Kapitaleinsatz (Mechanisierung etc.) nur in begrenztem Umfang möglich war.[70] Wenn die Unternehmer ihren Profit steigern wollten, mußten sie darum speziell auf der Verlängerung des Arbeitstages bestehen.

Das Ende des Arbeitskampfes in Solingen wurde ganz von den Reichsereignissen überschattet: Kurz vor Beendigung der Schiedsverhandlungen, am 13. März, ereignete sich der Kapp-Putsch in Berlin, und so fand der Lokalstreik zunächst einmal aus anderen Gründen seine Fortsetzung. Die Solinger waren an der Märzrevolution im Ruhrgebiet, in

68 A.a.O., S. 377.
69 Ludwig *Preller*, Sozialpolitik in der Weimarer Republik, Stuttgart 1949, S. 146 ff.; Erhard *Lucas,* Märzrevolution im Ruhrgebiet, Bd. I, Frankfurt/M. 1970, S. 50 ff.
70 Der Anteil der Löhne und Gehälter am Produktionswert lag in der Solinger Schneidwarenindustrie 1928 bei ca. 44 %. Er war damit noch höher als der – ohnehin hohe – Durchschnitt der gesamten Eisen- und Stahlwarenindustrie (31 %): *Industrielle Produktion.* Sammlung produktionsstatistischer Ergebnisse bis zum Jahre 1932, Sonderheft zu *Wirtschaft und Statistik,* Nr. 10, 1933, S. 90.

die der allgemeine Generalstreik mündete, nicht direkt beteiligt, weil sie von den Ereignissen durch die Grenze des besetzten Gebietes getrennt waren. Bei den Kämpfen um Elberfeld und Remscheid kamen sie allerdings in großer Zahl der Roten Ruhrarmee zu Hilfe.[71] Die Beerdigung der Opfer dieses Kampfes, die »Märzgefallene« genannt wurden, wurde zu einer der größten Kundgebungen in der Geschichte Solingens.[72]

Ende 1918 war in Solingen auch eine Gruppe der Kommunistischen Partei (Spartakusbund) gegründet worden; sie blieb zunächst im Vergleich zur USPD einflußlos. Allerdings verringerten sich die politischen Unterschiede zwischen dem linken Flügel der USPD (der in Solingen vorherrschte) und der KPD im Laufe der Jahre 1919 und 1920 zusehends. Syndikalistische Tendenzen – und später auch die KAPD – konnten in Solingen keinen Einfluß gewinnen. Als sich die Vereinigung von USPD und KPD abzuzeichnen begann, blieben wahrscheinlich viele USPD-Mitglieder in ihrer Partei, um sie möglichst geschlossen in die kommunistische Bewegung einzubringen.[73] Der Anschluß an die Dritte Internationale, der im ganzen Reich in einer Urabstimmung der USPD-Mitglieder beschlossen wurde[74], erfolgte am 6. Oktober 1920. In Solingen stimmten 3 533 Mitglieder dafür und 451 dagegen.[75]

Diese Entscheidung beruhte also auf einer recht deutlichen Mehrheit, obwohl so einflußreiche Solinger Arbeiterführer wie der Redakteur Hermann Merkel und Friedrich Ernen, der Leiter des »Industriearbeiterverbandes«, gegen den Anschluß gearbeitet hatten. Sie blieben bei der Rumpf-USPD, ebenso wie eine größere Zahl von Stadtverordneten, und kehrten später zur SPD zurück. Aus diesem Bruch kann man schließen, daß die politische Führung nicht in den Händen der Spitzenfunktionäre lag, sondern bei einer großen Gruppe von Betriebsräten, Vertrauensleuten und Parteiarbeitern, die schon den Generalstreik und das Eingreifen in die Kämpfe gegen die kappistischen Freikorps organisiert hatten. Man kann zwar sagen, daß die Linksentwicklung der Solinger Arbeiterbewegung seit 1914 kontinuierlich verlief; aber sie war das Ergebnis scharfer innerer Auseinandersetzungen

71 Lucas, Märzrevolution, S. 208 ff. und 261 ff.
72 Inge *Sbosny* / Karl *Schabrod*, Widerstand in Solingen. Aus dem Leben antifaschistischer Kämpfer, Frankfurt 1975, S. 16; vgl. a. Lucas, a.a.O., S. 310 f.
73 Mitteilung von Hanna Rautenbach.
74 Vgl. Robert F. *Wheeler*, Die »21 Bedingungen« und die Spaltung der USPD im Herbst 1920. Zur Meinungsbildung der Basis, in: *VhfZ* 23/1975, S. 117 ff.
75 Haase, Radikale Sozialisten in Solingen, S. 68 f.

und stieß immer wieder auf den Widerstand der etablierten Parteiführer.[76]

Seit dem Oktober 1920 befand sich die Mehrheit der Arbeiter im Lager
der KPD, wie sich auch bei den Wahlen des Jahres 1921 herausstellte
(vgl. dazu unten). Nach der Gründung der USPD während des Krieges
hatten sie der SPD-Politik ein zweites Mal eine klare Absage erteilt.
Erwähnt seien hier noch die internationalistischen Motive für den Anschluß an die III. Internationale, die auch von dem Lokalhistoriker
Rosenthal hervorgehoben werden.[77] Die Solidarität mit der russischen
Oktoberrevolution spielte in der Diskussion um den Anschluß eine
hervorragende Rolle. Auch in den politischen Auseinandersetzungen
der folgenden Jahre blieb sie ein vorrangiges Thema.

Es wurde bereits darauf hingewiesen, daß die Solinger Arbeiter keineswegs zu Reformismus und Opportunismus neigten. Hier ist hinzuzufügen, daß auch keine Anzeichen für nationalistische oder gar chauvinistische Stimmungen unter ihnen vorliegen. Vielmehr fällt ihr aus-
geprägter Internationalismus ins Auge, obwohl ihr tägliches Brot ja
vom Export der Schneidwarenprodukte abhing. Diese Haltung manifestierte sich nicht nur im Verhältnis zur Sowjetunion, sondern auch in
vielen Solidaritätsbekundungen mit den Kämpfen in China, Indien
und den USA.[78]

1.2.3 Generalstreik 1924

Im Januar/Februar 1924 kam es in Solingen erneut zu einem Generalstreik, an dem sich zeitweise bis zu 20 000 Arbeiter beteiligten. Im
Mittelpunkt des Konfliktes stand wiederum die Frage der Arbeitszeit;
nach der Einführung der 48-Stunden-Woche 1920 wollten die Unternehmer nun eine wöchentliche Arbeitszeit von $57^{1}/_{2}$ Stunden durchsetzen. Der Streik dauerte 5–6 Wochen; er wurde schließlich durch
einen Schiedsspruch beendet, der die Arbeitszeit auf 56 Stunden fest-
setzte.[79]

---

76 W. *Abendroth* versucht, diesen Generationswechsel der Führerschaft mit
    den Unterschieden in der politischen Sozialisation der älteren und der
    jüngeren Arbeiter in Verbindung zu bringen: Ein Leben in der Ar-
    beiterbewegung, Frankfurt/M. 1976, S. 34 f.
77 Heinz *Rosenthal*, Wie es in Solingen zu der KPD-Mehrheit kam, in:
    Die Heimat, Jg. 32, Nr. 8 (1966), S. 29 f.
78 Z. B. fand am 10. 8. 1927 in Solingen eine allgemeine Arbeitsnieder-
    legung statt, um gegen die Hinrichtung von Sacco und Vanzetti in den
    USA zu protestieren; Rosenthal, Arbeitgeberverband, S. 156.
79 A.a.O., S. 128 ff.

Das Ergebnis läßt erkennen, daß es sich bei diesem Generalstreik noch deutlicher als 1920 um einen Abwehrkampf gegen die Offensive der Unternehmer handelte.[80] Die Erbitterung, mit der die Arbeiter eine Verlängerung des Arbeitstages verhindern wollten, erklärt sich z. T. daraus, daß sie vom Hausgewerbe her an eine freiere Verfügung über ihre Zeit gewöhnt waren. Darüber hinaus ist es aber wahrscheinlich, daß sie den kritischen Zusammenhang zwischen Rationalisierungs- bestrebungen, Verlängerung der Arbeitszeit und drohender Dauer- arbeitslosigkeit erkannt hatten.

Vom Ergebnis her ist der Ausgang des Generalstreiks 1924 vielleicht die folgenschwerste Niederlage der Republik für sie gewesen. Die Un- ternehmer waren dadurch in die Lage versetzt, umfangreiche Entlas- sungen vorzunehmen. Es ist bereits erwähnt worden, daß sich die Zahl der Beschäftigten in der Eisen- und Stahlwarenindustrie von 1924 bis 1930 um ca. 60 % verringerte.[81]

Der Generalstreik von 1924 läßt auch ein weiteres Zurückgehen der lokalen Besonderheiten der Solinger Arbeiterbewegung erkennen. Während der Streik von 1920 noch ein lokales Phänomen gewesen war, ordnet sich der Kampf von 1924 als ein planmäßiges Glied in die Kette gleichzeitiger Streiks im rheinisch-westfälischen Industriegebiet ein.[82] Diese Streiks fanden unter intensiver Beteiligung der KPD statt und wurden auch vom DMV unterstützt. Außerdem ist zu erwähnen, daß der Generalstreik den politischen und finanziellen Ruin des loka- len »Industriearbeiterverbandes« besiegelte, der dann 1925 endgültig im DMV aufging.

1.2.4 Wahlen in der Weimarer Republik

Tabelle 4 ermöglicht eine Übersicht über den prozentualen Stimmen- anteil der einzelnen Parteien im Solinger Industriebezirk (bis 1929 = die fünf Städte Solingen, Ohligs, Wald, Höhscheid und Gräfrath).
Die Übersicht läßt klar die Massierung der Wählerstimmen bei den Linksparteien USPD und KPD erkennen. Bei den Wahlen zur Natio- nalversammlung im Januar 1919 konnte die SPD noch ein knappes Übergewicht über die USPD gewinnen. Bei den Kommunalwahlen, die wegen der englischen Besetzung acht Monate später als im übrigen

---

80 S. o. Teil 1.2.2.
81 S. Anm. 13.
82 Christfried *Seifert*, Die deutsche Gewerkschaftsbewegung in der Wei- marer Republik, in: Deppe/Fülberth/Harrer (Hg.), Geschichte der deut- schen Gewerkschaftsbewegung, Köln 1977, S. 179 f.

Tabelle 4:
Wichtige Wahlen im Industriebezirk Solingen 1919–1932 (Angaben in % der abgegebenen Stimmen)

Wahl	Wahlbeteiligung	KPD	USPD	SPD	DNVP	DVP	DDP	Zentrum	Wirtschaftsp.	Volksrecht	NSDAP	Sonstige	
Nationalvers. 19. 1. 1919		–	29,7	33,3	8,4	–	17,3	11,3	–	–	–	–	–
Kommunalwahl 2. 11. 1919		–	51,9	16,1	4,6[1]	7,9	7,1[1]	12,3	–	–	–	–	–
Reichstagswahl 6. 6. 1920		1,4	43,3	12,3	4,9	18,2	9,3	10,6	–	–	–	–	–
Landtagswahl 20. 2. 1921		33,3	4,1	14,7	7,3	20,2	8,5	11,9	–	–	–	–	–
Kommunalwahl 4. 5. 1924		32,6	–	16,5	Bürgerblock: 49,8				–	–	–	1,1[2]	–
Reichstagswahl 7. 12. 1924		33,8	–	15,5	7,7	19,1	7,1	10,8	3,1	–	0,3	2,5[3]	–
Reichstagswahl 20. 5. 1928	77 %	38,1	–	16,1	6,8	12,1	4,2	9,1	6,7	4,4	0,4	–	–
Kommunalwahl 17. 11. 1929	67 %	33,9	1,9[4]	15,1	Bürgerl. Wahlgemeinschaft: 34,4			8,5	5,3	4,5	1,9	2,8[5]	5,3[6]
Reichstagswahl 14. 9. 1930	88 %	40,5	–	11,0	3,0	4,7	3,2	8,5	5,3	3,2	16,2	0,5[7]	3,1[8]
Reichstagswahl 6. 11. 1932	81 %	41,4	0,2[9]	9,6	3,5	2,8	0,5	8,9	0,4	1,2	30,1	–	1,4[8]
zum Vergleich: Reichstagswahl 1912				SPD 65,5		Nationalliberale 23,7		Zentrum 8,0	Landwirte 0,1		Christl.-Soziale 2,7		

1 Wegen gemeinsamer Listen teilweise einschl. DVP; 2 Republikaner; 3 Aufwertungspartei; 4 KPD-Opposition; 5 Bürgerblock Wald; 6 Evangel. Wahlvereinigung; 7 Konservative Volkspartei; 8 Christl. Sozialer Volksdienst; 9 Sozialistische Arbeiterpartei.
Quellen: Nationalversammlung 1919: *Walder Zeitung;* Reichstagswahl 1912: Klaus *Haase,* Radikale Sozialisten in Solingen, Ms. Köln 1969, S. 45; für alle anderen Wahlen: *Solinger Tageblatt.*

Preußen stattfanden, überschritt die USPD sogar die 50-%-Grenze; bei der Reichstagswahl 1920 erzielte sie ein Ergebnis von 43 %. Seit 1921 war die KPD unbestritten die stärkste Partei im Bezirk. Sie hatte in allen Wahlen doppelt soviel, 1932 sogar viermal soviel Stimmen wie die SPD. Das Kräfteverhältnis zwischen beiden Parteien war also eine Umkehrung des Reichsdurchschnitts. In dieser Hinsicht war allerdings nicht nur Solingen, sondern der ganze Bezirk Niederrhein eine Ausnahme: In ihm bewegte sich das Stimmenverhältnis zwischen KPD und SPD zwischen 10 : 9 (1928) und 10 : 4 (1932).[83]

Die Schwäche der niederrheinischen SPD wurde – im Sinne der Weimarer Koalition – in den anderen Großstädten des Gebiets durch eine entsprechende Stärke des Zentrums wieder ausgeglichen. Nicht so in Solingen: Mit einem Stimmenanteil um die 10 % konnte das Zentrum hier keine größere Bedeutung gewinnen. Freilich war der konfessionell orientierte Wählerstamm des Zentrums unerhört stabil; schon in der Reichstagswahl 1912 hatte der Zentrumsanteil 8,0 % betragen.

Die führende Partei des lokalen Bürgertums war die DVP. Ihre Stimmzahlen lagen erheblich über dem Reichsdurchschnitt (1924 in Solingen: 19,1 %; im Reich 10,1 %[84]), machten aber auch den rapiden Niedergang in der Endphase der Republik mit. Insgesamt gesehen mußten sich die bürgerlichen Parteien in Solingen mit einer sehr bescheidenen Rolle zufriedengeben. Ein größerer Durchbruch gelang ihnen lediglich in den Kommunalwahlen 1924, als der Bürgerblock in der Stadt Alt-Solingen die absolute Mehrheit erobern konnte (s. auch unten).

Die NSDAP erlebte in Solingen ein Wachstum, das später und vorsichtiger war als im Reichsdurchschnitt; vor allem dürfte es *unter* den entsprechenden Zahlen für überwiegend protestantische Gebiete liegen. Aber auch in Solingen konnten die Nationalsozialisten die Stimmen fast aller bürgerlichen »Mittelparteien« und vieler Neuwähler an sich ziehen und vereinigten schließlich jede dritte Stimme auf ihre Liste.

KPD (bzw. USP) und SPD zusammen konnten in fast allen Wahlen mehr als 50 % der Stimmen zählen. In diesem Zusammenhang sei noch auf den Volksentscheid zur »Enteignung der Fürstenvermögen« 1926 hingewiesen, den beide Parteien gemeinschaftlich durchführten. Der Erfolg war in Solingen durchschlagend: Bei einer Wahlbeteiligung von 64,5 % stimmten 58 340 Solinger mit »Ja«, was 61,1 % der Summe

83 Hermann *Weber*, Die Wandlung des deutschen Kommunismus. Die Stalinisierung der KPD in der Weimarer Republik, Bd. I, Frankfurt/M. 1969, S. 372.
84 Alfred *Milatz*, Wähler und Wahlen in der Weimarer Republik, Bonn 1965, S. 100.

aller Wahlbeteiligten ausmachte. Damit war den Linksparteien ein Einbruch in die Wählerschichten des Zentrums und der bürgerlichen Parteien gelungen.[85]

Im Hinblick auf die Entwicklung während der Krisenjahre nach 1929 muß hier ein Merkmal hervorgehoben werden, das Solingen von anderen Gebieten des Reiches unterscheidet: Die große Zahl von KPD-Stimmen dieser Jahre war *nicht* – oder zumindest nicht in erster Linie – ein Ausdruck der politischen Radikalisierung im Gefolge dieser Krise. Der Anteil von 30–40 % KPD-Stimmen war vielmehr konstant seit 1921 zu beobachten gewesen und steigerte sich nur noch geringfügig.

Wenn man einmal die Vorherrschaft einzelner Parteien in den verschiedenen Städten des Reiches zu typisieren versucht, läßt sich Solingen als der Typus »starke KPD (USP)« neben den Typus »starke SPD« (hier Beispiel Frankfurt/M.) und den Typus »starkes Zentrum« (Beispiel Essen) stellen (s. *Tabelle 5*). Vom Solinger Typus hatte es 1919/20 noch eine ganze Reihe von Großstädten gegeben, z. B. Braunschweig, Leipzig oder Erfurt. Doch nach der Vereinigung von USP und KPD hatten sich viele proletarische und kleinbürgerliche Schichten wieder der republikanischen Mitte, später sogar z. T. dem Nationalsozialismus zugewandt. Im Jahre 1929 war Solingen mit seiner KPD-Stärke eine Ausnahme unter den deutschen Großstädten.

1.2.5 Politische Mehrheiten in der Kommunalpolitik und Bestätigungskonflikte mit der Regierung 1919–1924

Die außerordentliche Stärke der Arbeiterparteien in Solingen, die – anders als auf Provinz- und Reichsebene – weder durch eine kleinbürgerliche Bauernschaft noch durch ein starkes Zentrum ausgeglichen wurde, mußte in der Solinger Kommunalpolitik besondere Verhältnisse schaffen.

Das kam schon vor dem Ersten Weltkrieg zum Ausdruck: 1910 hatte die Stadt Höhscheid eine absolute Mehrheit der SPD in der Stadtverordnetenversammlung aufzuweisen und war damit neben Offenbach ein einzigartiger Fall im Deutschen Reich.[86] Eine Erklärung, warum diese Mehrheit trotz des Dreiklassenwahlrechts zustandekommen konnte, ist in der besonderen Sozialstruktur dieses kleinen Städtchens von ca. 10 000 Einwohnern zu suchen: In Höhscheid gab es fast keine großen Steuerzahler. Die Drittelung des Steueraufkommens er-

---

85 Errechnet nach den Angaben des *Solinger Tageblatts* vom 21. 6. 1926.
86 Protokoll über die Verhandlungen des Parteitages der SPD in Jena, Berlin 1911, S. 38; Haase, S. 46.

Tabelle 5:

Typen von Parteidominanz in Kommunalwahlen der Weimarer Republik (Verteilung der Stadtverordnetensitze 1919, 1924 und 1929)

Frankfurt/M.: starke SPD

	Sitze zus.	KPD	USP	SPD	Zentrum
1919	96	–	8	36	13
1924	71	8	1	19	8
1929	85	11	–	25	11

Essen: starkes Zentrum

	Sitze zus.	KPD	USP	SPD	Zentrum
1919	102	–	9	24	46
1924	78	20	–	10	24
1929	91	18	–	13	33

Solingen: starke USPD/KPD[1]

	Sitze zus.	KPD	USP	SPD	Zentrum
1919	48	–	22	9	6
1924	41	13	–	6	6
1929	52	18	1[2]	8	5

1 1919 und 1924: Alt-Solingen, 1929: Groß-Solingen.
2 KPD-Opposition.

Quellen: Mitteilungen des Deutschen Städtetages XI, Nr. 9 (1924): Zusammensetzung der städtischen Gemeindevertretungen in Preußen, Sp. 123 ff.; Statistische Vierteljahresberichte des Deutschen Städtetages 2/1929, Heft 4: Die Zusammensetzung der Stadtvertretungen nach den letzten Kommunalwahlen in den Gemeinden mit mehr als 25 000 Einwohnern, S. 196 ff.

gab daher, daß nicht nur die dritte, sondern auch die zweite Wählerklasse von den überwiegend sozialdemokratischen Heimarbeitern besetzt werden konnte. Die politischen Auswirkungen dieser Mehrheit, die hier nicht im einzelnen verfolgt werden konnten, scheinen relativ gering gewesen zu sein. Vor allem fällt auf, daß die Stadtverordnetenversammlung trotz ihrer SPD-Mehrheit im August 1911 den Nationalliberalen Hugo Pohlig zum Bürgermeister wählte.[87] Eine sozialdemokratische Kandidatur stand nicht zur Debatte.

---

87 HSTA Düsseldorf, 32668 (Pers.-Akte Pohlig).

Die Novemberrevolution brachte, wie bereits erwähnt, die Bildung eines Arbeiter- und Soldatenrates, der schlagartig auch in der Kommunalpolitik das politisch bestimmende Element war. Das Bewußtsein, daß dieser AuSR die lokale politische Macht wirklich in den Händen hatte, war so selbstverständlich, daß darüber kaum noch ein Wort verloren wurde. Nicht nur die fünf Bürgermeister des Bezirks, sondern auch der Landrat des Kreises wurden der effektiven politischen Kontrolle des Rats unterstellt.[88] Die Bürgermeister und der Landrat beeilten sich, ihre Bereitschaft zur Zusammenarbeit mit den Räten zu erklären.[89] Nur so konnten die alten Stadtoberhäupter die Revolutionstage überstehen, bis ihre Position gegen die radikale Opposition durch den Einmarsch der Engländer wieder gefestigt wurde. Einige Vertreter der alten Bürgermeistergeneration kamen erst wieder beim Kapp-Putsch in Bedrängnis, weil sie sich durch ihre kappfreundliche Haltung politisch endgültig unmöglich gemacht hatten. Im März mußten Bürgermeister Czettritz (Ohligs) und Heinrich (Wald) ihren Abschied nehmen.[90]

Die Übersicht über die Sitzverteilung in den Stadtverordnetenversammlungen des Bezirks (*Tabelle 6*) zeigt, daß nach den Kommunalwahlen 1919 in allen Gremien absolute oder relative Mehrheiten der USPD bestanden. Diese Mehrheiten konnten sich aber nur zögernd auf die Struktur und Politik der Verwaltungen auswirken, da die Verfassung der kommunalen Selbstverwaltung, die ja aus dem Kaiserreich übernommen worden war (bis auf das Wahlrecht), den Stadtverordneten nur in sehr beschränktem Maße parlamentarische Rechte einräumte. Wenn sich die Linksmehrheit in einer wichtigen politischen Frage durchsetzte, kam es sogleich zu einem Konflikt mit der Regierung und der Besatzungsmacht.

Das war z. B. bei der Ohligser Bürgermeisterwahl 1920 der Fall.[91] Die dortige USP-Fraktion wählte mit ihrer absoluten Mehrheit, bei Stimmenthaltung der SPD, den Beigeordneten Karl Menge zum Nachfolger von Bürgermeister Czettritz.[92] Damit war das USPD-Mitglied Menge aber noch nicht im Amt; zur Aufnahme der Geschäfte war nach der Rheinischen Städteordnung von 1853 die Bestätigung durch die Regierung erforderlich. Hier wurde nun das Bestätigungsrecht zum ersten Mal in Solingen gegen den erklärten politischen Willen der lo-

88 Adolf *Lucas*, Erinnerungen aus meinem Leben, Opladen 1959, S. 123.
89 Rosenthal, Bd. III, S. 352 ff.
90 A.a.O., S. 380.
91 Zu den Vorgängen s. *Verwaltungsbericht der Stadt Ohligs* 1911–1922, S. 14 ff.
92 HSTA Düsseldorf, 32635 (Pers.-Akte Menge).

Tabelle 6: *Sitzverteilung in den Stadtverordnetenversammlungen des Industriebezirks Solingen 1919–1933*

	Sitze zus.	KPD	USPD	SPD	Rep.	DNVP	DVP	DDP	Zent.	Wirt.-P.	Volks.[1]	Ev.W.[2]	Bürg.[3]	NSDAP
Kommunalwahl 1919														
Solingen	48	–	22[4]	9	–	–	6	5	6	–	–	–	–	–
Ohligs	36	–	21[5]	4	–	–	2	4	5	–	–	–	–	–
Wald	36	–	22[6]	5	–	6	–	–	3	–	–	–	–	–
Höhscheid	30	–	18	5	–	–	5	–	2	–	–	–	–	–
Gräfrath	30	–	15	6	–	–	4	–	5	–	–	–	–	–
Übersicht	180	–	98	29	–	6	17	9	21	–	–	–	–	–
Kommunalwahl 1924														
Solingen	41	13	–	6	1	1	10	4	6	–	–	–	–	–
Ohligs	33	10	–	4	–	4	7	2	6	–	–	–	–	–
Wald	32	11	–	5	–	2	7	3	4	–	–	–	–	–
Höhscheid	27	9[7]	–	6	–	5	1	3	2	1	–	–	–	–
Gräfrath	22	7	–	5	–	1	1	2	4	2	–	–	–	–
Übersicht	155	50	–	26	1	13	26	14	22	3	–	–	–	–
Hauptausschuß 1929[8]	51	14	2[9]	8	1	Bürgerl. Wahlgemeinschaft			8	1	–	–	–	–
Kommunalwahl 1929														
Groß-Solingen	52	18	1[9]	8	–	Bürgerl. Wahlvereinigung			5	4	Bürgerl. Vereinigung			1

1 Volksrechtspartei; 2 Evangelische Wahlvereinigung; 3 Bürgerblock Wald; 4 davon Ende 1920: 15 Stadtverordnete zur KPD; 5 21 zur KPD; 6 21 zur KPD; 7 davon 1929: 7 Stadtverordnete zur KPD; 8 Kommissarische Stadtverordnetenversammlung für die neugebildete Großstadt Solingen; 9 KPD-Opposition.

Quellen: wie Tabellen 4 und 5.

kalen Mehrheit eingesetzt. Die Regierung in Düsseldorf erhob Bedenken gegen Menge, und Berlin und die Interalliierte Rheinland-Kommission (die auch ein Mitspracherecht in solchen Angelegenheiten des besetzten Gebietes hatte) setzten seine Bestätigung aus. Im Januar 1921 wurde Menge dann unter Hinweis auf die gefährdete Finanzlage der Stadt endgültig abgelehnt.[93] Dabei hat sicher eine Rolle gespielt, daß Menge inzwischen mit der gesamten USP-Fraktion von der USPD zur KPD gegangen war. Zur Neuwahl kam es erst im Januar 1922, also ein Jahr später. Dann wurde Paul Sauerbrey, Gewerkschaftssekretär aus Barmen und Reichstagsabgeordneter der USPD, zum Bürgermeister von Ohligs gewählt. Seine Bestätigung verzögerte sich immerhin weitere sieben Monate, während die Bürgerlichen unter Führung von Rechtsanwalt Bräuning (DVP) eine Hetzkampagne gegen Sauerbrey entfalteten.[94] Sauerbrey hatte eine wichtige Rolle in der Revolution in Wuppertal gespielt.[95] Ein wichtiger Grund dafür, daß er schließlich doch bestätigt wurde, war sein Verbleiben beim rechten Flügel der USP; bald darauf kehrte er zur SPD zurück. Bestätigungskonflikte entbrannten in Ohligs 1921 auch um die KPD-Mitglieder Rauh und Schlick; sie waren zu Beigeordneten gewählt, wurden aber nicht bestätigt.

In Solingen selbst wurde Hermann Merkel im Oktober 1920 zum besoldeten Beigeordneten gewählt und ohne weiteres bestätigt; in einem Schreiben an die Düsseldorfer Regierung hatte er klar gegen die Annäherung der USPD an die III. Internationale Stellung genommen.[96] Hermann Krenzer (KPD) mußte erst zwei Erklärungen abgeben, in denen er sich vom Anarchismus distanzierte und versicherte, daß er keine Ausgaben ohne Deckung befürworten, keine kommunistische Agitation unter den kommunalen Beamten durchführen und die Anweisungen und Grundsätze der Staatsverwaltung befolgen werde, bevor er seine Bestätigung als Beigeordneter erhielt.[97] Auch er trat später zur SPD über.

Im Anschluß an die Kommunalwahlen 1924 kam es in Solingen wiederum zu Konflikten um die Bestätigung der neuen kommunistischen Beigeordneten, wie jetzt auch in vielen Städten des Rheinisch-Westfälischen Industriegebiets.[98] Die Frage war aber nicht mehr so brennend, weil die KPD im Bezirk wichtige Mehrheiten verloren hatte (vgl.

---

93 HSTA Düsseldorf, 9612.
94 Vgl. den *Vorwärts* v. 1. 9. 1922 (in: DZA Potsdam, 61 Re).
95 Vgl. Lucas, Arbeiterradikalismus, S. 229 und passim.
96 HSTA Düsseldorf, 32620 (Pers.-Akte Merkel).
97 HSTA Düsseldorf, 32557 (Pers.-Akte Krenzer).
98 Vgl. unten Teil 2.2.4.

Tabelle 6). Der in Solingen gewählte Ernst Hahnenfurth (KPD) wurde im August 1924 bestätigt, nachdem er eine Loyalitätserklärung für die Reichsverfassung unterzeichnet und seine Unabhängigkeit von den Instruktionen der KPD und der Internationale versichert hatte.[99]

Aus diesen Ereignissen geht hervor, daß der Konfliktfall in der Bestätigungsfrage, der 1930 so in den Vordergrund rücken sollte, im Solinger Bezirk nach 1919 schon häufiger eingetreten war. Insgesamt fällt eine gewisse politische Rücksichtnahme der Aufsichtsbehörden ins Auge: Die Regierung versuchte aus naheliegenden Gründen, die ungeschminkte Ablehnung von Kandidaten zu vermeiden. Ein solches Vorgehen konnte nur in Ausnahmefällen in Frage kommen, denn es stand in zu deutlichem Gegensatz zum lokalen politischen Willen und mußte den stets vorhandenen Oppositionsgeist der proletarischen Bevölkerung stärken. Statt dessen versuchte sie, Verhandlungen zu führen oder Zeit zu gewinnen, indem sie die Entscheidung über Monate und Jahre hin verzögerte. Außerdem ist deutlich erkennbar, daß die Regierung genau zwischen verschiedenen Richtungen innerhalb der Arbeiterbewegung zu unterscheiden wußte. Wer sich 1920 gegen den Anschluß der USPD an die KPD aussprach oder in der KPD von 1924 den »Ultralinkskurs« kritisierte, konnte am ehesten mit seiner Bestätigung rechnen, auch wenn er – wie Merkel und Sauerbrey – eine ausgesprochen revolutionäre Vergangenheit hatte. So trug die Regierung auf ihre Weise zur Stärkung der sozialdemokratischen Tendenzen in der Kommunalpolitik der Solinger Arbeiterbewegung bei.

1.2.6 Kommunalpolitischer Modus Vivendi und direkte Aktion

Für die amtierenden Kommunalverwaltungen des Solinger Bezirks waren die Jahre der Weimarer Republik sehr schwierige Zeiten; sie mußten häufig zwischen sozialistischen Mehrheiten am Ort und den Anweisungen der Staatsverwaltung lavieren; ein zusätzliches Problem stellten die Eingriffe der Besatzungsbehörden dar.

Diese Problematik steigerte sich z. B. während des Generalstreiks von 1920 zur Zerreißprobe. Die Macht der Streikbewegung und die Interventionen der Stadtverordneten der USPD und der SPD zwangen Oberbürgermeister Dicke dazu, Volksküchen einzurichten und täglich bis zu 12 000 kostenlose Essenportionen ausgeben zu lassen.[100] Daraufhin beschwerten sich die Arbeitgeberverbände beim Regierungspräsi-

---

99 StA Solingen, Solingen 618-10-2 (Bestätigung von Beigeordneten 1924).
100 Rosenthal, Bd. III, S. 375 ff.

denten in Düsseldorf, der die Volksküchenspeisung für ungesetzlich erklärte und untersagte. Die DDP-Fraktion brachte zur Unterbindung der Speisung sogar eine Anfrage im Preußischen Landtag ein. Trotzdem setzten die Stadtverwaltungen des Solinger Bezirks die Speisung fort; wahrscheinlich hätte sich die Streikbewegung die Lebensmittel sonst gewaltsam verschafft. Eine ähnliche Situation wiederholte sich während des Generalstreiks von 1924.[101]

Bei der Meisterung solcher Schwierigkeiten zeichnete sich der Solinger Oberbürgermeister August Dicke durch solch ein taktisches Geschick aus, daß man geneigt ist, von einem »System Dicke« zu sprechen. Dicke paßte sich der lokalen Linksmehrheit so weit als möglich an, ohne aber als Staatsbeamter den Konflikt mit der Regierung zu weit zu treiben; durch ausführliche, loyale Berichterstattung nach oben konnte er sein Verhalten immer wieder rechtfertigen und begreiflich machen. Bei der Krisenbewältigung am Ort spielten ganz offensichtlich seine persönlichen Beziehungen zu den KPD-Führern eine wichtige Rolle. Eine ausgleichende Funktion spielte er z. B. in dem Bestätigungskonflikt um den Kommunisten Hahnenfurth 1924. Als dessen Ablehnung als Beigeordneter drohte, bewegte ihn Dicke zur Unterschrift unter den verlangten Loyalitätsrevers, während er sich in seinem Bericht an die Regierung persönlich für ihn verbürgte und so schließlich auch die Bestätigung erreichte.[102]

Der »gemäßigt liberale« Dicke war 1896 zum Bürgermeister von Solingen gewählt worden.[103] Seine politische Stellung in der Stadt war so stark, daß er mitten in den schweren Kämpfen der Märzrevolution 1920 von der Stadtverordnetenversammlung *einstimmig* wiedergewählt wurde.[104] Die bürgerlichen Parteien kritisierten zwar ausdrücklich, daß er in seiner Amtsführung seit der Revolution »dem Druck der Majorität zuviel nachgegeben« habe; aber auch für sie gab es keine Alternative zu Dickes Wiederwahl. Die Fraktion der USPD ließ durch ihre Stimmabgabe für den Bürgermeister erkennen, daß sie mit dem kommunalpolitischen Modus vivendi unter dem System Dicke zufrieden war. Sie akzeptierte die Existenz der bürgerlichen Verwaltung, solange diese sich nicht offen gegen die Arbeiterbewegung stellte.

Neben diesen Anzeichen für einen Modus vivendi in den alten Bahnen der Selbstverwaltung gab es auch zahlreiche Beispiele für die direkte Aktion der Bevölkerung in der Solinger Kommunalpolitik.

101 Rosenthal, Arbeitgeberverband, S. 130.
102 DZA Merseburg, Rep. 77, Titel 3528, Nr. 1, Bd. 3, Stadt Solingen 1908–1929.
103 HSTA Düsseldorf, Nr. 32418 (Pers.-Akte Dicke).
104 *Bergische Arbeiterstimme*, 23. 3. 1920.

Kurz nach dem Kapp-Putsch zog eine Volksmenge in Ohligs und Wald vor die Rathäuser, zwang die Bürgermeister Czettritz und Heinrich zum Rücktritt und hißte die rote Fahne. Dieser Aktion lag die Auffassung zugrunde, daß die Nichtanerkennung der Kapp-Regierung »von den staatlichen *und städtischen* Behörden« zu verlangen sei (aus einer Resolution der Solinger Arbeiterschaft, Hervorhebung hinzugefügt).[105] Da die Arbeiter Zweifel an der kappfeindlichen Haltung der alten Bürgermeister hatten, ergriffen sie selbst die Initiative. Außerdem setzten sie so den Mehrheitswillen in der Stadtverordnetenversammlung durch, der nach dem geltenden Selbstverwaltungsrecht nicht zum Ausdruck kam: Kurze Zeit vor den Ereignissen hatte die Stadtverordnetenversammlung von Wald mit ihrer USP-Mehrheit ein Mißtrauensvotum gegen Bürgermeister Heinrich verabschiedet, was aber ohne Folgen geblieben war, weil die Rheinische Städteordnung keine parlamentarische Verantwortlichkeit der Bürgermeister kannte. Übrigens wurden beide Bürgermeister nach der ersten revolutionären Welle von den Engländern wieder in ihr Amt eingesetzt, mußten dann aber bald endgültig zurücktreten.

Eine besondere Tradition waren die Aktionen der Erwerbslosen in der Weimarer Republik. Im Oktober 1920 fand z. B. eine große Erwerbslosendemonstration in Solingen statt, die von den Stadtverordneten handgreiflich eine Erhöhung der Unterstützungen verlangte. Oberbürgermeister Dicke ließ dieses Mal die Tribüne des Stadtparlaments von der Polizei räumen.[106] Zwei Jahre später, am 17. November 1923, versammelte sich eine aufgebrachte Menge vor dem Ohligser Rathaus und forderte ebenfalls eine Erhöhung der Unterstützungssätze. Die Schutzpolizei schoß scharf, und zwei tote Arbeiter blieben auf dem Platz. Die Beerdigung der beiden Opfer des »Schwarzen Samstags« wurde mit 40 000 Teilnehmern die größte Demonstration in der Geschichte des Solinger Bezirks.[107] Die Tendenzen des »Modus vivendi« und der »direkten Aktion«, von denen hier die Rede war, widersprechen einander auf den ersten Blick. Der Widerspruch ist in etwa dahingehend aufzulösen, daß die Solinger Arbeiterbewegung zwar den Zusammenhang, ja die letztliche Identität von Staats- und Kommunalbehörden erkannt hatte und in ihre politischen Forderungen die städtischen Behörden mit einbezog; daß andererseits aber ihre lokale politische Führung eine gewisse Absprache mit den Kommunalbehörden der offenen Konfrontation vorzog. Und die Solinger Arbeiter waren es im allge-

---

105 *Walder Zeitung* und *Berg. Arbeiterstimme*, 16. 3. 1920.
106 HSTA Düsseldorf, Nr. 9648.
107 *Bergische Zeitung*, 19. 11. 1923; *Berg. Arbeiterstimme*, 23. 11. 1923.

meinen gewohnt, nur in dem politischen Rahmen zu handeln, den ihre Führer absteckten.[108]

Der Modus vivendi in der Kommunalpolitik nahm in den Jahren 1924–1928, die ohnehin eine gewisse Beruhigung in der deutschen Politik brachten, durchaus konkrete Formen an; freilich mußten die Solinger Kommunalbehörden der KPD weitaus mehr politischen Raum zugestehen, als es sonst in den Städten üblich war. Die Berührungspunkte zwischen den Behörden und den Organisationen der Arbeiterbewegung waren vielfältig. Die Naturfreunde z. B., die vorwiegend kommunistisch orientiert waren, arbeiteten ab 1924 im Solinger Stadtjugendring mit. Sie verstanden diese Mitarbeit auch selbst als eine wichtige Aufgabe.[109] Aus den Akten der Stadt Wald geht hervor, daß der »Kommunistische Jungendverband Deutschlands« (Jugendorganisation der KPD) Mitglied im Ortsausschuß für Jugendpflege war, also in einem offiziellen Organ der Stadtverwaltung. 1926 finanzierte der Ortsausschuß die Teilnahme von zwei KJVD-Mitgliedern am Führerlehrgang ihrer Organisation in Leichlingen.[110] Eine große Zahl von Arbeitervereinen, besonders die Chöre und Sportvereine, erhielten traditionellerweise Zuschüsse von den Stadtverwaltungen, genau wie die bürgerlichen Vereine. Ebenso selbstverständlich war es, daß die *Bergische Arbeiterstimme* die amtlichen Bekanntmachungen der Kommunalbehörden abdrucken konnte, was für sie eine wichtige Einnahmequelle darstellte. Aus den Jahren nach 1924 ist noch zu berichten, daß sich das Verhältnis von KPD und SPD etwas entspannte. Die ultralinke Politik der Fischer/Maslow-Zentrale wirbelte in Solingen weniger Staub auf als in manchen Städten des Ruhrgebiets; schon bald gab es Versuche zu einer pragmatischen Zusammenarbeit mit der SPD in der Kommunalpolitik und Gewerkschaftsbewegung. In den Betrieben wurden »Einheitskomitees« gebildet; beim Abzug der englischen Truppen im Januar 1926 formierte sich ein Aktionsausschuß unter Beteiligung von KPD, Rotfrontkämpferbund, SPD, ADGB und Industriearbeiterverband, um Anschläge und Demonstrationen von seiten der »vaterländischen« Verbände bei dieser Gelegenheit zu verhindern.[111] Repräsentant der Politik der Aktionseinheit mit der SPD war der populäre Arbeiterführer Ernst Becker, der als Redakteur die *Bergische Arbeiterstimme* leitete und auch selbst im Stadtparlament saß. Nach der Linkswendung der KPD Ende 1928 wurde er einer der bekanntesten Führer der KPD-Opposition.

---

108 Vgl. Lucas, Arbeiterradikalismus, S. 280 (über Remscheid).
109 Mitteilung von Paul Meuter.
110 Stadtarchiv Solingen, Akten Wald J-1b-12.
111 HSTA Düsseldorf, Nr. 16944, Kommunistische Bewegung in Solingen-Stadt und Land 1923–1928.

1.3.1 Der Streit um die Städtevereinigung und das Ende des
»Systems Dicke« (1927–1929)

Die Zusammenlegung der fünf Stadtgemeinden des oberen Kreises Solin-
gen zu einer neuen Großstadt hatte schon vor dem Ersten Weltkrieg zur
Debatte gestanden; 1919 war sie fast perfekt gewesen, bevor sie wieder
aufgeschoben wurde. 1926 kam die Angelegenheit dadurch wieder ins
Rollen, daß die Stadt Höhscheid, die wegen ihres äußerst bescheidenen
Steueraufkommens in ständigen Finanznöten war, eine entsprechende
Bitte an die preußische Regierung gerichtet hatte. Der Zeitpunkt war
günstig, denn eine kommunale Neugliederung großen Stils stand in
Preußen an (und hat dann auch zu den Neuordnungsgesetzen für das
rheinisch-westfälische Industriegebiet von 1928 und 1929 geführt).[112]
Die Stadtverwaltung von Solingen nahm das Thema der Städtevereinigung sogleich energisch in die Hand; Oberbürgermeister Dicke heg-
te die Vergrößerungspläne seit über 25 Jahren und hatte nun offenbar
den Ehrgeiz, den Traum von Groß-Solingen noch vor dem endgültigen Ablauf seiner Amtszeit (September 1927) verwirklicht zu sehen.
So beschränkte sich die Solinger Verwaltung nicht darauf, ihre Argumente der Regierung und der Öffentlichkeit über die üblichen Kanäle
der Presse usw. vorzutragen. Sie entfaltete einen Werbefeldzug für die
Eingemeindung mit allen verfügbaren Mitteln; sie verteilte wissen-
schaftliche Gutachten, Plakate, Fotos, Karten usw. und ließ sogar einen
Film drehen. Treibender Motor der Kampagne war der juristische Beigeordnete Dr. Vollmar, der sich Hoffnung darauf machen konnte, für
den Oberbürgermeisterposten der neuen Großstadt Solingen zu kandidieren.
Unter den Befürwortern der Städtevereinigung[113] ist in erster Linie
die Arbeiterbewegung zu nennen. Schon 1910 hatten sich sämtliche
sozialdemokratischen Vereine des oberen Kreises vorbehaltlos für die
Vereinigung ausgesprochen, und sowohl die SPD als auch die KPD wa-

---

112 Darstellung der Neugliederung bei: Frank *Theile*, Die Folgewirkungen
der kommunalen Neugliederung des rheinisch-westfälischen Industriegebiets in den Jahren 1926–1929, Diss. Bochum 1970.
113 Die folgende Zusammenfassung beruht vor allem auf der Auswertung
folgender Archivmaterialien: HSTA Düsseldorf, Nr. 32948; 32958;
32952–954, Kommunale Umgliederung. Staatsarchiv Koblenz, Nr. 403/
16446, Kommunale Neugliederung im Bezirk Düsseldorf, DZA Merseburg, Rep. 77, Titel 3528 Nr. 1, Bd. 3, Stadt Solingen 1908–1929. Im
Archivmaterial finden sich auch viele Zeitungsausschnitte. Auf einzelne
Belege muß in dieser Übersicht verzichtet werden.

ren bei dieser Meinung bis 1927 geblieben. In Solingen selbst machte sich natürlich auch ein bürgerliches Interesse geltend, das sich von der neuen Großstadt Solingen eine Vereinheitlichung der Steuersätze, eine Förderung der Wirtschaft und eine Vereinfachung der Verwaltung versprach; dieses Interesse wurde nicht nur von den bürgerlichen Stadtverordneten, sondern z. B. auch von dem führenden Fabrikanten Kind (Fa. Henckels-Zwillingswerk) ausgesprochen.[114] In Solingen selbst konnte die Verwaltung mit dem Argument werben, daß der Bedeutungszuwachs der Stadt auch dem kleinbürgerlichen Gewerbe Vorteile verschaffen würde.

Die Gegner der Städtevereinigung konzentrierten sich in Ohligs, waren aber auch in Wald zuletzt sehr zahlreich. Ohligs nahm Verbindung mit dem Landrat des Kreises Solingen auf, der auch ein Gegner der Neuordnung war, da eine Städtevereinigung das Ende des bisherigen Kreises bedeuten mußte. Mit der gleichen Energie wie die Solinger Befürworter bestritten die Ohligser die Vorteile der Vereinigung und machten für sich das Recht auf Selbstverwaltung geltend. Eine merkwürdige Rolle spielte in dieser Schlacht der Bürgermeister Sauerbrey (SPD), der trotz seiner Vergangenheit und Parteizugehörigkeit die Ohligser Lokalinteressen verteidigte. Der eigentliche Führer der Kampagne war die Ohligser DVP, die seit der Gründung des »Bürgerausschusses« im November 1918 eine ausgesprochen gegenrevolutionäre Tradition hatte. Sie polemisierte in immer schärferen Tönen gegen die Arbeiterparteien und die preußische Regierung und suchte Unterstützung beim Kleinbürgertum von Ohligs und Wald.

Dieses Kleinbürgertum hatte einige Sonderinteressen, die durch die Städtevereinigung wirklich gefährdet waren: Die Zentralisierung der Verwaltung mußte Arbeitsplätze im öffentlichen Dienst kosten; der Wegfall städtischer Aufträge würde das Handwerk treffen; die Verringerung der Zentralfunktionen mußte Einbußen des Handels zur Folge haben. Die Ideologie der DVP und der Vereinigungsgegner hatte nichts mehr mit dem Liberalismus zu tun; sie war lokalpatriotisch und bodenständig, forderte eine »unpolitische Selbstverwaltung« und erblickte die Ursache für alle möglichen Übel im »Marxismus«. Schon 1927 tauchte das Argument auf, die Städtevereinigung müsse zu einer »roten Mehrheit« im Groß-Solinger Stadtparlament führen, und dann sei es mit dem Bürgertum im oberen Kreis endgültig vorbei. Die Ohligser Richtung der DVP war damit zum wichtigsten politischen und ideologischen Gegenspieler der Solinger Arbeiterbewegung geworden; sie setzte bereits 1927 auf eine politische Radikalisierung des Klein-

---

114 Rosenthal, Bd. III, S. 395 und 400.

bürgertums. Ihr Publikationsorgan war der *Ohligser Anzeiger,* in geringerem Maße aber auch die *Bergische Zeitung,* die 1922 als Nachfolger der *Walder Zeitung* mit dem Geld von 170 Solinger Fabrikanten und Kaufleuten gegründet worden war und als »Bollwerk gegen den sich immer frecher erdreistenden Kommunismus« dienen sollte.[115] Die Industrie- und Handelskammer Solingen hatte zunächst für die Städtevereinigung gesprochen. Der Einfluß des Ohligser Bürgertums war aber so stark, daß sie schwankend wurde und sich 1928 mit »schwersten Bedenken« dagegen wandte.[116] Dafür mögen auch politische Gründe im Vordergrund gestanden haben; abgesehen von dem Solinger Skandal, von dem im folgenden berichtet wird, sei hier auch daran erinnert, daß die Reichstagswahlen vom Mai 1928 für die KPD und besonders die SPD ausgezeichnete Ergebnisse brachten (im Bezirk Solingen hatten beide Parteien zusammen 54,2 % der Stimmen), so daß auch von daher die Angst vor der roten Mehrheit um sich griff.

Bürgermeister Dicke hatte seit 1896 die Solinger Politik in den schwierigsten Situationen in der Hand behalten; nun beging er aber den Fehler, seinem Beigeordneten Vollmar in der Städtevereinigungsfrage freie Hand zu lassen. Trotz der guten Aussichten, die für die Angelegenheit ohnehin bestanden, verlor Vollmar in seiner Propaganda den Blick für das gebotene Maß. Der Gutachter, der die Argumente für die Zusammenlegung wissenschaftlich darlegen sollte, erhielt 20 000 Mark für seine Arbeit; ein solches Honorar mußte den Eindruck erwecken, daß die Stadt Solingen den positiven Ergebnissen mit Geld ein wenig nachgeholfen habe.[117] Ohne Wissen der Stadtverordneten überwies Vollmar Zahlungen an Journalisten der Lokalpresse und finanzierte sogar Parteiversammlungen, wenn sie die Städtevereinigung propagierten. Die Gesamtausgaben für die Kampagne beliefen sich nur in Alt-Solingen bis November 1927 auf 158 000 Mark.[118]

Im September 1927 schien die Städtevereinigung bevorzustehen. Innenminister Grzesinski und die Landtagsparteien hatten sich positiv dazu geäußert; Dickes Amtszeit wurde kommissarisch um ein halbes Jahr verlängert und die neue Oberbürgermeisterstelle schon öffentlich ausgeschrieben, um einen reibungslosen Übergang zur Leitung der neuen Großstadt zu ermöglichen.[119] Da platzte der Skandal: Die

115 A.a.O., S. 307.
116 A.a.O., S. 404.
117 Diese Meinung äußert auch der Regierungspräsident in seinem Bericht an den Innenminister, s. Akten Staatsarchiv Koblenz, Anm. 113.
118 Bericht von Dicke an den Regierungspräsidenten, s. Akten Koblenz, Anm. 113.
119 S. Ausschreibungstext in *Die Kommune,* 7/1927, Nr. 15, S. 120.

Bergische Arbeiterstimme hatte Material über die finanziellen Manöver von Vollmar in die Hand bekommen und veröffentlichte einen Artikel mit schweren Korruptionsvorwürfen gegen die Stadtverwaltung.[120] Die öffentliche Erregung, die durch die erbitterte Gegenpropaganda aus der Ohligser Richtung ohnehin vorhanden war, stieg damit auf den Siedepunkt. Ähnlich wie im Berliner Sklarek-Skandal war die Bevölkerung besonders über die großzügige Verschwendung der städtischen Gelder erbost. Vollmar verteidigte sich mit der Behauptung, der Ältestenrat der Stadtverordnetenversammlung habe seinen Ausgaben zugestimmt. Der Untersuchungsausschuß, der in dieser Angelegenheit von der Stadtverordnetenversammlung eingesetzt wurde, kam aber zu dem Ergebnis, daß Vollmar eigenmächtig gehandelt habe. Als Vollmar in einem plumpen Vertuschungsversuch das Protokoll des Ausschusses fälschte, beging Dicke den zweiten schweren Fehler, indem er Vollmar dabei deckte. Die Fälschung kam ans Tageslicht, die Stadtverordnetensitzung flog auf, und der Skandal war perfekt. Dicke suchte um seine sofortige Pensionierung nach und mußte so unter wenig rühmlichen Umständen aus dem Amt scheiden. Bald darauf, Anfang 1929, verstarb er. Vollmar wurde von der Solinger Stadtverordnetenversammlung aus dem Dienst beurlaubt; die Düsseldorfer Regierung sah sein Verhalten als nicht korrekt an, sah aber von einem Disziplinarverfahren ab. Die Regierung sah sich einem kommunalpolitischen Hexenkessel gegenüber und plädierte deswegen auf eine mehrjährige Verschiebung der »stark diskreditierten Angelegenheit«.[121]

Im kommunalen Neuordnungsgesetz von 1928 war Solingen nicht berücksichtigt. Erst im Jahr darauf, in der kommunalen Neugliederung 1929 wurde dann die Städtevereinigung doch noch Wirklichkeit. Dabei waren die überregionalen Notwendigkeiten einer Neuordnung eher ausschlaggebend als die Solinger Lokalinitiativen. Im Landtag stimmten die Parteien der Weimarer Koalition mit der KPD *für* die Solinger Städtevereinigung, die Fraktion der DVP sprach sich unter ausdrücklicher Berufung auf die Ohligser Opposition *dagegen* aus.[122] Der Städtevereinigungsskandal hatte also die Schaffung der neuen Großstadt Solingen letztlich nicht aufhalten können. Er hinterließ aber

---

120 *Bergische Arbeiterstimme*, 27. 10. 1927; vgl. auch die Artikel in der *Frankfurter Zeitung*, 25. 11. 1927, und in der *Roten Fahne*, 25. 11. 1927; *Kölnische Zeitung*, 29. 10. 1927; *Kölnische Volkszeitung*, 22. 11. 1927.
121 Bericht des Regierungspräsidenten an den Innenminister v. 9. 11. 1927, s. Akten Koblenz (Anm. 113). Die DVP und die KPD brachten den Skandal auch in einer Anfrage bzw. in einem Urantrag in den Preußischen Landtag ein, s. DZA, Merseburg, Rep. 77, Titel 3528, Nr. 4 Bd. 1, Eingemeindungspropaganda Solingen 1927/28.
122 Theile, Die Folgewirkungen, S. 39 ff; *Solinger Tageblatt*, 13. 6. 1929.

eine Erschütterung im kommunalpolitischen Gefüge, von der sich die Selbstverwaltung in Solingen bis 1933 nicht mehr erholte.

Seit 1924 gab es in Solingen den »Bürgerblock«, eine Fraktionsgemeinschaft aller bürgerlichen Parteien, die über die absolute Mehrheit im Stadtparlament verfügte. Dieser Bürgerblock fiel nun auseinander. Anlaß dazu war die Kritik an dem Beigeordneten Vollmar,[123] der dem Zentrum angehörte und über den die Rechtsparteien nun rücksichtslos in aller Öffentlichkeit herfielen. Im Hintergrund stand aber schon jetzt die tiefgreifende Krise des bürgerlichen Lagers. Die Befürworter der Städtevereinigung im Bürgerblock waren, grob gesagt, die republikfreundlichen Kräfte: die DDP, das Zentrum und ein Teil der DVP; ihre Gegenspieler waren die DNVP und vor allem der rechte Flügel der DVP, der – nach Ohligs und Wald – nun auch in Solingen die politische Führung übernahm.[124] Der politische Streit, der als Auseinandersetzung um die Städtevereinigung begonnen hatte, gewann ständig neue Dimensionen hinzu. Nach dem Skandal standen nun das Verhalten eines Beigeordneten und die Korruptionsvorwürfe gegen die Stadtverwaltung im Mittelpunkt. Von da aus war es, genau wie im Berliner Sklarek-Skandal, nur noch ein kleiner Schritt zu Vorwürfen gegen das »System« und die Republik. Immer häufiger kritisierten die DVP und DNVP die Kompromißbereitschaft von DDP und Zentrum der SPD gegenüber. Die Trennungslinie »für bzw. gegen Zusammenarbeit mit der SPD« dividierte das bürgerliche Lager von nun an auseinander. Dieser Streit war eine wichtige Komponente der Kräftekonstellation, die dann zwei Jahre später zur Wahl des Kommunisten Weber zum Oberbürgermeister der Stadt führte.

Der Zerfall des Bürgerblocks und die folgenden Ereignisse machen klar, daß das Funktionieren des »Systems Dicke« nicht nur auf einer Verständigung zwischen der *Arbeiterbewegung* und der Stadtverwaltung in einigen grundlegenden Spielregeln beruhte; eine ebenso wichtige Voraussetzung war die Verständigungsbereitschaft der *bürgerlichen Rechten* mit den Parteien der Weimarer Koalition, die in Solingen allein keine Mehrheit bilden konnten. Diese Voraussetzung entfiel jetzt; die bürgerliche Rechte verließ bewußt den Boden des bisherigen kommunalpolitischen Konsens und ging in die Offensive. Obwohl von der NSDAP noch weit und breit nichts zu sehen war, markiert das Ende des Systems Dicke genau den Beginn des Faschisierungsprozesses in Solingen.

---

123 *Kölnische Volkszeitung*, 25. 11. 1927.
124 Der Streit zwischen dem Ohligser und dem Solinger Flügel der DVP spiegelt die Auseinandersetzung zwischen dem »rechten« und dem »linken« Flügel auf Reichsebene zur gleichen Zeit wider, vgl. Helga *Timm*, Die deutsche Sozialpolitik, Düsseldorf 1952, S. 87 f.

Besonders deutlich waren von dem Städtevereinigungsskandal – wie bereits erwähnt – die Parteien der Weimarer Koalition in Mitleidenschaft gezogen. Das lag nicht nur an der Verwicklung von Vollmar und Dicke in die Affäre. Auch die Vorwürfe gegen die Zentrumszeitung *Bergische Post* und das *Solinger Tageblatt* (der DDP nahestehend) taten ein übriges: Zwischen ihnen und der Stadtverwaltung sollte es eine Absprache im Sinne der Eingemeindungspropaganda gegeben haben, die auch die Finanzierung entsprechender Artikel vorsah. Zumindest für die *Bergische Post* muß dieser Vorwurf auch als erwiesen angesehen werden.[125] Ob auch Parteiversammlungen des Zentrums und der SPD finanziert worden sind, kann jetzt nicht mehr festgestellt werden. Die SPD, die ja in der preußischen Regierung und im Landtag die vorwärtstreibende Kraft der Neugliederung war, mußte noch zusätzlich den innerparteilichen Streit verdauen, der durch den Übergang von Bürgermeister Sauerbrey und des Landrates in das Lager der Vereinigungsgegner entstanden war.[126]

Sogar die KPD ging nicht ungeschoren aus der ganzen Angelegenheit hervor, so daß der Eindruck zurückbleibt, daß es in der Städtevereinigungsfrage nur Verlierer gab. Es ist zweifellos richtig, daß die KPD einerseits mit ihrem Engagement für die Zusammenlegung, andererseits mit ihrer scharfen Kritik an der verschwenderischen Propaganda den politischen Willen und die Stimmung großer Teile der Bevölkerung zum Ausdruck gebracht hatte. Aber sie hatte es versäumt, die Eingemeindungspläne der Regierungskoalition kritisch zu erörtern; noch weniger hatte sie ihnen eine sozialistische Alternative entgegengestellt, als deren Vertreter sie hätte gelten können. Es ist heute hinreichend bekannt, daß die Verwaltungsreform ein sehr vielschichtiges Problem ist; tatsächlich standen bei der Neugliederung 1929 die Rationalisierungs- und Einsparungswünsche des Bürgertums im Vordergrund.[127] Das bedeutete, daß in Solingen nach der Zusammenlegung durch die Konzentration der Verwaltung und der städtischen Werke eine Reihe von Arbeitsplätzen vernichtet werden würden, was dann 1930 auch eintrat. Das bedeutete auch, daß die kommunale Polizei verstaatlicht werden würde;[128] damit sah sich die Arbeiterbewegung der ständigen

---

125 Vgl. die Erklärung der Vorstände der Zentrumspartei in der *Kölnischen Volkszeitung*, 25. 11. 1927; für das *Solinger Tageblatt* ist die Vergabe von Presse-Aufträgen, nicht aber deren Finanzierung erwiesen, vgl. Akten Merseburg (Anm. 121).
126 Vgl. die Anspielung im Nachruf auf Paul Sauerbrey im *Ohligser Anzeiger*, 5. 12. 1932.
127 Die Spirargumente werden deutlich dargestellt bei: Theile, Folgewirkungen, S. 44 ff.
128 Die Verstaatlichung der Polizei war in Alt-Solingen schon 1925 voll-

Aufsicht durch die starke Schutzpolizei ausgesetzt, die bis dahin nur in Ausnahmefällen von auswärts zugezogen worden war.

Diese Aspekte der kommunalen Neugliederung waren von der KPD zwar in Grundsatzstellungnahmen berührt worden;[129] in der praktischen Politik war davon aber nur die mehr oder weniger bedingungslose Unterstützung der Eingemeindungspläne übriggeblieben.[130] Dieser Umstand brachte es z. B. mit sich, daß die KPD politisch nicht in der Lage war, die berechtigten Befürchtungen der Ohligser und Walder Kleinbürger aufzunehmen und zu vertreten; sie überließ diese Schichten den rechten Splitterparteien und schließlich der NSDAP. Daran änderte auch die Einsicht nichts, die bei der Durchführung der Linkswendung im November 1928 geäußert wurde; da hieß es, die »Stellungnahme unserer Genossen zur Eingemeindungsfrage« seien »rechte Abweichungen« gewesen.[131]

Mehr aus Zufall blieb noch ein anderer, unangenehmer Nachgeschmack aus der Städtevereinigung bei der KPD: Auf den neuen Oberbürgermeisterposten von Solingen hatte sich 1928 Otto Gäbel, der Kommunalexperte der Partei, beworben; dieser Gäbel wurde im folgenden Jahr selbst im Berliner Sklarek-Skandal kompromittiert und mußte aus der Partei ausgestoßen werden. Natürlich zögerte die SPD im Wahlkampf 1929 nicht, diesen Sachverhalt gegen die KPD auszuschlachten.[132]

Das System der kommunalen Selbstverwaltung, das sich in Solingen historisch entwickelt hatte, war 1918 in der Revolution mit der Bildung des Arbeiter- und Soldatenrates an sein Ende gekommen. Bürgermeister Dicke war es gelungen, die Sprünge wieder zu kitten und einen Modus vivendi auf der Grundlage der alten Institutionen und des gleichen Wahlrechts zu errichten. Nun aber standen die Zeichen endgültig auf Sturm. Die Städtevereinigungsfrage war dabei nicht der einzige Hinweis auf das Ende des Systems Dicke. Im August 1927 hatte bereits ein außerordentlich schwerer Etatkonflikt eingesetzt; in der Stadtverordnetenversammlung fand sich keine Mehrheit mehr für die Verabschiedung des Haushalts.[133]

---

zogen worden; am 1. April 1930 folgten die vier anderen Städte; s. Otto, Vier Jahre Kommunalpolitik, S. 87.

129 Z. B. Otto *Kilian,* Wir und das Eingemeindungsproblem, in: *Die Kommune* 6/1926, Nr. 5, S. 33 f.

130 Z. B. der Artikel »Einstimmiger Beschluß für die Städtevereinigung« in der *Bergischen Arbeiterstimme,* 22. 11. 1928.

131 »Entschließung der Bezirkskonferenz der KPD Bezirk Niederrhein« vom 25. 11. 1928, s. *Bergische Arbeiterstimme,* 27. 11. 1928.

132 Vgl. *Volksblatt,* 12. und 16. 11. 1929.

133 *Rheinisch-Westfälische Zeitung,* 2. 8. 1927, in: HSTA Düsseldorf, Nr. 31773, Verwaltungsangelegenheiten Solingen 1926–1930.

1.3.2 Das Scheitern der KPD-Opposition

Der Unterbezirk Solingen gehörte zu den lokalen Organisationseinheiten der KPD, in denen die Durchführung der »Linkswendung« im Herbst 1928 (vgl. u. Kapitel 2.3) besondere Schwierigkeiten verursachte.

Schon 1924 war die »Ultralinkspolitik« der Fischer-Maslow-Zentrale in Solingen auf wenig Sympathien gestoßen. In der »Wittorf-Affäre« im September 1928, in der Ernst Thälmann unter dem Vorwurf der Unterschlagung von Parteigeldern vorübergehend entmachtet wurde, gehörte die *Bergische Arbeiterstimme* zu den Parteiblättern, die Thälmann scharf angriffen. Die Zeitung, die unter der Leitung von Ernst Becker stand, kritisierte auch das »Erweiterte Exekutivkomitee« der Kommunistischen Internationale, das am 6. Oktober Thälmann wieder in seine Funktionen einsetzte.[134] Ernst Becker gehörte (ebenso wie sein bekannter Bruder Karl Albin B.) zu den Freunden von Brandler und Thalheimer; er teilte nicht nur deren Gegnerschaft gegen die Beschlüsse des VI. Weltkongresses, sondern stand auch organisatorisch mit ihnen in Verbindung.[135] Auf der Unterbezirkskonferenz Solingen am 18. November 1928 erhielt Becker Gelegenheit, seinen Standpunkt zu vertreten. Er machte klar, daß er entgegen den Beschlüssen der Komintern die Einheitsfronttaktik mit der SPD und die Aufstellung eines Aktionsprogramms (Übergangsforderungen) wie 1923 befürwortete; in der Gewerkschaftspolitik plädierte er für die Fortsetzung der Kritik *innerhalb* des ADGB (Parole: Zwingt die Bonzen!) und lehnte die Aufstellung selbständiger Streikleitungen für unorganisierte und ausgeschlossene Kollegen ab.[136] Der Vertreter des Zentralkomitees, der aus Berlin angereist war, vertrat hingegen die bekannten Punkte der Linkswendung, die hier nur noch in Stichworten wiederholt zu werden brauchen: Einheitsfront »von unten«, Kampf gegen den Reformismus der SPD, Erkämpfung der politischen Führung in den Gewerkschaften gegen die reformistischen Leitungen, Verschärfung der Kriegsgefahr gegen die Sojetunion.[137] Die Abstimmung fiel auffallend knapp für die Resolution des Zentralkomitees und damit gegen Becker aus: 97 Stimmen dafür, 46 dagegen und 17 Enthaltungen.[138] In der Orts-

---

134 K. H. *Tjaden,* Struktur und Funktion der »KPD-Opposition«, Meisenheim 1964, S. 83 ff.

135 Weber, Wandlung des Kommunismus, Bd. II, S. 70 f.

136 S. den ausführlichen Bericht von der Unterbezirkskonferenz in der *Bergischen Arbeiterstimme,* 20. 11. 1928.

137 Nähere Darlegung der neuen politischen Linie s. u. Kapitel 2.3.

138 *Bergische Arbeiterstimme,* 19. 11. 1928.

gruppe Alt-Solingen brachte Becker noch in der Woche darauf eine Mehrheit von 60 gegen 53 Stimmen für seinen Standpunkt zusammen.[139] Doch im Bezirk Niederrhein sahen die Mehrheitsverhältnisse schon anders aus, und das war zunächst einmal entscheidend. Dort wurde mit 97 : 9 : 3 die Resolution des ZK angenommen[140]; Becker wurde seines Postens enthoben und Ende 1928 aus der Partei unter dem Vorwurf der Fraktionstätigkeit ausgeschlossen.[141]

Es ist sicher, daß in der Auseinandersetzung zunächst ein großer Teil der kommunistischen Arbeiter im Solinger Bezirk der Position Beckers nahestand. Dabei spielte der persönliche Einfluß von Ernst Becker eine Rolle, der von allen Seiten übereinstimmend als eine besonders sympathische und integre Persönlichkeit bezeichnet wird.[142] Generell kann man annehmen, daß der Frontalangriff auf die SPD in Solingen weniger spontan mitvollzogen wurde als in den Städten, wo die SPD schon lange die Mehrheit gehabt hatte und wo die Kommunisten deshalb vielerlei Benachteiligungen und Schikanen hatten hinnehmen müssen. In Solingen lagen die Dinge anders; hier hatte die KPD in der Kommunalpolitik, aber auch in den (auf Reichsebene) sozialdemokratisch dominierten Gewerkschaften und Arbeiterorganisationen die wichtigsten Positionen inne. Gewerkschaftsführer wie Walter Rautenbach, der sich auch der KPD-Opposition anschloß, hatten die ganze Republik lang dafür gekämpft, den Einfluß der KPD *innerhalb* des DMV zu stärken; dabei hatten sie erhebliche Erfolge erzielt. Rautenbach selbst war z. B. als Kommunist der örtliche Bevollmächtigte des DMV. Den Beweis dafür, daß er nicht aus Angst um seinen Posten zur Opposition ging (der verbreitete Bestechungsvorwurf), lieferte er bald darauf, indem er sich im Konflikt zwischen der Solinger KPD und dem Zentralvorstand des DMV solidarisch mit der KPD verhielt. Rautenbach glaubte nicht an die Möglichkeit, offensive Streiks der Arbeiter gegen den Zentralvorstand (oder sogar mit politischen Zielen) auslösen zu können, wie das ZK behauptete. Damit sollte er Recht behalten (s. unten).

Zusammen mit Rautenbach schlossen sich eine ganze Reihe Solinger Kommunisten der Opposition an, darunter vier Stadtverordnete. Es ist ziemlich klar, daß sich die Brandler-Thalheimer-Gruppe Hoffnung darauf machte, den ganzen Unterbezirk Solingen samt Zeitung aus der

---

139 Die dort angenommene Resolution wurde in der *Bergischen Arbeiterstimme* unter der Überschrift »Ein falscher Weg« veröffentlicht (am 28. 11. 1928).
140 *Bergische Arbeiterstimme*, 27. 11. 1928.
141 Weber, Wandlung des Kommunismus, S. 208; *Gegen den Strom* 1929, Heft 3, 19. 1. 1929, S. 9.
142 Mitteilung von Hanna Rautenbach und Willi Dickhut.

Partei herauszubrechen, so wie ihr das in einigen Orten Thüringens, Sachsens und im hessischen Offenbach galang.[143] Die ausführliche Berichterstattung über Solingen in der Zeitschrift *Gegen den Strom* und die häufigen Besuche von Brandler und Paul Frölich deuten darauf hin.[144] Doch dieser Versuch scheiterte. Das wurde schon im Frühjahr 1929 klar, als die breite Mehrheit der Solinger Parteimitgliedschaft die geforderten politischen Erklärungen für die Politik des ZK unterzeichnete.[145] Außerdem kann man das Ergebnis der Kommunalwahlen im November 1929 als endgültiges Zeichen für das Scheitern der Opposition anführen: Die Liste der KPD-O., auf der neben Ernst Becker eine ganze Reihe Solinger Arbeiterführer von früher standen, erhielt nur *einen* Sitz in der Stadtverordnetenversammlung, die offizielle KPD-Liste hingegen achtzehn (vgl. *Tabelle 6*).

Eine Erklärung für den Mißerfolg der Opposition ist natürlich in der traditionellen Parteidisziplin zu suchen, die die Parteimitglieder von der Unterstützung einer fraktionellen Gruppe abhielt. Der neue Parteisekretär Hermann Weber, von dem unten noch ausführlich die Rede sein wird, zögerte nicht, die Disziplinierung der Mitglieder als ein handgreifliches Mittel der Auseinandersetzung einzusetzen: Bis Mitte 1929 gab es in Solingen viele Parteiausschlüsse.[146] Die Suche nach Erklärungen muß jedoch noch weiter vorangetrieben werden, wenn man nicht die Solinger Arbeiter für unmündige Trottel halten will, die sich von ihrer Parteiführung jede politischen Linie aufzwingen ließen. Im Kapitel 2.3 dieser Arbeit wird die These vertreten, daß bei der Auseinandersetzung mit der Brandler-Thalheimer-Gruppe nicht die Faschismusgefahr, sondern das Verhältnis zur SPD und zu den Gewerkschaftsführungen im Vordergrund stand. Der Vorwurf der Verrats- und Spaltungspolitik, ja sogar die verfehlte Sozialfaschismusthese müssen für den Solinger Arbeiter ein gewisses Maß an Plausibilität gehabt haben; sonst hätte die Kritik an der offiziellen Linie ganz andere Formen angenommen.[147] Dazu ist oben behauptet worden, daß das Ver-

---

143 Weber, Wandlung des deutschen Kommunismus, S. 219 ff.
144 Z. B. war am 17. 3. 1929 Heinrich Brandler in Solingen.
145 Mitteilung von Willi Dickhut.
146 Mitteilung Willi Dickhut. Viele Ausschlüsse sind in der Zeitschrift *Gegen den Strom* dokumentiert.
147 Alexander v. *Plato* (KPD und Komintern. Sozialdemokratie und Faschismus, Berlin 1973, passim) besteht darauf, daß die Ursachen für die linksradikalen Tiraden der KPD 1929–1933 unbedingt auch in der KPD und in Deutschland zu suchen seien und nicht nur auf den Einfluß der Komintern verbucht werden können, wie es in der historischen Literatur fast ausnahmslos geschieht. In diesem Punkt ist Plato unbedingt recht zu geben, auch wenn seine Methode problematisch ist.

halten der SPD- und Gewerkschaftsführungen so aggressiv gegen die KPD war, daß hierin ein wichtiges Erklärungsmoment zu suchen ist. Diese Behauptung wird sich bei der Analyse der Solinger Ereignisse des Jahres 1929 erhärten; die Spaltung der Arbeiterbewegung vertiefte sich in diesem Jahr zu einer fast unüberbrückbaren Kluft. Das wiederum hatte zur Folge, daß die Appelle der KPO zur Fortsetzung der Einheitsfront immer wirklichkeitsfremder wurden. Die Opposition wurde zwischen der Sozialfaschismuslinie der KPD und dem aggressiven Antikommunismus der SPD regelrecht zermahlen.

1.3.3 Der Streit im DMV und die Spaltung der Solinger Gewerkschaftsbewegung 1939–1933

Die Vorgänge in der Solinger Gewerkschaftsbewegung sind eine wichtige Voraussetzung für das Verständnis der Kommunalpolitik. Die KPD maß der Gewerkschaftspolitik in diesen entscheidenden Jahren eine größere Bedeutung bei; außerdem weisen beide Handlungsstränge einige Parallelen auf.

Der »Deutsche Metallarbeiterverband« hatte Anfang 1929 im Solinger Bezirk ca. 12 000 Mitglieder;[148] nach der Aufnahme der Heimarbeiter in den Verband umfaßte diese Organisation den entscheidenden Kern des lokalen Proletariats.

Die Ortsverwaltungswahlen im Frühjahr 1928 hatten einen deutlichen kommunistischen Sieg gebracht (4 016 KPD : 1 188 SPD)[149], so daß die kommunistischen Delegierten die Mehrheit hatten. Im bekannten Ruhreisenkonflikt (November 1928) waren inzwischen die Beziehungen zwischen dem Stuttgarter Zentralvorstand des DMV und den oppositionellen Gewerkschaftern auf den Gefrierpunkt gesunken: Die Zentrale wollte eine Einigung mit den Unternehmern auf der Basis der staatlichen Schiedssprüche; die Opposition arbeitete dafür, die Aussperrung in den Streik umzuwandeln und auch die unorganisierten Kollegen in die Streikleitungen einzubeziehen.[150] Seitdem lauerte die Zentrale auf eine Gelegenheit, die wenigen Ortsverwaltungen, die von der Opposition beherrscht waren, auszuschalten.

Im Frühjahr 1929 mußten die Rahmentarife in der Solinger Metall-

---

148 *Gegen den Strom* 11/1929, 16. 3., S. 8; übereinstimmend damit: Auskunft von Rudolf Leupold.
149 Weber, Wandlung des deutschen Kommunismus, S. 324.
150 Vgl. Ursula *Hüllbüsch*, Der Ruhreisenstreit in gewerkschaftlicher Sicht, in: Industrielles System und politische Entwicklung in der Weimarer Republik, hg. v. Hans Mommsen u. a., Düsseldorf 1974, S. 271–289.

industrie neu ausgehandelt werden.[151] Als die Verhandlungen mit den Unternehmern ergebnislos verliefen, stand der Gang zum Schlichter bevor. Doch eine Versammlung von 200 Betriebsräten lehnte die Teilnahme an Schlichtungsverhandungen ab; das entsprach genau der neuen Gewerkschaftslinie der KPD: Wenn der zu erwartende Schiedsspruch von den Staatsbehörden für verbindlich erklärt werden würde, sollte der DMV Solingen den Streik durchführen, auch gegen den Einspruch der Stuttgarter Zentrale. Man muß sich vor Augen halten, daß sich die Solinger Gewerkschaftsopposition damit geradezu tollkühne Ziele setzte: Im Ruhreisenkonflikt hatten die Unternehmer eine lange Aussperrung durchgehalten und waren gegen das gesamte Schlichtungswesen als eine Form des »politischen Lohns« aufgetreten. Demgegenüber versuchten die sozialdemokratischen Gewerkschaftsspitzen, die staatliche Zwangsschlichtung durchzusetzen. Die Solinger wollten nun zu den Schlichtungsverhandlungen gar nicht erst hingehen und damit beiden Lagern gleichzeitig den Kampf ansagen. In der wirtschaftlichen Situation 1929 war ein längerer Kampf kaum durchzustehen, schon gar nicht ohne finanzielle Unterstützung durch den DMV.

Die Solinger Situation im DMV wurde noch dadurch kompliziert, daß die Kommunisten in der Ortsverwaltung inzwischen zur KPO gegangen waren. Sie lehnten zwar das Schlichtungswesen auch prinzipiell ab, meinten aber, daß man unter den gegebenen Umständen an den Verhandlungen teilnehmen müsse; das Druckmittel des selbständigen Streiks sei unrealistisch, vor allem weil eine Ausweitung des Kampfes auf andere Produktionszweige nicht erhofft werden könnte.[152]

Mitten in diese Auseinandersetzungen fielen die neuen Ortsverwaltungswahlen. Die Listen der Gewerkschaftsopposition, auf der die Anhänger der KPD und der KPO großenteils zusammen erschienen, erzielten eine überwältigende Mehrheit gegen die Sozialdemokraten.[153] Als Folge dieser Wahlen übernahmen die linientreuen Kommunisten Hahnenfurth und Küll die Führung der Ortsverwaltung.

Die neue Ortsverwaltung steuerte nun direkt auf den Streik zu und organisierte eine Urabstimmung. Das Ergebnis war eine empfindliche Niederlage: eine Mehrheit gegen den Streik, und das bei geringer Stimmbeteiligung. Bis auf weiteres trat ein tarifloser Zustand ein, der die Solinger Arbeiter im Vergleich zu den Kollegen der Nachbarstädte sogar benachteiligte, denn dort hatten die verbandstreuen DMV-Füh-

151 Rosenthal, III, S. 386 f.
152 *Gegen den Strom* 12, 23. 3. 1929, S. 13.
153 Das Kräfteverhältnis wird angegeben mit: 308 KPD; 160 KPO; 75 SPD; s. *Gegen den Strom* 13, 30. 3. 1929.

rungen geringfügige Lohnerhöhungen abschließen können.[154] Erst
Ende 1929 konnte ein neuer Tarifvertrag abgeschlossen werden, der
eine Lohnerhöhung von 4 % brachte (gegenüber den anfänglichen Forderungen von 10–15 %) und bis Ende 1931 in Kraft blieb.[155]
Mit der Wahl der Ortsverwaltung Hahnenfurth/Küll sah der Zentralvorstand des DMV die Gelegenheit zum Eingreifen gekommen. Im
April 1929 erschien der Bezirksleiter in Solingen und richtete an Hahnenfurth inquisitorische Fragen, z. B. ob er bereit sei, sich an die Verbandsstatuten zu halten und Beschlüsse des Vorstands auszuführen.
Hahnenfurth bejahte diese Fragen.[156]
Trotzdem wurde bald darauf, als sich die Situation durch die Mai-
Ereignisse weiter zugespitzt hatte, die Solinger Ortsverwaltung vom
Zentralvorstand abgesetzt; statt dessen wurde eine kommissarische
Verwaltung ernannt, die nur aus SPD-Mitgliedern bestand. Der Zentralvorstand hatte zunächst beabsichtigt, sich die Differenzen im kommunistischen Lager zunutze zu machen und die alte, KPO-orientierte
Verwaltung wieder einzusetzen; diese lehnte es aber entschieden ab,
sich als Kommissare einsetzen zu lassen.[157]
Mit diesem Schritt war die Solinger Gewerkschaftsbewegung paralysiert. Die Kommissare von der SPD hatten den Apparat und vor
allem die Kasse des Verbandes, waren aber politisch isoliert und konnten erst 1930 unter der Mitgliedschaft Fuß fassen. Die KPD-Ortsverwaltung weigerte sich natürlich, von ihrer Absetzung Notiz zu nehmen; sie hatte zunächst auch die Legitimation auf ihrer Seite, demokratisch gewählt – und nicht ernannt – worden zu sein. Dennoch gelang
es ihr nicht, die gewerkschaftliche Führung der Metallarbeiter im bisherigen Umfang aufrechtzuerhalten. Neben den technischen Schwierigkeiten war dafür ihre *Politik* verantwortlich zu machen, die beständig den Ausbruch großer Massenstreiks verkündete, im ganzen
Jahr 1929 aber nur einen unwichtigen Streik der Schlägereiarbeiter
zuwege brachte. Dieser Mißerfolg mußte auch von der *Bergischen Arbeiterstimme* am Jahresende zugegeben werden.[158]
Der Zentralvorstand kehrte unterdessen die Oppositionellen mit eisernem Besen aus: die alte Ortsverwaltung und viele Dutzende von oppositionellen Betriebsräten und Mitgliedern wurden aus dem DMV aus-

154 *Gegen den Strom* 29, 20. 7. 1929.
155 Rosenthal, III, S. 387.
156 Keineswegs eine »klägliche Haltung«, wie die Zeitschrift *Gegen den
    Strom* polemisch feststellt (17, 27. 4. 1929, S. 16).
157 *Bergische Arbeiterstimme*, 22. 5. 1929; *Gegen den Strom* 20, 18. 5. 1929.
158 *Bergische Arbeiterstimme*, 31. 12. 1929: »Der Kampf geht weiter im
    neuen Jahr«.

geschlossen. Das Gewerkschaftshaus Solingen, der traditionelle Ort für Gewerkschafts-, Partei- und Vereinsveranstaltungen, wurde für die Opposition und alle KPD-orientierten Organisationen mit Polizeigewalt verboten.

Die oppositionellen Kräfte formierten sich schließlich im Sommer 1930 neu als der »Einheitsverband der Metallarbeiter«, der der Roten Gewerkschaftsopposition angeschlossen war. Dieser Einheitsverband umfaßte in seiner besten Zeit etwas über 3 000 Mitglieder;[159] das reichte aus, um als Verhandlungspartner bei Tarifverhandlungen anerkannt zu werden. Gegenüber dem DMV war er aber der schwächere Konkurrent um die Mitgliedschaft der Metallarbeiter. Bei den Betriebsratswahlen 1930 erhielt der DMV 56 % der Stimmen, der Einheitsverband 28 % und der Christl. Metallarbeiterverband 16 %; 1931 war das Kräfteverhältnis 52 : 30 : 18.[160] Vor allem scheiterte der Versuch des Einheitsverbandes, Ende 1930 den Lohnabbau durch Streiks zu verhindern; ein Schiedsspruch setzte die Löhne um 6 % herab.[161] Bis 1933 folgten weitere, empfindliche Lohnsenkungen. Einzelne Streiks endeten in Katastrophen: In der Fa. Rasspe Söhne traten z. B. im Januar 1932 42 der 50 Betriebsarbeiter in den Streik, um den Lohnabbau zu verhindern. Nach drei Wochen waren sie bereit, die Arbeit zu den reduzierten Löhnen wieder aufzunehmen; doch von den 42 wurden nur 24 wieder eingestellt.[162]

1929 wurde im Solinger DMV die lokale kommunistische Mehrheit von der Verbandsspitze ausgeschaltet und eine kommissarische Leitung eingesetzt, die den Solinger Arbeitern ihren Kurs aufzwang. Im Gegensatz zu früheren Jahren war der Verbandsspitze eine lokale Opposition als organisationsschädigend und untragbar erschienen. Ein paralleles Ereignis fand ein Jahr später in der Kommunalpolitik statt: Der sozialdemokratische Innenminister bestätigte den gewählten Kommunisten Weber zweimal nicht als Bürgermeister und stellte an die Spitze der Stadtverwaltung einen Staatskommissar.

---

159 Diese Mitteilung von R. Leupold ist wesentlich wahrscheinlicher als die Behauptung von der KPO, der Einheitsverband habe es nur auf 1 000 Mitglieder gebracht: *Gegen den Strom* 52, 27. 12. 1930.
160 Jahresbericht des Arbeitgeberverbandes Solingen 1931/32, Teil II, S. 4 f. und 14.
161 Rosenthal, III, S. 389 f.
162 Jahresbericht des Arbeitgeberverbandes, II, S. 13.

1.3.4 Streik bei der *Bergischen Arbeiterstimme* (März 1929)

Die Vertiefung der Feindschaft zwischen der KPD und der SPD in Solingen beschränkte sich keineswegs nur auf die Gewerkschaftsfrage. Anfang März kam es zu einem folgenschweren Konflikt in der »Genossenschaftsbuchdruckerei«, die die *Bergische Arbeiterstimme* sowie Broschüren und Drucksachen aller Art herstellte.[163]

An dem kommunistisch geleiteten Unternehmen, das als lokale Genossenschaft organisiert war, hatte die Rationalisierungsepoche der deutschen Wirtschaft nicht spurlos vorübergehen können. Im Frühjahr 1929 stand es vor der Alternative, entweder die Produktionskosten zu senken oder die Abonnentenpreise zu erhöhen; die Geschäftsleitung beschloß aus politischen Erwägungen, den Verkaufspreis zu halten und entsprechende Einsparungen vorzunehmen. Zwei Setzer und eine Einlegerin wurden entlassen; zur Überwachung der Arbeitszeit wurde ein Kontrollzettel für jeden Beschäftigten eingeführt. Der sozialdemokratisch geführte Betriebsrat und die Buchdruckergewerkschaft nahmen diese Maßnahmen zum Anlaß einer Arbeitsniederlegung. Es gelang ihnen jedoch nicht, das Erscheinen der *Bergischen Arbeiterstimme* zu verhindern, denn die Geschäftsleitung hielt mit Hilfe der kommunistischen Setzer und freiwilliger Helfer den Betrieb aufrecht.

Die kommunistische Arbeiterschaft beurteilte den Streik als ein sozialdemokratisches Parteimanöver gegen ihre Zeitung.[164] Für diese Auffassung spricht die Tatsache, daß Buchdruckerstreiks gegen die kommunistische Presse auch aus anderen Teilen des Reiches gemeldet wurden[165], während bei Rationalisierungsmaßnahmen in der bürgerlichen und sozialdemokratischen Presse von einer Streikbereitschaft der Gewerkschaft nichts zu spüren war. In den Versuch, die Auslieferung der *Arbeiterstimme* durch einen Botenstreik zu verhindern, schalteten sich führende Sozialdemokraten wie der Landtagsabgeordnete Hermann Meyer ein.[166] Außerdem entfaltete das SPD-*Volksblatt* eine rabiate Propaganda gegen die Genossenschaftsbuchdruckerei und sah dabei natürlich über alle Zwänge hinweg, denen auch ein kommunistischer Betrieb in der gegebenen Situation ausgesetzt war.[167]

---

163 Die Darstellung folgt folgenden Quellen: *Berg. Arbeiterstimme,* 8. 3. 1929; Volksblatt, 8. 4. und 14. 3. 1929; *Industriegewerkschaft Druck und Papier,* 75 Jahre Ortsverein Solingen, Solingen 1965, S. 43 ff.
164 Mitteilung Hanna Rautenbach.
165 Z. B. aus Chemnitz, s. *Bergische Arbeiterstimme,* 17. 4. 1929.
166 *Bergische Arbeiterstimme,* 14. 3. 1929.
167 S. z. B. den Artikel »Kommunisten als Ausbeuter« im *Volksblatt,* 13. 5. 1929.

Die Geschäftsleitung der Druckerei reagierte auf den Streik mit ebenfalls unsolidarischer Härte. Die streikenden Buchdrucker wurden noch am Tage ihrer Arbeitsniederlegung per Einschreiben fristlos gekündigt. Es mutet doch sehr merkwürdig an, daß sich die Geschäftsleitung dabei auf solche gesetzlichen Regelungen wie die Friedenspflicht und das Arbeitsrecht berief, gegen die die KPD seit Jahren einen erbitterten Kampf geführt hatte. Ohne zu zögern ergriff sie die schärfsten Maßnahmen, die sich nicht gegen sozialdemokratische *Führungsgremien*, sondern direkt gegen sozialdemokratische *Arbeiter* auswirkten. So weit war die Unversöhnlichkeit der Auseinandersetzung bereits im Frühjahr 1929 gediehen.

1.3.5 Die Spaltung der Solinger Arbeitervereine

Der »Volkschor Solingen« gehörte zu den traditionellen Kulturvereinen der musikliebenden Solinger Arbeiter; für seine Konzerte erhielt er von der Stadtverwaltung einen jährlichen Zuschuß, der bei ca. 5 000 Mark lag.[168] Im Volkschor hatten bis 1929 Kommunisten, Sozialdemokraten und parteilose Mitglieder einträchtig zusammen gesungen. Als im Frühjahr 1929 der Streik in der *Bergischen Arbeiterstimme* ausgebrochen war, versuchte die SPD, möglichst viele Vereine zu einem Boykott der Genossenschaftsbuchdruckerei zu bewegen; der Volkschor sollte z. B. dort keine Programme mehr drucken lassen. Die sozialdemokratischen Mitglieder stellten dementsprechend einen Antrag im Volkschor, der aber mit Mehrheit abgelehnt wurde. Daraufhin traten im Juni die Sozialdemokraten aus und gründeten einen eigenen Chor, die »Freie Chorgemeinschaft«, der sich ca. ein Drittel der Volkschormitglieder anschlossen. Als im November im Stadtparlament der übliche Jahreszuschuß für den Volkschor zur Debatte stand, wurde er mit den Stimmen der bürgerlichen Parteien und der SPD abgelehnt. Die »Freie Chorgemeinschaft« freilich ging auch leer aus.
Dieser Spaltungsvorgang vollzog sich in vergleichbarer Form in allen wichtigen Arbeitervereinen. Bei den Sportvereinen spielte, ganz ähnlich wie bei den Gewerkschaften, meistens die Ausschlußkampagne der sozialdemokratischen Reichsvorstände gegen die Kommunisten eine entscheidende Rolle. So wurde z. B. im Oktober 1929 der »Arbeiter-Schwimmverein Solingen« aus dem deutschen »Arbeiter-Turn- und Sportbund« ausgeschlossen; die sozialdemokratisch orientierten Funk-

---

168 Zum Thema »Volkschor« vgl. *Bergische Arbeiterstimme*, 24. 6., 4. 10. und 8. 11. 1929; *Solinger Tageblatt*, 6. 11. 1929.

tionäre und Mitglieder gründeten dann die »Freien Schwimmer Solingen«.[169]

Zu diesen Neugründungen sahen sich die Sozialdemokraten gezwungen, weil sie fast überall in der Minderheit waren und ihre Politik darum nicht durchsetzen bzw. eine kommunistische Linie in den Vereinen nicht verhindern konnten. Die sozialdemokratischen Neugründungen wurden von den Kommunisten höhnisch die »Rostfreien« genannt; aus Mitgliedermangel waren die wenigsten von ihnen lebensfähig. Die alten Vereine gerieten hingegen in finanzielle Schwierigkeiten, da nun die Unterstützung durch den Zentralverband und durch die Stadt wegfiel; außerdem konnten die Mitglieder wegen der Arbeitslosigkeit nur wenig Beiträge bezahlen.

Wer die Spaltung des Vereinswesens im einzelnen verursacht hat, kann hier nicht untersucht werden. Von seiten der SPD und auch der KPO wurde immer wieder der Vorwurf erhoben, die KPD habe die Spaltungen provoziert. Wenn man sich das Beispiel des Volkschors ansieht, muß man dieser Behauptung gegenüber mißtrauisch werden. Im »Arbeiter-Turn- und Sportbund« hatte die sozialdemokratische Führung schon Anfang 1928 die Initiative zum Ausschluß von Kommunisten ergriffen[170], als in der KPD von der Linkswendung noch nicht die Rede sein konnte. Es scheint eher, daß die Kommunisten 1929 lieber in den Verbänden geblieben wären. Den Versuch zur Bildung »roter«, d. h. oppositioneller Kultur- und Sportverbände unternahmen sie erst 1930.[171] Das heißt nicht, daß die Politisierung der Vereine für Parteizwecke nicht auch von der KPD vorangetrieben worden wäre.

Bei der Vielfältigkeit des Solinger Vereinslebens mußte die Spaltung einen besonders tiefen Riß im Leben der Arbeiterbewegung hinterlassen. Wie heiß die Auseinandersetzung in allen Arten von Vereinen hin- und herwogte, zeigt eine Notiz aus dem *Volksblatt* vom 11. Januar 1930: Darin wird triumphierend gemeldet, daß der »Arbeiter-Aquarien-Verein« den Boykottbeschluß über das Gewerkschaftshaus in seiner Generalversammlung aufgehoben habe; am Tag zuvor hatte die *Arbeiterstimme* verkündet, daß der Verband der Kriegsopfer den Boykott des »Bonzenhauses« beschlossen habe.[172]

169 *Bergische Arbeiterstimme*, 29. 10. 1929; *Volksblatt*, 1. 11. und 5. 11. 1929.
170 Timmermann, Geschichte und Struktur der Arbeitersportbewegung, S. 121 ff.
171 Timmermann, S. 127 ff.
172 Nach der Schließung des Gewerkschaftshauses für die Opposition im Dezember 1929 hatte die KPD den Boykott darüber verhängt.

1.3.6 Weitere Reibungspunkte mit der SPD: Maiereignisse, Kriegsfurcht, Konkordatspolitik

Im Mai 1929 ging die sozialdemokratische Preußenregierung mit der ganzen Härte des Staatsapparates gegen die KPD vor (vgl. unten Teil 2.3.2). Dieses Vorgehen wurde von der kommunistischen Bewegung als bedrohliche Provokation wahrgenommen und hatte auch in Solingen manifeste Folgen. Am 5. Mai kam es zu einer Polizeiaktion gegen den Solinger »Rotfrontkämpferbund« und die Partei. Daraufhin protestierte zwei Tage später eine Demonstration von ca. 8 000 Teilnehmern gegen das Verbot des RFB;[173] das war auch für Solinger Verhältnisse eine ungewöhnlich große Mobilisierung. Es besteht kein Zweifel darüber, daß die Solinger Arbeiter ein neues Sozialistengesetz befürchteten; und diese Sorge war durchaus nicht abwegig, wurde doch im Kreise der Innenminister der deutschen Länder das Verbot der KPD in diesen Tagen ernstlich erwogen.

Von nun an kam es in Solingen laufend zu Polizeimaßnahmen gegen die KPD: Im Oktober Verhaftungen auf einer Demonstration, im November Haussuchungen bei KPD-Funktionären, im Januar Durchsuchung des Parteibüros[174], um nur einige wenige Beispiele zu nennen. Mit dieser Entwicklung ist die Einführung des Begriffes »Sozialfaschismus« in den politischen Sprachgebrauch der Solinger KPD verknüpft. Tatsächlich taucht dieser Begriff erst nach den Maiereignissen 1929 auf;[175] seine Ausbreitung war also nicht eine direkte Folge der »taktischen Wendung« der Komintern (die ja schon einige Zeit zurücklag), sondern hing mit dem Zusammenprall der Partei mit den sozialdemokratischen Regierungen zusammen.

Die Aufrüstungsmaßnahmen der sozialdemokratisch geführten Reichsregierung 1928/29 nehmen sich heute recht bescheiden aus, wenn man sie mit dem Rüstungsprogramm der NSDAP nach 1933 vergleicht. Die Zeitgenossen nahmen dennoch das Problem der Aufrüstung sehr ernst, wie der Streit um den Bau des »Panzerkreuzers A« zeigt. Als die KPD im Oktober 1928 das Volksbegehren gegen den Panzerkreuzerbau durchführte, zeichneten sich im Solinger Bezirk immerhin 14 000 Wähler in die Listen ein.[176] Die drohende »Kriegsgefahr« blieb ein durchgängiges politisches Thema in den kommunistischen Versammlungen

---

173 *Bergische Arbeiterstimme*, 6. 5. und 8. 5. 1929.
174 A.a.O., 28. und 30. 10. 1929; 30. 11. 1929; 18. 1. 1930.
175 Auf diese Präzisierung wurde ich von W. Dickhut aufmerksam gemacht; sie wird vom politischen Sprachgebrauch der *Bergischen Arbeiterstimme* bestätigt.
176 Genaue Ergebnisse in der *Bergischen Arbeiterstimme*, 17. 10. 1928.

und der Parteipresse der Jahre 1929 ff. Dabei wurde nicht nur die Gefahr eines Krieges gegen die Sowjetunion beschworen, was den stets wachen Internationalismusgeist der Solinger auf den Plan rufen mußte; der VI. Weltkongreß hatte auch eine Zuspitzung der imperialistischen Gegensätze zwischen England und den USA vorausgesagt, was sich freilich bald als eine krasse Fehleinschätzung herausstellte. In den Köpfen der kommunistisch orientierten Arbeiter breitete sich nicht nur die Angst vor einem neuen Sozialistengesetz aus, sondern auch ein anderes Trauma wurde aktualisiert (wenn auch nicht in dem gleichen Maße): Die Befürchtung, es könne zu einem neuen Krieg kommen, in dem die SPD die Rüstungsausgaben auch noch bewilligen würde, so wie es am 4. August 1914 geschehen war.[177] Wie ernst der Solinger Arbeiter diese Frage nahm, läßt sich nur schwer feststellen; sicher hat ihn das Verhalten der SPD in Sachen Reichswehr zunächst vielmehr beschäftigt als die Stellung der NSDAP, die sich am Ort bis Mitte 1930 kaum bemerkbar machte.

Außerdem muß hier das Unverständnis erwähnt werden, auf das die Konkordatspolitik der preußischen Regierung[178] bei den Solinger Arbeitern stieß. Die starke Freidenkerbewegung konnte nicht begreifen, warum ausgerechnet eine sozialdemokratisch geführte Regierung ein Konkordat mit der katholischen Kirche abschloß, das den kulturellen Einfluß und die materiellen Privilegien der Kirche festschrieb. Im Juli 1929 stimmte auch die sozialdemokratische Fraktion im Landtag (freilich nicht ohne starken Druck von seiten der Regierung und Parteiführung) dem Konkordat zu. Die Ablehnung des Konkordats war nicht auf die Kommunisten beschränkt, sondern schloß mit Sicherheit auch Teile der Solinger SPD mit ein; wahrscheinlich erstreckte sie sich sogar bis zu den bürgerlichen Liberalen.

Es ist insgesamt ein überraschendes Ergebnis, auf wie vielen Ebenen des politischen und kulturellen Lebens im Laufe des Jahres 1929 eine grundlegende Entfremdung zwischen der kommunistisch geprägten Arbeiterbewegung in Solingen und der sozialdemokratischen Partei eintrat. Nur ein Teil der Reibungspunkte läßt sich direkt mit der Linkswendung der KPD in Verbindung bringen. Ein mindestens ebenso wichtiger Umstand war die Auswirkung der Regierungsbeteiligung der SPD in Preußen und im Reich.

Die Folge dieser Entwicklung war eine Spaltung der Solinger Arbeiter-

---

177 Am 19. Oktober 1929 warnte z. B. ein Artikel von A. Emel in der *Bergischen Arbeiterstimme* davor, daß die reformistische Politik 1914 den Krieg möglich gemacht habe und jetzt auf demselben Wege sei.

178 Zu den Absichten der Regierung s. Otto *Braun*, Von Weimar zu Hitler, 2. Aufl. New York 1940, S. 274 ff.

bewegung, wie sie sie seit ihrem Bestehen noch nicht gekannt hatte; und diese Spaltung war bereits vollzogen, bevor die eigentliche Weltwirtschaftskrise eingesetzt hatte.

1.4 Kommunalwahlkampf 1929

1.4.1 Kommunale Öffentlichkeit und Parteigebundenheit der Presse

Bevor sich die Untersuchung der Kommunalpolitik der Jahre 1929 und 1930 zuwendet, muß noch ein Wort zur Bedeutung der Presse gesagt werden. In Groß-Solingen gab es im Jahre 1929 sechs verschiedene Tageszeitungen mit eigenem Lokalteil: Das *Solinger Tageblatt* war die größte Zeitung des Bezirks; sein Chefredakteur Gothe war Mitglied der DDP und leitete das Blatt ungefähr im Sinne der Weimarer Koalition. Daneben gab es die *»Bergische Zeitung«*, die 1922 in Wald mit dem Kapital führender Unternehmer des Bezirks gegründet worden war; sie diente den bürgerlichen Rechtsparteien als Sprachrohr und gehörte 1929 zu den schärfsten Gegnern der SPD. Der *Ohligser Anzeiger* vertrat die rechtsradikale »Ohligser Richtung« der DVP. Die KPD verfügte über die *Bergische Arbeiterstimme*, die die zweitgrößte Zeitung des Bezirks war und bereits oben charakterisiert worden ist. Das *Volksblatt* war der SPD zugeordnet, die *Bergische Post* dem Zentrum; beide Zeitungen erschienen als Kopfblätter überregionaler Herkunft, hatten aber eine Solinger Lokalredaktion.

In allen Zeitungen wurden kommunalpolitische Themen gründlich behandelt. Damit hatte die lokale Öffentlichkeit in der Weimarer Zeit einen Grad an Differenzierung und Entfaltung erreicht, der in der Solinger Geschichte einmalig dasteht.[179] Aus der großen Verbreitung der *Bergischen Arbeiterstimme* kann mit Sicherheit geschlossen werden, daß die Solinger Arbeiter Zeitung lasen und auf diese Weise an der kommunalen Öffentlichkeit teilnahmen. Die lokale Presse ist die wichtigste quellenmäßige Grundlage der vorliegenden Untersuchung. Sie bietet zu vielen lokalen Themen so reichhaltiges Material, daß sie hier noch keineswegs erschöpfend ausgewertet werden kann; ihre Erschließung steht vielmehr erst am Anfang.

Dennoch muß hier sogleich auf eine spezifische Beschränkung dieses Quellenmaterials hingewiesen werden. Alle Zeitungen waren parteigebunden oder hatten sich zumindest einen bestimmten politischen

---

179 Schon 1930 begann der Konzentrationsprozeß der Lokalpresse, der heute noch zwei Zeitungen übriggelassen hat, wovon eine als Kopfblatt erscheint.

Platz innerhalb der kommunalen Öffentlichkeit zugewiesen. Wenn also im folgenden von politischen »Standpunkten« im kommunalen Kräftespiel oder von den »Interessen« bestimmter Bevölkerungsteile die Rede ist, sind diese Standpunkte und Interessen fast immer schon durch das Medium der Parteipresse vermittelt und interpretiert.

Dieser Vorbehalt muß auch gegenüber der Presse der Arbeiterbewegung gemacht werden, da sie organisationsgebunden und integraler Teil der lokalen Öffentlichkeit war.[180]

1.4.2 Risse in der Verbindung von Parteien und Wählerschaft: Beschränktes Interesse am Wahlkampf; Protest der Klauberger Frauen; Stillegung des Ohligser Gaswerks

Der kommunalpolitische Wahlkampf des Jahres 1929, der Anfang September einsetzte und bis zur Wahl am 17. November dauerte, war von einer zunehmenden Schärfe der Auseinandersetzungen geprägt; der Schlagabtausch fand zwischen den bürgerlichen Parteien und der Sozialdemokratie, aber auch zwischen der SPD und der KPD statt.

Der scharfe Ton der Auseinandersetzung entsprach in Solingen aber nicht immer einer gesteigerten Anteilnahme der Wählerschaft. Lediglich in der Woche vor der Wahl veranstalteten die KPD und die SPD Großveranstaltungen im Kaisersaal (ca. 1 500 Plätze); vorher waren viele Wahlversammlungen kaum oder gar nicht besucht gewesen.

Noch zehn Tage vor der Wahl stellte das *Solinger Tageblatt* eine »Ruhe vor dem Sturm« fest: »Wer durch die Straßen des Stadtbezirks schreitet, sieht oder merkt nichts davon ... Die von der Verwaltung aufgestellten Plakattafeln harren noch der Wahlplakate.«[181] Die Propaganda vor der Kommunalwahl sei gegenüber früher sogar zurückgegangen; in Ohligs hätten keine öffentlichen Versammlungen stattgefunden, außer zwei Veranstaltungen der NSDAP, wo die Leute aus Neugier zahlreich hingegangen waren.[182]

Die Wahlbeteiligung war schließlich mit 67 % für eine Kommunalwahl guter Durchschnitt, blieb aber doch sehr deutlich hinter den Reichstagswahlen 1928 (77 %) und 1930 (88 %) zurück.

---

180 Indem z. B. die *Bergische Arbeiterstimme* den Standpunkt des »kommunistischen Lagers« in der kommunalen Öffentlichkeit geltend machte, stellte sie – gewollt oder ungewollt – eine organisatorische Brücke zwischen der Arbeiterbewegung und den politischen Institutionen des Bürgertums dar; s. dazu grundsätzlich Alexander *Kluge* / Oskar *Negt*, Öffentlichkeit und Erfahrung, Frankfurt 1972, passim.
181 *Solinger Tageblatt*, 7. 11. 1929.
182 Vgl. a.a.O., 9. 11. 1929.

Am 12. November erschien im sozialdemokratischen *Volksblatt* folgende Zuschrift:

> »Uns wird geschrieben: Eine ungemütliche Stunde wurde am vergangenen Mittwochmorgen dem kommissarischen Bürgermeister, Baurat Schmidhäußler, bereitet. Etwa 80 Frauen, deren Kinder die evangelische Schule in Klauberg besuchen, sprachen bei ihm vor, um ihn an den schon seit dem 15. 2. versprochenen Schulneubau zu erinnern. Eine Frauenversammlung, auf der es sehr erregt zuging, hatte den Beschluß gefaßt, demonstrativ zum Stadthaus zu gehen und den Baurat zu fragen, wie es eigentlich mit der Angelegenheit stehe. – Während eine Delegation mit dem Baurat verhandelte, blieben die anderen Mütter mit erbitterter Stimmung auf dem Flur. Die Klagen, die die Mütter dem Baurat vortrugen, waren ihm wohlbekannt und wurden auch als berechtigt anerkannt, aber, so sagte der Herr Baurat, es sei kein Geld da! Bei der *einstündigen* Verhandlung kam nichts weiter heraus, als (daß) das erste Geld, was für den Schulbau hereinkomme, für den Neubau der Schule Klauberg verwendet werden solle. Weiter war nichts zu erreichen, und die Frauen zogen entrüstet wieder ab mit dem festen Willen, nicht zu ruhen und zu rasten, bis ihren Wünschen Rechnung getragen wird.«[183]

Dieser Protestmarsch der Klauberger Mütter spielte sich elf Tage vor der Kommunalwahl ab. Dennoch berichtete die Presse – mit Ausnahme einer kleinen Notiz im *Solinger Tageblatt* – nicht darüber.[184] Der oben angeführte Bericht im *Volksblatt* erschien erst sechs Tage danach; die *Bergische Arbeiterstimme* griff die Sache überhaupt nicht auf.[185] Keine politische Partei nahm sich des Protestes an. So konnte er auch nicht zum Wahlkampfthema werden.

Der Vorfall zeigt, daß die Folgen der kommunalen Finanzmisere (vgl. Kapitel 3.3 unten) sehr wohl zu einem Anwachsen der sozialen und politischen Spannungen führten; sie führten aber nicht unbedingt zu einer politischen »Radikalisierung« in dem Sinne, daß die aufkommende Empörung von den politischen Parteien aufgefangen oder sogar vorangetrieben worden sei. Der Protest staute sich statt dessen in der Gesellschaft auf (hier im »Clauberger Schulverein«), so daß sogar eine politisch als indifferent geltende Gruppe wie die evangelischen Frauen sich entschlossen selbst organisierte. Für Solingen muß festgehalten werden, daß auch die KPD unfähig war, den Protest in der ganzen Breite zu organisieren, so wie er von er kommunalen Finanz-

---

183 *Volksblatt*, 12. 11. 1929.
184 *Solinger Tageblatt*, 8. 11. 1929.
185 Lediglich nach der Wahl brachte die *Bergische Arbeiterstimme* einen Artikel über den skandalösen Bauzustand der Clauberger Schule (10. 2. 1930). Übrigens wurde das Schulgebäude Klauberg schließlich im Jahre 1932 mit einem Kostenaufwand von 60 000 Reichsmark umgebaut; s. Otto, Vier Jahre Kommunalpolitik, S. 162.

not hervorgerufen wurde. Die KPD hatte die Tendenz, ihre Agitation auf die Betroffenen ihres herkömmlichen Umkreises (Erwerbslose usw.) zu beschränken.

Auch ein anderer Fall wird dazu beigetragen haben, daß sich die Solinger Bevölkerung nur noch bedingt von einer der Parteien in der Stadtverordnetenversammlung vertreten fühlte: Die Frage des Ohligser Gaswerks. Während Solingen und die anderen Städte des Oberen Kreises schon seit längerem von der überregionalen Ruhrgas-AG versorgt wurden, hatte Ohligs 1929 noch ein eigenes Gaswerk.[186] Die Städtevereinigung 1929 zog als logische Konsequenz die Stillegung dieses Gaswerks nach sich: Im Vergleich mit der Gasfernversorgung war das Werk unrentabel und teuer im Betrieb, und ein Hauptmotiv der kommunalen Neugliederung war schließlich die Rationalisierung der Kommunalbetriebe gewesen. Die Stillegung des Ohligser Gaswerks bedeutete aber den Arbeitsplatzverlust für zahlreiche Beschäftigte. Außerdem legte sie ein peinliches Maß an kommunaler Fehlplanung offen, denn das Gaswerk war erst kürzlich modernisiert worden. Die Entscheidung über die Stillegung stand in der 2. Sitzung des Solinger Hauptausschusses (kommissarisches Stadtparlament von August bis November 1929) am 5. November zur Debatte. Die Entscheidung über diese Angelegenheit wurde auf die Zeit nach der Kommunalwahl vertagt (sie fiel dann im Februar 1930[187]). In der Debatte am 5. November war aber schon deutlich zu erkennen, daß alle vertretenen Parteien die Stillegung für unvermeidlich hielten und nichts dagegen unternehmen würden. Das gilt auch für die KPD, deren Vertreter Schlechter erklärte: »Wir Kommunisten sind *grundsätzlich* gegen die Stillegung des städtischen Gaswerks, weil dadurch die Ruhrgas-Kapitalisten das Monopol über die Gasversorgung erhalten und die Preise festsetzen können, wie sie wollen.«[188] Die »grundsätzliche« Gegnerschaft der KPD bedeutete, daß sie überhaupt nichts gegen die Stillegung unternahm und die Interessen der betroffenen Arbeiter noch nicht einmal verbal verteidigte. Diese Haltung war die logische Konsequenz aus der bedingungslosen Zustimmung der Partei zur Städtevereinigung (s. o.).

Die Bürgerlichen im Hauptausschuß drängten auf einen Aufschub der Angelegenheit; sie waren eindeutig für die Stillegung, wollten aber gleichzeitig die verbreitete Erbitterung in Ohligs für sich ausnutzen, so wie sie es schon in der ganzen Städtevereinigungsfrage versucht hatten: Der DVP-Führer Grells versuchte, SPD-Bürgermeister Sauer-

---

186 Zur Problematik der überregionalen Gasfernversorgung vgl. 2.2.7.
187 *Bergische Arbeiterstimme*, 8. 2. 1930.
188 Sitzungsbericht in der *Bergischen Arbeiterstimme*, 6. 11. 1929; Hervorhebung hinzugefügt.

brey die Sache in die Schuhe zu schieben, und der *Ohligser Anzeiger* erhob scharfe Vorwürfe gegen den SPD-Beigeordneten Krenzer. Krenzer, der für die städtischen Werke verantwortlich war, hatte auch tatsächlich den Vogel abgeschossen, indem er – schon vor der Erörterung der Angelegenheit im Hauptausschuß – einer Düsseldorfer Abbruchfirma den Auftrag zur Vorbereitung des Abbruchs erteilt hatte. Die KPO schließlich leistete sich besonders publikumswirksame Schnitzer: Ihr Führer Anton Lüchem war der einzige Redner, der die Stillegung ausdrücklich verteidigte; er machte die – offensichtlich irrige – Rechnung auf, daß andernfalls der Gaspreis um 3 Pf. pro cbm steigen würde. Das trug ihm von seiten der KPD den Zwischenruf ein: »Du häß es verkierde Rechenbook, Anton!« In diesem Stadtparlament konnten sich die Ohligser Arbeiter, die von der Rationalisierung betroffen waren, offenbar von niemandem vertreten fühlen.

1.4.3 Die bürgerlichen Parteien im Wahlkampf

In der politischen Landschaft des Solinger Bezirks konnte das bürgerliche Lager die Kommunalpolitik nur dann beherrschen, wenn es seine Kräfte konzentrierte. Der siegreiche Bürgerblock des Jahres 1924 war 1927 auseinandergebrochen, und die Streitigkeiten von damals hatten sich 1929 noch eher vertieft als abgeschwächt.

Die Verhandlungen, die im Herbst 1929 über eine Erneuerung des Bürgerblocks geführt wurden, waren von einer allgemeinen Animosität gekennzeichnet. Verstärkt wurden die politischen Differenzen noch durch die Konkurrenz um die Verteilung der sicheren Listenplätze; durch die Städtevereinigung war die Gesamtzahl der Stadtverordnetensitze von 155 auf 52 zusammengeschmolzen.[189] Ergebnis der Verhandlungen war zunächst nur eine Listenverbindung mit Namen »Bürgerliche Wahlgemeinschaft« (im folgenden zit. als *Wahlgemeinschaft*), auf der die DNVP, DVP, DDP, Zentrum und Wirtschaftspartei gemeinsam kandidierten.

Die Liste der *Wahlgemeinschaft* repräsentierte weithin sichtbar die Interessen der Solinger Unternehmer und Besitzbürger: Es finden sich darauf der Geschäftsführer und der Vorsitzende des Arbeitgeberverbandes (Bachteler und Lauterjung), der Syndikus der Handwerkskammer (Vermeulen), der Vorsitzende des Haus- und Grundbesitzervereins (Flabb) usf. Den politischen Ton gab die »Ohligser Richtung«

---

189 Vgl. Glossen im *Volksblatt*, 9. 11. 1929, und Darstellung der Verhandlungen im Flugblatt der Volksrechtspartei im Stadtarchiv Solingen, Bestand A 15/7.

der DVP an (Rechtsanwalt Bräuning), die bereits charakterisiert worden ist; die liberale Ortsgruppe Solingen (Lehrer Paschen) war im innerparteilichen Streit endgültig unterlegen. Die *DDP* schien vom Rückgang ihrer Anhängerschaft schon gelähmt zu sein und trat in den Auseinandersetzungen nur wenig hervor. Wenn sie sich trotzdem der *Wahlgemeinschaft* eingliederte, folgte sie damit den Tendenzen an der Parteispitze: Zu Beginn des Kommunalwahlkampfes hatte sich der preußische Handelsminister Schreiber (DDP) der Kampagne des RDI gegen die »kalte Sozialisierung«[190] angenähert, indem er die verstärkte Besteuerung der Kommunalbetriebe forderte.[191] Das bedeutete, die Zerfallstendenzen in der Partei durch eine Öffnung nach rechts und eine Abgrenzung gegen die SPD zu bekämpfen, also die Weimarer Koalition Schritt für Schritt zu verlassen.

Das *Zentrum* bekam wegen seines Anschlusses an die *Wahlgemeinschaft* Schwierigkeiten mit seinem Arbeiterflügel: Der Führer des Christlichen Metallgewerkschaftsverbandes in Solingen, Hebborn, tauchte auf der Kandidatenliste nicht auf, und noch eine Woche vor der Wahl weigerten sich die CMVler, die Wahlgemeinschaft überhaupt zu unterstützen.[192] Die *Wirtschaftspartei* schloß sich der Liste nur widerstrebend an. Ihre Vertreter waren sich darüber im klaren, daß sie in der großbürgerlichen Gesellschaft der *Wahlgemeinschaft* ebenso viele Stimmen verlieren wie gewinnen konnten. Prof. Bredt sagte auf einer Wahlversammlung am 13. November, seine Partei habe der *Wahlgemeinschaft* nur »schweren Herzens« zugestimmt.[193]

Die wichtigste Wahlkampfparole der Wahlgemeinschaft war der Einsatz »für ein bürgerliches Groß-Solingen« und für einen »bürgerlichen Oberbürgermeister«.[194] Diese Parolen richteten sich keineswegs in erster Linie gegen die KPD, wie man vielleicht erwarten möchte; die Feindschaft gegen die Kommunisten war so selbstverständlich, daß sie keiner Worte mehr bedurfte. Die politische Frontstellung, die die *Wahlgemeinschaft* zusammenhielt, war vielmehr gegen die SPD gerichtet. Dasselbe haben übrigens Allen und Kaiser für die lokalen Bür-

190 Zum Zusammenhang von der Kampagne gegen die »kalte Sozialisierung« und der Bündnispolitik des Großkapitals vgl. u. Teil 3.2.1.
191 Vgl. *Vorwärts,* Berlin 18. 9. 1929.
192 Etwa zur gleichen Zeit hatte die Düsseldorfer Parteileitung des Zentrums Auseinandersetzungen mit dem Windthorstbund, s. Wolfgang *Stump,* Geschichte und Organisation der Zentrumspartei in Düsseldorf 1917 bis 1933, Düsseldorf 1971, S. 106 ff. und 134 ff.
193 *Bergische Zeitung,* 14. 11. 1929.
194 Plattform der *Wahlgemeinschaft* im *Solinger Tageblatt,* 2. 11. 1929; Flugblatt in Sammlung A 15/7 im Stadtarchiv Solingen; *Bergische Zeitung,* 1. 11. 1929.

gerblocks von Northeim und Braunschweig festgestellt.[195] In diesem Sinne wetterte die *Bergische Zeitung* gegen die »kalte Sozialisierung«[196], und in diesem Sinne hieß es im Leitartikel der *»Bergischen Haus- und Grundbesitzerzeitung«* vom 5. November: »Kommunaler Großkampftag ... Die Politisierung der Kommunalparlamente brachte dem eigentlichen Todfeinde des haus- und grundbesitzenden Mittelstandes, dem Sozialismus, eine außerordentliche Machtfülle ... Um einen Großteil dieser *sozialdemokratischen* Machtpositionen geht es am 17. November 1929 ...«[197] Damit wird das taktische Ziel der bürgerlichen Kräfte an diesem historischen Zeitpunkt deutlich: Sie handelten nicht aus Angst vor einem Sieg des Kommunismus, sondern sie hielten den Zeitpunkt für gekommen, die Sozialdemokraten aus den Positionen im Staats- und Kommunalapparat hinauszuwerfen.

Die *Wahlgemeinschaft* mußte nicht nur eine Reihe kaum überbrückbarer Widersprüche in sich vereinigen; sie erreichte auch ihr Hauptziel nicht, nämlich die Vereinigung aller bürgerlichen Kräfte. Mit dem »Walder Bürgerblock«, der »Volksrechtspartei«, der »Evangelischen Wahlvereinigung« und den Nationalsozialisten lehnte eine Reihe von kleinbürgerlichen Gruppen den Anschluß an die *Wahlgemeinschaft* ab, die immerhin ein gewisses kommunalpolitisches Gewicht darstellen konnten. Diesen Gruppen war es (zunächst einschließlich der Nationalsozialisten) gemeinsam, daß die gegen die Nöte des Mittelstandes *selbständig* kämpfen wollten und ihre Gegnerschaft gegen die »schwindenden großen Parteien« und die »nicht bewährten Stadtverordneten« betonten. Die Volksrechtspartei (Bund der Sparer und Inflationsgeschädigten) konzentrierte sich dabei auf die »Verschleuderung unserer Steuergelder durch die alten Kommunalverwaltungen«.[198] Die »Ev. Wahlvereinigung« wurde von zwei Pastoren angeführt. Sie verzichtete auf ein Programm und berief sich nur auf das »Gewissen« ihrer Kandidaten.[199] In der Art des »Christl.-sozialen Volksdienstes« bedeutete das den paradoxen Versuch, Politik nicht politisch, sondern

---

195 William S. *Allen,* »Das haben wir nicht gewollt.« Die nationalsozialistische Machtergreifung in einer Kleinstadt 1930–1935, Gütersloh 1966, S. 46 f.; Klaus *Kaiser,* Braunschweiger Presse und Nationalsozialismus, Braunschweig 1970, S. 30. Auch in Frankfurt wandte sich die DVP seit 1928 immer schärfer gegen die SPD und die »bisherige Kommunalpolitik«; s. Rebentisch, Ludwig Landmann, S. 230 und 259 f.
196 Artikel z. B. am 2. 11. 1929 und 11. 11. 1929.
197 *Bergische Haus- und Grundbesitzer-Zeitung,* Solingen, 6. Jg. 1929, Nr. 38, S. 149; Hervorhebung hinzugefügt.
198 *Solinger Tageblatt,* 5. 11. 1929; Flugblatt in Sammlung A 15/7 im Stadtarchiv Solingen.
199 Plattform in der *Bergischen Zeitung,* 2. 11. 1929.

religiös zu begründen.[200] Konstituierend für diese konservative Gruppierung waren wahrscheinlich der Streit um die Schul- und Kulturpolitik in Preußen sowie die Absicht, der Ausbreitung des Freidenkertums entgegenzuwirken.

1.4.4 Die Sozialdemokratie

Trotz ihrer traditionellen Schwäche in Solingen unternahm die SPD im Kommunalwahlkampf große Anstrengungen. Mehrere Wahlredner reisten aus Berlin an; besonderen Einsatz zeigten der Landtagsabgeordnete Peter Berten aus Düsseldorf und Hermann Meyer, der Führer der Solinger SPD und seit 1928 ebenfalls Abgeordneter im Preußischen Landtag.

Die massiven Angriffe von seiten der *Wahlgemeinschaft* wurden von der Solinger SPD genau registriert. Am 11. November schrieb das *Volksblatt:* »Der Klassenkampf des Bürgertums, insbesondere der DVP, richtet sich gegen die Sozialdemokratie. Es geht um den Einfluß, es geht um die Führung in Groß-Solingen!«[201] Demgegenüber brachte die SPD unter taktischen Gesichtspunkten selbst eine mögliche Einheit der Linken ins Spiel; im Bericht über eine Wahlveranstaltung im Kaisersaal heißt es: »Zusammenfassend gab Meyer dem Wunsche Ausdruck, daß eine Linksmehrheit zustandekommen möge. Wenn auch nicht daran zu denken wäre, daß – nach Umstellung in der KPD – eine praktische Arbeit mit der KPD möglich sei, so sei doch eins sicher – daß die Sozialdemokratie *die Schlüsselstellung einnehme,* sie also das Zünglein an der Waage bilde ...«[202] Wenn die Solinger SPD so mit einem Zusammengehen mit der KPD spielte, geschah das ganz offensichtlich nicht aus programmatischen Gründen für die Einheit der Arbeiterbewegung; solche Bemerkungen waren nötig, um die erhoffte Stellung als »Zünglein an der Waage« ganz ausreizen zu können, wie es dann später in der Oberbürgermeisterfrage auch geschah.

Unterdessen ließ die SPD keine Gelegenheit verstreichen, die KPD auf das rabiateste anzugreifen. Als der Wohlfahrtsdezernent Merkel eine anonyme Drohung von Erwerbslosen per Postkarte bekam, machte die SPD die Kommunisten dafür verantwortlich. Obwohl die *Bergische Arbeiterstimme* sich deutlich von der Drohung distanzierte und schrieb,

---

200 Vgl. Günter *Opitz,* Der Christlich-soziale Volksdienst, Düsseldorf 1969, S. 317.
201 *Volksblatt,* 11. 11. 1929.
202 Versammlungsbericht im *Volksblatt,* 16. 11. 1929; Hervorhebung hinzugefügt.

man sehe »das Hakenkreuz daraus hervorleuchten«[203], schäumte das *Volksblatt:* »Die Kommunistische Partei ist ein Giftpilz, der auf dem Boden der Arbeiterbewegung wuchert und den es zu beseitigen gilt.«[204] Solche Entgleisungen gab es häufig. Am Tag vor der Wahl schlachtete das *Volksblatt* eine Finanzaffäre in der »Deutsch-russischen Filmgesellschaft« und die angeblich überhöhten Gehälter von Otto Schulten in der Konsumgesellschaft »Hoffnung« aus[205]; das geschah zu einem Zeitpunkt, an dem sich die Betroffenen vor dem Wahltag nicht mehr verteidigen konnten. Dieselbe Methode wandten übrigens auch die bürgerlichen Blätter gegen die SPD an, indem sie einen Tag vor dem Wahltermin alte, gegenstandslose Korruptionsvorwürfe gegen die Sozialdemokraten Merkel und Sauerbrey aufwärmten.[206]

Am 8. November erschien im *Volksblatt* ein großer Artikel unter der Überschrift »Kampf um die Rathäuser«. Darin hieß es:

> »Selbstverwaltung bedeutet, daß du und du, daß ihr alle dafür *verantwortlich* seid, wenn *Mängel* in einer Gemeinde vorhanden sind. Ihr alle habt aber auch das *Verdienst,* wenn in der Gemeinde der *ernste Wille* vorhanden ist, *menschenwürdige* Zustände zu schaffen und zu erhalten ... Am Gemeindewahltag geht es um das Allgemeinwohl! ... *Keine Partei,* weder die *Kommunisten* noch die *Hakenkreuzler,* weder *Demokraten* noch *Zentrum,* kein *bürgerlicher Mischmasch* sind imstande, die *Sozialdemokratie in ihrem Willen zu übertrffen,* der Allgemeinheit zu dienen.«[207]

An diesem Aufruf wird deutlich, daß die SPD die Frage der Selbstverwaltung nicht mehr als eine Klassenfrage auffaßte, ebensowenig wie die Frage des Staates überhaupt. Der Zustand der Selbstverwaltung war aber gerade Ende 1929 so überdeutlich von der kapitalistischen Wirtschaftskrise und den Sparmaßnahmen des Staates bestimmt, daß es abwegig erscheint, ihn vom Verantwortungsgefühl des einzelnen Bürgers abhängig zu machen.

Die häufige Argumentation mit den sozialen Errungenschaften der Republik[208] konnte in diesem Moment ebenfalls nicht weit führen; selbst Hermann Meyer, dessen Ansehen sich u. a. auf seine Tätigkeit im

---

203 *Bergische Arbeiterstimme,* 7. 11. 1929.
204 Im Artikel »Früchte kommunistischer Verhetzung«, *Volksblatt,* 7. 11. 1929.
205 *Volksblatt,* 16. 11. 1929; Flugblatt der SPD im Bestand A 15/7 im Stadtarchiv Solingen.
206 *Ohligser Anzeiger,* 16. 11. 1929; *Bergische Zeitung,* 16. 11. 1929.
207 *Volksblatt,* 8. 11. 1929; Hervorhebungen im Original.
208 Flugblatt der SPD mit dem Titel »Schließt die Reihen! Die Sozialdemokratie im Kampf um die Arbeitslosenversicherung« im Bestand A 15/7 im Stadtarchiv Solingen.

»Spar- und Bauverein« gründete, mußte eine Woche vor der Wahl zugeben, daß die Aussichten für den Wohnungsbau äußerst düster seien. Der sozialdemokratische Wahlkampf in Solingen war nicht direkt auf die Arbeiterschaft abgestellt, deren kommunistische Haltung nicht so schnell zu erschüttern war. Die SPD hoffte ganz offensichtlich auf einen Zuwachs an kleinbürgerlichen Stimmen, wie aus diesem Aufruf hervorgeht:

> »Wird der Einfluß der Sozialdemokratie verstärkt, dann gewinnt nicht nur die Gemeinde, sondern auch die breite Masse der Bevölkerung hat den Nutzen davon. Aus diesem Grunde muß auch der kleine Handwerker, der kleine Geschäftsmann die kommunalen Bestrebungen der sozialdemokratischen Partei unterstützen. Gegen die engstirnige Politik einiger Interessenten muß er am Samstag votieren für das Wohl der Allgemeinheit, für die Liste der Sozialdemokratie!«[209]

1.4.5 Die Kommunistische Partei

Der Herbst 1929 war für die KPD eine Zeit hektischer politischer Aktivität. Die Auseinandersetzung in der Gewerkschaftsfrage, die Spaltung der Vereine und die Demonstrationen gegen das Verbot des Rotfrontkämpferbundes sind bereits an anderer Stelle dargestellt worden. Anfang November verließen die Solinger »Rußlanddelegierten« die Stadt, um an den Zwölf-Jahres-Feiern der Oktoberrevolution teilzunehmen.[210] Der Kommunalwahlkampf wurde wie immer gründlich organisiert; Anfang Oktober wurde ein Zentral-Wahlkomitee mit Delegierten aus den Betrieben und Massenorganisationen gebildet, das den Wahlfeldzug leitete.[211] Dennoch hatte die Kommunalwahl politisch gegenüber den anderen Fragen nur ein geringes Gewicht. Entsprechend der Wendung des Weddinger Parteitages waren die scharfen Angriffe der KPD nicht allein gegen die bürgerlichen Parteien, sondern auch frontal gegen die SPD gerichtet. Dabei wurde immer wieder der Korruptionsvorwurf gegen die Sozialdemokraten in den Stadtverwaltungen erhoben; besonders die hohen Oberbürgermeistergehälter, von denen noch die Rede sein wird, waren Gegenstand der Kritik.[212] Während die SPD in der Solinger Bürgermeisterfrage zielstrebig auf eine eigene Kandidatur hinarbeitete, nahm die KPD hier einen defensiven Standpunkt ein. Sie wartete förmlich darauf, daß sich die SPD mit der *Wahlgemeinschaft* schon vor der Wahl einig wer-

---

209 *Volksblatt*, 15. 11. 1929.
210 *Bergische Arbeiterstimme*, 4. 11. 1929.
211 *Bergische Arbeiterstimme*, 10. 10. 1929.
212 Vgl. a. unten Teil 2.3.3.

den würde. Als Hermann Meyer in der Hauptausschußsitzung am 6. November erklärte, »ob die SPD nach den Wahlen mit der KPD auf ein und derselben Seite stehen werde, sei bei der jetzigen Kampfstellung der KPD gegenüber seiner Partei noch gar nicht zu sagen«, versuchten die Kommunisten sofort, ihn auf eine Große Koalition mit den Bürgerlichen nach der Wahl festzulegen.[213]

Man kann den Wahlkampf der KPD nicht gerade als einfallsreich bezeichnen. Der Versuch, das traditionelle Thema der Erwerbslosenunterstützung durch einen Antrag im Hauptausschuß (Anfang November) in den Wahlkampf hineinzuziehen, schlug fehl, da der Antrag bis nach der Wahl vertagt wurde. Am 16. November erschien in der *Bergischen Arbeiterstimme* ein Wahlaufruf, in dem es u. a. hieß:

> »Heute aber führen die Kommunisten einen scharfen Kampf um die Erhaltung der Lebensmöglichkeiten der schaffenden Schichten. Das Unternehmertum will die Arbeiterschaft auf ein Lebensniveau herabdrücken, das die Arbeiter unfähig macht, sich in Zukunft noch gegen Ausbeutung und Unterdrückung zu wehren. Da gilt es, für höhere Löhne zu kämpfen und in den Gemeinden einen rücksichtslosen Kampf für menschenwürdige Unterstützungen zu führen. Da gilt es, gegen die Wohnungsnot zu kämpfen, eine proletarische Schulpolitik durchzusetzen mit Kinderspeisung, freie Lehr- und Lernmittel usw. Da gilt es, den Kampf um die steuerliche Belastung der Besitzenden zu führen. Durch Parlamentsreden werden diese Forderungen niemals durchgesetzt. Revolutionärer Massendruck ist notwendig, auch bei den kleinsten Erfolgen. Nur wenn die Arbeiterschaft Groß-Solingens auf dem Posten ist, wenn sie fest hinter der Kommunistischen Partei steht und entschlossen ist, zu jeder Stunde zum Kampf um die berechtigten Forderungen aufzumarschieren, wird der Bourgeoisie hier und da etwas abgerungen werden. So führt die Kommunistische Partei in den Gemeinden den ernsten Kampf um die Arbeiter fähig zu erhalten für den Entscheidungskampf gegen das Kapital.«[214]

Die KPD hatte nach dem Weddinger Parteitag zwar die Frontstellung gegen die Sozialdemokratie eingenommen; aber die Ansteuerung revolutionärer Kämpfe, auf der die ganze Wendung der Komintern beruhte, verband sie keineswegs direkt mit der Kommunalpolitik. Es ist zwar von »revolutionärem Massendruck« die Rede, aber die spezifisch *politische* Seite der Auseinandersetzungen um die kommunale Selbstverwaltung (Abbau der Demokratie durch Ausschaltung der Stadtverordneten, Durchsetzung der Sparmaßnahmen über staatlichen Zwang etc.) wird hier gar nicht angesprochen. Die Forderungen sind ausgesprochen defensiv und tragen hauptsächlich einen ökonomischen Charakter.

---

213 *Bergische Zeitung*, 6. 11. 1929.
214 *Bergische Arbeiterstimme*, 16. 11. 1929.

Der Mißerfolg der KPO bei der Kommunalwahl 1929 ist bereits oben erwähnt worden, so daß hier die Wahlkampfanstrengungen nicht näher dargelegt zu werden brauchen. Die KPD beachtete die Wahlversammlungen der Opposition stark und schickte große Delegationen auf die Veranstaltungen, um sie zu majorisieren. Diese Methode wurde z. B. beim Besuch von Paul Frölich am 13. und 14. November angewandt.[215] Ein schwerer Nachteil für die KPO mußte es in diesem Wahlkampf sein, daß sie nicht über eine eigene Zeitung verfügte. Ihr standen nur dann und wann die Spalten des sozialdemokratischen *Volksblatts* offen, was die *Bergische Arbeiterstimme* wiederum zu bissigen Kommentaren über die Freundschaft zwischen den »Sozialfaschisten« und den »Renegaten« ausnutzte.

1.4.6 Das Ergebnis der Kommunalwahl

Der Wahltag selbst verlief ruhig. Alle Parteien hatten mehr oder minder effektive Schlepperdienste eingerichtet. Die KPD erzwang die Teilnahme ihrer Mitglieder durch einen Kontrollvermerk im Mitgliedsbuch. Der *Ohligser Anzeiger* hatte einen Tag vorher geschrieben:

> »... Nimm am Sonntag Deine Frau an den Arm, Deine erwachsenen Söhne und Töchter, nimm den Opa und die Oma mit, wirke auf Bruder und Schwester, Schwager und Schwägerin, Onkel und Tante und wähle, wählt, on wennet Pillieser rähnt, aber wählt!«[216]

Trotzdem war die Wahlbeteiligung mit ca. 67 % nicht gerade überragend hoch (vgl. *Tabelle 4*).

Das Stimmergebnis rechtfertigte in keiner Partei Triumphgefühle. Die KPD war mit 33,9 % die stärkste Partei am Ort geblieben; die *Bergische Arbeiterstimme* kommentierte befriedigt:

> »Solingen wählt rot. Vernichtende Niederlage der Rautenbachclique (= KPO) und der Hitler-Partei.«

Sie stellte aber gleichzeitig klar, daß die gemeinsame Mehrheit mit der SPD nicht als eine »rote Mehrheit« anzusehen sei.[217] Die kommunistischen Stimmen waren *absolut* gegenüber der Reichstagswahl 1928 um 6 796 zurückgegangen. Wenn man die geringere Wahlbeteiligung berücksichtigt, heißt das, daß die KPD seit der Verschärfung der Auseinandersetzungen mit der SPD und der KPO ihren Wählerstamm gehalten hatte; es heißt aber auch, daß sei keine neuen Wähler hatte hinzugewinnen können. H. Mommsen spricht davon, daß die Arbeiter-

215 *Bergische Arbeiterstimme*, 14. und 15. 11. 1929.
216 *Ohligser Anzeiger*, 16. 11. 1929.
217 *Bergische Arbeiterstimme*, 18. 11. 1929.

bewegung 1929/30 ihren »Bewegungscharakter« verloren habe;[218] bei der Solinger KPD bedeutete das, daß sie in der Krise nur wenig neue Anhänger gewinnen konnte. Die kommunistische Bewegung war nicht in der Lage, sich mitten in den politischen Kämpfen zu erneuern; statt dessen schien sie langsam zu erstarren.

Die SPD war wegen der geringen Wahlbeteiligung ebenfalls absolut zusammengeschmolzen, stand aber mit 15,7 % der Stimmen noch recht stabil da. Sie begrüßte das Wahlergebnis mit der Überschrift »Linksmehrheit!«

Der eigentliche Verlierer der Wahl war die *Bürgerliche Wahlgemeinschaft*. Sie hatte mit 34,4 % der Stimmen ihr Ziel der absoluten Mehrheit weit verfehlt. Der *Ohligser Anzeiger* schrieb:

> »Die Schlacht ist verloren. Grau und regnerisch steht der Novembermorgen über einem Kampffeld, auf dem die Idee geschlagen wurde, um die wir gekämpft haben: der bürgerliche Gedanke … Groß-Solingen ist die rote Hochburg geworden, die man uns prophezeit hat: das Ziel der Eingemeindungsfreunde ist erreicht …«[219]

Für die DDP bedeutete das Wahlergebnis z. B., daß sie innerhalb der *Wahlgemeinschaft* jetzt über 2 Stadtverordnetensitze verfügte, während sie im kommissarischen Hauptausschuß noch sechs gehabt hatte.

Ein Grund für das Scheitern der *Wahlgemeinschaft* war der Umstand, daß ihr die kleinbürgerlichen Gruppen (Volksrecht, Walder Bürgerblock etc.) zusammen immerhin 14,5 % der Stimmen abgenommen hatten. Die NSDAP war darunter mit 1,9 % die kleinste Gruppe.

Ein Blick auf die Mehrheitsverhältnisse in der neuen Stadtverordnetenversammlung (vgl. *Tabelle 6*) zeigt, daß sich je 18 Kommunisten, 1 KPOler, 8 Sozialdemokraten, 19 Vertreter der *Wahlgemeinschaft*, je 2 Vertreter der Volksrechtspartei und der Ev. Wahlvereinigung und je 1 Mandatsträger der Nationalsozialisten und des Walder Bürgerblocks gegenüberstanden. Die zuletztgenannten Vertreter der kleinbürgerlichen Gruppen schlossen sich nach der Wahl zu einer gemeinsamen Fraktion zusammen, die sich »Bürgerliche Vereinigung« nannte (im folgenden zitiert als *Bürgerl. Vereinigung*) und damit sechs Stadtverordnete umfaßte.[220] Der Nationalsozialist verließ diese Fraktion Anfang 1930 wieder.

Mehrheitsbildungen konnten in dieser Versammlung entweder über eine Zusammenarbeit von SPD und KPD ober über die Kombination SPD-*Wahlgemeinschaft* laufen. Eine Mehrheit der Parteien der Wei-

---

218 Hans *Mommsen* (Hg.), Sozialdemokratie zwischen Klassenbewegung und Volkspartei, Frankfurt 1974, S. 131.
219 *Ohligser Anzeiger*, 18. 11. 1929.
220 *Solinger Tageblatt*, 28. 11. 1929.

marer Koalition war auch in dem Fall unmöglich, daß sich die *Wahl-gemeinschaft* wieder auflösen würde. Ebensowenig konnte ein Zusammengehen der Kommunisten mit der *Bürgerl. Vereinigung* zur Mehrheit führen. Für die KPD war es wichtig, daß sie mehr als ein Drittel der Sitze hatte, denn einige Entscheidungen der Stadtverordnetenversammlung konnten nur mit Zwei-Drittel-Mehrheit gefaßt werden (z. B. Wahl der Beigeordneten, Ausschluß eines Stadtverordneten von der Sitzung usw.).

1.5.   *Erste Erfolge für die neue Kommunalpolitik der KPD*

1.5.1 Die Kraftprobe um die Weihnachtsbeihilfe 1929

Am 10. Dezember 1929 trat die Stadtverordnetenversammlung zum ersten Mal zusammen. Die KPD steuerte gleich in dieser Sitzung auf eine Machtprobe zu, indem sie die Annahme ihrer Anträge auf eine hohe Weihnachtsbeihilfe für die Erwerbslosen und Unterstützungsempfänger erzwingen wollte. Zur Unterstreichung ihrer Forderungen hatte eine große Mobilisierung stattgefunden; zur Zeit der Sitzung demonstrierten Tausende (eine genaue Zahl ist nicht auszumachen) auf den Straßen vor dem Sitzungssaal. Die Polizei hatte als Verstärkung berittene Einheiten aus Remscheid herbeigerufen. Über die Stadt war der Kleine Belagerungszustand verhängt. Für die kleine Zuschauertribüne im Sitzungssaal des Sparkassengebäudes waren Eintrittskarten vergeben worden, um zu verhindern, daß die Masse der Demonstranten Einlaß in den Saal begehrte.
Den Vorsitz der Versammlung führte der Beigeordnete Baurat Schmidhäußler, der seit dem Ausscheiden von Oberbürgermeister Dicke kommissarischer Bürgermeister war. Er begrüßte die Stadtverordneten und nahm die übliche Verpflichtung der neugewählten Vertreter vor. Danach gab der KP-Vertreter Küll eine Erklärung ab, aus der folgende Sätze zitiert seien:

> »... Wir wissen, daß die Stadtverwaltung nur ein Teil des kapitalistischen Staatsapparates ist, der von der Bourgeoisie und ihren sozialfaschistischen Lakaien ausgenutzt wird zur Unterdrückung der Arbeiterschaft und zur Abwälzung der ungeheuren Lasten des Young-Plans auf die Schultern der Werktätigen. Zur Durchführung dieses Plans wird sich eine Einheitsfront von den Vertretern der Bourgeoisie in diesem Saale bis zu den Sozialdemokraten und dem Vertreter der Renegaten bilden. Wir appellieren an dieser Stelle an die Arbeiterschaft von Groß-Solingen, uns außerparlamentarisch in unserem Kampfe für die Interessen der arbeitenden Schichten zu unterstützen ...«[221]

---

221 Sitzungsbericht in der *Bergischen Arbeiterstimme,* 11. 12. 1929.

Diese Erklärung zog einen endgültigen Schlußstrich unter die prinzipielle Unterscheidung zwischen Staats- und Selbstverwaltung[222], die so lange zur politischen Praxis der Solinger Kommunisten gehört hatte. Aus der Erklärung wird auch deutlich, daß sich die KPD dem Staat *allein* und nur mit Hilfe des außerparlamentarischen Drucks der Arbeiter entgegenstellen wollte. Sie warb nicht für eine Ausnutzung der Linksmehrheit zusammen mit der SPD und KPO; vielmehr lauerte sie schon auf die Bloßstellung der Sozialdemokraten, wenn sie mit den Bürgerlichen zusammenstimmen würden. Soweit stand die Solinger Fraktion der KPD ganz auf dem Boden der »Linkswendung« in der Kommunalpolitik, die an anderer Stelle ausführlich dargelegt worden ist. Kurz darauf beantragte Hermann Weber, der Fraktionsführer der KPD, den scharfen Protest der Versammlung gegen das Polizeiaufgebot und stellte fest: »Bei der Novemberrevolution 1918 waren nicht so viele reaktionäre Truppen in Solingen wie heute.« Sein Antrag verfiel mit allen Stimmen (gegen die Kommunisten) der Ablehnung. Ebenso erging es dem Antrag auf Verlegung der Sitzung in die große Stadthalle; diesen Antrag hatte zuerst ein Vertreter der Erwerbslosen von der Tribüne aus vorgebracht.

Beim nächsten Tagesordnungspunkt entwickelte sich eine längere Kontroverse zwischen dem einzigen Vertreter der KPO, der die linke Einheitsfront fordert, und Hermann Weber (KPD), der in scharfer Form mit seinem politischen Gegner abrechnet: Die KPO sei größenwahnsinnig, und eine Einheitsfront mit den Vertretern des Polizeiterrors komme nicht in Frage. Darauf kommt es zu einem Zwischenfall: Von der Tribüne aus greift ein Anhänger der KPO in die Debatte ein. Er wird deswegen vom Vorsitzenden aus dem Saal gewiesen. Er schickt sich zum Gehen an, stößt aber vorher noch die laute Drohung aus: »Na warte Weber, mit Dir rechnen wir noch alleine ab!« Der erboste Weber springt sofort auf, setzt ihm nach und versetzt ihm eine Ohrfeige. Die Versammlung gerät in große Erregung über diesen Vorfall. Die *Wahlgemeinschaft* stellt einen Antrag auf Ausschluß von Weber aus der Sitzung, der auch mit einfacher Mehrheit angenommen wird. Schmidhäußler, der nicht mehr Herr der Situation ist, muß aber von SPD-Führer Meyer darüber belehrt werden, daß ein Ausschlußantrag nur mit Zwei-Drittel-Mehrheit angenommen werden kann. Meyer beantrag dann die Aufhebung der Sitzung, die sofort beschlossen wird. Die kommunistische Fraktion stimmt die »Internationale« an und setzt sich an die Spitze eines Demonstrationszuges, der quer durch die Stadt führt.[223]

---

222 Vgl. unten Teile 2.3.4 und 2.4.1.
223 Darstellung der Ereignisse nach den Zeitungsberichten in der *Bergischen Arbeiterstimme*, im *Volksblatt* und im *Ohligser Anzeiger*.

Die gesamte Presse der Stadt – natürlich mit Ausnahme der *Bergischen Arbeiterstimme* – empörte sich über den Skandal in der Stadtverordnetenversammlung und gab dem Kommunisten Weber die Schuld daran. Die SPD machte den Kommunisten darüber hinaus den Vorwurf, daß sie durch ihr Verhalten verhindert hätten, daß die Anträge auf Weihnachtsbeihilfe noch beraten werden konnten; im Hinblick auf Weber nannte das *Volksblatt* die Kommunisten »verzweifelte Katastrophenpolitiker und politische Wegelagerer«.[224]

Die Fraktion der KPD hatte indessen sofort nach Ende der letzten Sitzung eine weitere Versammlung der Stadtverordneten beantragt. Schmidhäußler und die bürgerlichen Parteien wollten nun vor Weihnachten keine neue Sitzung mehr stattfinden lassen;[225] damit hätten sich in der Tat die umstrittenen Anträge auf erhöhte Weihnachtsbeihilfen von selbst erledigt. Damit war die KPD erst recht herausgefordert, ihren Anträgen den nötigen Nachdruck zu verleihen. Sie organisierte eine überfüllte Versammlung in der Stadthalle; im letzten Teil der dort verabschiedeten Entschließung hieß es:

> »Wir werden trotz Polizei- und Gummiknüppeldiktatur unseren Hunger in die Straßen der Bourgeoisieviertel schreien und dem Solinger Ausbeutertum und seinen SPD-Lakaien zeigen, daß wir gewillt sind, unseren Forderungen an die Verwaltung den nötigen Nachdruck zu verleihen. Her mit der neuen Stadtratssitzung! Heraus mit der Winterhilfe für die Armee der Hungernden in Groß-Solingen!«[226]

Angesichts dieses Druckes konnte die Stadtverwaltung eine neue Sitzung des Parlaments vor Weihnachten nicht mehr verhindern. Sie stellte aber noch ein Junktim der Beihilfeanträge mit einer Veränderung der Geschäftsordnung her; dieses Junktim wurde von den Bürgerlichen und der SPD akzeptiert. Danach sollte vor der Behandlung der Beihilfeanträge eine Verschärfung der Geschäftsordnung beschlossen werden, die die Fraktionsführer (mit Ausnahme der KPD) bis dahin ausarbeiteten: In Zukunft war der Vorsitzende der Stadtverordnetenversammlung ermächtigt, einem Redner nach zwei Ordnungsrufen das Wort zu entziehen; bei Verstößen gegen die Ordnung konnte ein Stadtverordneter nun mit einfacher Mehrheit von der Sitzung ausgeschlossen werden; sollte er sich weigern, den Saal zu verlassen, war er automatisch von drei weiteren Sitzungen ausgeschlossen.[227]

Zehn Tage nach dem Auffliegen der ersten Sitzung trat die Stadtver-

---

224 *Volksblatt*, 11. 12. 1929.
225 Vgl. Brief von Schmidthäußler an die KPD-Fraktion, *Ohligser Anzeiger*, 14. 12. 1929.
226 *Bergische Arbeiterstimme*, 13. und 14. 12. 1929.
227 Protokollbuch der Stadtverordnetensitzung v. 20. 12. 1929.

ordnetenversammlung wieder zusammen.[228] Wieder hatte die Polizei eine Bannmeile um den Sitzungssaal gelegt, um die demonstrierenden Arbeiter und Erwerbslosen fernzuhalten. Der Verlauf der Sitzung war diesmal ruhiger. Die Veränderung der Geschäftsordnung wurde wie verabredet beschlossen. Die Kommunisten waren in der Abstimmung unterlegen, und sie konnten diese Sitzung nicht noch einmal sprengen; dann wäre die Verabschiedung der Weihnachtsbeihilfen wirklich unmöglich geworden.

Bei der Beratung der Weihnachtsbeihilfen wurde der erste Antrag der KPD auf 50 Mark pro Haushaltungsvorstand, 20 Mark für die Ehefrau und 10 Mark für jedes Kind abgelehnt. Der kommunistische Eventualantrag auf 20 Mark pro Haushaltungsvorstand (bzw. 10 und 5 Mark) wurde angenommen. Dafür stimmten außer der KPD und KPO auch noch die SPD und die *Bürgerl. Vereinigung*.

Schmidhäußler hatte vorher schon angekündigt, daß er diesen Beschluß der Stadtverordnetenversammlung beanstanden müßte und nicht ausführen werden;[229] für die ca. 218 000 Mark, die die Beihilfe kosten würde, bestünde keine Deckung. Angesichts der politischen Kräfteverhältnisse zog er es jedoch vor, diese Drohung nicht wahrzumachen. Auch das Regierungspräsidium Düsseldorf schritt in Solingen nicht ein, obwohl Berlin ein generelles Verbot der Auszahlung von ungedeckten Weihnachtsbeihilfen erlassen hatte.[230] Zu Weihnachten 1929 erhielten die Solinger Erwerbslosen also tatsächlich eine Beihilfe ausgezahlt.

1.5.2 Die Situation am Jahresende 1929

In den sechs Wochen seit der Wahl hatten sich Veränderungen im Stil der kommunalpolitischen Auseinandersetzung ergeben. Bei der Mobilisierung zu den Stadtratssitzungen griff die KPD auf die Tradition der »direkten Aktion« zurück, die fast in Vergessenheit geraten war; seit der revolutionären Nachkriegskrise war eine Solinger Stadtverwaltung nicht mehr so gezielt unter Druck gesetzt worden. Die bürgerliche Verwaltungsführung reagierte darauf mit der Verschärfung der Geschäftsordnung, mit dem großen Polizeieinsatz und mit der Drohung, die Staatsbehörden zum Eingreifen zu bewegen; diese Drohung wurde freilich vorerst noch nicht wahrgemacht. Seit 1918 waren auch

228 Sitzungsbericht in der *Bergischen Arbeiterstimme*, 21. 12. 1929.
229 Vgl. *Bergische Arbeiterstimme*, 21. 12. 1929, und *Solinger Tageblatt*, 31. 12. 1929.
230 HSTA Düsseldorf, 31773 (Briefwechsel Schmidhäußler–Regierungspräsident).

die Angriffe gegen die Verwaltung nicht mehr so grundsätzlich begründet worden. Bei der Begrüßung der neugewählten Stadtverordneten sagte Schmidhäußler:

> »Ein einheitliches Stadtgebilde ist geschaffen worden, eine *Schicksalsgemeinschaft* für immer (Gelächter bei der KPD) ... Ich schließe mit dem Wunsch, daß ein friedliches Zusammenleben untereinander, mit der Verwaltung und mit der Bürgerschaft erzielt werden möge ...«[231]

Die KPD antwortete darauf mit der Charakterisierung der Stadtverwaltung als eines Teils des Staatsapparates, der zur Unterdrückung der Arbeiterschaft diene (vgl. oben). In einer Versammlung erklärt kurz darauf ein Redner der KPD:

> »Die Untersützungsfrage sei keine Frage des Kuhhandels und der ›parlamentarischen Gerissenheit‹, sondern eine *Klassenfrage,* die nur durch den außerparlamentarischen Druck der Massen gelöst werden könnte.«[232]

Es besteht kein Zweifel darüber, daß die Bewilligung und Auszahlung der Weihnachtsbeihilfe ein Zeichen dafür ist, daß sich die von der KPD angeführte Erwerbslosenbewegung in der ersten Kraftprobe hatte durchsetzen können. Auch die Zustimmung der SPD und der *Bürgerlichen Vereinigung* sind nur als eine Folge des politischen Druckes zu verstehen, den die KPD entfaltet hatte.[233] Man vermag sogar Parallelen zur Situation des Generalstreiks von 1920 zu erkennen, in dem das Solinger Bürgertum die Unterstützung der Streikenden durch die Stadtverwaltung hinnehmen mußte; so wie es damals gegen Oberbürgermeister Dicke polemisiert hatte, wurde jetzt Schmidhäußler vorgeworfen, daß er gegen die Auszahlung der Beihilfen keinen Einspruch erhob.

Daneben ist zu erwähnen, daß in diesen Tagen vor Weihnachten der Volksentscheid gegen den Youngplan durchgeführt wurde (Wahltag 22. 12. 1929). Die KPD hatte dazu aufgerufen, aktiv gegen die Durchführung des Entscheids vorzugehen.[234] In anderen Städten brachte der Volksentscheid schon eine deutliche Rechtswende.[235] In Solingen zogen es die Rechtsparteien hingegen vor, es gar nicht auf eine aussichtslose Kraftprobe ankommen zu lassen. In ganz Groß-Solingen wurden

---

231 *Ohligser Anzeiger,* 11. 12. 1929; Hervorhebung hinzugefügt.
232 *Bergische Arbeiterstimme,* 14. 12. 1929; Hervorhebung im Original.
233 Noch am 17. Dezember waren SPD und Zentrum in der Fraktionsführerbesprechung davon ausgegangen, die Auszahlung der Beihilfen auf eine Summe von 130 000 Mark zu beschränken; s. *Bergische Arbeiterstimme,* 18. 12. 1929.
234 *Bergische Arbeiterstimme,* 18. 12., 21. 12. 1929 etc.
235 Vgl. die Schilderung W. S. Allens zur politischen Entwicklung in Northeim, in: »Das haben wir nicht gewollt!«

1 990 Ja-Stimmen abgegeben, entsprechend weniger als 2 % der Wählerschaft.[236] Eine Faschismusgefahr schien in Solingen weit, weit entfernt zu sein ...

Dennoch läßt der Vergleich mit 1920 die Kräftekonstellation von 1929 in wesentlichen Punkten ungünstiger erscheinen: Die Stärke der damaligen Bewegung beruhte auf der ökonomisch aktiven Arbeiterschaft; die Konjunktur war relativ gut; die politische Führung lag bei den Betriebsräten, die sich seit der Novemberrevolution zu einer neuen Avantgarde entwickelt hatten. Jetzt, Ende 1929, beschränkte sich die Mobilisierung hauptsächlich auf den großen Teil des Proletariats, der bereits erwerbslos war. In der entscheidenden Auseinandersetzung in der Gewerkschaftsbewegung kam die kommunistische Opposition nicht vom Fleck; im Gegenteil, gerade im Dezember mußte sie wieder die Schließung des Gewerkschaftshauses durch den SPD-orientierten Vorstand hinnehmen. Außerdem bezeichnete es die KPD *selbst* als aussichtslos, die momentane Stärke in der Kommunalpolitik in politischen Einfluß auf die Stadtverwaltung ummünzen zu könnn: Die *Bergische Arbeiterstimme* äußerte sich im Ausblick auf das Jahr 1930 zur bevorstehenden Oberbürgermeisterwahl und sagte die Niederlage der KPD bereits voraus:

> »Die kommunistische Fraktion wird ... als stärkste Fraktion einen proletarischen Oberbürgermeister in Vorschlag bringen. Wir geben uns dabei nicht der Illusion hin, daß die Arbeiterfeinde einen solchen Vorschlag akzeptieren werden ... Die kommunistische Fraktion wird das Betrügerspiel um den Oberbürgermeisterposten aufdecken usw.«[237]

1.5.3 Die ungelöste Deckungsfrage

Bereits im Laufe des Jahres 1929 waren in Solingen die Steuereinnahmen zurückgegangen und die Fürsorgeleistungen so weit angestiegen, daß Ende des Jahres eine Lücke von 1,6 Mio. Mark im Stadthaushalt klaffte. Es gelang dem kommissarischen Bürgermeister Schmidhäußler, ein Berliner Bankhaus zu finden, das der Stadt mit einem entsprechenden Überbrückungskredit unter die Arme greifen wollte; die Bankiers stellten indessen eine Vorbedingung: Zuerst müßte die Stadtverordnetenversammlung einen Beschluß über die zukünftige Deckung der zusätzlichen Ausgaben gefaßt haben. Schmidhäußler entwarf daraufhin eine Deckungsvorlage, die eine Erhöhung der kommunalen Grund-, Gewerbe- und Lohnsummensteuer sowie eine Erhöhung der Gas- und

---

236 Wahlergebnis im *Solinger Tageblatt*, 23. 12. 1929.
237 *Bergische Arbeiterstimme*, 31. 12. 1929.

Wasserpreise vorsah. Diese Vorlage löste schon bei der Vorberatung im Finanzausschuß größte Erregung aus; sie stieß nicht nur auf die entschiedene Ablehnung der KPD; auch alle anderen Parteien – mit Ausnahme der SPD – kündigten ihre Opposition an. Die Industrie- und Handelskammer Solingen richtete sogar einen offenen Protestbrief wegen der Steuererhöhungen an die Stadtverwaltung.[238]

Als die Deckungsvorlage in der Stadtverordnetensitzung vom 22. Januar 1930 zur Abstimmung kam und Schmidhäußler nach den Ja-Stimmen fragte, hob er selbst als einziger den Arm; die SPD enthielt sich der Stimme, alle anderen Parteien stimmten dagegen.[239]

Schmidhäußler hatte vorher wiederum damit gedroht, Zwangsmaßnahmen der Regierungsbehörden herbeizuführen, falls die Vorlage nicht verabschiedet würde. Die Regierung in Düsseldorf hütete sich jedoch, einem Verwaltungschef zu Hilfe zu kommen, der sich in einer derartig krassen politischen Isolierung befand. Statt dessen lud der Regierungspräsident Anfang Februar die Fraktionsführer der Stadtverordnetenversammlung zu einer Besprechung nach Düsseldorf ein. Auf dieser Besprechung wurde klar, daß an eine Erledigung der Deckungsfrage nicht zu denken war, solange die Frage der Oberbürgermeisterwahl noch schwebte (vgl. unten).[240]

Die Entwicklung der Politik und der Finanzen im neuen Groß-Solingen machte immer dringender energische Lösungen erforderlich, von welcher Seite diese auch kommen mochten. Besonders das Kommissariat des politisch hilflosen Schmidhäußler war schon seit Dezember 1929 nicht mehr zu halten.

1.5.4 Hermann Weber – ein Solinger Arbeiterführer

Bevor sich die Darstellung endgültig der Oberbürgermeisterfrage zuwendet, sind an dieser Stelle einige Sätze zur Person Hermann Webers, des Führers der Solinger KPD, notwendig. Weber ist uns bei der Auseinandersetzung mit der KPO Anfang 1929 bereits als ein führender Vertreter der offiziellen Parteilinie begegnet; außerdem wurde der Skandal erwähnt, den er mit seiner Ohrfeige in der Stadtverordnetenversammlung vom 10. Dezember 1929 ausgelöst hatte. Mit seiner zweimaligen Wahl zum Bürgermeister 1930 drehte sich die Politik der folgenden Monate in nicht geringem Maße um seine Person.

Hermann Weber wurde 1888 im Lippischen geboren; 1929 war er also

---

238 *Ohligser Anzeiger,* 17. 1. 1930.
239 *Bergische Arbeiterstimme,* 23. 1. 1930.
240 *Solinger Tageblatt,* 6. 2. 1930.

41 Jahre alt.[241] Er verwaiste früh und mußte aus wirtschaftlicher Not den Besuch der Höheren Schule abbrechen. Nach einer Lehre als Maurer trat er der SPD bei. 1912 kam er nach Solingen, wo er in der Fahrradindustrie arbeitete. Während des Ersten Weltkrieges begann er, eine politische Rolle in der Solinger Arbeiterbewegung zu spielen. Für seine zukünftigen Positionen in der Partei- und Gewerkschaftsarbeit war es sicher nicht ohne Bedeutung, daß Weber nicht in der typisch Solinger Stahlwarenbranche arbeitete. Er zählte zu jener gering qualifizierten Schicht des Proletariats, die in der Rüstungsindustrie des Krieges die Erfahrung einer besonders rücksichtslosen Form der Ausbeutung durchmachte. 1917 wurde Weber verhaftet, als die Polizei eine Sendung Flugblätter mit der Überschrift »Hunger« abgefangen hatte, die er an seinen Bruder an die Front aufgegeben hatte.[242] Im November 1918 war Hermann Weber Mitglied des Arbeiter- und Soldatenrates; inzwischen gehörte er der USPD an. Aus dieser Zeit wird eine Äußerung von ihm überliefert, die seine kompromißlose Radikalität und gleichzeitig einen gewissen Hang zum Zynismus in der politischen Argumentation erkennen läßt: »Wir haben augenblicklich die Macht, also auch das Recht. Uns kann nur die Diktatur des Proletariats retten.«[243]

1920 ging Weber mit der Mehrheit der Solinger USPD zur KPD. Nach dem großen Generalstreik von 1920 wurde er von der britischen Militärbehörde aus dem besetzten Gebiet ausgewiesen; darauf arbeitete er für die Partei in Barmen, Hamburg und Mannheim. 1928 kehrte er nach Solingen zurück und wurde Nachfolger von Ernst Becker auf dem Posten des Parteisekretärs für den Unterbezirk Solingen.

Man kann sich unschwer vorstellen, daß Weber durch seinen Lebenslauf ganz anders geprägt worden war als der konziliante Intellektuelle Ernst Becker. Hinzu kam ein körperliches Gebrechen: Weber hinkte. Wo er politisch auftrat, fiel er durch seine energische, oft cholerische Art auf. Er hatte eine laute Stimme – was ihm übrigens zu Zeiten, als es noch keine Lautsprecheranlagen gab, als Redner sehr zustatten kam. Immer zeichnete er sich durch kompromißlose Härte dem politischen Gegner gegenüber aus.

Gerade in den persönlichen Konfrontationen mit den Vertretern des Bürgertums und der Verwaltung war Weber ein Mann, der sich nicht »den Schneid abkaufen« ließ. Diese Haltung hat ihm mit Sicherheit ein

241 Die Daten zum Lebenslauf beruhen auf Angaben von Hermann Webers Schwester, Hanna Rautenbach; außerdem sind sie dem kurzen Lebenslauf in: Weber, Wandlung des Kommunismus, Bd. II, S. 338 entnommen, der freilich an einigen Stellen korrigiert werden muß.
242 Prozeßbericht in: *Bergische Arbeiterstimme*, 31. 3. 1917.
243 Rosenthal, Geschichte einer Stadt, Bd. III, S. 353.

gehöriges Maß Bewunderung durch die Solinger Arbeiterschaft eingetragen, deren Oppositionsgeist ja historisch tief verwurzelt war; andererseits nötigte sie sogar seinen politischen Gegnern Respekt ab.[244]
Ein Hauptproblem seiner politischen Tätigkeit bestand indessen darin, daß er diese Härte auch den Sozialdemokraten und sogar der innerparteilichen Opposition gegenüber für richtig hielt. Die scharfen Maßnahmen gegen die sozialdemokratischen Buchdrucker beim Streit um die *Bergische Arbeiterstimme* (vgl. oben) wurden sicher auf Webers Betreiben ergriffen. Gegen die KPD-Opposition griff er bedenkenlos zum Mittel massenhafter Parteiausschlüsse und persönlicher Diffamierung. Begreiflicherweise trug ihm das den ohnmächtigen Haß der KPO ein, die ihn in ihrer Zeitschrift einen »Parteiverderber« nannte und fragte, ob seine »Dummheit oder seine Skrupellosigkeit« größer seien.[245] Weber verkörperte in jeder Hinsicht den Linkskurs der KPD seit 1928; aber man kann nicht sagen, daß er das nach der Art eines kalten »Apparatschiks« getan habe. Er muß wirklich davon überzeugt gewesen sein. Organisatorisches Ränkespiel und persönlicher Ehrgeiz lagen ihm fern.

Über sein Auftreten in der Kommunalpolitik gibt der *Ohligser Anzeiger*, die Zeitung seiner bürgerlichen Todfeinde, folgendes Zeugnis ab:

»Er (Weber) spricht drei Stunden ununterbrochen und versteht es, im gleichen Atemzuge Etatsfragen, große Politik, Sowjetpolitik und Polemiken mit privatem Einschlag zu behandeln. Dabei kann er die Ruhe selbst sein, erkennt grundsätzlich keine Geschäftsordnung an und gerät in Zorn, wenn ihn der Vorsitzende des Kollegiums unterbrechen will. Hin und wieder bringt er auch Humor in die Debatte ... Nie hat man ihn im Solinger Stadtrat von ›Bürgermeistern‹ oder ›Beigeordneten‹ reden hören. Er sagt nur immer ›der Schmidhäußler‹, ›der Sauerbrey‹, ›der Seynsche‹.«[246]

In diesem Zusammenhang soll hier noch einmal die skandalumwitterte Ohrfeige erörtert werden, die Weber in der ersten Stadtverordnetenversammlung nach der Wahl ausgeteilt hatte. Diese Ohrfeige war nicht als eine gezielte Provokation der Versammlung zu verstehen; sie war keine kalkulierte Zurschaustellung von radikalem Verhalten in der Art, wie sie die Ultralinken von 1924 mit ihrer Politik »der roten Handschuhe« betrieben hatten. Tatsächlich war Weber von dem Anhänger der KPO persönlich provoziert worden. Darauf kochte sein Temperament über, und er versetzte ihm eine Ohrfeige. Weber war ein

244 Übereinstimmende Mitteilungen von Willi Dickhut, Paul Meuter und Rudolf Leupold.
245 *Gegen den Strom,* Nr. 8, 23. 2. 1929, S. 11.
246 *Ohligser Anzeiger,* 25. 1. 1930.

weitaus radikalerer Revolutionär als die Ultralinken von 1924. Während diese die »Würde des Parlaments« durch Provokationen untergraben wollten, waren für ihn die »Würde des Hauses« und die ganze Stadtverordnetenversammlung gar nicht wichtig. Er erledigte den Streit mit dem KPO-Anhänger ebenso, wie er es in einer Parteiversammlung oder im Wirtshaus getan hätte.

1932 hielt sich Weber aus gesundheitlichen Gründen in der Sowjetunion auf. 1933 kehrte er zurück und soll sich noch im Februar und März in Wuppertal aufgehalten haben mit dem Plan, vom Untergrund aus den Widerstand zu organisieren.[247] Es ist ein Zeichen für die Bewunderung, die ihm die Solinger entgegenbrachten, daß noch heute viele Legenden um seine Widerstandstätigkeit kreisen. In einer Klavierkiste versteckt soll er schließlich den Weg ins russische Exil gefunden haben. Die Behauptung eines Historikers, daß er später ein Opfer der Stalinschen Säuberungen wurde[248], konnte nicht mehr verifiziert werden. Wenn man an seine kompromißlose politische Haltung denkt, erscheint sie jedoch nicht unwahrscheinlich.

1.6 Die Oberbürgermeisterwahl 1930 und der politische Rückzug der KPD

1.6.1 Der Gang der Vorverhandlungen

Die Wahl eines neuen Oberbürgermeisters war natürlich ein politisches Thema, das die Kommunalpolitik und das Verhältnis der Parteien untereinander immer mehr beherrschte. Die außerordentliche Bedeutung der Person des Stadtoberhauptes geht schon aus der Stellung hervor, die ihm die Rheinische Kommunalverfassung einräumte: Danach war der Bürgermeister Verwaltungschef und gleichzeitig Vorsitzender der Stadtverordnetenversammlung; er wurde auf eine Dauer von 12 Jahren gewählt (vgl. die Übersicht über deutsche Kommunalverfassungen im Anhang). Diese Wahl war vielleicht die wichtigste Befugnis, die die neugewählten Stadtverordneten wahrnehmen konnten. In Solingen kam noch hinzu, daß die Wahl seit dem Städtevereinigungsskandal immer wieder aufgeschoben worden war. Nun, nach erfolgter Zusammenlegung der fünf Städte des Oberen Kreises, mußte die Verwaltung des ganzen Gebietes reorganisiert und auf neue Grundlagen gestellt werden. Es lagen also Aufgaben vor, die – über die üb-

---

247 Sbosny/Schabrod, Widerstand in Solingen, S. 30.
248 Weber, Wandlung des Kommunismus, Bd. II, S. 338.

liche Machtfülle des Oberbürgermeisters hinaus – von zentraler Bedeutung waren.

Die bürgerlichen Parteien der *Wahlgemeinschaft* und der *Bürgerl. Vereinigung* waren mit der zentralen Parole in den Wahlkampf gezogen: »Für einen bürgerlichen Oberbürgermeister!« Die KPD stellte die Forderung nach einem kommunistischen Bürgermeister mit dem berechtigten Hinweis, daß sie bei weitem die stärkste Solinger Partei sei. Die SPD, die durch ihre Beigeordneten auf die Kommunalpolitik der ehemaligen fünf Städte einen starken Einfluß ausgeübt hatte, hoffte ebenfalls auf die Besetzung der Bürgermeisterstelle.

Bevor die politische Haltung der Parteien im einzelnen geklärt wird, folgt hier ein Überblick über den Ablauf der Ereignisse:

Am 2. Januar 1930 trat ein Sonderausschuß der Stadtverordnetenversammlung zur Vorbereitung der Bürgermeisterwahl zusammen. Die Verwaltung machte den Vorschlag, die Stelle auszuschreiben. Dabei wurde sie von den bürgerlichen Parteien unterstützt; SPD und KPD stimmten diesen Vorschlag jedoch gemeinsam nieder. Daraufhin beschloß der Ausschuß, daß die Parteien ihre Kandidaten bis zum 15. Januar benennen sollten. Eine Einigung über die Zahl der zu wählenden Beigeordneten und über die Höhe des zukünftigen OB-Gehaltes konnte nicht erzielt werden.[249]

Als erste Partei benannte die SPD ihren Kandidaten: Es war der Parteivorsitzende Hermann Meyer. Meyer war in Solingen vor allem durch seine Tätigkeit als Leiter des »Spar- und Bauvereins« bekannt geworden; er war der Kandidat des sozialpolitischen Engagements in der SPD. Seit 1928 war er gleichzeitig Abgeordneter seiner Partei im Preußischen Landtag. Mit ungewöhnlicher Entschiedenheit sprach die SPD bei seiner Nominierung davon, daß Meyer schon in den letzten Jahren der »eigentliche Oberbürgermeister« gewesen sei und bezeichnete seine Aufstellung als »eine Prestigefrage« für die Partei.[250]

Die Kandidatenaufstellung vollzog sich bei der KPD ohne Überraschungen. Eine Fraktionssitzung der Stadtverordneten, an der auch Vertreter der Betriebs-, Erwerbslosen- und Massenorganisationen teilnahmen, nominierte am 12. Januar einstimmig den Parteisekretär Hermann Weber zu ihrem Kandidaten.[251]

Weitaus unübersichtlicher lagen die Dinge im bürgerlichen Lager. Einige Parteien der *Wahlgemeinschaft* schienen zunächst zu einer Stimmabgabe für Meyer bereit zu sein; die einflußreiche *Bergische Zeitung*

249 *Bergische Arbeiterstimme*, 3. 1. 1930.
250 *Volksblatt*, 8. 1. 1930.
251 *Bergische Arbeiterstimme*, 13. 1. 1930.

hielt Meyers Wahl sogar für »wahrscheinlich«.[252] Doch während die Verhandlungen der Wahlgemeinschaft mit der SPD noch liefen, ergriff die *Bürgerl. Vereinigung* die Initiative und nominierte den bisherigen Bürgermeister von Wald, Seynsche, für die kommende Wahl.[253] Der Vorschlag Seynsche erfüllte das Kriterium, nur einen »bürgerlichen Fachmann« aufzustellen; ansonsten war er wohl auf das Walder Sonderinteresse und auf ein vordergründiges Spararargument abgestellt: Seynsche mußte nach der Städtevereinigung so oder so von der Stadt Solingen weiterbeschäftigt werden. Davon, daß Seynsche in seiner Walder Tätigkeit der letzten zehn Jahre einen überragenden Eindruck hinterlassen hätte, war nirgends die Rede. Seynsche gehörte der DDP an, ohne aber eine engere Beziehung zur Politik dieser Partei zu haben.[254]

Die Initiative der *Bürgerl. Vereinigung* bestärkte die SPD-Gegner in den Reihen der *Wahlgemeinschaft*. Die DNVP und die DVP traten mit einem Grundsatzbeschluß hervor, ihre Stimme nur einem *bürgerlichen* Kandidaten zu geben.[255] Das bedeutete noch nicht unbedingt die Stimmabgabe für Seynsche; vielmehr ging erst jetzt, zu vorgerückter Zeit, die überregionale Suche nach Kandidaten an. Dabei kam Carl Goerdeler ins Gespräch, der während des Ersten Weltkriegs Beigeordneter in Solingen gewesen war. Goerdeler lehnte jedoch ab, weil ihm die finanziellen Angebote für die Stelle zu niedrig waren; außerdem war er zu dieser Zeit schon als neuer Oberbürgermeister von Leipzig im Gespräch. Ebenso zerschlug sich der Vorschlag auf eine Kandidatur des Dr. Hoffmann aus Dinslaken, der der DDP angehörte. In den wenigen Tagen, die bis zur Wahl am 22. Januar blieben, war eine weitere Kandidatensuche nicht mehr möglich, so daß sich die Alternative auf »Seynsche oder Meyer« reduzierte.

Bis zum 17. Januar wurden die Geheimverhandlungen zwischen der *Wahlgemeinschaft* und der SPD noch fortgesetzt.[256] Am 19. Januar fiel die einstimmige Entscheidung der *Wahlgemeinschaft*, an einem bürgerlichen Kandidaten festzuhalten[257], wobei vor allem die *Wirtschaftspartei* auf der Ablehnung Meyers bestand.[258] Dabei blieb es bis zum Wahltermin.

252 *Bergische Zeitung*, 8. 1. 1930.
253 *Bergische Post*, 13. 1. 1930.
254 *Bergische Zeitung*, 1. 11. 1929.
255 *Bergische Post*, 13. 1. 1930.
256 Das geht aus einer Darstellung der SPD nach der Wahl hervor: »Die Vorverhandlungen um die OB-Wahl«, in: *Volksblatt*, 31. 1. 1930.
257 *Bergische Arbeiterstimme*, 21. 1. 1930.
258 *Ohligser Anzeiger*, 20. 1. 1930.

1.6.2 Der Kandidat der KPD wird zweimal zum Bürgermeister gewählt – und zweimal nicht bestätigt

Über der entscheidenden Sitzung des Stadtrates am 22. Januar lastete die allgemeine Spannung. Bei den Bürgerlichen und bei der KPD waren die Entscheidungen klar gefallen; die Frage war, was die SPD-Fraktion machen würde: Würde sie durch Stimmenthaltung im entscheidenden dritten Wahlgang den Sieg des Bürgerlichen Seynsche ermöglichen? Oder würde sie das Unwahrscheinliche tun und für Hermann Weber stimmen? Die Spannung wurde durch die Frage erhöht, wie der Vorsitzende Schmidhäußler stimmen würde. Hermann Meyer ermahnte ihn im Laufe der Sitzung zur Unparteilichkeit, aber Schmidhäußler stimmte dennoch für Seynsche. Eine Stadtverordnete der KPD, Frau Maur, war erkrankt; kurz vor der entscheidenden Stimmabgabe traf sie aber noch im Saale ein.

Die ersten beiden Wahlgänge, in denen keiner der Kandidaten die erforderliche absolute Mehrheit erreichte, ergaben schließlich folgendes Bild: 25 bürgerliche Stimmen und die Stimme des Vorsitzenden für Seynsche (zus. 26), 18 Kommunisten und ein Vertreter der KPO für Weber (zus. 19) und 8 SPD-Stimmen für Meyer.[259] Beim dritten Wahlgang fiel die Entscheidung mit relativer Mehrheit. Hätte sich die SPD nun enthalten, wäre Seynsche gewählt gewesen. Die Sozialdemokraten stimmten aber geschlossen für Hermann Weber, der daher mit 27 Stimmen zum neuen Oberbürgermeister der Stadt gekürt war.

Die Wahl Webers wurde nicht nur in Solingen und im Rheinland, sondern im ganzen Reich als Sensation empfunden. Sie fand sogar Eingang in die internationale Presse. In Berlin, wo die Koalitionsverhandlungen gerade durch eine Verstimmung zwischen der SPD und der DDP gekennzeichnet waren, warfen die Demokraten der SPD ihre Stimmabgabe für den Kommunisten vor. Der »Demokratische Zeitungsdienst« drohte der SPD mit Konsequenzen beim »Reichsbanner«.[260] In Solingen zogen die Arbeiter in spontanen Freudenkundgebungen durch die Straßen.

Freilich fehlte Weber zum Antritt seines Amtes noch die Bestätigung durch die preußische Regierung, die nach § 32 der Rheinischen Städteordnung erforderlich war. Im Auftrag des Regierungspräsidenten legte Schmidhäußler dem gewählten Kandidaten Weber in den nächsten Tagen eine besondere Loyalitätserklärung für die Staatsordnung vor, deren Unterzeichnung Hermann Weber jedoch ablehnte (Näheres dazu

---

259 Nach dem Protokoll im Stadtarchiv.
260 *Solinger Tageblatt,* 24., 25. und 28. 1. 1930.

Solinger Tageblatt
Nr. 19 / 121. Jahrgang

Solinger Stadtanzeiger

Donnerstag,
den 23. Januar 1930.

Hermann Weber zum Oberbürgermeister gewählt.

Die SPD stimmt für den KPD-Kandidaten.

**Bürgermeister Seynsche erhielt in allen drei Wahlgängen die 25 Stimmen der Bürgerlichen und die des Vorsitzenden.
Festsetzung der Gehälter in zweite Lesung verwiesen — Die Beigeordnetenwahl vertagt.
Ablehnung der Nachtragsumlage — 2. Sitzung beschlußunfähig.**

Tragödie oder Komödie?

Die Kunde von der Wahl des Solinger Kommunistenführers Hermann Weber zum Oberhaupt der jungen Großstadt Solingen, die gestern abend noch durch Extrablätter des „Solinger Tageblattes" in allen Stadtteilen verbreitet wurde, hat in der Bevölkerung ein ganz verschiedenartiges Echo geweckt. Die Parteigenossen des Gewählten, der nach Schluß der Sitzung von seinen Freunden auf der Straße mit Hochrufen begrüßt wurde, haben gejubelt und werden den gestrigen Sieg gebührend gefeiert haben. Das Solinger Bürgertum aber hat einen Entscheidungskampf, bei dem alles auf eine Karte gesetzt worden war, verloren, und das Ergebnis der Wahl wurde dementsprechend auch in diesen Kreisen aufgenommen. Und die SPD.? Kann diese Partei, die doch durch die Stimmen ihrer Stadtverordnetenfraktion dem Kommunisten zum leichten Siege verhalf, sich freuen? Wir glauben es nicht. Wir glauben es deshalb nicht, weil wir vor der Wahl immer wieder von sozialdemokratischer Seite hörten, daß die Partei sich selbst aufgebe, wenn sie für einen Kommunisten stimme. Wir glauben es auch nicht, weil nach der Wahl die leisen Anhängern der SPD. die Haltung ihrer Vertreter im Groß-Solinger Stadtparlament nicht verstanden werden wird. Nicht ohne Grund hat gestern die SPD.-Fraktion eine lange Erklärung zur Wahl des Oberbürgermeisters abgegeben, durch welche sie ihren Schritt vor der Oeffentlichkeit zu rechtfertigen versucht. Diese Rechtfertigung wird ihr nicht gelingen. Denn wenn sie auch die Verantwortung dafür denjenigen Parteien zuschiebt, die sich mit dazu entschließen konnten, dem SPD.-Kandidaten Meyer ihre Stimme zu geben, so trägt sie doch die alleinige Verantwortung dafür, daß gestern zum Bürgermeister der Vertreter einer Partei gewählt wurde, die zugegebenermaßen auf einen gewaltsamen Umsturz hinstrebt. Die SPD., die sich zur heutigen Verfassung bekennt, wählt also einen Mann, der diese Verfassung offen beseitigen und erklärt, er wolle nach wie vor dazu beitragen, aus Deutschland eine Sowjetstaat zu machen, einen Mann, der die ihn mitwählende Partei bei jeder Gelegenheit beschimpft und trotz der Erklärung der SPD.-Fraktion, sie werde ihn wählen, an die Sozialdemokraten seine Liebenswürdigkeiten verteilt. Die SPD. betonte zwar, sie lehne nach wie vor die Person des kommunistischen Kandidaten ab. Aber damit übernimmt sie erst recht die volle Verantwortung für das, was sich in ihrer Zustimmung zu dieser doch noch einmal zu der Wahl stehenden Kandidaten ergibt. In welche schiefe Lage die SPD. sich selbst hineinmanövriert hat, zeigte sich bei der Beratung der Nachtragsumlage, wobei sie erklärte, sie stünde jetzt in der Opposition. Auf der Seite der SPD. scheint man also völlig den Kopf verloren zu haben. Die einzige Erklärung, die man für ihr gestriges Tun finden kann, ist trotz der schön gesetzten Worte ihrer Begründung für die Zustimmung zur Wahl Webers die, daß sie dazu kaus aus Verbitterung über das Fehlschlagen ihrer eigenen Taktik. Es wird sich im weiteren Verlauf dieser Angelegenheit zeigen, ob die SPD. gewillt ist, den jetzt eingeschlagenen Weg fortzusetzen, oder ob sie, lediglich dem Bürgertum vor Augen führen wollte, daß (wie Hermann Meyer in anderem Zusammenhang sagte), eben auch anders kann. Damit sind aber die Möglichkeiten einer Verständigung mit den bürgerlichen Parteien, die von der SPD. ja noch immer offen gelassen werden, außerordentlich erschwert.

Dem Bürgertum jedoch muß man hier noch einmal mit aller Deutlichkeit sagen, daß es die gestrige Lage selbst verschuldet hat. Die Wahlen am 17. November brachten keine bürgerliche Mehrheit, weil auf bürgerlicher Seite eine unverantwortliche Gleichgültigkeit herrschte. Dadurch war es unmöglich gemacht, den Kandidaten der Rechten ohne weiteres durchzubringen. Das wäre auch noch unsicher gewesen, wenn die bei einem Kompromiß fehlende Stadtv. Frau Mayr nicht noch im letzten Augenblick herbeigeschleppt worden wäre. Dann hätte es immer noch sein können, daß Stimmengleichheit bestand und der Vorsitzende die Wahl durch das Los der SPD. entscheiden mußte. Für diesen Fall war aber schon von der SPD. ein Antrag auf zweite Lesung in Aussicht genommen, die die Wahlhandlung vereitelt hätte.

Die Festsetzung der Gehälter für Oberbürgermeister und Beigeordnete war bei der Wahl beraten, aber in zweite Lesung verwiesen worden. Ebenso wurde die Wahl der Beigeordneten vertagt.

So ist gestern der erste Akt eines Schauspiels abgerollt, von dem man nicht weiß, ob man es als Tragödie oder als Komödie bezeichnen soll.

Dr. G.

Zur Ablehnung der Nachtragsumlage.

Das Regierungsprogramm Hermann Webers.

Als nach Beendigung der kurzen Aussprache über die Beigeordnetenwahlen in der gestrigen Sitzung Baurat Schmidhäußler seine Nachtragsumlage einbrachte, hatte er wohl schon vorher eingesehen, daß er kein bewilligungsfreudiges Kollegium für seine Vorschläge auf Erhöhung der Grund-, Gewerbe- und Lohnsummensteuer sowie der Gas- und Wasserpreise finden würde. Er hielt sich deshalb bei Begründung der Verwaltungsvorschläge kurz und erklärte, daß die Stadt Geld haben müsse, auch Geld bekommen könne, aber vorher für Deckung gesorgt werden solle. Dann winkten die Redner sämtlicher Parteien mehr oder weniger deutlich ab. Bei dieser Gelegenheit konnte man schon die Auswirkungen der vorher getätigten Oberbürgermeisterwahl feststellen. Allseitig kam zum Ausdruck, daß man dem neuen Stadtoberhaupt und seinen Freunden auch die Sorge über die Sanierung der Stadtfinanzen überlassen müsse. Hermann Weber in seiner neuen Würde schmunzelte. Er erklärte gleich, daß er das Ding schon dreben werde, die Sorge solle man ihm überlassen. Gleichzeitig rückte er mit seinem Regierungsprogramm heraus. Weber war übrigens Offenheit. Dies konnte man deutlich feststellen. Mit seiner Bereiterklärung, gleich den Laden zu schmeißen, gab er seinem Vorgänger Baurat Schmidhäußler den, wie er sich ausdrückte, kameradschaftlichen oder kollegialen Rat, die Finger von zu brenzligen Sachen, wie sie eben diese Nachtragsumlage sind, fortzulassen und sich einen anständigen Abgang als Kommissarius zu sichern. Im übrigen will er anfangen und nur 600 Mark Gehalt im Monat beanspruchen. Gleichzeitig aber dürfen auch bei den besser bezahlten Beamten, die nach seiner Meinung nicht höher gestellt werden dürfen als der Bürgermeister. Die sich so ergebenden Spargelder sollen den Erwerbslosen zugute kommen. Soweit das Programm des neugewählten Stadtoberhauptes.

Die Stadtverordneten von rechts und halblinks hörten sich das Programm an. Von den Bürgerlichen folgte ein Wink an die SPD., daß diese ja auch zur Regierung gehöre. Hermann Meyer reagierte kurz darauf, aber im negativen Sinne. „Wir denken garnicht daran und sind jetzt in Opposition. Mit Deckungsfragen hat die Oberbürgermeisterwahl nichts zu schaffen", sagte er. So ähnlich lautete auch die Erklärung der Bürgerlichen Parteien, die durchblicken ließen, daß sie bei der Wahl ihres Oberbürgermeisterkandidaten wegen des städtischen Defizites von einem anderen Gesichtspunkte betrachtet hätten, jetzt aber die Kopfsorgen dem neuen Manne überlassen wollten. Baurat Schmidhäußler versuchte nochmals die Stadtverordneten umzustimmen. Vergeblich! Einstimmig lehnte das Kollegium die Deckungsvorlage ab. Der Baurat schloß die Sitzung und berief eine neue für 7 Uhr abends ein.

Den Linksparteien war aber die Sache anscheinend etwas langweilig. Sie packten ihre Sachen und gingen nach Hause. Als man zur Eröffnung der zweiten Sitzung auszählte, waren nach 23 Stadtverordnete anwesend. Sie genügten aber nicht zur Beschlußfähigkeit. Der Vorsitzende kündigte eine weitere Sitzung für die nächste Zeit an und machte darauf aufmerksam, daß diese auch beschlußfähig sei, wenn „keiner komme". Dann war Feierabend. Am Eingang zum Sparkassengebäude hatte sich eine größere Anzahl von Parteifreunden des neugewählten Oberbürgermeisters eingefunden, die ihn begeistert hochleben ließen und zur Siegesfeier abholten.
Sch.

s. unten). Kurz darauf, am 4. Februar, erließ Innenminister Grzesinski (SPD), daß Weber nicht zu bestätigen sei.[261]

Auf die Nichtbestätigung eines gewählten Kandidaten mußte nach der Rhein. Städteordnung die Wiederholung der Wahl durch die Stadtverordnetenversammlung folgen. An den politischen Fronten in der Solinger Kommunalpolitik hatte sich unterdessen durch die Wahl und Nichtbestätigung Webers nicht viel geändert; eher waren Zeichen der Verhärtung zu erkennen. So hatte der *Ohligser Anzeiger* am Tag nach der Wahl unter der Überschrift »Wir halten fest an Seynsche« berichtet, daß die Mitgliederversammlung der DVP Ohligs beschlossen habe, »an dem Kandidaten Seynsche unter allen Umständen und mit allen Mitteln festzuhalten«.[262] Denselben Beschluß faßte die Wirtschaftspartei am 28. Januar.[263]

Am 4. Februar waren Vertreter der Solinger Stadtverwaltung und aller Parteien in das Regierungspräsidium Düsseldorf eingeladen, um sich über die Wahl und die ausstehende Deckungsfrage auszusprechen; die Vermittlungsversuche des Regierungspräsidenten waren aber nutzlos.[264] Am 15. Februar legte sich mit der »Ev. Wahlvereinigung« eine weitere Partei auf den Kandidaten Seynsche fest, während die SPD ihren eigenen Anspruch auf die Bürgermeisterstelle aufrechterhielt.[265] Auf einer weiteren Besprechung in Düsseldorf, an der die Solinger KPD nicht teilnahm, drohte Regierungspräsident Bergemann damit, daß die Regierung einen »auswärtigen Oberbürgermeister« auf 12 Jahre ernennen würde, falls die Wahl ein zweites Mal »ergebnislos« verlaufe – falls also Weber wieder gewählt würde.[266]

Alle Vermittlungsversuche zwischen der *Wahlgemeinschaft* und der SPD, in die sich auch Schmidhäußler einschaltete, waren zum Scheitern verurteilt.[267] In der zweiten Februarhälfte schienen sich die Solinger Rechtsparteien auch einen Vorteil für den Fall auszurechnen, daß es einen Ministerwechsel in Berlin gäbe. Um diese Zeit war nämlich eine massive Verleumdungskampagne gegen Innenminister Grzesinski im Gang. Auch die kommunistische Landtagsfraktion hatte einen Mißtrauensantrag gegen Grzesinski gestellt, der unter anderem mit »Nichtbestätigung in kommunalen Ämtern«, also mit Grzesinskis Vorgehen

---

261 DZA Merseburg Rep. 77, Tit. 3528, Nr. 1, Bd. 4 (Stadt Solingen).
262 *Ohligser Anzeiger*, 23. 1. 1930.
263 *Solinger Tageblatt*, 29. 1. 1930.
264 *Solinger Tageblatt*, 6. 2. 1930.
265 *Bergische Post*, 15. 2. 1930.
266 *Volksblatt*, 17. 2. 1930.
267 *Bergische Post*, 19. 2. 1930; *Bergische Arbeiterstimme*, 20. und 28. 2. 1930; *Bergische Post*, 6. 3. 1930.

Solinger Tageblatt
Nr. 20 / 121. Jahrgang

Solinger Stadtanzeiger

Freitag,
den 24. Januar 1930.

Weber wird nicht bestätigt.

Vor der Entscheidung des Staatsministeriums.

☇ Nach der Rheinischen Städteordnung bedürfen bekanntlich in Städten von mehr als 10 000 Einwohnern die von der Stadtverordnetenversammlung gewählten Bürgermeister und Beigeordneten der Bestätigung durch das Staatsministerium; in Städten, die nicht über 10 000 Einwohner haben, steht die Bestätigung dem Regierungspräsidenten zu. Der am Mittwoch mit den Stimmen der Kommunisten und Sozialdemokraten gewählte SPD.-Kandidat Hermann Weber muß also erst vom Staatsminister bestätigt werden, ehe er das Amt übernehmen kann. So schnell wie Weber sich die Sache dachte, daß nämlich der augenblickliche kommissarische Bürgermeister sofort „abtreten" müsse, um ihm (Weber) die Verwaltung zu übertragen, geht es nicht. An eine Bestätigung glaubte Weber selbst nicht, und ebenso wenig wie die Bürgerlichen werden auch die Sozialdemokraten damit gerechnet haben, als ihre Fraktion den denkwürdigen Beschluß faßte, für Weber zu stimmen. Daß die SPD., wie man schon vor der öffentlichen Bekanntgabe ihrer Entscheidung vermutete, ziemliche Gewißheit darüber hatte, daß Staatsministerium werde seine Zustimmung zur Wahl Webers versagen, geht aus einer uns heute vormittag übermittelten Berliner Meldung hervor, die folgendes besagt:

Der von der Mehrheit der Solinger Stadtverordnetenversammlung zum Oberbürgermeister gewählte Kommunist Weber wird, wie der Sozialdemokratische Pressedienst erzählt, von der preußischen Regierung nicht bestätigt werden. Eine entsprechende Entscheidung des preußischen Innenministers ist zu erwarten, sobald der Bericht des Düsseldorfer Regierungspräsidenten in Berlin eingelaufen ist.

Die Eile, mit der der SPD-Pressedienst diese Nachricht, nachdem soeben die Wahl vorgenommen ist, verbreitet, ist etwas auffällig. Hat man in der maßgebenden Berliner sozialdemokratischen Parteikreisen doch ein Haar in der Butter gefunden? Wir schrieben gestern schon im „Solinger Stadtanzeiger" des Solinger Tageblattes, daß man die Haltung der hiesigen sozialdemokratischen Stadtverordnetenfraktion sogar in SPD.-Kreisen nicht verstehen werde. Die Kunde von der Wahl eines Kommunisten zum Oberbürgermeister einer Großstadt, wobei die SPD. dazu nach reiflicher Ueberlegung — den Ausschlag gab, ging wie ein Laufseuer durch die ganze Presse und schlug wie eine Bombe ein. Das Echo ist ja nicht ausgeblieben, und die SPD. wird noch einige Mühe haben, die Wogen der Aufregung zu glätten.

Was tut der preußische Innenminister?

In diesem Zusammenhang interessiert eine Mitteilung des Demokratischen Zeitungsdienstes, die wir hier wiedergeben:

Die Mitteilung, daß in der Stadtverordnetenversammlung in Solingen der kommunistische Stadtverordnete Weber mit den Stimmen der Kommunisten und Sozialdemokraten zum Oberbürgermeister von Groß-Solingen gewählt worden ist, hat in politischen Kreisen starkes Aufsehen erregt. Das Verhalten der Sozialdemokraten hat besonders bei den Parteien der Mitte lebhafte Mißstimmung hervorgerufen.

Grundsätzlich bedeutsam aber ist die weitere Entwicklung dieser Angelegenheit. Nach der Städteordnung hat der Staat Preußen über die Bestätigung zu entscheiden. Es muß also nunmehr entschieden werden, ob der preußische Innenminister als Sozialdemokrat bereit ist, diesen kommunistischen Oberbürgermeister zu bestätigen, einen Mann also, der gemäß seinem Parteiprogramm öffentlich erklärt, auf den Umsturz des bestehenden Staates hinzuarbeiten. Die Entscheidung des Ministers Grzesinski wird mit Spannung erwartet. Es kann aber angenommen werden, daß das Preußische Staatsministerium in seiner Gesamtheit sich mit dieser Wahl eines Kommunisten zum Oberbürgermeister noch befassen wird, und es darf schon jetzt gesagt werden, daß das preußische Staatsministerium auf keinen Fall und selbst gegen eine bejahende Stellungnahme des Innenministers die Bestätigung vornehmen wird. Die Wahl in Solingen wird also aller Voraussicht nach widerholt werden.

Unabhängig von dieser Entscheidung des Preußischen Staatsministeriums aber bleibt die Frage an das Reichsbanner Schwarz-Rot-Gold zu richten, was die Reichsbanner nunmehr gegen die sozialdemokratischen Stadtverordneten zu tun gedenkt, soweit sie Mitglieder des Reichsbanners sind. Das Reichsbanner war vor kurzem schnell bei der Hand, als es sich darum handelte, demokratische Mitglieder auszuschließen, die für einen Rechtsradikalen als Schriftführer gestimmt hatten. Damals handelte es sich nur um den Schriftführer einer Stadtverordnetenversammlung. Hier aber handelt es sich um einen Oberbürgermeister. Ob linksradikal oder rechtsradikal ist in diesem Zusammenhange gleichgültig. Beide Parteien arbeiten in dieser Beziehung vereint auf den Umsturz des Staates hin.

Wie man sieht, zeitigt dieser „Solinger Fall" allerlei Auswirkungen.

gegen Hermann Weber, begründet war.[268] Grzesinski stürzte tatsächlich am 28. Februar; sein Nachfolger wurde Prof. Waentig, ebenfalls SPD.[269] Für Solingen änderte sich mit diesem Wechsel jedoch nichts. Waentig war genau wie sein Vorgänger entschlossen, im Falle einer 2. Wahl Weber wiederum nicht zu bestätigen und einen Bürgermeister selbst zu ernennen; man mußte auch weiterhin damit rechnen, daß der von oben eingesetzte Bürgermeister ein Sozialdemokrat sein würde. Spätestens seit Bergemanns Reise nach Berlin, auf der er Waentigs Haltung in dieser Frage erkundete, mußte das allen Solinger Parteien klar sein.[270]

Die einzige Partei, die aus der *Wahlgemeinschaft* ausscherte und für eine Verständigung mit der SPD eintrat, war das Zentrum.[271] In letzter Minute erklärten sich auch die DDP, DVP und DNVP noch einmal zu Verhandlungen mit der SPD bereit.[272] Die SPD ging darin von ihrem Anspruch auf den Oberbürgermeisterposten nicht ab, schlug jedoch an Stelle von Meyer andere Kandidaten vor: den Beigeordneten Mebus aus Krefeld und Redakteur Steinbüchel aus Essen, beide SPD. Auf beide Kandidaten konnten sich die Bürgerlichen aber nicht einigen.[273] Nachdem der Wahltermin bereits zweimal verschoben worden war, waren nun alle Verständigungsmöglichkeiten verbaut.

Am 25. März schritten die Stadtverordneten wiederum zur Wahl des neuen Stadtoberhauptes. Als ob unterdessen nichts geschehen sei, wiederholten sich die Ereignisse des 22. Januar: Die *Bürgerl. Vereinigung* und die *Wahlgemeinschaft* gaben ihre Stimme wieder für Seynsche ab; nur das Zentrum enthielt sich diesmal der Stimme; der Nationalsozialist Brückmann war nicht anwesend. Die SPD votierte für Meyer, die KPD für Weber. In der Stichwahl stimmte die sozialdemokratische Fraktion wiederum zusammen mit den Kommunisten für Weber, der damit zum zweiten Mal gewählt war![274]

Wie zerstritten die Solinger Parteien waren, geht auch daraus hervor, daß alle vier Anträge abgelehnt wurden, die über die Festsetzung des Bürgermeistergehalts vorlagen: Die KPD hatte 7 200 Mark im Jahr beantragt, die SPD 16 000, die *Wahlgemeinschaft* 18 000, die Verwal-

---

268 *Frankfurter Zeitung*, Nr. 141 vom 22. 2. 1930.
269 *Frankfurter Zeitung*, Nr. 160 vom 1. 3. 1930; vgl. a. Severing, Mein Lebensweg, Bd. II, S. 234 f.
270 Vgl. *Bergische Post*, 10. 3. 1930; *Volksblatt*, 14. 3. 1930; *Ohligser Anzeiger*, 19. 3. 1930.
271 *Bergische Post*, 26. 2. 1930.
272 *Ohligser Anzeiger*, 20. 3. und 22. 3. 1930; *Solinger Tageblatt*, 24. 3. 1930.
273 *Solinger Tageblatt*, 24. 3. 1930; *Bergische Post*, 25. 3. 1930.
274 Protokoll der Sitzung im Stadtarchiv Solingen.

tung 22 000 plus 3 000 Aufwandsentschädigung. Die ebenfalls anstehende Wahl der neuen Beigeordneten mußte vertagt werden.[275] Noch am Nachmittag dieses 25. März 1930 lief in Solingen ein Telegramm aus Berlin ein, das sich auf den Fraktionsführer der Sozialdemokraten, Hermann Meyer, bezog; daraus ging hervor, daß Meyer, der die Wahl zum Oberbürgermeister im zweiten Anlauf verfehlt hatte, nun zum Ministerialdirektor im Preußischen Volkswohlfahrtsministerium ernannt worden war.[272]

Schon am Tag nach der Wahl stand fest, daß Hermann Weber wieder nicht bestätigt werden würde. An seiner Stelle ernannte die Regierung den Regierungsdirektor Brisch aus Dortmund zum neuen Bürgermeister von Solingen; Brisch gehörte der SPD an.[277] Damit hatte die Regierung auf die allgemein erwartete Ernennung Hermann Meyers verzichtet, setzte aber mit Brisch ebenfalls einen Sozialdemokraten ein. Brischs Auftrag in Solingen war zunächst formal befristet, nämlich bis die Stadtverordnetenversammlung eine weitere, akzeptable Wahl vornehmen würde. Diese Perspektive erwies sich in den folgenden Monaten immer mehr als illusorisch. Am 27. Januar 1931 wurde Brisch endgültig zum Oberbürgermeister auf 12 Jahre ernannt.[278] Auch zu einer Wahl der Beigeordneten kam es nicht mehr. Im April 1930 wurden die neuen Beigeordneten von der Staatsverwaltung im Erlaßwege eingesetzt.[279]

1.6.3 Die Politik der Parteien und die Frage der kommunalen Selbstverwaltung

Die Ereignisse um die Solinger Bürgermeisterwahl sind in mehr als einer Hinsicht überraschend und werfen eine ganze Reihe von Fragen auf. Auf einem Höhepunkt der Feindschaft zwischen der Sozialdemokratie und den Kommunisten in der Endphase der Weimarer Republik kam es in Solingen gleich zweimal zur gemeinsamen Wahl eines kommunistischen Oberbürgermeisters. Wie ist es zu erklären, daß die SPD von der Linie ihrer Koalitionspolitik in Preußen und im Reich abwich und in Solingen ihre Stimme statt dessen im Sinne der »Arbeitermehrheit« abgab? Warum kam keine Einigung zwischen den bürgerlichen Parteien von Solingen und der SPD zustande? Welche Ziele verfolgte die SPD?

275 *Ohligser Anzeiger*, 26. 3. 1930.
276 *Solinger Tageblatt*, 26. 3. 1930.
277 *Bergische Post*, 27. 3. 1930 und 29. 3. 1930.
278 *Solinger Tageblatt*, 28. 1. 1931.
279 *Bergische Arbeiterstimme*, 24. 4. 1930.

Hermann Weber war der einzige Kommunist der Weimarer Republik, der zum Bürgermeister einer Großstadt gewählt wurde. Daraufhin kam es zum denkbar härtesten Eingriff des Staates in die Selbstverwaltung: Der rechtmäßig gewählte Kandidat wurde nicht bestätigt; der Stadtverordnetenversammlung wurde das Recht der Bürgermeisterwahl genommen – nach dem Budgetrecht die wichtigste Aufgabe, die sie nach der Rheinischen Städteordnung zu erfüllen hatte. Nicht genug damit, die Regierung ernannte schließlich einen Bürgermeister auf Dauer. Von diesem Recht hat sie sonst in der ganzen Republik keinen Gebrauch gemacht.[280]

Dabei ist zu betonen, daß Brisch nicht einer von jenen »Staatskommissaren« war, die in den Jahren 1930-33 in vielen Städten zwangsweise eingesetzt wurden, um die von oben angeordneten Spar- und Deckungsmaßnahmen gegen den Widerstand des Stadtparlaments durchzudrücken (vgl. unten Teil 3.3.4). Über die Befugnisse eines solchen Kommissars hinaus war Brisch wirklich ein Staatspräfekt im vollen Sinn des Wortes, in den Augen aller Beteiligten ein Symbol für das Ende der kommunalen Selbstverwaltung. Wer hatte ein Interesse daran, daß die Solinger Kommunalpolitik ihr vorläufiges Ende erreicht hatte?

Für die KPD schien die Wahl Webers einen Schritt aus der politischen Isolation heraus zu bedeuten. Was unternahm sie, um aus ihrer kommunalpolitischen Stärke einen breiten politischen Erfolg und einen Vorteil für ihre antifaschistischen und revolutionären Ziele zu machen?

Die Vorgeschichte der meisten Fragen ist schon ausführlich in dieser Arbeit erörtert worden. Eine weitere Klärung ergibt sich aus der Analyse der politischen Überlegungen der Beteiligten, die hier in der Reihenfolge vorgenommen wird: Bürgerliches Lager, SPD und Regierung, KPD.

1.6.4 Bürgerliche Parteien

Für die Parteien der *Wahlgemeinschaft* (DNVP, DVP, DDP, Zentrum und Wirtschaftspartei) hätte theoretisch die Möglichkeit bestanden, sich nach der Kommunalwahl mit der SPD zu verständigen; das hätte eine arbeitsfähige Mehrheit im Stadtparlament bedeutet und einen mehr

---

280 Am 24. 1. 1931 schreibt Ministerialrat Frielinghaus in einem Aktenvermerk: »Von der Ernennung eines Bürgermeisters ist, soweit ich mich erinnern kann, bisher nicht Gebrauch gemacht worden.« S. DZA Merseburg, Rep. 120, A II 5e, Nr. 21, Bd. 2 1930–31 (betr. die Finanzwirtschaft der Provinzen usw.).

oder minder ähnlichen Verlauf der kommunalpolitischen Geschäfte wie bisher gesichert. Diese Parteien weigerten sich statt dessen, ihre Wahlniederlage zu akzeptieren, und hielten an der Forderung nach einem rein bürgerlichen Stadtregiment[281] um jeden Preis fest.

Die Feindschaft der *Wahlgemeinschaft* gegen die SPD wird an dieser Stelle insofern nicht mehr überraschen, als sie bereits als ein Hauptgrund für das Zustandekommen dieser Einheitsliste dargestellt worden ist. In der Solinger DVP hatte sich seit der Städtevereinigung die rechtsradikale »Ohligser Richtung« durchgesetzt; dieser Vorgang muß parallel mit der Rechtsentwicklung der gesamten DVP im Reich gesehen werden, die sich ja gerade in der Zeit vom Herbst 1929 bis zum Frühjahr 1930 vollzog und zum Sturz der Großen Koalition führte. Die Solinger DDP war offensichtlich von der Aussicht, daß ihre Wählerstimmen noch weiter zurückgehen könnten, schon gelähmt und entwickelte keine Initiativen mehr. Redakteur Gothe vom *Solinger Tageblatt* scheint zu den wenigen Kräften in der DDP gehört zu haben, die politisch noch im Sinne der Weimarer Koalition wirkten. Für einen offenen Angriff auf Seynsche waren Gothe außerdem die Hände gebunden, weil Seynsche formal noch der DDP (und später dann der Staatspartei) angehörte.

Wenn die *Wahlgemeinschaft* ihr Ziel des bürgerlichen Bürgermeisters trotz allem noch erreichen wollte, war sie auf eine gemeinsame Linie mit den kleinbürgerlichen Gruppen der *Bürgerl. Vereinigung* angewiesen. Schon vorher hatte das Solinger Bürgertum viel von seiner politischen Identität eingebüßt, als es seine angestammte Ideologie, den Liberalismus, über Bord warf und begann, die Republik als »marxistisch« zu beschimpfen. In der Zeit vor der Bürgermeisterwahl geriet die *Wahlgemeinschaft* nun immer deutlicher in das politische Schlepptau der kleinbürgerlichen Politik der *Bürgerl. Vereinigung*. Das zeigt sich am deutlichsten an der Kandidatenfrage. Die Schwäche der Kandidatur Seynsche war den Parteien der *Wahlgemeinschaft* natürlich klar; aber das Argument des einheitlichen Vorgehens mit der *Bürgerl. Vereinigung* behielt immer die Oberhand. Die überregionale Kandidatensuche wurde kaum ernsthaft betrieben. Die Verhandlungen mit Carl Goerdeler zerschlugen sich u. a. darum, weil ihm die Solinger ein zu geringes Gehalt boten; auch dahinter stand die politische Rücksichtnahme auf die Sparsamkeitsargumente der *Bürgerl. Vereinigung*.

Hervorzuheben ist besonders, daß sich im Laufe der ganzen Affäre das

---

281 Im Laufe der Verhandlungen ließ die SPD erkennen, daß sie einem bürgerlichen Bürgermeister zustimmen würde, wenn man ihr dafür vier Beigeordnetenstellen zubilligte. Aber auch diesen Vorschlag lehnte die *Wahlgemeinschaft* ab; s. *Volksblatt*, 31. 1. 1930.

Bürgerliche Lager immer deutlicher aus dem bisherigen kommunalpolitischen Konsens hinausbewegte. Auch ohne eine entsprechende
Stärke der NSDAP muß diese Entwicklung als Teil des lokalen Faschisierungsprozesses angesehen werden. Während das *Solinger Tageblatt*
nach der ersten Wahl Hermann Webers noch meinte, »das Selbstverwaltungsrecht der neuen Großstadt« befinde sich »in Gefahr«[282], leugnete der *Ohligser Anzeiger* bereits, daß man noch von »Selbstverwaltung« sprechen könne: »Aber die Selbstverwaltung! Sie steht ja bloß
auf dem Papier und hat gerade in unserer Heimat Stoß auf Stoß er-
litten.«[283] Als die Düsseldorfer Regierung im Solinger Etatkonflikt mit
dem Zwangserlaß einer Nachtragsumlage drohte, stellte der *Ohligser
Anzeiger* diesen Eingriff des Staates in zynischer Weise als eine Selbstverständlichkeit dar:

> »Das Selbstverwaltungsrecht würde genotzüchtigt, heißt es. Ach ja. Die
> das heute hinausposaunen, das sind insonderheit diejenigen, die dem
> Bruch eben dieses Selbstverwaltungsrechts in Punkto Zwangseingemein-
> dung mit Pauken und Trompeten zujubelten.«[284]

Die Politik der *Wahlgemeinschaft* mußte natürlich auch das Eingreifen
des Staates in Erwägung ziehen, besonders in Zusammenhang mit der
möglichen zweiten Wahl von Weber. Da sich die Hoffnung zerschlug,
daß Grzesinskis Nachfolger im Ministeramt einen bürgerlichen Kommissar einsetzen würde, hatten die Politiker der *Wahlgemeinschaft*
offenbar so kalkuliert: Anstatt jetzt dem Sozialdemokraten Meyer
freiwillig die Stimme zu geben, wollten sie lieber die Einsetzung eines
SPD-Kommissars abwarten, um ihn dann um so frontaler angreifen zu
können und aus dem Ende der republikanischen Selbstverwaltung auf
diese Weise politisches Kapital zu schlagen. Oder aber sie hofften auf
die Auflösung der Stadtverordnetenversammlung und damit auf die
Chance, die Schlappe vom 17. November auszugleichen. Doch über ein
solches Kalkül hinaus ertönten aus Ohligs immer wieder Stimmen, die
eindeutig das politische Ende der Republik beschwören wollten: Unter
der Überschrift »*Wie lange noch?*« schrieb der *Ohligser Anzeiger* nach
der zweiten Wahl von Weber:

> »Die Sozialisten haben den gordischen Knoten der Oberbürgermeister-
> wahl, wie sie es für richtig befanden, mit Gewalt durchgehauen. Die
> Geschichte erzählt, daß der große Alexander, seitdem er in Gordum den
> berühmten Knoten des phrygischen Königs mit einem Schwertstreich
> zerschnitten hatte, statt ihn behutsam zu lösen, sein Reich und alle seine
> Träume bald ins Nichts zerfallen sah. Darauf warten wir. Wir werden
> nicht vergebens warten.«[285]

282 *Solinger Tageblatt*, 27. 1. 1930.
283 *Ohligser Anzeiger*, 17. 2. 1930.
284 A.a.O., 21. 1. 1930.
285 A.a.O., 26. 3. 1930.

Der einzige nationalsozialistische Stadtverordnete Brückmann spielte in der Entscheidung der Bürgermeisterfrage nur eine marginale Rolle. Er hatte sich zunächst der *Bürgerl. Vereinigung* angeschlossen. Es versteht sich, daß er in dieser Gesellschaft nicht die typische Linie der NSDAP entfalten konnte, denn die Nationalsozialisten sahen ihre politische Chance gerade darin, diese kleinbürgerlichen Splitterparteien aufzusaugen (vgl. Teil 3.4.2); ebensowenig bot die *Wahlgemeinschaft* der »Systemparteien« für ihn eine Alternative. Dieses Dilemma scheint auch zu heftigen Auseinandersetzungen in der Ortsgruppe der NSDAP geführt zu haben. An der ersten Bürgermeisterwahl nahm Brückmann teil und stimmte für den Kandidaten Seynsche. Wenige Tage darauf veröffentlichte die *Bergische Arbeiterstimme* einen Artikel mit der Überschrift: »Rebellion bei den Solinger Nationalfaschisten«; darin heißt es: »Auch die paar irregeführten Arbeiterwähler von der NSDAP erkennen jetzt, daß sie von ihrem Häuptling Dr. Brückmann geradewegs ins Lager der ›Judenparteien‹ des Bürgerblocks geführt wurden ...«[286] Brückmann schied aus der Stadtverordnetenversammlung aus und wurde im Juni 1930 durch den Nachrücker Max Breucker ersetzt. Am Rande sei bemerkt, daß sich der Bürgerblock 1929/30 in Solingen ebensowenig wie in Braunschweig oder Northeim genierte, einen Faschisten in seinen Reihen zu haben; er war nur »eine Stimme mehr« für den Sieg des bürgerlichen Lagers.

1.6.5 SPD und Regierung

Am 23. Januar 1930 sprach das sozialdemokratische *Volksblatt* davon, daß eine »Arbeitermehrheit« zustandegekommen sei, die den kommunistischen Kandidaten gewählt habe. Die Stimmabgabe der Solinger SPD widersprach der allgemeinen Politik der Partei so massiv, daß man zunächst vermutet, es handele sich um einen lokal bedingten Ausrutscher, den die preußische Regierung mit der Nichtbestätigung des Kommunisten Weber wieder glattbügeln mußte.

Es ist kaum zu bestreiten, daß das Verhalten der Solinger SPD besondere lokale Voraussetzungen hatte: Der sozialdemokratische Ortsverein war innerhalb der Gesamtpartei dem »linken Flügel« zuzurechnen. Die Stadtverordneten und Beigeordneten von 1929 hatten fast alle bis 1922 der USP angehört.[287] Eine kritische Haltung der Solinger Delegierten gegenüber der offiziellen Parteilinie wurde auch auf dem Bezirksparteitag in Düsseldorf am 23. Januar 1930 deutlich. Hier übte

---

286 *Bergische Arbeiterstimme,* 29. 1. 1930.
287 Vgl. *Volksblatt,* 11. 10. 1932.

Hermann Merkel Kritik am Youngplan und seinen Auswirkungen. Der Delegierte Krämer aus Ohligs, der der Freidenker-Bewegung angehörte, trat mit einem Antrag gegen den Regierungspräsidenten Bergemann (SPD) hervor; darin kritisiert er, daß sich die Düsseldorfer Regierung weigerte, konfessionslose Bewerber in den Staatsdienst einzustellen.[288]

Ebenso zweifelsfrei ist es, daß sich die Solinger SPD einem starken Druck von ihrer Anhängerbasis gegenüber sah, der es ihr verbot, in irgendeiner Form gemeinsame Sache mit den Bürgerlichen zu machen. Wenn sie durch ihre Stimmenthaltung die Wahl von Seynsche ermöglicht hätte (der ja auch vom Nationalsozialisten Brückmann unterstützt wurde), hätte sie den kommunistischen Angriffen die Breitseite geboten; Rückschläge für die Parteiarbeit auf Jahre hinaus wären die Folge gewesen.

Zu erwähnen ist noch, daß Hermann Meyer wirklich einen Versuch gemacht hat, Verhandlungen mit der kommunistischen Fraktion aufzunehmen; offensichtlich sollte über die Aufteilung der Beigeordnetenposten unter die beiden Parteien geredet werden. Das geht aus einer Bemerkung der *Bergischen Arbeiterstimme* hervor, die das Angebot sogleich kategorisch ablehnte.[289] Freilich scheint der Wunsch nach Verhandlungen bei der SPD nicht groß gewesen zu sein, denn sie verzichtete darauf, ihr Verhandlungsangebot und die Ablehnung der KPD öffentlich darzulegen.

Diese Überlegungen zu den besonderen Solinger Voraussetzungen für den Wahlsieg des Kommunisten Weber könnten noch in mehrere Richtungen fortgesetzt werden. Im Gegensatz dazu lese man jedoch die Erklärung der sozialdemokratischen Stadtverordnetenfraktion, die sie nach der ersten Wahl Webers abgab; darin hieß es:

»Obwohl die Sozialdemokratie im Westen parteipolitisch nach dem Zentrum die stärkste Partei ist ..., ist es ihr bisher nicht möglich gewesen, in irgendeiner Stadt einen sozialdemokratischen Oberbürgermeister durchzusetzen. Demgegenüber haben die Deutsche Volkspartei, die Deutschnationalen und vor allem die Demokraten in größerer Zahl Oberbürgermeister. Die Demokraten z. B. in Wuppertal, Bochum und Buer-Gelsenkirchen, obwohl sie zahlenmäßig im gesamten rheinisch-westfälischen Industriegebiet eine bedeutungslose Gruppe geworden sind. *Dieses parteipolitisch gesteckte Ziel zu erreichen, die Stelle des Solinger Oberbürgermeisters zu erobern, war der Grundsatz*, von dem sich die Partei im Bezirk und die Partei am Ort, sowie die Stadtverordnetenfraktion hat leiten lassen ... Nicht aus irgendwelcher Sympathie für die Kommunisten, noch viel weniger aus Sympathie für den vorgeschlagenen kommunistischen Kandidaten ... hat die Sozialdemokratie zum einzig noch

288 Bericht vom Bezirksparteitag im *Volksblatt*, 24. 1. 1930.
289 *Bergische Arbeiterstimme*, 31. 1. 1930.

möglichen Mittel gegriffen, die Wahl des bürgerlichen Kandidaten zu verhindern. Es gab in der letzten Stunde kein anderes Mittel als die Wahl des Kommunisten ...«[290]

Diese Erklärung beweist, daß überregionale Motive für das Verhalten der SPD nicht nur vorhanden waren, sondern sogar vorherrschten. Bei den zahlreichen Neuwahlen nach der kommunalen Neugliederung im Westen, die ja hauptsächlich das Werk der preußischen Sozialdemokratie gewesen war, war sie bei der Verteilung der leitenden Posten leer ausgegangen. Solingen war nun die Stadt im Westen, »wo nach der politischen Struktur die Sozialdemokratie den Leiter der großstädtischen Verwaltung zu stellen in der Lage gewesen wäre«[291]; sie wurde zum Testfall erklärt. Hier wollte die SPD den bürgerlichen Parteien gegenüber hart bleiben und sie zur Wahl eines Sozialdemokraten zwingen. Die anfängliche Kompromißbereitschaft der Solinger Liberalen (s. o.) deutet darauf hin, daß es zwischen den Berliner Koalitionsparteien vielleicht sogar einen Absprache zugunsten eines SPD-Bürgermeisters von Groß-Solingen gegeben hat; zumindest wird die SPD darauf gedrängt haben. Erst später, als die *Wahlgemeinschaft* in Solingen jede Verständigung verweigerte, tauchte bei der SPD das Argument der »Linksmehrheit« auf; dieses Argument sollte zunächst den Anspruch der *SPD* auf die Oberbürgermeisterstelle untermauern. Die Stimmabgabe für Weber war dann nur das letzte Mittel, um die Pläne der Bürgerlichen zu durchkreuzen.

Die Stimmabgabe der sozialdemokratischen Stadtverordneten war in jeder Hinsicht nicht *für* Weber, sondern *gegen* die Bürgerlichen gemeint. In der SPD-Erklärung vor der Abstimmung hieß es an die Adresse gewisser bürgerlicher Parteien, sie hätten die Bildung einer »verantwortungsbewußten, kommunalfortschrittlich eingestellten Stadtverordnetenmehrheit« abgelehnt und damit »den einzig möglichen Weg einer geordneten Führung der Verwaltungsgeschäfte der Stadt verbaut«.[292] Kurz darauf bezeichnete das *Volksblatt* Weber als »einen Kommunisten übelster Sorte«, ja als einen »Staatsfeind«.[293]

Das Verhalten der Solinger SPD war kein lokaler »Ausrutscher«. Das zeigt auch die Tatsache, daß Hermann Meyer in den fraglichen drei Monaten in ständiger Verbindung mit der Parteiführung des Bezirks sowie mit den Regierungsstellen in Düsseldorf und Berlin stand. Mit Innenminister Grzesinski sprach Meyer schon nach der Kommunalwahl,

---

290 *Volksblatt*, 28. 1. 1930; Hervorhebung hinzugefügt.
291 *Volksblatt*, 28. 1. 1930.
292 Protokollbuch im Stadtarchiv, Sitzung v. 22. 1. 1930; Hervorhebung hinzugefügt.
293 *Volksblatt*, 29. 1. 1930.

also im November 1929 über die Solinger Verhältnisse; desgleichen noch einmal Anfang Januar.[294] Zwei Tage vor der ersten Wahl Webers fand in Solingen eine Kundgebung statt, auf der Peter Berten, der Vorsitzende der SPD-Niederrhein, sprach; er erklärte bei dieser Gelegenheit, »es müsse in Solingen unter allem Umständen verhindert werden, daß ein reaktionärer Kandidat Oberbürgermeister werde ...«[295] Kurz nach der Wahl fand in Berlin eine Besprechung der politischen Vorgänge in Solingen statt, an der Haas (Vorsitzender der Landtagsfraktion), Minister Grzesinski, Berten und Meyer teilnahmen. Außerdem unterrichteten Berten und Meyer auch Reichsinnenminister Severing und Ministerpräsident Otto Braun.[296] Die Liste dieser Kontakte könnte bis zur zweiten Wahl Ende März fortgesetzt werden.

Das politische Kalkül von Berten und Meyer baute wohl auf den besonderen Solinger Verhältnissen auf, muß aber gleichzeitig als Ausdruck einer politischen Stimmung gesehen werden, die um den Jahreswechsel 1929/30 viele sozialdemokratische Funktionäre erfaßt hatte: Sie waren das beständige politische Nachgeben gegenüber den bürgerlichen Parteien leid, das die Preußenminister unter Braun, die Landtagsfraktion unter Heilmann, gerade aber auch die SPD-Minister im Reichskabinett unter Hermann Müller immer vorgeführt hatten.[297] Die Beharrlichkeit, mit der die Solinger SPD die Wahl eines bürgerlichen Kandidaten zum Oberbürgermeister verhinderte, entsprach der verbreiteten Kritik an der »Koalitionspolitik« der Parteiführung.[298] Berten, der genau wie seine Solinger Parteifreunde von der USP zur SPD gekommen war, kritisiert noch in seinen Lebenserinnerungen die Nachgiebigkeit der preußischen SPD gegenüber dem Zentrum.[299] Rückendeckung für ihr Vorgehen erhielten Berten und Meyer von Innenminister Grzesinski und seinem Nachfolger Waentig. Grzesinski hatte auch bei anderer Gelegenheit nicht gezögert, Personalfragen zugunsten seiner Partei »von oben« zu lösen. So z. B. bei der Besetzung des Landratspostens für den Landkreis Solingen (Sitz in Opladen) im

294 *Volksblatt*, 30. 1. 1930.
295 *Solinger Tageblatt*, 22. 1. 1930.
296 *Volksblatt*, 27. 1. 1930.
297 Zur SPD-Politik in der Großen Koalition und zur innerparteilichen Kritik vgl. H. Timm, Die deutsche Sozialpolitik und der Bruch der großen Koalition, S. 89 ff. Zur Kritik-Stimmung in der sozialdemokratischen Kommunalpolitik vgl. auch: Rebentisch, Ludwig Landmann, S. 228 f.
298 Eine solche Kritik findet sich z. B. in dem Artikel »Schaut auf Preußen!« (anonym), in: *Der Klassenkampf*, Nr. 7, 1930, S. 207 ff.
299 Peter *Berten*, Lebenslauf eines einfachen Menschen, Düsseldorf 1958, S. 210 ff.

Jahre 1927. Nach Ausscheiden des alten, bürgerlichen Landrates Lucas hatte der Minister damals den Sozialdemokraten Trimborn ernannt. Das Hauptargument für diese Wahl war die »Linksmehrheit« des Kreistages. Diese Argumentation erboste nicht nur die bürgerlichen Parteien; sie war auch insofern bemerkenswert, als die SPD nur über 5, die KPD aber über 12 Sitze verfügte.[300] Schon damals hatte also die Stärke der KPD als Argument dafür herhalten müssen, daß ein Sozialdemokrat das Amt erhielt.

Aus der Rückschau motivierte Grzesinski sein Draufgängertum damit, daß er das Problem des preußischen Verwaltungsapparates im republikanischen Sinne habe lösen wollen.[301] Doch die bürokratischen Mittel, mit denen 1930 auch Solingen einen SPD-Bürgermeister erhielt, stellten keineswegs eine politische Lösung mit demokratischem Inhalt dar. Der Sozialdemokrat, der auf diese Weise zu einer Position im Staats- und Kommunalapparat gelangte, konnte auf dieselbe Weise wieder daraus entfernt werden. So geschah es mit vielen sozialdemokratischen Landräten in Preußen, die nach Papens Preußenputsch entlassen wurden; so geschah es mit Hermann Meyer, der noch 1932 seinen Posten als Ministerial-Direktor verlor, und schließlich – 1933 – auch mit Bürgermeister Brisch.[302]

Wenn man die politische Diskussion in Solingen in den ersten drei Monaten des Jahres 1930 durchleuchtet, wird ganz klar, daß sich das politische Ziel der SPD darauf beschränkte, den Posten des Stadtoberhauptes für Meyer oder einen anderen Sozialdemokraten zu ergattern. Die Solinger SPD verzichtete darauf, sich in kommunalpolitischen Streitfragen deutlich von den bürgerlichen Parteien abzugrenzen. Von der »Neuordnung der Verwaltung« und dem »Wohl der Stadt« sprachen auch die anderen Parteien. Für die SPD standen die Personen und die Stellenbesetzungen ganz im Vordergrund. Als dann schließlich der gescheiterte Meyer zum Ministerialdirektor ernannt wurde, behauptete das *Volksblatt,* die Ernennung Meyers habe mit dem Ausgang der Bürgermeisterwahl nicht das Geringste zu tun; den Umstand, daß seine Ernennung noch am gleichen Nachmittag nach dem Wahlvorgang eintraf, kommentierte das Blatt: »Wie der Zufall oft im Leben eine Rolle spielt.«[303] Doch daran mochte sicher niemand glauben ...

Vor allem ist der SPD der Vorwurf des Doppelspiels vor der Wähler-

300 *Opladener Zeitung,* 27. 9. 1927.
301 Albert C. *Grzesinski,* Inside Germany, New York 1939, S. 110 ff. und passim.
302 Vgl. allgemein zu diesem Problem: Wolfgang *Runge,* Politik und Beamtentum im Parteienstaat, Stuttgart 1965, S. 143 ff.
303 *Volksblatt,* 26. 3. 1930.

schaft und der Öffentlichkeit zu machen. Um ihre Stimmabgabe für Weber im richtigen Licht erscheinen zu lassen, hieß es z. B. im *Volksblatt* nach der Wahl:

> »›Ja‹, sait dr Mäck, ›de SPD hätt rait gedonn. Besser nenn Kommunist dohenn gestellt als nenn Bürgerlichen. Lot he bewiesen, watt he kann. Wir, de Erwerbslosen kriegn ett jedenfalls nitt schleiter . . .‹«[304]

Um dem Vorwurf der Scheinwahl zu begegnen, stellte das *Volksblatt* nach der Wahl die Bestätigung Webers durchaus als möglich hin. Tatsächlich stand aber bei der ersten Wahl Webers Nichtbestätigung schon fest; bei seiner zweiten Wahl war die Ernennung eines Kommissars schon abgesprochen. Falls es dazu noch eines Beleges bedarf, sei hier der Berliner *Vorwärts* zitiert. Am Morgen nach Webers 1. Wahl verkündete er bereits, Weber würde »von der preußischen Regierung nicht bestätigt werden«.[305] Webers zweite Wahl meldete er unter der Überschrift »Ungültige Wahl in Solingen«[306].

Am Morgen nach Webers zweiter Wahl wählte das *Volksblatt* selbst die Schlagzeile: »Die Stadtverordneten verzichten auf die Selbstverwaltung«.[307] Diese Bemerkung traf nun am ehesten auf die SPD selbst zu; sie hatte im parteipolitischen Kalkül auf ihre augenblickliche Stärke im Staatsapparat gesetzt. Sie hatte sich mit der Wahl Webers nur zum Schein auf den lokalen Wählerwillen eingelassen und den Eingriff der Behörden herbeigeführt, der im offenen Gegensatz zur Selbstverwaltung stand.

1.6.6 KPD

Es versteht sich, daß die Solinger KPD das monatelange Tauziehen um die Oberbürgermeisterfrage aus der höhnischen Distanz betrachtete. Sie hatte zwar ihren eigenen Kandidaten aufgestellt und als stärkste Partei Anspruch auf die Besetzung des Amtes erhoben; ein Wahlsieg Webers erschien ihr selbst jedoch ausgeschlossen. Die *Bergische Arbeiterstimme* sagte immer wieder die bevorstehende Einigung zwischen den Bürgerlichen und der SPD, also die Große Koalition, in Solingen voraus.[308] Sie schien geradezu darauf zu hoffen, um das Schußfeld gegen die »Sozialfaschisten« politisch möglichst frei zu haben.[309] »Wie

---

304 *Volksblatt*, 25. 1. 1930.
305 *Vorwärts*, 24. 1. 1930.
306 A.a.O., 26. 3. 1930.
307 *Volksblatt*, 26. 3. 1930.
308 *Bergische Arbeiterstimme*, 6. 1., 9. 1., 13. 1., 21. 1., 29. 1., 24. 3. 1930 usw.
309 Vgl. *Bergische Arbeiterstimme*, 29. 1. 1930.

ein Galan seine Dirne, die ihm für gutes Geld zu willen ist, so umschmeichelt die Solinger Bourgeoisie die SPD-Fraktion«, schrieb die KPD-Zeitung am 13. März. Diese Äußerung zeigt wie so viele andere, daß die KPD den politischen Widerspruch zwischen den Bürgerlichen und der SPD nicht sehen wollte; dabei war gerade die Verschärfung dieses Widerspruchs charakteristisch für die damalige Etappe des Faschisierungsprozesses. Aber der frontale Angriff auf die SPD in der Kommunalpolitik entsprach der allgemeinen Politik der KPD in dieser Zeit, die im zweiten Teil dieser Arbeit erörtert wird. In einer Rede vor den Kommunalvertretern von Groß-Solingen und Haan erklärte am 5. Januar 1930 der Genosse Schulte von der Bezirksleitung: »Weiter betonte Gen. Schulte die Verschärfung des Kampfes gegen die Sozialfaschisten, wie er nach den Beschlüssen des 12. Parteitages festgelegt worden ist.«[310]

Die tiefe Spaltung der Solinger Arbeiterbewegung im Laufe des Jahres 1929 ist schon berichtet worden; ebenso der Umstand, daß dabei die Gewerkschaftsfrage im Vordergrund stand und die Kommunalpolitik nur eine Nebenrolle spielte. Zum Verständnis der Situation der KPD muß hinzugefügt werden, daß das Gefühl der existentiellen Bedrohung, das unter den Kommunisten schon seit den Maiereignissen 1929 bestand, um die Jahreswende noch einmal eine Steigerung erfuhr. Von den Zusammenstößen mit der Polizei im Herbst und bei den Stadtverordnetenversammlungen kurz vor Weihnachten war schon die Rede. Am 16. Januar, auf dem Höhepunkt der Verhandlungen über die Bürgermeisterfrage, erließ Innenminister Grzesinski ein allgemeines Demonstrationsverbot für Preußen.[311] Einen Tag später durchsuchte die Polizei das Parteibüro der KPD in Solingen[312]; diese Haussuchung stand im Zusammenhang mit der politischen Arbeit, die die Partei in den Reihen der Schutzpolizei leistete; sie gab dafür das Organ *Der rote Schupo-Bazillus. Organ der unteren Schupo-Beamten des Bergischen Landes* heraus; einige Exemplare davon sind noch erhalten.[313] Wie ernst man in der Partei die Bedrohung nahm, geht aus folgendem Situationsbericht hervor, der in einem Schreiben des Regierungspräsidenten an den Innenminister enthalten ist:

»Dem Polizeipräsidenten in Wuppertal ist vertraulich mitgeteilt worden, daß der Leiter des Unterbezirks Solingen der KPD, Hermann Weber, in den letzten Tagen fast das gesamte in seinen Büroräumen befindliche

---

310 *Bergische Arbeiterstimme*, 6. 1. 1930.
311 *Bergische Arbeiterstimme*, 17. 1. 1930.
312 *Bergische Arbeiterstimme*, 18. 1. 1930.
313 Stadtarchiv Solingen, Bibliothek GA 392; HSTA Düsseldorf, Druckschriften RWV 1, KPD 140.

Eigentum der Partei wegen des angeblich bevorstehenden Verbots hat beiseite schaffen lassen ... Auf dem Büro des Unterbezirks Solingen befinden sich zur Zeit noch zwei alte Tische, einige Stühle, eine Schreibmaschine, ein Vervielfältigungsapparat und der Geldschrank, letzterer wahrscheinlich ohne Inhalt ... Die Schreibmaschine und der Vervielfältigungsapparat werden jeden Abend von einem Funktionär der Partei mit nach Hause genommen.«[314]

Ein bitteres Gefühl der Verfolgung wird auch bei den Kommunisten zurückgeblieben sein, die – um ein anderes Beispiel anzusprechen – am 25. Januar an der Beerdigung des kriegsbeschädigten Genossen Wilhelm Pack teilgenommen hatten. Wegen des Demonstrationsverbotes war das Mitführen von Fahnen untersagt worden; der Trauerzug wurde von Schutzpolizei und Kripo begleitet. Nur die Teilnahme des »Proletarischen Blasorchesters« war genehmigt worden. In Ermangelung eines kommunalen Friedhofes mußte Pack auf dem Gelände der katholischen Kirche beerdigt werden. Als Redakteur Jung am offenen Grab die Gedenkrede hielt, wurde er von dem katholischen Totengräber dreimal unterbrochen und aufgefordert, den Friedhof zu verlassen, ganz offensichtlich wegen des politischen Inhalts von Jungs Rede.[315] Eine solche militante Haltung hatten die katholischen Kreise von Solingen schon im Laufe des Jahres 1929 mit ihrem »Gebetskreuzzug« gegen die Sowjetunion unter Beweis gestellt.

Am 7. März fand in Solingen eine »Hungerdemonstration« der Erwerbslosen statt, auf der ca. 40–50 Teilnehmer verhaftet wurden.[316] Von diesem Blickwinkel aus vermag es kaum zu überraschen, daß die politische Führung der Solinger Kommunisten die Kommunalpolitik nicht sonderlich ernst nahm und, wie sich herausstellen wird, die Perspektive, wirklich den Bürgermeister zu stellen, längst zu den Akten gelegt hatte.

Nach seiner Wahl zum neuen Bürgermeister erklärte Hermann Weber am 22. Januar den Stadtverordneten:

> »Wir Kommunisten übernehmen mit Freuden die Verantwortung für unsere Kommunalpolitik in Groß-Solingen. Wir kennen die Finanzlage der Stadt, wir kennen aber auch das Elend der Massen der Solinger Erwerbslosen, das Wohnungselend, und auf der anderen Seite die Verschleuderung von Steuergroschen der Werktätigen für die Interessen der Bourgeoisie. Wir stellen der Ausbeuterpolitik die revolutionäre Politik der Kommunisten entgegen, und wir sind gewiß, daß die Wähler weit über den Kreis der 23 000 vom 17. November in Groß-Solingen uns verstehen und uns unterstützen werden.

---

314 Staatsarchiv Koblenz, 403/16774 (Aufsicht über Kommunisten); Brief vom 21. Februar 1930.
315 Schilderung der Beerdigung in dem Artikel »Letzte Fahrt des Genossen Pack« in: *Bergische Arbeiterstimme*, 27. 1. 1930.
316 *Bergische Arbeiterstimme*, 7. 3. 1930.

Wir hoffen, daß diese neue gewaltige Krise des Kapitals die letzte sein wird, und es uns gelingt, die Mehrheit der Werktätigen auf dem Weg des proletarischen Klassenkampfes zum Kampf für die proletarische Diktatur zu führen und daß bald ein Sowjetdeutschland errichtet wird, in dem die Werktätigen, gestützt auf die Macht der siegreichen proletarischen Revolution, selbst über ihre Geschicke bestimmen können.«[317]

Auf Veranlassung der Regierung forderte der kommissarische Bürgermeister Schmidhäußler den gewählten Kandidaten Weber dazu auf, eine besondere politische Erklärung zu unterschreiben; der folgende Text wurde seit 1924 in diesem oder ähnlichem Wortlaut gewählten Bürgermeistern oder Beigeordneten von der KPD vorgelegt:

»Ich bin mir bewußt, mit der Annahme des Amtes als Bürgermeister Beamter geworden zu sein.
Ich erkenne die Reichs- und Staatsverfassung, die Reichs-, Landes- und Ortsgesetze sowie die gesetzmäßigen Anordnungen der Reichs- und Staatsorgane als für mich bindend an. Etwaige Anweisungen der Kommunistischen Partei und der Kommunistischen Internationale sind für mich als Bürgermeister nicht maßgebend. Ich werde mein Amt stets pflichtgemäß im Rahmen der bestehenden Staatsordnung und unabhängig von Parteiinstruktionen führen. Sofern ich nicht durch Anordnungen des Reichspräsidenten oder der Reichs- und Staatsbehörden gebunden bin, werde ich mich nur nach eigenem pflichtgemäßen Ermessen entschließen. Hierbei werde ich mich nicht von den Interessen eines einzelnen Standes, sondern von denen der Allgemeinheit leiten lassen.«[318]

Der Bestätigungskonflikt und die Vorlage solcher Erklärungen war in Solingen nichts Neues, sondern mindestens von 1924 her noch im Gedächtnis. Der Kommunist Hahnenfurt hatte damals diesen Revers unterschrieben, nachdem die Partei die ganze Angegenheit für eine »taktische Frage« erklärt hatte. Hermann Weber verhielt sich 1930 hingegen anders. Er antwortete Schmidhäußler schriftlich, daß er

1. die Wahl annehme,
2. die Abgabe der Erklärung *ablehne*, weil auch von den Vertretern anderer Parteien keine besonderen Erklärungen verlangt würden, und
3. verwiese auf das kommunale Kampfprogramm, das im Kaisersaal am 24. Januar von einer überfüllten Versammlung verabschiedet worden sei.[319]

Die vorgelegte Erklärung enthielt tatsächlich eine besonders provokante Passage, in der die Distanzierung von seiner eigenen Partei und der Internationale verlangt wurde; insofern erscheint Webers Reaktion konsequent. Die *Bergische Arbeiterstimme* schrieb, »ein ehrlicher Arbeitervertreter könne die Erklärung nicht unterschreiben«.[320] Das hätte

317 A.a.O., 23. 1. 1930.
318 Stadtarchiv Solingen 619-10-1-10 (Solingen).
319 A.a.O., Hervorhebung hinzugefügt.
320 *Bergische Arbeiterstimme*, 28. 1. 1930.

aber die Möglichkeit nicht ausgeschlossen, die Erklärung grundsätzlich als eine taktische Frage anzusehen und z. B. die Streichung dieses Passus in Verhandlungen zu verlangen. Weber weigerte sich jedoch, in dieser Angelegenheit das Rathaus überhaupt zu betreten.[321]

Die Frage, ob Weber die Erklärung unterzeichnen wollte oder nicht, war für den weiteren Verlauf der Dinge nicht mehr wichtig. Schon kurz darauf (am 4. Februar) erließ Innenminister Grzesinski, daß allen Kommunisten die Bestätigung als leitende Kommunalbeamte *ausnahmslos* zu verweigern sei.[322] Am Tag darauf verfügte der Minister, daß Weber nicht zu bestätigen sei; eine Begründung wurde nicht gegeben.[323] Ebenso verfuhr das Ministerium mit einer ganzen Reihe von Kommunisten, die zu Beigeordneten bzw. Stadträten im Ruhrgebiet gewählt worden waren (vgl. Teil 2.3.9).

Zwei Tage nach seiner Wahl stellte Hermann Weber der Solinger Bevölkerung sein »revolutionäres Kommunalprogramm« vor. Die Veranstaltung fand im »Kaisersaal« statt, der mit 2 000–3 000 Besuchern völlig überfüllt war. Das Kampfprogramm, das durch Akklamation verabschiedet wurde, sah folgende Maßnahmen vor (leicht gekürzte Fassung):

1. Erwerbslosenforderungen: Erhöhung der Unterstützungssätze der Wohlfahrt um ca. 50 %; Beseitigung der Rückzahlungspflicht von Unterstützungsleistungen; Mütterfürsorge; Weihnachtsbeihilfen; Anerkennung der Erwerbslosenausschüsse.
2. Arbeitsbeschaffung: Bau von Straßen in Arbeitervierteln; Bau von Sportplätzen und Errichtung eines Krematoriums.
3. Städtische Arbeiter: 40-Stunden-Woche; Lohnerhöhung; vier Wochen Urlaub.
4. Städtische Betriebe: Herabsetzung der Gas-, Wasser- und Strompreise um 50 %; verbilligte Stromabgabe an Heimarbeiter; gestaffelte Straßenbahntarife für Kriegsbeschädigte, Schulkinder und Arbeiter.
5. Wohnungsbau: Errichtung von Arbeiter- und Siedlerwohnungen in kommunaler Regie; Angleichung der Neubau- an die Altbaumieten.
6. Steuerpolitik (Sofortmaßnahmen): Senkung der Mieten durch Herabsetzung der Grundvermögenssteuer; Befreiung der Kleingewerbetreibenden von der Gewerbesteuer; Niederschlagung der kleinen Steuerschulden, Eintreibung von den Großfabrikanten; progressive Staffelung der Steuern.
7. Sparmaßnahmen: Streichung der Polizeiausgaben; Entlassung aller oberen Beamten, die durch die Städtvereinigung überflüssig geworden waren; Neuwahl aller städtischen Beamten und Angestellten mit monatlicher Kündigungsfrist; Nivellierung aller Gehälter auf 500 Mark im Monat.

---

321 Stadtarchiv Solingen, a.a.O.
322 Erlaß abgedruckt im *Solinger Tageblatt*, 5. 2. 1930: vgl. auch Teil 2.3.9.
323 DZA Merseburg, Rep. 77, Tit. 3528, Nr. 1, Bd. 4 (Stadt Solingen 1930–1934).

8. Proletarische Organisationen: Steuerfreiheit für ihre Veranstaltungen; Zuschüsse und Räumlichkeiten für ihre Arbeit.

9. Schulen: Lehr- und Lernmittelfreiheit in den Volksschulen; Schulspeisung. – Weiter hieß es:

»Die Versammelten fordern die gesamte Solinger werktätige Bevölkerung auf, in allen Betrieben zu der Wahl und den aufgestellten Forderungen Stellung zu nehmen, in Belegschaftsversammlungen die sofortige Amtseinsetzung des neuen Oberbürgermeisters zu verlangen und ... die einheitliche Kampffront von Betrieb zu Betrieb durch Schaffung revolutionärer Vertrauensmännerkörper und Wahl von roten Betriebsräten zu bilden und sich mit den Erwerbslosen der Stempelstellen zum einheitlichen revolutionären Kampf für die Kommunalforderungen der Kommunisten zu verbinden.«[324]

Ein besonderes Wort sei hier zu der Frage der Gehälter gesagt. Schon seit dem vergangenen Herbst hatte die KPD auf allen Sitzungen und Versammlungen verlangt, daß der neue Oberbürgermeister nicht mehr als 600 Mark im Monat verdienen solle; der Vorschlag der SPD belief sich auf ca. 1 350, der der Verwaltung auf ca. 2 000 Mark im Monat.[325] In einer Zeit, als mehrere tausend Solinger bereits von einem Unterstützungssatz um die 60 Mark im Monat leben mußten, griff die KPD damit einen besonders krassen Fall sozialer Ungleichheit auf. Gleichzeitig konnte sie auf die Sympathie kleinbürgerlicher Kreise für ihre Forderungen rechnen, die ja über die Steuerlast und die Geldverschwendung in der Bürokratie besonders aufgebracht waren. Freilich kam der Gehälterfrage in erster Linie lediglich programmatische Bedeutung zu. Anfang 1930 hätten die Einsparungen, die die Nivellierung aller Beamtengehälter der Stadt ergeben hätten, schon längst nicht mehr für einen Ausgleich des Etatdefizits ausgereicht.

Webers »Kampfprogramm« vom Januar 1930 konzentrierte sich darauf, die traditionellen Forderungen der kommunistischen Kommunalpolitik zu konkretisieren. Es war konsequent auf die Ressorts kommunaler Politik abgestimmt: Wohlfahrtsunterstützung, Städtische Werke, Wohnungsbau in kommunaler Regie usf. Gesetzliche Bestimmungen verletzte dieses Programm nur in Einzelfällen (z. B. bei den Beamtenrechten). Wenn man einmal von den Finanzierungsschwierigkeiten (aus der damaligen Perspektive) absieht, bewegten sich die Ziele des Programms keineswegs im Reich der Utopie. Es bestand die Möglichkeit, für dieses Programm nicht nur die Solinger Arbeiter, sondern sicher auch große Teile des Kleinbürgertums zu mobilisieren. Als einziger der Kandidaten hatte sich Weber auf ein klares Programm festgelegt; seine Auseinandersetzung mit den Behörden erhielt damit eine politische Di-

324 *Bergische Arbeiterstimme*, 25. 1. 1930.
325 S. *Bergische Arbeiterstimme*, 3. 1., 29. 1., 1. 2. 1930.

mension, die für alle erkennbar war und über das Für und Wider seiner Person deutlich hinausging.

An dieser Stelle taucht nun die Frage auf, mit welchen politischen Mitteln die KPD die Übernahme der städtischen Verwaltung und die Verwirklichung ihres Programms erreichen wollte. In der Zeit nach der ersten Wahl Webers fanden zunächst mehrere große Einwohnerversammlungen in Solingen, Ohligs, Wald usw. statt. Diese Versammlungen, die sich um das kommunale »Kampfprogramm« drehten, waren überfüllt. Es folgten kleinere Versammlungen, auf denen die einschlägigen Forderungen des Programms vor allem mit den Erwerbslosen durchgesprochen wurden.[326] Die angekündigten Belegschaftsversammlungen kamen nicht zustande; die Absicht, die Kommunalpolitik mit der Betriebsarbeit zu verbinden, entsprach eher einem Wunschdenken als der Realität.[327] Dasselbe gilt für die immer wieder erhobene Forderung nach kommunalen Räten. Auf der Konferenz der Gemeindevertreter von Solingen und Remscheid im Februar 1930 sagte der Stadtverordnete Nohl,

> »die Selbstverwaltung der Kommune sei durch die Finanzdiktatur zu einer lächerlichen Farce geworden und unsere zentrale Aufgabe bei den Etatberatungen müsse sein, dem verfaulten bürgerlichen Parlament die Losung der Stadt- und Dorfsowjets der siegreichen proletarischen Revolution entgegenzustellen und alle Tagesforderungen der Arbeiterklasse mit dieser Endlosung zu verbinden«.[328]

Der Ruf nach den Räten entsprang folgerichtig der unmittelbaren Erwartung der Revolution, von der die endgültige Linkswendung der kommunistischen Kommunalpolitik im Frühjahr 1930 gekennzeichnet war. Kein Zweifel, daß Hermann Weber und seine Genossen diese Erwartung teilten. Aber der Forderung nach Räten entsprach in der Solinger Kommunalpolitik kein einziger konkreter politischer Schritt. Sogar die Forderung nach Anerkennung der Erwerbslosenräte war ins kommunale »Kampfprogramm« nur am Rande aufgenommen worden. Im Solingen von 1930 gab es eben keine Räte, und die Arbeiter machten auch keinerlei Anstalten, Räte zu bilden.

Die Frage, ob Weber nun wirklich Bürgermeister werden würde oder nicht, wurde von den Parteirednern eher gleichgültig behandelt. Weber sagte selbst auf der Massenversammlung am 24. Januar: »Ob als Oberbürgermeister bestätigt oder nicht – mit Euch zusammen unten in den Betrieben und auf den Stempelstellen wollen wir den unversöhnlichen Kampf gegen die herrschende Klasse führen ...«[329] Auf der

---

326 Vgl. *Bergische Arbeiterstimme*, 25. 1., 3. 2. 1930 usw.
327 Diese These wird von dem Solinger Zeitgenossen Willi Dickhut bestätigt.
328 Konferenzbericht in: *Bergische Arbeiterstimme*, 24. 2. 1930.
329 *Bergische Arbeiterstimme*, 25. 1. 1930.

Konferenz der Gemeindevertreter der Partei am 23. Februar standen reine Routinesachen wie z. B. die Etatsberatungen auf der Tagesordnung; die Oberbürgermeisterwahl wurde überhaupt nicht berührt![330] Eine Demonstration für die Amtseinsetzung Webers oder zum Protest gegen seine Nichtbestätigung wurde von der KPD nicht organisiert. Der Grund dafür wird kaum im allgemeinen Demonstrationsverbot gelegen haben, denn dieses Verbot konnte die Partei auch nicht davon abhalten, Demonstrationen in anderen Bereichen durchzuführen.

Auf der Besprechung der Fraktionsführer beim Regierungspräsidenten in Düsseldorf am 16. Februar protestierte Weber gegen seine Nichtbestätigung. Dann erhob er überraschend die Forderung, zur Wahl des Oberbürgermeisters von Groß-Solingen eine *Volksabstimmung* durchzuführen.[331] Diese Forderung war in Solingen vorher nicht erhoben, geschweige denn propagiert worden. Die Tatsache, daß sie so nebenbei eingeführt wurde, zeigt, daß die Solinger KPD-Führung dem politischen Kampf um die Amtseinsetzung eigentlich gleichgültig gegenüberstand.

Besonders überraschend ist der Mangel an überregionaler Koordination in dieser Frage. Von den Nationalsozialisten wird berichtet werden, daß sie die Taktik der Konzentration auf lokale und regionale Schwerpunkte verfolgten. In Coburg gehörte dazu der Einsatz der besten Redner der Partei, Massenaufmärsche der Parteiorganisationen usw. Die KPD versuchte allenfalls in der Gewerkschaftsfrage, ihre Solinger Stärke positiv auszuspielen; das beschränkte sich aber auch darauf, die Wahlerfolge der RGO reichsweit als vorbildlich hinzustellen. In der Frage der Kommunalpolitik fehlte bei der KPD jede Überlegung, wie lokale Mehrheiten in der Gesamtstrategie der Partei positiv ausgenutzt werden konnten; dabei hatten schon die »Leitsätze« der Komintern zur Frage des Parlamentarismus (1920) das Problem der regional ungleichen Entwicklung der Revolution hervorgehoben. In den Monaten Januar bis März 1930 trat in Solingen kein einziger Redner von auswärts auf, wenn es um die Kommunalpolitik ging. Die Zeitschrift *Die Kommune* berichtete über Webers Wahl nur telegrammartig. Die Bezirksleitung, die Parteileitung und die Kommunalpolitische Abteilung der Zentrale interessierten sich für die Solinger Ereignisse nicht. Das Stichwort dafür hatte die *Rote Fahne* gegeben, als es die Wahl Webers als »Plumpes Manöver der SPD« herunterspielte.[332] Die KPD zeigte also wenig Interesse an der Bestätigungsfrage und ging davon aus, daß ein Amtsantritt Webers von vornherein ausgeschlossen

330 A.a.O., 24. 2. 1930.
331 A.a.O., 17. 2. 1930.
332 *Rote Fahne*, 24. 1. 1930.

war. Schätzte sie damit die Lage nicht realistisch ein? In der Tat erscheint es fast ausgeschlossen, daß der Staatsapparat die kommunistische Führung einer wichtigen Stadtverwaltung hingenommen hätte. Dabei braucht man nicht nur an die immer engere Einbindung der Kommunalverwaltungen in die Zwangs- und Notsparmaßnahmen der Öffentlichen Hand zu denken: Gerade zog die Ära der Notverordnungen herauf. Ein Blick in die Akten des Regierungspräsidiums zeigt auch, daß zu dieser Zeit die Bürgermeister intensiv in die politische Überwachung der KPD eingeschaltet waren. Sollte sich also der Bürgermeister in Solingen selbst überwachen? Weiter muß man einräumen, daß die KPD das Verhalten der SPD-Fraktion im wesentlichen richtig einschätzte. Ein Artikel der *Bergischen Arbeiterstimme* vom 28. Januar deckte zutreffend auf, daß die Nichtbestätigung Webers vor der Wahl abgesprochen war und daß die SPD im Notfall ein zweites Mal für Weber stimmen würde, um dann einen sozialdemokratischen Kommissar zu erhalten. Die *Arbeiterstimme* irrte nur in der Annahme, daß Hermann Meyer *selbst* zu diesem Amt ausersehen sei.

Gegenüber dieser Art von »Realismus« muß man aber feststellen, daß das Desinteresse der KPD-Führung an der Frage von Webers Amtsantritt zumindest an einem vorbeiging: an der Stimmung der Solinger Bevölkerung. Die »Meinung der Bevölkerung« läßt sich natürlich heute nur noch schwer rekonstruieren; hier versagt gerade auch die *Bergische Arbeiterstimme* als Quelle, da sie von der KPD-Führung kontrolliert wurde. Trotzdem ergibt sich mit einiger Sicherheit das Bild, daß die Solinger die Wahl sehr ernst genommen haben und darin keineswegs nur ein »plumpes Manöver« erblickten. Mit Webers Wahl hatte die Bevölkerung eine große Unruhe erfaßt. Als er das Stadthaus nach der entscheidenden Stadtverordnetensitzung verließ, wurde er – trotz des Demonstrationsverbotes und trotz des Polizeiaufgebots – von einem spontanen Zug durch die Stadt begleitet. Solche spontanen Kundgebungen gab es in den nächsten Tagen noch häufiger.

Auf der großen Versammlung im Kaisersaal mußte es Hermann Weber selbst formulieren:

> »Die Sozialfaschisten hatten es sich sicherlich nicht träumen lassen, daß ihr elender Schacher um einen Oberbürgermeisterposten *eine solche Massenbewegung* zur Folge haben könnte.«[333]

Ein Zeitgenosse erinnert sich heute, daß die Nichtbestätigung von Weber »Entrüstung und Empörung« auslöste.[334] Alles deutet darauf hin, daß die Solinger »Massenbewegung« von der Erwartung ausging, daß

---

333 *Bergische Arbeiterstimme*, 25. 1. 1930; Hervorhebung hinzugefügt.
334 Interview mit Paul Meuter.

Weber wirklich das Amt übernehmen könnte. Für dieses Ziel hätten sich die Solinger auch mobilisieren lassen, wenn ihnen die KPD dafür eine politische Perspektive geboten hätte. Die Partei aber winkte ab und registrierte behäbig, daß die »Sozialfaschisten« einen ehrlichen Arbeiterführer sowieso nicht bestätigen würden. Sie beschränkte sich darauf, das »Betrügerspiel aufzudecken« etc.

An dieser Stelle soll nicht darüber spekuliert werden, mit welchen politischen Mitteln der Kampf um eine Amtsübernahme hätte geführt werden können. Es fällt immerhin auf, daß auf den überfüllten Versammlungen nach der Wahl keine Diskussion über dieses Thema stattfand; genauer gesagt: es wurde überhaupt nicht diskutiert. Die Teilnehmer erwarteten mit der traditionellen Disziplin der Solinger Arbeiterbewegung die Vorschläge ihrer politischen Führer und verabschiedeten sie einstimmig.[335] Das Recht der Regierung, einen gewählten Bürgermeister nicht zu bestätigen und – nach der zweiten Wahl – einen Bürgermeister zu ernennen, stand im formalen Sinne natürlich fest. Aber die Regierung konnte dieses Recht nicht ohne jede Rücksicht auf die politischen Kräfteverhältnisse am Ort wahrnehmen. Gerade die Solinger Erfahrung mit den Bestätigungskonflikten um Sauerbrey, Merkel, Schlechter u. a. (vgl. oben Teil 1.2.5) hatte gezeigt, wie sorgfältig die Regierung auf diese Kräfteverhältnisse einging. Man kann daher behaupten, daß sich am politischen Verlauf der Ereignisse nach Webers erster Wahl durchaus etwas geändert hätte, wenn die KPD-Führung entschlossen gewesen wäre, sich für Webers Amtsübernahme einzusetzen.

Eine solche Inkonsequenz der KPD ist auch in ihrem Verhältnis zur SPD zu erkennen. Gerade wenn die Solinger KPD nicht das politische Opfer eines SPD-Manövers werden wollte, mußte sie versuchen, die Bevölkerung zu mobilisieren und hinter die Forderung zu bringen, daß Weber wirklich Bürgermeister wurde. Das Risiko der SPD-Politik lag gerade darin, daß die Solinger ihre taktische Stimmabgabe für Weber ernst nahmen, sich hinter Weber stellten und gegen dessen Nichtbestätigung durch die sozialdemokratische Regierung protestierten.

Ein ähnliches Problem wird unten anläßlich der Kandidatur Lindemanns 1911 in Stuttgart erörtert werden. Auch damals war es kaum denkbar, daß ein Sozialdemokrat Oberbürgermeister von Stuttgart werden könnte, es sei denn, er hätte die sozialistischen und republikanischen Ziele der Partei verraten. Dennoch bestand die politische Notwendigkeit, daß die Partei einen (natürlich prinzipientreuen) Kandidaten so

---

335 Vgl. die Versammlungsberichte in der *Bergischen Arbeiterstimme,* 25. 1. und 3. 2. 1930.

weit an das Amt heranbrachte, als man es der württembergischen Monarchie abringen konnte. Ähnliches gilt für die KPD von 1930. Sie mußte sich in das Spannungsfeld von Realisierbarem und Wünschbarem hineinbegeben; wenn sie den Kampf um das Amt überhaupt nicht aufnahm, hieß das nur eine politische Kapitulation.

Die Haltung der KPD in der Solinger Oberbürgermeisterfrage war freilich kein Einzelfall, sondern ordnet sich in die allgemeine Politik der Partei in dieser Epoche ein. Die KPD unterschätzte die Bedeutung politisch-ideologischer Faktoren für die Stärke der Arbeiterbewegung[326]; sie erwartete statt dessen, daß sich die politischen Probleme durch die heraufgezogene Wirtschaftskrise zwangsläufig lösen würden und daß der Kapitalismus die Krise so oder so nicht überstehen würde.

Diese Überlegung läßt sich auf das Solinger Beispiel und die Frage der Selbstverwaltung anwenden: Während die Bevölkerung der Wahl des Bürgermeisters durch die Stadtverordneten ganz zu Recht eine erhebliche politische Bedeutung beimaß und dementsprechend die Nichtbestätigung des ordnungsgemäß gewählten Kommunisten als eine Verletzung der Demokratie empfand, ging die KPD von ganz anderen Voraussetzungen aus: Die ideologische und politische Auseinandersetzung mit der Selbstverwaltung war für sie unwichtig; der »Verfaulungsprozeß« des Parlamentarismus erschien ihr beinahe abgeschlossen. Die Aufhebung der Selbstverwaltung durch die Zwangsmaßnahmen der Regierung wertete sie nicht als einen politischen Skandal, sondern als eine vorhersehbare Selbstverständlichkeit. Dem ganzen Vorgang kam auch insofern keine besondere Bedeutung zu, als sie die Bildung von proletarischen Räten und die Errichtung eines Sowjetdeutschland kurz vor der Tür glaubte. Tatsächlich befand sich Deutschland aber mitten im Faschisierungsprozeß.

1.6.7 Die weitere Entwicklung der Oberbürgermeisterfrage nach der Ernennung des Kommissars Brisch

Man wird sich ausrechnen können, daß der Kommissar Brisch in Solingen nicht gerade mit offenen Armen empfangen wurde. Die Fraktionen der *Wahlgemeinschaft* (mit Ausnahme des Zentrums) hatten noch in der Nacht nach der zweiten Wahl von Weber ein Telegramm an den Innenminister geschickt, in dem sie ihre alte Formel wiederholten: Der Minister möge eine »bürgerliche, sachlich und fachlich vorgebildete

---

336 Vgl. Poulantzas, Faschismus und Diktatur, S. 158; s. a. unten Teil 2.3.1.

Persönlichkeit« zum kommissarischen Bürgermeister ernennen.[337] Als mit Brisch dennoch ein Sozialdemokrat eingesetzt wurde, äußerten sich die bürgerlichen Parteien überwiegend verbittert.

Brisch war ursprünglich gelernter Maurer gewesen. Nach 1918 hatte er bei der SPD als Parteisekretär und Redakteur in Kattowitz gearbeitet; im Laufe der Zeit hatte er es bis zum Regierungsrat in der Düsseldorfer Regierung gebracht. Vor seiner Ernennung war er Regierungsdirektor beim Oberversicherungsamt in Dortmund gewesen. Der *Ohligser Anzeiger* griff auf sein Standardthema zurück und beklagte sich darüber, daß Brisch ausgerechnet der frühere Eingemeindungsdezernent in Düsseldorf gewesen sei.[338] Die *Bergische Zeitung* schrieb, daß die SPD nun endlich ihr Ziel erreicht habe; der von oben geschickte Sozialist sei »nicht einmal Verwaltungsfachmann«.[339] Der »Industrieverband Solingen« (Arbeitgeber) erhob gegen das ganze »System« der Ernennung von Beamten nach parteipolitischen Gesichtspunkten Protest.[340] Nur das *Solinger Tageblatt* hoffte, daß

> »Herr Brisch sich bemüht, das Mißtrauen, das ihm begreiflicherweise entgegengebracht wird, zu beseitigen und sachlich zu arbeiten«.[341]

Naturgemäß war die SPD die einzige Partei, die ihrer Zufriedenheit Ausdruck gab; sie stellte es sogar als wahrscheinlich hin, daß »die Parteien in Solingen, die mit der Arbeit des neuen kommissarischen Bürgermeisters zufrieden sind, diesen sich nach einiger Zeit formell zum Oberbürgermeister wählen.«[342]

Freilich ließ ein kleiner Zwischenfall bereits zu Anfang erkennen, daß zwischen Brisch und der Solinger SPD gewisse politische Unterschiede bestanden: Die erste Zeitung, die von Brischs Ernennung in der Morgenausgabe des 27. März berichten konnte, war die rechtsbürgerliche *Kölnische Zeitung*. Da Brisch am Ende des Kriegs bei der Marine gewesen war, ließ sie die bissige Bemerkung fallen, »Brischs abwechslungsreiche Laufbahn habe mit der Beteiligung am Marineaufstand begonnen.« Dagegen nahm das Solinger *Volksblatt* Brisch mit der Argumentation in Schutz, daß die Beteiligung an der Umwälzung wahrlich keine Schande sei. Brisch selbst reagierte auf seine angebliche Beteiligung an der Novemberrevolution aber ganz anders: Er stellte sofort Strafantrag gegen die *Kölnische Zeitung* wegen »Beleidigung«.[343]

---

337 DZA Merseburg, Rep. 77, Tit. 3528, Nr. 1, Bd. 4 (Stadt Solingen 1930–1934).
338 *Ohligser Anzeiger, 28. 3. 1930.*
339 *Bergische Zeitung,* 29. 3. 1930.
340 Stellungnahme abgedruckt im *Solinger Tageblatt,* 29. 3. 1930.
341 *Solinger Tageblatt,* 28. 3. 1930.
342 *Volksblatt,* 31. 3. 1930.
343 *Solinger Tageblatt,* 28. 3. 1930; *Bergische Zeitung,* 29. 3. 1930.

Der preußische Sozialdemokrat Brisch hatte keine Bedenken, als »eiserner Besen« im Sinne seiner Staatsidee aufzutreten; das hatte er 1929 anläßlich seiner Mitwirkung im Schlichtungsverfahren des Ruhreisenkonflikts schon unter Beweis gestellt.[344] Den Kommunisten stand er mit unversöhnlichem Haß gegenüber; bei nationalistischen Kreisen hatte er wesentlich weniger Berührungsangst: Als 1931 der »Luftfahrtverein Groß-Solingen« den Bergischen Kampfflieger Carl Allmenröder (gefallen 1917) zu einem nationalen Märtyrer hochstilisierte, übernahm Brisch die Protektion der Veranstaltung und sprach in seinem Geleitwort von »echtem deutschen Luftfahrtgeist«.[345] Brisch kann man in seiner politischen Haltung mit Karl Severing vergleichen: Er identifizierte sich uneingeschränkt mit seiner Verwaltungsaufgabe. Er folgte der Raison der Notverordnungspolitik bis zur bitteren Neige. Sein Hauptziel war es, die Kommune »über Wasser zu halten«, und er sah es dann verwirklicht, wenn der Verwaltungsapparat reibungslos funktionierte und der Etat ausgeglichen war. Dieses Ziel stand ihm höher als die republikanischen Institutionen – z. B. die Stadtverordnetenversammlung. Wenn sich die Stadtverordneten nicht fügsam zeigten, schaltete er sie aus. Er bemühte sich zwar um die Unterstützung der Solinger Parteien und erhielt sie auch einen Weile lang; er blieb jedoch ein Präfekt, dessen Machtstellung letztlich in der Unterstützung durch die Regierung und die Polizei begründet war. Die erste Kraftprobe war für Brisch die Etatfrage, denn bis Ende März war in der Stadtverordnetenversammlung an eine Verabschiedung des Haushalts 1930/31 nicht zu denken gewesen. Naturgemäß hatten die Kommunisten Brisch den schärfsten Kampf angesagt und nutzten ihre starke Stellung für diverse Obstruktionstaktiken aus. Aber nicht nur die KPD, auch die *Bürgerl. Vereinigung* und die Wirtschaftspartei standen in schärfster Opposition gegen Brisch. Um die Stadtverordnetenversammlung fügsam zu machen, setzte Brisch rigorose Geschäftsordnungsmaßnahmen, die Polizeigewalt und den Ausschluß der Öffentlichkeit ein. Die Geschäftsordnung wurde so verschärft, daß sich ein Stadtverordneter, wenn er nach Ansicht des Vorsitzenden Brisch nicht zur Sache sprach, nach zweimaliger Ermahnung automatisch den Ausschluß von drei, sechs oder sogar 12 Stadtverordnetensitzungen zuzog. Die Sitzungen fanden weiter im kleinen Tagungssaal statt, es wurden Zuhörerkarten ausgegeben, und die Redezeit war begrenzt. Von der ersten Sitzung der Stadtverordneten unter Brischs Leitung an waren Schupo-Einsätze

---

344 Vgl. *Bergische Arbeiterstimme*, 27. 3. 1930.
345 III. Werbeveranstaltung des Luftfahrtvereins Groß-Solingen e. V., Mai 1931; Stadtarchiv Solingen, Bestand A 16/5.

die Regel; sie schirmten nicht nur die Versammlung gegen die häufigen Demonstrationen vor der Tür ab, sondern räumten zuweilen auch die Tribüne oder entfernten protestierende Stadtverordnete aus dem Saal. Brisch faßte das selbst in seinem Bericht an die Regierung folgendermaßen zusammen:

> »Mit Hilfe dieser (Geschäftsordnungs-) Maßnahmen und mit ausreichender Unterstützung der staatlichen Polizei, ist die Arbeitsfähigkeit der Stadtverordnetenversammlung wiederhergestellt und erreicht worden, daß bis zum 30. Juli der Haushaltsplan verabschiedet und die Steuerumlage beschlossen werden konnten.«[346]

Mehrheiten in dieser Stadtverordnetenversammlung zustandezubringen war gewiß ein Kunststück. Brisch schlug den Weg ein, daß er sich besonders um die Zusammenarbeit mit der DVP, DDP und der DNVP bemühte. SPD und Zentrum zogen dann mit, obwohl sie in den Sachfragen oft genug nicht einverstanden waren.

Diese »Koalition« hätte bei regulären Verhältnissen immer noch nicht die Mehrheit gehabt; da unter Brischs Regiment aber immer einige KPD-Stadtverordnete ausgeschlossen waren, reichten die 24 Stimmen meistens hin.

Hier muß noch dem möglichen Eindruck begegnet werden, daß sich die Maßnahmen der Ära Brisch lediglich gegen einige kommunistische »Störenfriede« richteten. Es ist schon erwähnt worden, daß Brisch auf die Opposition der *Bürgerl. Vereinigung,* der Wirtschaftspartei und manchmal auch weiterer Parteien stieß. Diese Oppositionskräfte zögerten nicht, bisweilen auch mit der KPD zusammen zu stimmen.[347] Brisch setzte sich schließlich auch über das Votum der SPD-Fraktion und sogar über das ganze Stadtparlament hinweg (vgl. unten). Außerdem ist ein Projekt zu erwähnen, bei dessen Verfolgung im Jahre 1930 *alle* Parteien der Stadtverordnetenversammlung einig waren (mit Ausnahme der SPD): die Einsetzung eines sogenannten »Revisionsausschusses«. Die Bildung eines solchen Ausschusses war in der Rheinischen Städteordnung abgesichert; nachdem er länger in Vergessenheit geraten war, besannen sich die Solinger Stadtverordneten im Moment des Konfliktes mit der Verwaltung auf dieses Mittel, wenigstens eine mimimale Übersicht über den Gang der städtischen Verwaltungsgeschäfte aufrechtzuerhalten. Brisch wollte diese Geschäfte aber gerade gegen die

---

346 DZA Merseburg, Rep. 77, Tit. 3528, Nr. 1, Bd. 4 (Stadt Solingen 1930 bis 1934); Bericht vom 4. 12. 1930.
347 Bei diversen Abstimmungen in den Stadtverordnetenversammlungen 31. 3. 1930, 8. 4. 1930 und 23. 2. 1931 ergaben sich entsprechende Kombinationen.

Stadtverordneten abschotten und wehrte sich wütend gegen »derartige Übergriffe der Stadtverordnetenversammlung«.[348]

Die Maßnahmen gegen die Solinger Stadtverordnetenversammlung sind nur als eine spezielle Erscheinungsweise der allgemeinen Ausschaltung der Stadtparlamente in dieser Zeit anzusehen, die im Zusammenhang mit der Notverordnungsgesetzgebung noch dargestellt wird. Die Selbstverwaltungsorgane und der Parlamentarismus im allgemeinen wurden von der Krise geschüttelt; die Verschärfung der Geschäftsordnung war auch in anderen Kommunalparlamenten, im Landtag und im Reichstag eine Zeiterscheinung.[349] Die Tatsache, daß die Solinger Stadtverordnetenversammlung der Bedeutungslosigkeit entgegensank, läßt sich auch schlicht an der Zahl der Sitzungen ablesen: 1930: 20 Sitzungen; 1931: 9 Sitzungen; 1932: 4 Sitzungen.

Unterdessen war die Oberbürgermeisterfrage, die die Solinger nun schon zwei, drei Jahre beschäftigte, noch keineswegs erledigt. Die Regierung hatte Brisch, wie bereits erwähnt, nur bis zu dem Zeitpunkt als Bürgermeister eingesetzt, an dem die Stadtverordneten einen »annehmbaren« Kandidaten wählen würden.

Nachdem die Etat- und Umlagebeschlüsse 1930 zustandegekommen waren, drängte der Regierungspräsident in einer Verfügung vom 6. Oktober 1930 auf eine endgültige Regelung der Personalfragen. Neben Brisch waren auch die Beigeordneten von der Städtevereinigung her nur kommissarisch beschäftigt.[350] Brisch eröffnete daraufhin den Fraktionsführern der Solinger Parteien, daß die Regierung eine Wahl des Oberbürgermeisters und der Beigeordneten wünsche. Wieder begannen die Verhandlungen zwischen der SPD und den bürgerlichen Parteien über das bekannte Thema. Die SPD rang sich – nicht ohne Widerstreben – zu dem Entschluß durch, Brisch als ihren Kandidaten zu benennen. Die DVP, DNVP, Staatspartei und Zentrum erklärten sich nun bereit, ebenfalls für Brisch zu stimmen.[351]

348 Vgl. Stadtarchiv Solingen, 654-10-3 (Stadt Solingen); das Zustandekommen des Revisionsausschusses, der Streit um seine Befugnisse und diverse Stellungnahmen gehen aus dieser Akte hervor. Vgl. auch Alfred *Schmude,* Revision der Stadtwirtschaft?, Berlin 1929, S. 61 ff. Zu ähnlichen Bestrebungen in Frankfurt s. Rebentisch, S. 233.

349 Vgl. z. B. Herlemann, Kommunalpolitik der KPD, S. 161; Carl *Severing,* Mein Lebensweg, Bd. 2, Köln 1950, S. 202; Reichstagsdiskussion in: *Vorwärts,* 5. 12. und 12. 12. 1929.

350 DZA Merseburg, Rep. 77, Tit. 3528, Nr. 1, Bd. 4: Verfügung des Regierungspräsidenten Düsseldorf an Brisch vom 6. Oktober 1930; in der Abschrift ist versehentlich das Datum vom 6. Dezember eingetragen.

351 Bericht von Brisch an die Regierung vom 4. 12. 1930, in: DZA Merseburg, Rep. 120, A II 5 e, Nr. 21, Bd. 2 (1930–1931, betr. die Finanzwirtschaft der Provinzen).

Damit war Brischs Wahl aber noch nicht gesichert, denn in der Stadt-verordnetenversammlung gab es immer noch einen Mehrheit aus *Bürgerl. Vereinigung*, Wirschaftspartei und KPD, die für eine Vertagung der Wahl stimmen würde. Dahinter stand die Hoffnung, daß die Versammlung aufgelöst werden würde. Auch die KPD versprach sich davon eine Stärkung, denn bei der Reichstagswahl vom September 1930 hatte sie ein Rekordergebnis erzielt (36 000 Stimmen = 40,5 %); am 23. September hatte sie bereits einen Antrag auf Auflösung der Stadtverordnetenversammlung eingereicht.[352]

Es ist denkbar, daß die Wahl Brischs trotzdem noch geglückt wäre, denn einige Kommunisten waren wegen Ausschlusses von den Sitzungen von der Vertagungsmehrheit abzurechnen. Aber die bürgerlichen Parteien zerstritten sich noch einmal über die Verteilung der Beigeordnetensitze, so daß auch die relative Mehrheit für Brisch wieder in Gefahr war![353] Diese Stadtverordnetenversammlung war wirklich von unversöhnlichen Gegensätzen bestimmt.

Damit stand das Ministerium vor der Alternative: Auflösung und Neuwahlen in Solingen oder endgültige Ernennung eines Oberbürgermeisters. Von einer Auflösung hatte man im Januar 1930 abgesehen, weil sie eine erhebliche Verzögerung bei der Neuordnung der Verwaltung der neuen Großstadt zur Folge gehabt hätte. Jetzt, im Oktober 1930, teilte Brisch der Regierung mit, daß die Auflösung einen »Fortschritt in der Radikalisierung der Massen« bringen würde. Severing, der inzwischen Waentig im Amt des Preußischen Innenministers gefolgt war, schloß sich in jeder Hinsicht Brischs Argumentationen an: Er lehnte die Neuwahlen in Solingen ab und schlug dem Staatsministerium die endgültige Ernennung von Brisch vor.[354] Am 13. Februar 1931 wurde Brisch dann auf die Dauer von 12 Jahren ernannt. In der Stadtverordnetenversammlung vom 25. Februar 1931 fand sich schließlich noch eine Mehrheit für die Wahl von Schmidhäußler, Seynsche und Hofmann zu besoldeten Beigeordneten.[355]

Wie üblich, folgte ein Nachspiel im Preußischen Landtag. Die DVP-Fraktion richtete eine Anfrage an die preußische Regierung, in der sie Auskunft darüber verlangte, warum die Regierung die Selbstverwal-

352 Antrag im Stadtarchiv Solingen, 619-10-1-10 (Stadt Solingen).
353 S. Bericht von Brisch, a.a.O. (Anm. 351).
354 Vorlage von Severing »an die Herren Staatsminister, betr. Ernennung eines Bürgermeisters für die Stadt Solingen auf die Amtsdauer von 12 Jahren« vom 17. 1. 1931 in: DZA Merseburg, Rep. 120 A II 5e, Nr. 21, Bd. 2.
355 S. div. Berichte von Bürgermeister Brisch an den Regierungspräsidenten, in: DZA Merseburg, Rep. 77, Tit. 3528, Nr. 1, Bd. 4.

tung aufgehoben und warum sie einen Sozialdemokraten ohne fachliche Vorbildung eingesetzt habe.[356]

Diese Anfrage kam insofern überraschend, als die Solinger DVP schon länger mit Brisch zusammengearbeitet hatte; sie dokumentiert einmal mehr die politische Desintegration der Volkspartei.[357]

Bei der Aussprache im Landtag kam es dann zu einer Konfrontation zwischen Severing und der KPD-Fraktion, die seit 1930 immer wieder die Bestätigungspraxis und die Entmachtung der Gemeindeparlamente in Preußen kritisiert hatte.[358]

>>*Severing:* Wenn die Ernennung des Herrn Brisch gewisse Pläne der Kommunisten zerstört haben sollte, dann möchte ich Ihnen, meine Herren von der Kommunistischen Partei, folgendes sagen: solange Sie im Landtag von dieser Stelle aus immer wieder versichern, daß Sie den heutigen Staat und mit ihm seine Zellen draußen im Lande zerstören wollen, so lange können Sie keinen Anspruch darauf erheben, daß man Ihre Angehörigen mit leitenden Stellen in diesem Staate betraut!
(Lebhafte Zustimmung bei den Regierungsparteien.
Abg. Schulz, Neukölln: Sie reden wie Putkamer!)
Severing: Dann hat ja Herr von Putkamer auch einmal etwas Vernünftiges gesagt!
(Heiterkeit-Zurufe bei den Kommunisten).<<[359]

1.6.8 Brischs Ausschluß aus der SPD

Nachdem Brisch um die Jahreswende 1930/31 noch einen Parteibeschluß zugunsten seiner Bürgermeister-Kandidatur, ja sogar den Verzicht auf jegliche Beigeordnetenstellen durchgedrückt hatte, kam es zu offenen Meinungsverschiedenheiten im Solinger Ortsverein. Wortführer der Kritik an Brisch war die sogenannte >>Beigeordnetenfraktion<< um Paul Sauerbrey (ehemal. Bürgermeister von Ohligs) und Hermann Merkel (langjähriger Leiter des Wohlfahrtsamtes); sie hatten schon früher die Taktik von Hermann Meyer kritisiert und wären in den Verhandlungen Anfang 1930 wahrscheinlich bereit gewesen, einen bürgerlichen Oberbürgermeister gegen das Zugeständnis mehrerer Beige-

---

356 Text in: *Solinger Tageblatt,* 3. 2. 1931.
357 Diesen Widerspruch vermerkt auch das *Solinger Tageblatt* am 4. 2. 1931.
358 Vgl. die einschlägigen Passagen in: *Die Wahrheit über Preußen.* Material der kommunistischen Landtagsfraktion zum Preußenwahlkampf 1932 (Berlin 1932); darin, daß sich die Landtagsfraktion der KPD dieser Frage im Lichte des demokratischen Anspruches der Selbstverwaltung annahm, unterschied sie sich in bemerkenswerter Weise von dem sonstigen Desinteresse der KPD-Führung, das oben dargelegt worden ist.
359 Stenographische Sitzungsberichte des Preußischen Landtags, 224. Sitzung am 24. 3. 1931, Spalte 19478.

ordnetensitze zu akzeptieren. 1931 übernahm Sauerbrey, der inzwischen in den Ruhestand versetzt worden war, den Vorsitz der Groß-Solinger SPD.

Den ersten offenen Zusammenstoß mit Brisch gab es im Juli 1931, als er – im Anschluß an eine Notverordnung – massive Lohnsenkungen bei den städtischen Arbeitern durchführte. Auf einer Mitgliederversammlung der SPD wurden Argumente laut, die man sonst nur von der KPD hörte: Anstatt bei den Arbeitern und bei den Wohlfahrtsempfängern hätte der Genosse Brisch lieber bei den Gehältern der oberen Beamten kürzen sollen![360]

Zum Bruch kam es ein Jahr später beim Streit um die Agust-Dicke-Schule. Die Stadt Solingen hatte 1928 ein neues Gebäude für die weltliche Volksschule einweihen können. Die Schule wurde August-Dicke-Schule genannt und war eines der wenigen großzügigen Neubauvorhaben der Nachkriegszeit gewesen. Die weltliche Volksschule hatte damit erstmalig ein eigenes Haus erhalten. Brisch hatte nun seit 1930 den Plan gehegt, die Volksschule aus dem neuen Gebäude wieder auszuquartieren und dafür das staatliche Oberlyzeum darin unterzubringen. Durch die Übernahme des Gebäudes durch den Staat und durch die Reduzierung des freien Volksschulunterrichts würden sich nämlich einige Einsparungen in den laufenden Verwaltungsausgaben der Stadt ergeben. Der soziale und politische Inhalt dieser Transaktion lag freilich darin, daß die Oberschüler den Volksschülern einmal mehr vorgezogen werden würden und daß der – unter den Solinger Dissidenten so heiß verfochtenen – freien Schulbewegung ein demonstrativer Schlag versetzt würde.

Brisch schloß während der Sommerferien 1932 den Vertrag über die Übergabe der Schule an den preußischen Staat ab. Damit stellte er die Stadtverordneten, die am 5. Oktober wieder zusammentraten, vor vollendete Tatsachen. Sie verweigerten ihre Zustimmung und beschlossen die zweite Lesung des Antrages. Daraufhin ließ Brisch die zweite Lesung unmittelbar im Anschluß an dieselbe Sitzung folgen. Die KPD-*und die SPD-Fraktion*, die die Transaktion erbittert kritisiert hatten, zogen daraufhin unter Protest aus der Versammlung aus, um sie beschlußunfähig zu machen. Doch blitzschnell, bevor die Beschlußunfähigkeit festgestellt werden konnte, nahm Brisch die zweite Lesung vor, und da sich kein Widerspruch erhob, war der Antrag damit angenommen . . .[361]

Die Ausschaltung der Stadtverordneten in dieser Art und Weise brachte bei der SPD das Faß zum Überlaufen.

---

360 *Solinger Tageblatt,* 29. 7. 1931.
361 Sitzungsbericht im *Volksblatt,* 6. 10. 1932.

Mit der Dicke-Schule war wieder das wunde Thema der Kulturpolitik und der Freidenkerbewegung aufgebrochen. Eine Parteiversammlung beschloß den Ausschluß von Brisch aus der SPD.[362] Neben den erwähnten Punkten äußerte das *Volksblatt* auch noch die Kritik, daß man der Verwaltung ihr scharfes Vorgehen gegen die Kommunisten zwar nicht verübeln könne; »daß aber diese Zugriffe so erfolgen, daß gleich bis zu 12 oder 15 Sitzungstagen der Ausschluß verhängt wird, das kann man nicht gutheißen«.[363]

Brisch war inzwischen Bürgermeister auf die Dauer von 12 Jahren; es ist die Frage, ob er auf seine Parteizugehörigkeit überhaupt noch viel Wert legte. Diese Frage stellte auch die *Bergische Post* und wies darauf hin, daß er eng mit der volksparteilichen und deutschnationalen Fraktion zusammenarbeite.[364] Der Ausschluß von Brisch war bis zur Machtergreifung noch nicht durch alle Parteiinstanzen gelaufen und damit noch nicht wirksam. Der Ablösungsprozeß des Bürgermeisters zuerst von der Selbstverwaltung, dann auch noch von seiner eigenen Partei ist u. a. eine Erklärung dafür, warum die Nationalsozialisten 1933 so reibungslos das Stadtregiment übernehmen konnten.

1.6.9 Das Dilemma der KPD

Die KPD war durch die ganze Oberbürgermeisteraffäre nicht einen Schritt vorangekommen. In ihrem Bestreben, das »wahre Gesicht der Sozialfaschisten aufzudecken«, hatte sie mit dem Amtsantritt des »kleinen Mussolini« (damit war Brisch gemeint) natürlich neue Munition erhalten.[365] Aber damit konnte sie noch lange nicht in die politische Initiative kommen.

In den Stadtverordnetensitzungen des Jahres 1930 stellte die KPD laufend Anträge im Sinne ihres »Kampfprogramms« vom Januar: Erwerbslosenunterstützungen, Wohnungsbau, Gehälterabbau der oberen Kommunalbeamten usw. Zur Unterstützung dieser Anträge unternahm sie große Mobilisierungsanstrengungen außerhalb des Parlaments: Vor der Sitzung am 8. April traten die Wohlfahrtsarbeiter in den Streik und demonstrierten mit ca. 1 000 Teilnehmern.[366] Als die Stadtverordnetenversammlung am 30. September tagte, unterstützten über 2 000 Erwerbslose vor dem Sitzungssaal die Anträge der kommunistischen

---

362 *Volksblatt*, 8. 10. 1932.
363 A.a.O., 10. 10. 1932.
364 Zit. a.a.O., 11. 10. 1932.
365 *Bergische Arbeiterstimme*, 3. 4. 1930.
366 Sitzungsbericht im *Solinger Tageblatt*, 9. 4. 1930; s. a. *Die Kommune* 10/1930, Nr. 8, 15. 4., S. 68.

Fraktion.[367] Ähnliche Beispiele ließen sich noch mehr aufführen. Aber alle Kraftproben gingen verloren; seit ihrem Erfolg vom Dezember 1929 hatte die KPD ihren mobilisierten Anhang nicht erweitern, keine politische Bewegung entfalten können. Und gegenüber damals hatte sich die Gegenfront unter der Leitung von Brisch natürlich erheblich versteift.

Andererseits hatte die KPD den Mund ziemlich voll genommen und erklärt, man würde mit dem Kommissar schon »fertig werden«, sich das Diktat »nicht gefallen lassen« usw.[368] In dieser Klemme trieb die Partei nun wirklich in eine Abenteuerpolitik hinein. In der Stadtverordnetensitzung vom 12. Juni ließ sich Weber dazu provozieren, Brisch mit einem Wasserglas zu bedrohen und den Beigeordneten Schneider einen »rothaarigen Lümmel« zu schimpfen; Schneider war bei den kommunistischen Arbeitern besonders verhaßt, weil er für die Entlassung vieler oppositioneller Gewerkschaftler bei der Straßenbahn verantwortlich war. Der Zwischenfall gab Brisch Gelegenheit, ein Gerichtsverfahren gegen Weber anzustrengen und ihn für die Dauer von 6 Monaten aus der Stadtverordnetenversammlung auszuschließen.[369] Bei der endgültigen Amtseinführung von Brisch inszenierte die KPD einen Skandal, indem die Ehrengäste von der Tribüne mit faulen Eiern beworfen wurden.[370] Solch eine Aktion, für die natürlich immer eine Gruppe unternehmungslustiger Erwerbsloser bereit stand, konnte selbst in der eigenen Mitgliedschaft nur noch Kopfschütteln auslösen.[371] Anders als die Ohrfeige Hermann Webers in der ersten Stadtverordnetenversammlung war sie nicht spontan, sondern konsequenter Ausdruck einer verfehlten Politik.

In der Gewerkschaftsfrage, die die Partei selbst als entscheidend ansah, blieb ihr der Erfolg versagt. Das zeigte sich noch einmal deutlich, als im Juli 1931 bei der Straßenbahn die Löhne gesenkt wurden. Die Straßenbahn war eine traditionelle Hochburg der Kommunisten; noch 1930 hatten sie die Betriebsratswahlen konkurrenzlos gewonnen.[372] Seitdem waren allerdings viele engagierte Parteimitglieder entlassen worden. Die Lohnsenkung 1931 war empfindlich: der Wochenverdienst eines Wagenführers wurde z. B. von 51 auf 41 Mark gesenkt.[373] Ob-

367 *Bergische Arbeiterstimme*, 1. 10. 1930.
368 Vgl. *Bergische Arbeiterstimme*, 25. 2. und 20. 3. 1930.
369 Bericht über den Prozeß *Bergische Arbeiterstimme*, 30. 9. 1930; Briefwechsel Brischs mit dem Regierungspräsidenten darüber HSTA Düsseldorf, Nr. 31773 (Verwaltungsangelegenheiten Solingen 1926–1930).
370 *Solinger Tageblatt*, 24. 2. 1931.
371 Daran erinnert sich Paul Meuter.
372 *Bergische Arbeiterstimme*, 15. 2. 1930.
373 Laut *Solinger Tageblatt*, 29. 7. 1931.

wohl die Erbitterung auch unter den sozialdemokratischen und christlichen Arbeitern groß war, gelang es der KPD nicht, einen Abwehrstreik »auszulösen«. Die Arbeiter waren zum Streik nicht bereit und sehr eingeschüchtert, da Brisch 150 weitere Entlassungen angekündigt hatte.[374]

In der Berichterstattung der *Bergischen Arbeiterstimme* über den Konflikt in der Straßenbahn ist ein charakteristischer Realitätsverlust festzustellen. Nachdem die Zeitung mit kriegerischen Formeln den Streik vergeblich herbeischwören wollte[375], scheute sie sich nicht, das negative Ergebnis der Urabstimmung zunächst zu fälschen, um die Stimmung weiter anzuheizen.[376] Die erhoffte Kampfversammlung im Kaisersaal, zu der auch der Reichstagsabgeordnete Mühsal gekommen war, wurde zu einem wahrhaft mühseligen Unternehmen.[377] Wer aber in diesen Tagen die *Bergische Arbeiterstimme* las, mußte den Eindruck gewinnen, als sei der Streik schon ausgebrochen oder zumindest ein großer Schritt vorangetan. In Wirklichkeit handelte es sich um eine Niederlage, von der sich die Gewerkschaftsopposition bei den Gemeindearbeitern bis 1933 nicht mehr erholte.

Der Mitgliederbestand der KPD im Unterbezirk Solingen lag am 1. Januar 1931 bei 3 100 (Polizeiangaben); dieses ohnehin niedrige Niveau sank bis zum 1. 1. 1932 weiter auf 2 530.[378] Besonders auffällig war diese Entwicklung in Höhscheid (von 360 auf 180), wo die Heimarbeiter das politische Interesse an der Partei verloren zu haben schienen. In den Städten Ohligs und Wald waren die Mitgliedszahlen, verglichen mit 1925, auf ein Drittel bis auf ein Viertel gefallen.[379] Lediglich die Wahlergebnisse der Partei entwickelten sich in den Jahren 1930–1933 positiv (Reichstagswahlen 1932 I + II: ca. 35 000).

Solingen hat in der Weimarer Republik eine Sonderentwicklung durchlaufen, die auf der außerordentlichen Stärke der Arbeiterparteien, und hier besonders der KPD beruhte. Einige Tendenzen der politischen Entwicklung zeigten sich in Solingen früher und krasser als anderswo: Der Zerfall des kommunalpolitischen Konsens der Parteien und die Abschaffung der Selbstverwaltung durch den bürgerlichen Staat im Laufe des Faschisierungsprozesses. Auf das Ende des »Modus-Vivendi-

---

374 *Bergische Arbeiterstimme*, 29. 7. 1931.

375 Z. B. am 27. 7. 1931.

376 *Bergische Arbeiterstimme*, 30. 7.; vgl. dagegen das Ergebnis im *Solinger Tageblatt*, 29. 7. 1931.

377 *Solinger Tageblatt*, 1. 8. 1931.

378 HSTA Düsseldorf, Nr. 17209 (Übersicht über die KPD und ihre Führer 1932).

379 A.a.O., Nr. 16944 (Kommunistische Bewegung im Solingen 1923 bis 1928).

Systems Dicke« folgte das »Präfektur-Modell Brisch«, das freilich nur ein Durchgangsstadium zum Faschismus darstellte.

Die Vermutung, daß sich die Arbeiterparteien in einer tiefen Krise befanden, hätte keine deutlichere Bestätigung erfahren können als durch die Solinger Kommunalpolitik. Die SPD engagierte sich für eine kommunale Verwaltungsreform, die nur das öffentliche Gegenstück zu den Rationalisierungsbestrebungen des Kapitals war; sie propagierte eine Sozialpolitik, der die große Wirtschaftskrise augenblicklich die materielle Grundlage entzog. In der Bürgermeisterfrage waren ihre Argumente und ihre Methoden im Kampf um den Posten nicht von den bürgerlichen Parteien zu unterscheiden. Ihr zynisches Spiel mit der »Arbeitermehrheit« und der Oktroy des Parteigenossen im Ministerium stellten einen besonders flagrante Mißachtung der Selbstverwaltungsrechte dar, die angesichts der Faschismusgefahr gerade hätten verteidigt werden müssen. Die vermeintliche Realpolitik ließ jede historische Perspektive vermissen und endete damit, daß der sozialdemokratische Bürgermeister-Kommissar willkürlich und auf Kosten der eigenen Parteiorganisation zu handeln pflegte.

Die KPD konnte ihre starke Position in Solingen im Lauf der Krise nicht festigen; gerade sie verlor besonders deutlich an Bewegungsfähigkeit und politischem Einfluß. Hinter ihrem Aktivismus und ihren revolutionären Phrasen stand oft genug eine abwartende Haltung, ja sogar der politische Rückzug. Auf dem Gebiet wirtschaftlicher Tagesforderungen entwickelte sie ein konkretes Programm, das in der Kommunalpolitik der Krise seine Wirksamkeit behielt; stellenweise konnte sie damit sogar in die Offensive kommen (wie z. B. bei der Auseinandersetzung um die Weihnachtsbeihilfe 1929). Ihr folgenschwerster Fehler war aber der Verzicht auf alle *politischen Teilforderungen* in der Selbstverwaltung. Wie der Verlauf der Bürgermeisterfrage zeigte, kam er fast einem Verzicht auf politisches Handeln überhaupt gleich.

Die Unfähigkeit zu praktischer revolutionärer Politik hatte die KPD von 1930 mit der SPD von 1914 gemeinsam. Aber sie war in diese Klemme auf einem ganz anderen Weg gelangt: Die Linkswendung, die – wie sich herausgestellt hat – keineswegs nur »von oben« oder gar »von Moskau« erzwungen worden war, hatte für viele Kommunisten gerade den Sinn gehabt, die revolutionären Zeichen an der Wand rechtzeitig zu lesen und jene Erstarrung der Partei zu vermeiden, die damals in die Katastrophe des 4. August 1914 geführt hatte. Die praktischen Folgen sahen freilich anders aus. Die neue Politik ab 1929 wirkte selbst dort lähmend, wo die Parteimitgliedschaft und die Bevölkerung deutliche Anzeichen von Einsatzbereitschaft und Engagement zeigten. Eine so krasse Verletzung der Demokratie wie die Nichtbestätigung Webers war für die KP-Führung kein Anlaß zum politischen

Eingreifen; über diese Frage fand nicht einmal eine politische Debatte in der Partei statt.

Politische Kräfte außerhalb der Arbeiterparteien kamen für die Verteidigung der Republik kaum in Frage. Die Tradition der Organisationsdisziplin war so stark, daß die Möglichkeit autonomer Mobilisierungen ausschied. So ließ die Krise eine weitgehend entmobilisierte Arbeiterbewegung ohne politische Perpektiven zurück; über die dann der Faschismus hereinbrach.

2. Die Kommunalpolitik der KPD 1919-1933

2.1 Die sozialdemokratische Tradition und die Begründung der kommunistischen Kommunalpolitik

2.1.1 Arbeiterbewegung und Selbstverwaltung vor 1914[1]

»Freilich ist der Wille des Proletariats zu planmäßiger und bewußter politischer Machtentfaltung wohl nirgends so schwach entwickelt wie in der Gemeinde«, schrieb Ernst Reuter 1922.[2] Die traditionelle Unterordnung der Arbeiterbewegung unter das bürgerliche Ideal der kommunalen Selbstverwaltung, die er damit ansprach, hat ihre Vorgeschichte in der bürgerlichen Revolution.

Im Rotteck/Welckerschen Staatslexikon von 1838 beginnt der Artikel »Gemeindeverfassung« mit folgendem Satz: »Die allgemeinsten Grundsätze für eine gute Staatsverfassung sind anwendbar auch auf jene der Gemeinde, *die ja nichts anderes als ein Staat im kleinen ist.*«[3] Das liberale Bürgertum kämpfte darum, die Gemeindeverwaltung dem halb-privaten Zugriff der Zünfte, der Feudalherren und der Kirche zu entziehen. In den Städten ging es zum erstenmal um die politische Beteiligung durch Wahlrecht und Ehrenämter; die Städteordnungen sollten das politische Leben der Kommune nach Art einer Verfassung regeln und die Vertretung der Bürger mit parlamentarischen Rechten ausstatten. Die Bedeutung, die die Gemeinde in der bürgerlichen Revolution bekam, ist nicht nur aus der Verlegenheit zu erklären, daß die Bürger hier schon früh politische Rechte erhielten (vgl. Steinsche Städteordnung 1808), während die Staatszentrale noch fest in den Händen der feudal-absolutistischen Bürokratie war; im Stellenwert der Kommunalpolitik spiegelt sich auch die bürgerliche Einsicht wider, daß einen wahre Umwälzung bis ins lokale Detail gehen muß und daß sich die Machtfrage immer auch schon in lokalen Konflikten stellt.[4]

---

1 Die Thesen dieses Abschnittes finden sich ausführlicher erörtert und belegt in: V. Wünderich, Von der bürgerlichen zur proletarischen Kommunalpolitik. Zum Defizit der kommunalpolitischen Konzeption in der Arbeiterbewegung vor 1914, in: Gert Zang (Hg.), Provinzialisierung einer Region. Zur Entstehung der bürgerlichen Gesellschaft in der Provinz, Frankfurt/M. 1978, S. 435–464.

2 Ernst *Reuter*, Schriften und Reden, hg. v. Hans E. Hirschfeld, Bd. 2, Berlin 1973, S. 126.

3 Carl *v. Rotteck* / Carl *Welcker*, Staatslexikon, Bd. VI, Altona 1838, S. 429; Hervorhebung hinzugefügt.

4 Zu diesem Problem vgl. die Beiträge von *Bellmann, Siefken, Trapp* und *Zang* in: Zang (Hg.), Provinzialisierung einer Region (Anm. 1).

Aus den »heroischen Zeiten« der Selbstverwaltung stammte ihre Assoziation mit »Bürgerfreiheit«, »Fortschritt« und »Demokratie«; dieses schöne Bild wurde vom liberalen Bürgertum im Kaiserreich geschickt weiter gepflegt und verfehlte seinen Eindruck auch auf die Arbeiterbewegung nicht, obwohl die Selbstverwaltung inzwischen zu einem Musterbeispiel bürgerlicher Klassenherrschaft geworden war. Alle kommunalen Ämter blieben dem Besitzbürgertum und vor allem der immer stärker werdenden Kommunalbürokratie vorbehalten. Das Wahlrecht, das die Wähler in verschiedene Zensusklassen aufteilte, wurde in den Jahrzehnten vor 1914 bewußt immer ungleicher gestaltet, um den Einfluß der Arbeiter und Kleinbürger auf die Stadtregierung auszuschalten. Die »konservative Wende« der bürgerlichen Selbstverwaltung läßt sich auch an der Handhabung des staatlichen Bestätigungsrechtes für gewählte Bürgermeister verdeutlichen: Früher hatten die Liberalen für die Abschaffung des Bestätigungsrechtes gekämpft, weil damit ihre Kandidaten von der Staatsregierung abgelehnt wurden; jetzt wendeten die liberalen Minister dieses Recht selbst gegen die Sozialdemokraten an. Vertreter der SPD konnten nicht einmal Mitglied im städtischen Schulausschuß werden.

Der erste Einstieg der SPD in die Kommunalpolitik fällt ungefähr in die Zeit des Sozialistengesetzes und hatte einen ausgesprochen pragmatischen Charakter.[5] Das Mißtrauen gegenüber der lokalen Kleinarbeit war tiefbegründet und verschwand nur zögernd. Alle anderen politischen Parteien waren aus regionalen und lokalen Bezügen heraus entstanden; die SPD dagegen hatte ihre Parteiziele von Anfang an auf der nationalen Ebene formuliert und eine zentralistische Organisation aufgebaut. Noch 1887 rief die Berliner SPD mit folgender Begründung zum Kommunalwahlboykott auf:

> »Die Gemeinden haben auch gar keine Macht, tiefergehende politische Forderungen unserer Partei zu verwirklichen, so daß weder für den Sozialismus noch für die Demokratie praktische Erfolge zu erhoffen sind.«[6]

Ab 1890 war die sozialdemokratische Beteiligung an der Kommunalpolitik unbestrittene Regel. Friedrich Engels schlug folgende Forderung für das Parteiprogramm vor: »Vollständige Selbstverwaltung in Provinz, Kreis und Gemeinde durch nach allgemeinem Stimmrecht ge-

---

5 Adelheid v. *Saldern*, Die Gemeinde in Theorie und Praxis der deutschen Arbeiterorganisationen 1863–1920. Ein Überblick, in: *IWK* 12/1976, S. 295 ff.

6 Zit. n. Joachim *Drogmann*, Grundlagen und Anfänge sozialdemokratischer Kommunalpolitik vor und nach dem Sozialistengesetz, in: *Die demokratische Gemeinde* 15/1963, S. 749.

wählte Beamte.«[7] Aber das Verhältnis von Selbstverwaltung und sozialistischer Revolution wurde nicht programmatisch geklärt. In der Praxis tendierte die Partei zur Übernahme der bürgerlichen Selbstverwaltungsideologie und ihrer Politikformen.

Um die Jahrhundertwende besetzten nach und nach die sogenannten »Munizipalsozialisten« die kommunalpolitischen Ämter und Medien der Partei. Sie vertraten die Auffassung, daß die Gemeinden über die Kommunalwirtschaft immer mehr wirtschaftliche Aktivitäten an sich bringen und damit einen großen Teil des Kapitals »sozialisieren« würden. Abgesehen davon, daß die schrittweise Kommunalisierung der Wirtschaft eine unrealistische Perspektive war, hatte der Munizipalsozialismus so den Übergang zum Sozialismus zu einer rein wirtschaftlichen Frage gemacht. Er unterlegte den bestehenden Staats- und Kommunalapparaten eine genossenschaftliche Funktion und klammerte die Frage der politischen Macht aus der Kommunalpolitik ganz aus. Daher mußten alle sozialpolitischen und kommunalwirtschaftlichen Forderungen auf einen Ausbau und Machtzuwachs der Kommunalbürokratien hinauslaufen. An diesem Punkt trafen sich die Munizipalsozialisten mit den Reformern und Praktikern aus den bürgerlichen Parteien, denn der Verstädterungsprozeß und der Aufbau der modernen Leistungsverwaltung machte in diesen Jahrzehnten den massiven Ausbau der kommunalen Bürokratien erforderlich.

Der Munizipalsozialismus war theoretisch ein integraler Bestandteil des Revisionismus. Obwohl der Widerspruch zum revolutionären Parteiprogramm an vielen Stellen deutlich war, ließ die Parteiführung auch diese Richtung innerhalb der Organisation gewähren, solange die Einheit der Partei nicht gefährdet war.

Aber auch die Parteilinke hatte kein Konzept, wie man der eigenen Kommunalpolitik die Perspektive einer sozialistischen Alternative geben könnte. 1911 kandidierte der bekannte Munizipalsozialist Lindemann in Stuttgart für das Oberbürgermeisteramt; für den Fall seiner Wahl hatte er seinen Besuch beim württembergischen König schon angekündigt, obwohl die Parteitagsbeschlüsse die »Hofgängerei« untersagten. Daraufhin nahm Rosa Luxemburg die Stuttgarter Vorgänge zum Anlaß, die Verletzung der Parteidisziplin und Lindemanns bürgerlichen Wahlkampfstil zu kritisieren. Aber sie zog keine konstruktiven Folgerungen aus dieser Affäre und ließ es mit der Feststellung bewenden, daß »dieses Amt kein Posten für einen Sozialdemokraten« sei.[8] Der generelle Verzicht auf solche Kandidaturen muß nicht nur

7 Friedrich *Engels*, Zur Kritik des sozialdemokratischen Programmentwurfs 1891, Marx/Engels, Werke, Bd. 22, S. 237.
8 Rosa *Luxemburg*, Gesammelte Werke, Bd. 2, Berlin 1972, S. 518 f.

darum unverständlich erscheinen, weil Lindemann an einem Wahlsieg nur knapp vorbeigegangen war; in letzter Konsequenz leugnete Rosa Luxemburg damit die Notwendigkeit einer selbständigen Kommunalpolitik der Partei. Diese abwartende Abstinenz läßt sich wohl nur aus der offensichtlichen Aussichtslosigkeit erklären, das bürgerliche Politikmonopol in den Städten zu durchbrechen. Gerade die Parteilinken konnten sich die sozialistische Umgestaltung der Gemeinden nur nach der Revolution vorstellen, also auf dem Weg »von oben«. Nicht einmal die Forderung des gleichen Wahlrechts für die Kommunen wurde zum Gegenstand größerer Mobilisierungen gemacht.

Während des Ersten Weltkriegs erlebte die wirtschafts- und sozialpolitische Tätigkeit der Kommunalverwaltungen einen neuen, ungeahnten Höhepunkt. Die Kommunen wurden gewissermaßen zum Unterbau der fehlenden Reichsverwaltung. Nun wurde auch sozialdemokratischen Funktionären der Weg zu höheren kommunalen Ämtern geebnet, soweit sie zum reibungslosen Funktionieren der Kriegsverwaltung beitragen konnten. Dieser Integrationsprozeß führte u. a. dazu, daß die bisherigen Formen sozialdemokratischer Kommunalpolitik in der Novemberrevolution radikal abgelehnt wurden. Die Revolution schuf sich mit den kommunalen Arbeiter- und Soldatenräten politische Organe, die in bewußtem Widerspruch zu den traditionellen Formen kommunaler Selbstverwaltung standen.

2.1.2 Die besondere Situation 1919

Im Gründungsprogramm der Kommunistischen Partei Deutschlands vom 31. Dezember 1918 finden sich folgende Forderungen:

- Beseitigung aller Parlamente und Gemeinderäte und Übernahme ihrer Funktionen durch Arbeiter- und Soldatenräte sowie deren Ausschüsse und Organe.
- Abschaffung aller Einzelstaaten; einheitliche deutsche Republik.
- Sofortige Beschlagnahme aller Lebensmittel zur Sicherung der Volksernährung.
- Sofortige gründliche Umgestaltung des Ernährungs-, Wohnungs- und Erziehungswesens im Sinne und Geiste der proletarischen Revolution.[9]

Im Augenblick der Revolution rief die Partei zum Kampf gegen alle politischen Institutionen des Bürgertums auf, also auch gegen die Gemeinderäte. Die Abschaffung der Einzelstaaten, in die bis dahin alle rechtlichen und institutionellen Grundlagen der Selbstverwaltung eingebettet waren, hätte eine notwendige Voraussetzung für die revolu-

---

9 *Revolutionäre deutsche Parteiprogramme*, hg. von L. Berthold und Ernst Diehl, Berlin 1967, S. 114 f.

tionäre Umgestaltung der Lokalpolitik bedeutet. Die ganze Macht sollte von den Räten ergriffen werden, die ja bereits selbständig einen Teil
der angesprochenen Aufgaben auf kommunalem Gebiet übernommen
hatten.

Es versteht sich, daß das Programm der KPD eine einheitliche revolutionäre Politik vorschlug, die sich höchstens rein technisch in lokale und
zentrale Aufgabenbereiche differenzierte. In den ersten Monaten ihrer
Existenz kann man daher eigentlich nicht von einer »Kommunalpolitik« der KPD sprechen, denn die ressortmäßige Unterscheidung von
der Länder- und Staatspolitik setzt den dreistufigen Aufbau der politischen Institutionen voraus, die jetzt allesamt von der Revolution in
Frage gestellt worden waren.

Aber die Macht der Räte ging 1919 zurück und verschwand schließlich.[10] Als das kommunalpolitische Leben der neuen Republik wieder in
die alten Kanäle geleitet wurde und als bald nach der Nationalversammlung auch neue Kommunalparlamente gewählt wurden, stand
die KPD abseits. Die linksradikalen und syndikalistischen Kräfte in
der Partei, die schon auf dem Gründungsparteitag die Beteiligung an
den Wahlen zur Nationalversammlung verhindert hatten, wollten ihre
Hand natürlich ebensowenig zur Mitarbeit in den Gemeinderäten reichen. Auf dem Heidelberger Parteitag im Oktober 1919 gelang es der
Parteiführung unter Paul Levi, die Syndikalisten zurückzudrängen
und die neuen »Leitsätze über den Parlamentarismus« durchzubringen.
Damit war die Arbeit der Kommunisten in den Parlamenten als ein
taktisches Mittel der Politik nicht mehr verpönt. Es heißt in den Leitsätzen:

> »Den Kampf um (die) politische Macht führt das Proletariat mit allen
> ihm gegebenen politischen und wirtschaftlichen Mitteln. Die Tatsache,
> daß eine Epoche größerer und größter Kämpfe – Massendemonstratio-
> nen, Massenstreiks, offener Aufstand – gekommen ist, zwingt das Prole-
> tariat noch nicht, auf kleinere Mittel, zu denen auch die Ausnutzung der
> Parlamente gehört, dauernd zu verzichten . . .«[11]

Diese Grundsatzentscheidung konnte zunächst noch nicht zu einer Beteiligung der KPD an der täglichen Kommunalpolitik führen, weil

---

10 Der Einfluß des Spartakusbundes in den Räten 1918/19 war sehr begrenzt. Auf diese Frage sowie auf das Verhältnis der Räte zu den
   kommunalpolitischen Organen kann in dieser Arbeit nicht näher eingegangen werden. Aus der Fülle neuerer Literatur sei erwähnt: Reinhard *Rürup* (Hg.), Arbeiter- und Soldatenräte im rheinisch-westfälischen Industriegebiet. Studien zur Geschichte der Revolution 1918/19,
   Wuppertal. Vgl. dazu auch die Teile 1.2.1; 2.1.5; 3.1.1.
11 Bericht über den 2. Parteitag der Kommunistischen Partei Deutschlands
   (Spartakusbund) vom 20.–24. Oktober 1919 (Berlin o. J.), S. 63.

die Partei dazu organisatorisch nicht in der Lage war. Der Austritt der oppositionellen Syndikalisten, die sich dann als KAPD zusammenschlossen, schwächte die kleine Parteiorganisation noch weiter. In Berlin blieben der KPD von 10 000 Mitgliedern nur einige Dutzend. Noch im Juni 1920 verzichtete die Partei auf die Teilnahme an den Berliner Stadtverordnetenwahlen, u. a. weil es Schwierigkeiten gab, die erforderlichen Unterschriften (über 2 000) unter den Wahlvorschlag zusammenzubringen.[12]

2.1.3 Die USPD in den Kommunen 1919/20; Wahlergebnisse

Um so mehr gibt es über die Kommunalpolitik der USPD zu sagen, die sich in den Jahren 1919 und 1920 auf breiter Ebene entwickelte. Gerade mit dem Rückgang der revolutionären Bewegung wurde die Kommunalpolitik zu einem Hauptgebiet der politischen Tätigkeit dieser Partei.[13] Die USP ist für diese Arbeit von großem Interesse, weil die Kommunalpolitik der KPD später direkt aus dem linken Flügel der Unabhängigen hervorging; damit war die USP das entscheidende Bindeglied von der sozialdemokratischen Tradition in der Selbstverwaltung zur kommunistischen Praxis in der Weimarer Republik. Die Bemerkungen dazu können hier allerdings nur stichwortartig bleiben, weil es kaum Vorstudien zur Präsenz der USP in den Gemeinden gibt.[14]

Die Parteiorganisation der Unabhängigen beteiligte sich in der Regel seit Anfang 1919 an den Kommunalwahlen, und die Wahlergebnisse können hier als Anzeichen für die Stärke der Partei in den Gemeinden gewertet werden. Die Kommunalwahlergebnisse der Jahre 1919 und 1920 spiegeln im allgemeinen zwei widersprüchliche Tendenzen wider, die auch die Reichspolitik bestimmten: Einerseits setzte eine Linksentwicklung breiter Teile der Arbeiterklasse ein; während die SPD zu-

---

12 Flechtheim, Die KPD in der Weimarer Republik, S. 143 ff.; *Rote Fahne*, Nr. 103, 13. 6. 1920.

13 Vgl. dazu Frauke *Bey-Heard*, Hauptstadt und Staatsumwälzung. Berlin 1919. Problematik und Scheitern der Rätebewegung in der Berliner Kommunalpolitik, Stuttgart 1969, S. 225.

14 Weder das Standardwerk von Eugen *Prager* (Geschichte der USPD, 2. Aufl. Berlin 1922) noch die neue Untersuchung von Hartfrid *Krause* (USPD. Geschichte der Unabhängigen Sozialdemokratischen Partei Deutschlands, Frankfurt/M. 1975) gehen auf die Kommunalpolitik der Partei ein. Zum ersten Mal wird das Thema behandelt in: A. v. Saldern, Die Gemeinde in Theorie und Praxis der deutschen Arbeiterorganisationen 1863–1920. Das vorliegende Kapitel stützt sich vor allem auf F. Bey-Heard und auf Originalmaterial.

nehmend an Boden verlor, erstarkte der Einfluß der USP, was sich auch in steigenden Wahlerfolgen niederschlug und bei den Reichstagswahlen vom Juni 1920 einen vorläufigen Höhepunkt fand. Diese Linksentwicklung fand jedoch nur sehr ungleichmäßig statt (Schwerpunkte in Berlin und in den Industriegebieten Mittel- und Westdeutschlands); außerdem stand ihr eine gegenläufige Tendenz gegenüber, nämlich das absolute Wachstum der Rechtsparteien.[15]

Nach dem Stand vom Frühjahr 1920 gab es in den preußischen Städten mit mehr als 25 000 Einwohnern insgesamt 5 334 Stadtverordnetensitze. Davon hatten die SPD 1 682 Sitze (31,5 %) und die USP 647 Sitze (12,1 %) inne; auf die beiden Arbeiterparteien zusammen entfielen also ca. 44 % der Abgeordnetensitze.[16] In vielen wichtigen Städten konnte die USP die SPD überflügeln; z. B. erhielt die USP in Erfurt von 60 Stadtverordnetensitzen 22, die SPD nur 9, aber im nationalen Maßstab waren das Ausnahmen. Einige der wichtigsten deutschen Großstädte hatten »Arbeitermehrheiten« (SPD und USP) in den Stadtparlamenten, u. a. Berlin, Leipzig, Hamburg, Braunschweig.[17] Aber einmal war auch diese Arbeitermehrheit nicht die Regel, und zum andern konnte sie sich in den meisten Städten gar nicht auswirken, weil die SPD mit den bürgerlichen Parteien zusammenarbeitete. Die Einführung des gleichen Wahlrechts hatte also naturgemäß zu einer starken politischen Kräfteverschiebung in den Kommunalvertretungen geführt, nicht aber zu durchgängig sozialistischen Mehrheiten, obwohl dies vor 1918 immer wieder erwartet worden war.[18] Die Wahlbeteiligung an den Kommunalwahlen des Jahres 1919 lag übrigens (wie immer) erheblich unter den Werten der Reichs- und Landeswahlen.

15 Gegenüber den Wahlen zur Nationalversammlung stieg der Stimmenanteil der USP von 7,6 auf 18,2 % an, während die SPD von 37,85 auf 21,33 % zurückging; Zusammenstellung der Wahlergebnisse 1918–1924 nach Wahlkreisen bei: Krause, USPD, S. 315 ff.; Gegenüber 4,42 % im Januar erhielt die DVP im Juni 1920 13,9 %; die DNVP stieg von 10,26 auf 15,1 %.
16 Stand vom 1. 4. 1920; für Berlin ist die Wahl vom 20. 6. 1920 berücksichtigt. Nach einer Zusammenstellung des Deutschen Städtetages in: *Mitteilungen des Deutschen Städtetages, XI, Nr.* 9/1924. Eine amtliche Statistik wurde von den Kommunalwahlen nicht geführt.
17 Siehe Udo *Dräger*, Die Kommunalwahlen in Preußen im Jahre 1919, in: Wiss. Zeitschrift des Pädagogischen Instituts Magdeburg, 4. Jg. 1967, Nr. 5, S. 89. Dräger erwähnt, daß die *Freiheit* v. 26. 7. 1921 insgesamt 41 deutsche Städte mit sozialistischen Mehrheiten zählte.
18 Vgl. z. B. Karl Kautsky in der *Neuen Zeit,* Nr. 13, 1895/II, S. 588.

2.1.4 Das Kommunalprogramm der USPD und die munizipal-sozialistische Tradition

Im Mai 1919 trat der führende Unabhängige Emanuel Wurm (Landtagsabgeordneter und Stadtverordneter in Berlin) mit den »Richtlinien für ein Gemeindeprogramm« hervor, die er im Auftrag der Parteileitung erstellt hatte.[19] Die Richtlinien bekennen sich am Anfang zu der Kombination von Parlamentarismus und Rätesystem, die als programmatischer Kompromiß auf dem Märzparteitag beschlossen worden war:

> »Einordnung des Rätesystems in die Verfassung. Entscheidende Mitwirkung der Räte bei der Gesetzgebung, Staats- und Gemeindeverwaltung und in den Betrieben ... Die Verwaltung der Gemeinde ist durch die Gemeindevertretung in Verbindung mit den kommunalen Arbeiterräten zu führen. Diese bilden aus ihrer Mitte Ausschüsse zur fortdauernden Kontrolle über die Ausübung der gesamten städtischen Verwaltung.«

Daneben fordern die Richtlinien den Staat auf, »den Gemeinden volle Selbstverwaltung zu gewähren«. Es folgen eine Reihe von Forderungen, die man unter dem Begriff »Verfassungsreform der Selbstverwaltungsorgane« zusammenfassen kann, insbesondere: eine Stärkung der Gemeindevertretung; die alljährliche Neuwahl der Hälfte der Gemeindevertreter; die Umwandlung des Magistrats in einen »Gemeindeausschuß«, der der Gemeindevertretung entscheidende Rechte abgegeben hat und ihr in allen Fragen direkt verantwortlich ist.

Im Mittelpunkt der »Wirtschaftlichen Aufgaben« steht die Kommunalisierung. Das Programm setzt sich die Kommunalisierung vieler Bereiche des kommunalen Wirtschaftslebens zum Ziel: Versorgungsbetriebe, Verkehr, Lebensmittelerzeugung und -handel, Wohnungsbau usw. Es folgen besondere sozialpolitische Forderungen im Erziehungs-, Gesundheits- und Wohlfahrtswesen.

Dieser Programmentwurf der USPD steht voll in der sozialdemokratischen Tradition seit der Jahrhundertwende. Er stellt sich auf den Boden der »Selbstverwaltung«, ohne den bürgerlichen Gehalt dieses Begriffes zu hinterfragen. E. Wurm, der vor 1914 dem »linken Zentrum« angehörte und relativ spät zur Opposition übergegangen war[20], wiederholt hier auch die alten Forderungen der Munizipalsozialisten (s. o.

---

19 Emanuel *Wurm*, Richtlinien für ein Gemeindeprogramm. Im Auftrag der Parteileitung der USPD entworfen, Berlin: Verlag der Freiheit (1919).
20 Vgl. Dieter Groh, Negative Integration und revolutionärer Attentismus. Die deutsche Sozialdemokratie am Vorabend des Ersten Weltkriegs, Frankfurt-Berlin-Wien 1973, S. 450 f.

Teil 2.1.1). Der formale Übergang zur Republik genügt Wurm und seinen Parteigenossen, um sich mit dem neuen Staat zu identifizieren. Ein Konflikt z. B. mit diesem Staat ist nicht mehr vorgesehen; deshalb ist die Forderung nach Abschaffung der staatlichen Aufsichts- und Bestätigungsrechte über die Selbstverwaltung aus dem Programm verschwunden. Die Kommunalisierungsforderungen und der sozialpolitische Wunschzettel sind fast die gleichen geblieben.

Neu ist hingegen die Forderung nach Verwaltungskontrolle durch die kommunalen Räte. Bei näherer Prüfung erweist sich der vorgesehene Einbau der Räte in die Selbstverwaltung aber als ein formales Zugeständnis an den linken Flügel der Partei. Das Kommunalprogramm verzichtet darauf, einen konkreten politischen Weg zu zeigen, auf dem die Räte wieder zu entscheidendem Einfluß gelangen könnten; schließlich führten die meisten Räte, die im Mai 1919 fortbestanden, nur noch ein Schattendasein. Dem Programm fehlt im Grunde eine innere Notwendigkeit für die Existenz der Räte, denn es setzt sich gar nicht kritisch mit dem Parlamentarismus auseinander. Im Gegenteil, die Vorschläge zur Verfassungsreform laufen gerade auf eine Einführung des Parlamentarismus in die Selbstverwaltung hinaus: Die Gemeindevertretungen sollen aus ihrer bisherigen Schattenexistenz herausgeholt, die Gemeindeverwaltungen durch parlamentarische Verantwortlichkeit an die Leine genommen werden. Dementsprechend äußerte Wurm selbst weitgehende Hoffnungen auf die Einführung des gleichen Wahlrechts, als er das Programm den Berliner Gemeindevertretern vorstellte: »Seit dem 9. November ist mancherlei Schutt auch für die Gemeindeverwaltung hinweggeräumt worden, so das Dreiklassenwahlrecht ... Auf Grund der hierdurch bei den Neuwahlen veränderten Zusammensetzungen der Gemeindevertretungen könnte nun die Arbeiterklasse ihre Interessen wirksam wahrnehmen, wo sie die Mehrheiten errungen hat...«[21]

Im Programm und überhaupt in der kommunalpolitischen Diskussion der USPD findet keine kritische Auseinandersetzung mit der Selbstverwaltungsideologie statt. Tatsächlich wird durch die Hoffnung auf USP- und Arbeitermehrheiten in den regionalen Schwerpunkten der Arbeiterbewegung die Vorstellung verstärkt, daß selbstverwaltete Inseln innerhalb des bestehenden Staates den Sozialismus aufbauen könnten. Z. B. gab das USP-Organ *Volksblatt* in Halle am 2. Februar 1919 folgenden Aufruf für die Gemeindewahlen heraus:

»Das schaffende Volk muß nun alle Kräfte mobil machen und zusammenfassen, um bei den überall bevorstehenden Gemeindewahlen den

---

21 S. den Bericht »Unser Kommunalprogramm« in der *Freiheit*, Anfang Juni 1919 (Zeitungsausschnitt in: DZA Potsdam, 61 Re).

führenden Einfluß zu erlangen ... Wenn wir die Zukunft richtig beurteilen, so wird sich binnen kurzem in Deutschland ein Netz sozialistischer Kommunen mit eigenem kulturellem Leben und eigener Entwicklung ihrer Produktivkräfte bilden ... Darum bedeutet heute die bürgerliche Mehrheit in der Nationalversammlung keineswegs, daß der Sozialismus praktisch in Deutschland unmöglich sei und gegen das Prinzip der Demokratie verstoße. Im Gegenteil. Das Prinzip der Demokratie in der Gemeinde bedeutet den Kommunalsozialismus und damit zugleich, daß der Sozialismus auch für die deutsche Volkswirtschaft auf dem Marsch ist. Und das ist die Bedeutung der Gemeindewahlen!«[22]

Ein besonderes Wort muß hier über den Stellenwert der Kommunalisierungsforderungen gesagt werden, die nun – nach Krieg und Revolution – mehr denn je in den Mittelpunkt der Kommunalpolitik gestellt wurden. Die Kommunalisierungsforderungen waren ursprünglich aus den Tagesinteressen der städtischen Bevölkerung heraus entstanden (durch Übernahme der privaten Straßenbahn: Senkung der Fahrpreise); dann waren sie aber unter dem Einfluß der Munizipalsozialisten in ein allgemeines Konzept für den schrittweisen Übergang zum Sozialismus umgewandelt worden.

Damit war folgende Problematik verbunden: Die Einführung des Sozialismus schien nur eine Frage wirtschaftlicher Maßnahmen zu sein, während das Problem der politischen Macht ausgeklammert wurde. Solange die Politik der SPD nicht die direkte Teilnahme der Massen an der Kommunalpolitik (z. B. durch Räte) organisieren konnte, mußten alle Forderungen nach Erweiterung der kommunalen Tätigkeit auf wirtschaftlichem und sozialpolitischem Gebiet unweigerlich zur Stärkung der Kommunalbürokratie führen; außerdem wurde eine ständige Ausdehnung der öffentlichen Interventionstätigkeit auch direkt von der kapitalistischen Entwicklung selbst notwendig gemacht – zum einen sind die Voraussetzungen für die Kapitalverwertung ständig durch die Widersprüche der kapitalistischen Entwicklung selbst bedroht, und der Staat (hier: die Kommune) muß immer umfangreichere Maßnahmen treffen, um sie aufrechtzuerhalten; zum andern verbirgt sich oft hinter den Kommunalisierungen nichts anderes als eine Vergesellschaftung von Produktionskosten, die das Kapital so auf die Kommunen abwälzt (besonders in der Infrastruktur und bei der Reproduktion der Arbeitskraft).[23]

---

22 Zit. nach Dräger, Die Kommunalwahlen in Preußen im Jahre 1919, S. 84 f.

23 Vgl. dazu allgemein: Adalbert *Evers*, Agglomerationsprozeß und Staatsfunktionen, in: Lokale Politikforschung 1, hg. v. R.-R. Grauhan, Frankfurt/M. 1975, S. 41 ff.; Adalbert *Evers* und Michael *Lehmann*, Politisch-ökonomische Determinanten für Planung und Politik in den Kommunen der Bundesrepublik Deutschland, Offenbach 1972; Dieter

Nach dem Kriegsende trat eine besondere Situation ein: Während die Kommunen vor 1914 bei der Übernahme neuer öffentlicher Aufgaben eine Pionierrolle gespielt hatten und im Weltkrieg ihre wirtschaftliche und sozialpolitische Tätigkeit einen ungeahnten Höhepunkt erlebt hatte, setzte nun der Rückschlag ein. Das Privatkapital produzierte unter den Friedensbedingungen auf geschmälerter, miserabler Basis; es war daher an einer drastischen Einschränkung der öffentlichen Tätigkeit interessiert und betrieb energisch die Reprivatisierung lukrativer Kommunalbetriebe (Stinnesierung). Die öffentlichen Finanzen waren durch den Krieg total ruiniert, die Ausgaben sollten daher eingeschränkt werden.[24]

Unter diesen Bedingungen mußte die Hoffnung auf Kommunalisierungen großen Stils und auf einen Aufbau sozialistischer Mustergemeinden utopischen Charakter haben, es sei denn, sie wären mit revolutionären Maßnahmen gegen das Privatkapital und die Kommunalbürokratie verbunden gewesen. Eine solche Maßnahme hätte z. B. die Enteignung von Kriegsgewinnen sein können, die den Kommunen erst einmal Geldmittel für jene Aufgaben erschlossen hätte, die die USPD schon so großzügig ins Auge gefaßt hatte. Forderungen dieser Art wurden aber nirgends erhoben. Statt dessen baute Wurm kommunal-sozialistische Luftschlösser: In den »Richtlinien« war vorgesehen, daß die Gemeinden »den gesamten Grundbesitz ihren Bezirkes sowie die auf ihm befindlichen Gebäude erwerben«. Das heißt also, daß die Stadtverwaltungen ihre ganze Stadt aufkaufen sollten, wozu sie völlig utopische Geldsummen gebraucht hätten.

Ein Blick auf das Beispiel Berlin zeigt, daß die tatsächliche Kommunalpolitik der USPD einen *defensiven* Charakter trug, obwohl sie dort sowohl die stärkste Partei war als auch zusammen mit der SPD die absolute Mehrheit in der Stadtverordnetenversammlung hatte. Ihre Politik lief darauf hinaus, in enger Zusammenarbeit mit der Kommunalbürokratie die Privatisierung von Kommunalbetrieben zu verhindern und

---

 Läpple, Staat und allgemeine Produktionsbedingungen. Grundlagen zur Kritik der Infrastrukturtheorien, Berlin 1973 (bes. 3. Abschnitt).

24 Die Debatte über das Ausmaß der öffentlichen Betätigung in der Wirtschaft entzündete sich nach dem Kriege vor allem an der »Sozialisierungsfrage«; dabei konnte sich allmählich die schwerindustrielle Stinnes-Fraktion durchsetzen und eine Gegenoffensive zugunsten der Reprivatisierung entfalten; Kurt *Gossweiler,* Großbanken, Industriemonopole, Staat. Ökonomie und Politik des staatsmonopolistischen Kapitalismus in Deutschland 1914–1932, Berlin 1971, bes. Kapitel III; zusammengefaßt bei: Horst *Hemberger* u. a., Imperialismus heute, Berlin 5. Aufl. 1968, S. 35 ff.; vgl. auch Preller, Sozialpolitik in der Weimarer Republik, S. 237 ff.

beim Abbau der Sozialleistungen das Schlimmste für die Arbeiter zu verhindern.[25]

Es gelang ihr, das weite Feld der kommunalen Tätigkeit von der Erwerbslosenfürsorge bis zur Straßenbahn in dem Umfang weiterzuführen, wie es aus dem Kriege übernommen wurde, und gegen den Abbau zu verteidigen, der von bürgerlicher Seite immer wieder beantragt wurde. Sobald die USP aber neue Kommunalisierungen vorschlug, zog die SPD-Fraktion nicht mehr mit; Oberbürgermeister Wermuth stand den Kommunalisierungsplänen noch einigermaßen positiv gegenüber; als sich herausstellte, wie allein er damit in der Kommunalbürokratie stand, ließ auch er davon ab.

Im Herbst 1919 zeigte sich der Widerspruch zwischen den sozialistischen Zielen der USP und den politischen Mitteln, die sie dafür einsetzte (parlamentarische und bürokratische Einflußnahme), immer krasser. Als im September/Oktober die USP in der Berliner Stadtverordnetenversammlung einen Vorstoß zur Kommunalisierung des Milchhandels unternahm, kam es zu massiven Störungen von der Tribüne. Da hatte nicht etwa die USP revolutionäre Arbeiter zur Unterstützung der Sozialisierung mobilisiert; versammelt hatten sich die Milchpächter und Kleinhändler, die von den Deutschnationalen dazu aufgerufen waren, die Sozialisierung auszupfeifen und den USP-Verordneten Simonsohn als »Schwindeljuden« zu beschimpfen. Vorsteher Weyl (USP) geriet in große Schwierigkeiten, weil er schlecht die Tribüne räumen lassen konnte, ohne das politische Gesicht zu verlieren. Die Versammlung beschloß schließlich die Überweisung der Angelegenheit an die Sozialisierungskommission, und die Kommunalisierung des Milchhandels wurde nie wieder ernsthaft in Erwägung gezogen.[26] Eine solche parlamentarische Arbeitermehrheit in einer Stadt konnte also bestenfalls eine Verteidigungsstellung gegen die Offensive der Gegenrevolution aufbauen, nicht aber Marksteine auf dem Weg der Revolution setzen, wie die USP behauptete. Außerdem hatte sie mit den konzentrierten Angriffen des Staatsapparates zu rechnen, wie die Absetzung des »sozialistischen Magistrats« von Groß-Berlin Ende 1920 noch einmal eindringlich vor Augen führte.[27]

---

25 Das gilt sowohl für die Alt-Berliner Stadtverordnetenversammlung (Wahl am 23. 2. 1919), in der die USP 47 und die SPD 46 von insges. 144 Sitzen innehatten, als auch für die Groß-Berliner Vertretung (Wahl am 20. 6. 1920), in der der USP 86 und der SPD 39 von insges. 225 Mandaten zufielen; s. dazu Bey-Heard, Hauptstadt und Staatsumwälzung, bes. S. 133 ff. u. 224.

26 S. *Germania*, 15. 9. 1919, und andere Presseberichte, in: DZA Potsdam, 61 Re.

27 Bey-Heard, S. 224 ff.

Programmatik und Praxis der USPD-Kommunalpolitik wurden überwiegend vom rechten Flügel der Partei bestimmt.[28] Auf diesem Flügel versammelten sich die Sozialdemokraten, die sich von ihrer alten Partei vor allem wegen der Burgfriedenspolitik im Kriege getrennt hatten. Ansonsten wollten sie die Vorkriegspolitik weiterführen, ungefähr im Sinne des »linken Zentrums«.[29] Es kann daher nicht überraschen, daß sie jetzt auch in ähnliche strukturelle Schwierigkeiten gerieten wie die Parteiführung vor 1914: Sie konzentrierte sich ganz auf die Wahlkämpfe, aber selbst die besten Wahlerfolge konnten sie ihren politischen Zielen nicht näherbringen; zwischen der offensiven Programmatik und der defensiven Praxis tat sich ein unüberbrückbarer Abgrund auf.[30] Das galt ganz besonders für die Kommunalpolitik, denn lokale Stadtratsmehrheiten mußten der konterrevolutionären Entwicklung der nationalen Politik ohnmächtig zusehen, wenn sie nicht mit breiten, wirkungsvollen Mobilisierungskampagnen verbunden waren.

Diese Kontinuitätsthese wird von den kommunalpolitischen Ereignissen während des Krieges unterstützt: Die Abspaltung von 15 Unabhängigen Stadtverordneten aus der Berliner SPD-Fraktion im Jahre 1917 war nicht aufgrund von grundsätzlichen Differenzen in der Kommunalpolitik geschehen; sie war vielmehr eine *indirekte* Folge der Auseinandersetzungen in der Reichstags- und Landtagsfraktion gewesen.[31] Zu der gekennzeichneten Richtung in der USPD sind außer Emanuel Wurm auch Hermann Weyl, Alfred Henke, Fritz Zubeil, Kurt Rosenfeld und viele andere zu rechnen, die dann 1922 wieder zur SPD zurückkehrten.

2.1.5 Die Begründung der kommunistischen Kommunalpolitik durch Max Sievers 1920

Dieses Bild der Kommunalpolitik der USPD, das aus den Äußerungen des Kommunalprogramms, den Artikeln der *Freiheit* und der Linie der Berliner Stadtratsfraktion hervorgeht, ist allerdings nicht vollstän-

---

28 H. Krause (USPD, S. 188 f.) unterscheidet drei Richtungen: die revolutionären Obleute, den Parteivorstand und die »Anhänger der sozialdemokratischen Einheit«.
29 Diese allgemeine Charakterisierung ist wohl berechtigt, obwohl die Spaltung der SPD während des Krieges *nicht unmittelbar* aus ihrer Fraktionierung in der Vorkriegszeit abgeleitet werden kann; vgl. Groh, Negative Integration und revolutionärer Attentismus, S. 451 u. 715 f.
30 Das Dilemma der Vorkriegs-SPD ist dargestellt bei Groh, a.a.O., S. 194 f., 288 und passim.
31 Bey-Heard, S. 62 f.

dig. Die USPD war keine einheitliche Partei, sondern umfaßte die verschiedensten politischen Strömungen. Auf ihrem linken Flügel, der nach dem Ausscheiden des Spartakusbundes von den »Revolutionären Obleuten« gebildet wurde, gab es viele Parteimitglieder, die sich entschlossen für die Räte eingesetzt hatten und auch 1919 – angesichts des Rückgangs der Rätebewegung – nur um so entschiedenere Verfechter der Rätemacht wurden. Sie machten andere Erfahrungen mit der Kommunalpolitik als die pragmatischen Stadtverordneten und zogen auch andere Konsequenzen daraus. Ein Vertreter dieser Richtung war Max Sievers, der im November 1918 in den Arbeiter- und Soldatenrat Neukölln (bis 1920 selbständiger Vorort von Berlin) gewählt wurde. Der AuSR Neukölln schaltete die Stadtverordnetenversammlung vollständig aus und übernahm selbst einen großen Teil der kommunalen Verwaltungsaufgaben, konnte seine radikale Politik aber aufgrund der allgemeinen Entwicklung im Januar 1919 nicht mehr fortführen. Sievers trat auf beiden Rätekongressen gegen die Selbstausschaltung der Räte unter dem Einfluß der SPD auf.[32]

Im Sommer 1919 griff er das Kommunalprogramm von Wurm scharf an. Im *Arbeiterrat*, dem Organ der Obleute, schrieb er, die Kontrolltätigkeit der kommunalen Räte sei nur ein Notbehelf, solange das bisherige System der Gemeindevertretung nicht überhaupt abgeschafft würde. Weil nur der Ausschluß des Bürgertums aus den Ämtern und Institutionen den durchgreifenden Einfluß des Rätesystems garantieren könne, müsse man sich bei einem Kommunalprogramm auf den Boden der Diktatur des Proletariats stellen, nicht auf den der formalen Demokratie.[33] Dieses Wort der Kritik wirft ein scharfes Licht auf die ablehnende Haltung der revolutionären Obleute gegenüber der offiziellen Linie der USP-Kommunalpolitik. Es blieb jedoch vereinzelt und löste keinen Kontroverse aus. Die USP war – wie die Vorkriegs-SPD – eine Partei, in der Meinungsverschiedenheiten nicht ausdiskutiert, sondern durch programmatische Kompromisse überdeckt wurden.

Über eine kommunalpolitische Tätigkeit der linken Richtung läßt sich mit dem vorliegenden Material nichts ausmachen, man kann aber voraussetzen, daß sie aktiv bei verschiedenen Streiks der Berliner Kommunalarbeiter beteiligt waren.[34] Als es im Herbst zur Parteispaltung kam, schloß sich nur einen kleine Gruppe aus der Berliner USPD-Fraktion der KPD an, nämlich 21 von 86 Abgeordneten.[35]

---

32 A.a.O., S. 92 ff. u. 152.
33 *Arbeiterrat* Nr. 23, zit. nach Bey-Heard, S. 164 f.
34 Vgl. Bey-Heard, S. 126 ff.
35 Cristian *Engeli*, Gustav Böß, Oberbürgermeister von Berlin 1921 bis 1930, Stuttgart u. a. 1971, S. 85.

Max Sievers war, soweit ersichtlich, der erste, der nach dem Parteitag in Halle die Notwendigkeit eines gründlichen Neuanfangs in der Kommunalpolitik aussprach. In der *Kommunistischen Rundschau* schrieb er im Dezember 1920:

»Eines der vielen Gebiete des politischen Kampfes, auf denen ganz besonders eine andere Methode, als sie bisher geübt worden ist, Platz greifen muß, ist die Tätigkeit einer proletarischen Partei innerhalb der kommunalen Körperschaften. Gerade auf diesem Gebiete wird die neue Einstellung ganz erhebliche Widerstände vorfinden, weil gerade hier das Unkraut alter Vorurteile und Illusionen besonders üppig wuchert ... (Die historischen Umstände vor dem Kriege) bedingten, daß für die sozialistische Fraktion im Gemeindeparlament der Vorkriegszeit die Taktik eingestellt war auf die agitatorische Wirkung nach außen.

Diese Taktik wurde schon während des Krieges fast überall durch den mit der Bourgeoisie abgeschlossenen Burgfrieden wesentlich geändert. Man koalierte sich mit den bürgerlichen Parteien, Sozialdemokraten wurden in leitende Magistratsämter gewählt, die Kommissionen konnten stärker denn bisher besetzt werden. Es braucht heute kaum noch betont zu werden, daß diese ›Vorteile‹ erkauft wurden mit der Preisgabe sozialistischer Grundsätze, und daß nicht die Arbeiterschaft, sondern lediglich die Bourgeoisie den Nutzen davon hatte. Vom Umsturz im November 1918 blieben die kommunalen Körperschaften fast gänzlich unberührt ... Das freie Wahlrecht ... veränderte nirgends das Wesen der obrigkeitlichen Bureaukratie.

An diese Tatsache hat die kommende kommunistische Gemeindepolitik anzuknüpfen. Sie hat rücksichtslos die Argumentation zu bekämpfen, daß der Sozialismus innerhalb der Gemeinde erst dann verwirklicht werden kann, wenn das Proletariat die politische Macht errungen hat und bis zu diesem Zeitpunkt man als Einzelgemeinde sich mit den gegebenen Tatsachen abfinden müsse. Natürlich ist die proletarische Macht Vorbedingung für die wirtschaftliche Umwälzung, aber man muß den Kampf um diese Macht auch in der Gemeinde, und gerade in den Gemeinden aufnehmen ...

Durchgeführte Kommunalisierungsprojekte werden ... oft ganz falsch bewertet als politische Erfolge, die sozialistische Majoritäten der widerstrebenden Bourgeoisie abgetrotzt haben, werden betrachtet als ein Stück Sozialismus, in welchem der kapitalistische Einfluß völlig ausgeschaltet sei ...

Die Gründe, aus denen heraus bestimmte Produktionsgebiete durch eine Gemeinde übernommen und von dieser selbständig betrieben werden, können sehr verschiedenartiger Natur sein und brauchen durchaus nicht immer sozialistische Bestrebungen als Grundlage zu haben. Nehmen wir als Beispiel hierfür zunächst einmal Gas-, Wasser- und Elektrizitätswerke. Ihre Übernahme durch die Gemeinde wird oft auch von bürgerlichen Parteien erstrebt; fiskalische Interessen laufen hier eng zusammen mit den Interessen der Hausbesitzer und größeren Gewerbetreibenden ...

Was heute auf den Gebieten der Ernährung, der Bekleidung und des Möbelkonsums in die Selbstverwaltung der Gemeinden übergeht, sind ... schlechthin Ergebnisse der durch den Krieg hervorgerufenen Wirtschaftslage ... Man nenne mir eine Gemeinde, die in ihren eigenen Verkaufsstellen wesentlich billiger verkauft, die dort, wo sie wesentlich billiger ist, die hierdurch geschaffenen Erleichterungen einseitig der ärmeren Bevölkerung zugute kommen läßt, und die durch all diese Einrichtungen nicht in immer stärkere Abhängigkeit vom Finanzkapital gerät ...

Ein kommunalisierter Betrieb in *unserem* Sinne muß befreit sein von jedem, auch jedem kapitalistischen Einfluß, und der muß für alle Dinge, die er dem Konsum übergibt, einen Verteilungsmodus anwenden, der einseitig die besitzlose Klasse bevorzugt und scharf belastet die Klasse der Besitzenden. Nirgends kann besser als in der Gemeinde die Anwendung der proletarischen Diktatur den Arbeitern plausibel gemacht werden. Kommunalisierungen, in diesem Sinne durchgeführt, werden nicht nur die gesamte Bourgeoisie zur Abwehr bereit finden, sondern werden auch die Gemeinden in Konflikt bringen mit der Gesetzgebung und den regierenden Gewalten ... Der Kampf in dieser Richtung ist ein revolutionärer Kampf ...

Wir wollen und suchen den Konflikt mit dem Staat, weil wir ihn stürzen wollen, und wir können ihn nicht stürzen, wenn wir seine Gesetze respektieren. Respektieren wir seine Gesetze, verlängern wir sein Leben. Jede Gemeindeverwaltung, auch die kleinste, ist ein Glied des Staatskörpers und nicht das unwichtigste. Nur wenn wir diese dazu bringen, ihrem bisherigen Besitzer den Dienst zu versagen und diesen Gliedern Leben in unserem Sinne einzuhauchen, bewirken wir die große Umwälzung, ist unsere Tätigkeit praktische Arbeit für die proletarische Revolution.«[36]

Sievers' Ausführungen werden hier darum so ausführlich wiederholt, weil sie einen Grad programmatischer Klarheit erreichen, hinter den die KPD selbst später mehrmals wieder zurückfällt (wie zu zeigen sein wird). Sievers geht in seinem Artikel von einigen wichtigen Erfahrungen der revolutionären Bewegung seit dem November 1918 aus:

Eine dieser Erfahrungen war es sicher, daß der städtische Verwaltungsapparat – unbeschadet seiner Form der »Selbstverwaltung« – sich in der Revolution als eine der sichersten und wichtigsten Stützen des bürgerlichen Staates erwiesen hatte.[37] Daraus folgte die Notwendigkeit,

---

36 Kommunistische Kommunalpolitik, in: *Kommunistische Rundschau*, Nr. 5, S. 24–26, und Nr. 6, S. 29–32 (Dezember 1920). Diese Zeitschrift wurde von Ernst Däumig, Curt Geyer und Walter Stöcker in der Übergangszeit (bis zur endgültigen Vereinigung mit der KPD 1921) herausgegeben.

37 Vgl. dazu jetzt Wolfgang J. *Mommsen,* Die deutsche Revolution 1918 bis 1920. Politische Revolution und soziale Protestbewegung, in: *Geschichte und Gesellschaft* 4/1978, S. 362–391; darin wird ein großer Teil der neuen Literatur aufgeführt. Mommsen meint freilich, aus dem improvisierten und heterogenen Charakter der Revolutionsbewegung und aus der Stabilität der alten Institutionen schließen zu müssen, daß die Räte keine ernstzunehmende Alternative zur bestehenden Ordnung darstellten. Dieser Folgerung muß auch im Hinblick auf die Selbstverwaltung energisch widersprochen werden; es genügte, daß die Räte nur an einigen Orten und nur für eine begrenzte Zeit die ganze politische Macht übernahmen und die kommunalen Institutionen revolutionierten, um ihnen den Charakter einer qualitativen Alternative zu geben.

eine revolutionäre Politik auch in den Kommunen zu entwickeln. Und darum verzichtete Sievers auf die positive Berufung auf die »Verwirklichung« der Selbstverwaltung, die die USP-Programme auszeichnete. Darum betonte er, daß die Gemeindeverwaltung »ein Glied des Staatskörpers« sei.

Eine andere Erfahrung war es, daß in den Jahren 1919 und 1920 die Kommunalisierung nur da vorankam, wo sie – ähnlich wie im Kriege – auch von bürgerlichen Kräften gewünscht wurde. Die kommunalen Arbeiter zeigten mit ihren Streiks, daß sie die Kommunalbetriebe keineswegs als sozialistische Musterbetriebe verstanden. Als Sievers seinen Artikel schrieb, streikten die Berliner Elektrizitätsarbeiter sogar gegen den »sozialistischen Magistrat«, also – nach USP-Auffassung – gegen ihre eigene Stadtregierung. Diese Erfahrung mag Sievers dazu gebracht haben, die ökonomischen und politischen Widersprüche aufzuzeigen, die sich aus der Propagierung des Kommunalsozialismus ergaben.

In seinen eigenen Vorstellungen von den Möglichkeiten der Kommunalpolitik scheint sich Sievers nun selbst in Widersprüche zu verwikkeln: Einerseits betont er die Unmöglichkeit, daß ein Kommunalbetrieb den kapitalistischen Rahmenbedingungen entkommt und zu einem Stützpunkt des Sozialismus wird, also die Unmöglichkeit, sozialistische Inseln aufzubauen; das gilt auch in politischer Hinsicht, denn er betont, daß die kommunalen Körperschaften als ein Teil des Staates anzusehen sind. Auf der anderen Seite muß nach Sievers' Meinung die kommunistische Gemeindepolitik »rücksichtslos die Argumentation bekämpfen, daß der Sozialismus innerhalb der Gemeinde erst dann verwirklicht werden kann, wenn das Proletariat die politische Macht errungen hat ...«. Er will die kommunalisierten Betriebe von »jedem kapitalistischen Einfluß« befreien, ja sogar die proletarische Diktatur in der Gemeinde »anwenden«.

Es ist nun gerade ein Kennzeichen revolutionärer Politik, daß sie die bestehenden Institutionen total negiert und zeigt, wie sie allen entscheidenden Veränderungen im Wege stehen. Gleichzeitig kann diese Politik die Verwirklichung ihrer eigenen Ziele nicht auf unbestimmte Zeit verschieben, sondern muß im Kampf direkte und konkrete Alternativen zum Bestehenden entwickeln.[38] In dieses Spannungsfeld mußte sich auch die kommunistische Gemeindepolitik begeben, wenn sie sich weder in die Obhut der bestehenden Institutionen begeben (wie es schließlich auch die USP-Politiker taten) noch sich auf bloße Wortpropaganda gegen diese Institutionen beschränken wollte (wie es bei ver-

---

38 Eine Aufarbeitung dieser Problematik im Hinblick auf die Gewerkschaftsorganisationen bei: Rainer *Zoll*, Der Doppelcharakter der Gewerkschaften, Frankfurt 1976.

schiedenen linksradikalen Gruppen der Arbeiterbewegung zu dieser Zeit der Fall war). Der scheinbare Widerspruch konnte für die Kommunisten nicht dadurch aufgelöst werden, daß das Programm die Vereinbarkeit sozialistischer Inseln mit ihrer kapitalistischen Umgebung erklärte, sondern nur dadurch, daß man dem Sturz der bürgerlichen Ordnung näherkam, *indem* das Proletariat den Kampf um die Sozialisierung der Betriebe und die politische Macht am Ort aufnahm.

Das Problem, wie man das revolutionäre Ziel mit der täglichen Praxis verbinden, wie man vom gegebenen Handlungsrahmen ausgehen und trotzdem zur Negation der bürgerlichen Ordnung voranschreiten könne, war der rote Faden gewesen, der sich schon durch die politischen Auseinandersetzungen in der Vorkriegssozialdemokratie gezogen hatte.[39] Es versteht sich, daß Sievers in vieler Hinsicht in der direkten Tradition der damaligen Linken stand; so hatte ja Clara Zetkin im Hinblick auf die Kommunalpolitik gesagt, daß »gerade die unversöhnlichste, negierende Kritik an der bürgerlichen Gesellschaft, ihren Einrichtungen und Zuständen der kraftstrotzende Mutterboden *fruchtbarer praktischer* Arbeit bleibt«.[40] Aber Sievers ging doch weit über die Vorkriegslinke hinaus: Er erörterte die spezifischen Probleme einer revolutionären Kritik in den Kommunen mit einer programmatischen Konkretheit, an die vor 1914 nicht zu denken gewesen war; und er hatte endgültig jene mißtrauische Zurückhaltung gegenüber der Kommunalpolitik überwunden, die sich bei Rosa Luxemburg noch 1911 gezeigt hatte.

2.1.6 Die »Leitsätze« der Kommunistischen Internationale über den Parlamentarismus

Eine weitere, wichtige programmatische Grundlage für die entstehende Kommunalpolitik der KPD waren die »Leitsätze über die kommunistischen Parteien und den Parlamentarismus«, die auf dem II. Kongreß der Kommunistischen Internationalen (Juli/August 1920) unter direkter Beteiligung Lenins abgefaßt worden waren.[41] Es braucht nicht zu verwundern, daß hier die Problematik der Selbstverwaltung im Rahmen der parlamentarischen Taktik behandelt wurde, denn die politischen Einflußmöglichkeiten in der Gemeinde des bürgerlichen Staates

---

39 Groh, Negative Integration und revolutionärer Attentismus, passim.

40 Clara *Zetkin,* »Paul Singer«, in: Ausgewählte Reden und Schriften, Bd. 1, Berlin 1957, S. 512 f. Hervorhebung hinzugefügt.

41 Text in: *Der zweite Kongreß der Kommunistischen Internationale,* Protokoll der Verhandlungen . . ., Hamburg 1921, S. 466 ff.

liefen ja seit der Einführung des allgemeinen Wahlrechts und des Bedeutungsverlustes des kommunalen Ehrenamtes im wesentlichen über die Gemeindeparlamente. Die entscheidenden Passagen auch dieser »Leitsätze« sollen hier im Wortlaut wiedergegeben werden:

> »Die bürgerlichen Parlamente ... können als solche nicht auf die Dauer erobert werden, wie das Proletariat überhaupt nicht den bürgerlichen Staat erobern kann ...
> Nicht anders ist es mit den Kommunaleinrichtungen der Bourgeoisie, die den Staatsorganen gegenüber zu stellen theoretisch unrichtig ist.«
> Die Kommunaleinrichtungen können somit nur zeitweise als »Hilfsstützpunkte« mit politischer Bedeutung dienen, die zu revolutionärer Propaganda usw. benutzt werden können.
> Weiter heißt es:
> »Falls die Kommunisten die Mehrheit in Kommunaleinrichtungen haben, so sollen sie a) revolutionäre Opposition gegen die bürgerliche Zentralgewalt treiben; b) alles tun, um der ärmeren Bevölkerung Dienste zu leisten; c) bei jeder Gelegenheit die Schranken zeigen, die die bürgerliche Staatsgewalt wirklich großen Veränderungen entgegensetzt; d) auf dieser Grundlage schärfste revolutionäre Propaganda entwickeln, ohne den Konflikt mit der Staatsgewalt zu fürchten; e) unter gewissen Bedingungen die Gemeindeverwaltungen etc. durch lokale Arbeiterräte ersetzen. – Die ganze Tätigkeit der Kommunisten in der Kommunalverwaltung muß also ein Bestandteil der allgemeinen Zersetzungsarbeit des kapitalistischen Systems sein.«[42]

Diese knappen Ausführungen gehen auf die Bedeutung des Verhältnisses von Gemeinde und Staat für die kommunistische Taktik in zwei sehr wichtigen Punkten ein: Es sei *theoretisch* falsch, die Kommunaleinrichtungen dem Staat gegenüberzustellen. Damit bestehen die Leitsätze darauf, daß die Kommunalorgane Teil der Staatsmaschine sind und keine Qualität haben können, die sie demokratischer oder volkstümlicher als die Staatsorgane machte. Diese Vorstellung war durch die Aufnahme der Selbstverwaltungsideologie durch die SPD vor 1914 in der Arbeiterbewegung verbreitet gewesen. Aus den Leitsätzen folgte nun, daß es auch keine Erneuerung der Selbstverwaltungsidee in der proletarischen Revolution geben könne. *Praktisch* hingegen war die Gegenüberstellung von einzelnen Gemeinden und altem Staat unvermeidlich und für die kommunistische Politik positiv auszunutzen. Sie ergab sich automatisch aus der Tatsache, daß an manchen Plätzen die Bewegung schon einen höheren Stand als im nationalen Durchschnitt erreichen konnte, womit sich z. B. kommunistische Mehrheiten in Kommunaleinrichtungen ergeben konnten. Deswegen stellen die Leitsätze einige Richtlinien dafür auf, wie diese Auseinandersetzungen von den Kommunisten zu führen seien.

---

42 A.a.O., S. 470–473.

Der Artikel von Sievers und die »Leitsätze« stellen die erste Grundlage für eine kommunistische Kommunalpolitik dar. Sie setzen sich in den entscheidenden Fragen (Kommunalisierung, Verhältnis Gemeinde – Staat, Einschätzung der »Selbstverwaltung« usf.) deutlich sowohl von der alten SPD als auch von der USPD ab; sie geben die politische Richtung an, in der sich die Politik der KPD entfalten mußte, wenn sie ihre politische Identität gegenüber den sozialdemokratischen und syndikalistischen Richtungen in der Arbeiterbewegung bewahren wollte.

2.2 Die Entwicklung 1921–1928; die Vorstellung von der Selbstverwaltung als Insel in ihrer »linken« und »rechten« Form

2.2.1 Der pragmatische Aufschwung der Kommunalpolitik der KPD 1921–1923

Eine deutliche Wende gegenüber der Kommunalpolitik der USPD blieb freilich zunächst aus. Sievers' Artikel entfachte keine breite Diskussion; die »Leitsätze« gehörten zwar zum Grundkurs jedes Parteigenossen, wurden aber nur sehr zögernd auf die kommunalpolitische Praxis angewandt.

Der enorme Aufschwung, den die kommunistische Kommunalpolitik in den Jahren 1921–1923 nahm, hatte, wie seinerzeit bei der Sozialdemokratie in den 1880er Jahren, einen eher *pragmatischen* Charakter: die neue Partei verspürte den »unverwüstlichen Drang, sich einen neuen Platz zum Handeln und zum Schlagen zu erobern«. Im Februar 1921 richtete die Zentrale der KPD eine kommunalpolitische Abteilung ein, die sich die »Umstellung der Genossen Kommunalvertreter von der alten sozialdemokratischen Parlamentstaktik auf die Linie der revolutionären Ausnutzung der Tribüne des Gemeindeparlaments« zum Ziel setzte.[43] Im Juli 1921 erschien die erste Nummer der neuen Monatszeitschrift *Die Kommune,* die bis 1933 das kommunalpolitische Organ der Partei blieb.[44] Auf dem Parteitag in Jena (August 1921) wurde berichtet, daß 4 000 Kommunalvertreter zur Partei gehörten, die zum größten Teil von der USPD gekommen seien.[45] Die Schulung

---

43 S. *Bericht über die Verhandlungen des 2. Parteitages der KPD* (Sektion der KI) in Jena v. 22.–26. August 1921, hg. v. der Zentrale der KPD, Berlin 1922, S. 44.

44 *Die Kommune.* Zeitschrift für kommunistische Kommunalpolitik, hg. v. der KPD, Sektion der Kommunistischen Internationale, Berlin, 1. Jg. 1921 bis 13. Jg. 1933.

45 Bericht über den 2. Parteitag, a.a.O.

der Kommunalpolitiker wurde in regionalen Konferenzen organisiert, die im Dezember 1921 z. B. in Essen, Solingen und Dresden stattfanden. Im Referat von Iwan Katz, das er in Essen hielt, kam die Schwierigkeit zum Ausdruck, zunächst einmal auch nur Einheitlichkeit in der Gemeindepolitik der Kommunisten im ganzen Land herzustellen. Neben Grundsatzfragen wurden auf diesen Konferenzen auch Wohnungs-, Schul- und Fürsorgepolitik sowie Koalitionsprobleme mit der Sozialdemokratie erörtert.[46]

Anfang 1922 übernahm mit dem Hannoveraner Iwan Katz ein sehr engagierter Funktionär die Leitung der kommunalpolitischen Abteilung. Im März 1922 erschien die »Einleitung zum Kommunalprogramm der KPD«. Im Mai folgte das »Siedlungs-, Bau- und Wohnungsprogramm« und am Jahresende das »Gesundheits- und Lebensmittelversorgungsprogramm«.[47] Nach dem Bericht des Leipziger Parteitages (Januar 1923) fanden 1922 insgesamt 74 kommunalpolitische Konferenzen statt. In allen Bezirken wurden kommunalpolitische Beiräte geschaffen, die sich vielfach in ständige Unterbezirksbeiräte gegliedert haben sollen. Anfang 1923 war die Zahl der kommunistischen Gemeindevertreter auf über 6 000 angewachsen, obwohl in Preußen inzwischen keine Kommunalwahlen stattgefunden hatten.[48]

Auf dem Leipziger Parteitag sagte Iwan Katz gleich zu Beginn seines Referates:

> »Wir befinden uns nicht in einer offen revolutionären Kampfperiode, sondern in einer Zeit, da es gilt, an die Massen heranzukommen und durch Anknüpfung an die Tagesnöte und Tagesforderungen die Sympathien der großen Massen der proletarischen Bevölkerung für die Kommunisten und den politischen Kampf zu gewinnen. Dabei ist eines der wichtigsten Objekte und Kampfmittel die Gemeindepolitik. Die Kommunalpolitik zeichnet sich vor der Politik des Reiches und der Länder dadurch aus, daß sie im Gegensatz zur Abstraktheit der Vorkommnisse in Reich und Ländern außerordentlich konkret ist.«[49]

Diese Worte machen klar, warum sich die Kommunalpolitik in den Jahren 1921–1923 so günstig entwickeln konnte. Sie wurde voll in ihrer Bedeutung erkannt, die sie für die Partei in einer Phase der Aus-

---

46 S. den Bericht über die Konferenzen in Essen, Solingen und Dresden in der *Kommune* 2/1922, Nr. 1, S. 7 f.

47 Die Texte erschienen als Broschüren im VIVA-Verlag, Berlin. *Die Internationale* druckte das Kommunalprogramm (Einleitung) und das Siedlungsprogramm ab: 4. Jg./1922, Heft 12/13, S. 276–285, und Heft 18, S. 402–411.

48 *Bericht über die Verhandlungen des 3. (8.) Parteitages* der KPD, abgehalten in Leipzig v. 28. 1. bis 1. 2. 1923, hg. v. d. Zentrale der KPD, Berlin 1923, S. 100 f.

49 Bericht über den 3. Parteitag, S. 375 f.

weitung und Konsolidierung des Masseneinflusses haben konnte. Nachdem die Auseinandersetzung mit dem Zentrismus Ende 1920 einen gewissen Abschluß erreicht hatte, trat 1921 der Kampf gegen die linksradikalistischen Tendenzen in den Vordergrund, die sich z. B. noch in der Märzaktion in Mitteldeutschland gezeigt hatten. Der III. Weltkongreß der Kommunistischen Internationale (Juni–Juli 1921), an dem Lenin selbst noch führend beteiligt war, befürwortete die Taktik der Einheitsfront mit den Sozialdemokratien und gab die Parole »Heran an die Massen!« heraus.[50] Die Kommunalpolitik erwies sich als ein geeignetes Mittel bei der Durchführung dieser Parole. Darum ist dieser Zeitabschnitt, der ganz im Schatten der historischen Forschung liegt[51], einer der wichtigsten in der kommunistischen Kommunalpolitik der Weimarer Zeit.

Ein Überblick über einzelne Berichte in der *Kommune* und in der Presse zeigt, daß sich in diesen Jahren einige Merkmale herausbildeten, die für die Kommunalpolitik der KPD bis 1933 typisch blieben. Die Kommunisten nahmen sich besonders intensiv materieller Probleme der Bevölkerung an, die sich auf kommunaler Ebene artikulieren ließen: Erwerbslosigkeit, Mieterelend, Kriegsopfer usf. Sie arbeiteten in den entsprechenden Bewegungen dafür, daß sie sich selbständig organisierten (Erwerbslosenräte, Mieterausschüsse etc.) und ihre Forderungen radikal gegenüber den Selbstverwaltungsinstitutionen durchzusetzen versuchten (Versammlungen, Demonstrationen, aktive Tribüne bei Parlamentssitzungen).[52]

---

50 Zur Entwicklung der KPD und den erhofften Auswirkungen des III. Weltkongresses s. W. I. *Lenin*, Brief an die deutschen Kommunisten (August 1921), Lenin Werke Bd. 32, S. 537–548; vgl. auch Flechtheim, Die KPD in der Weimarer Republik, S. 164 f.

51 Die wenigen Spezialstudien, die es zu diesem Zeitabschnitt gibt, gehen auf die Frage der Kommunalpolitik nicht ein: s. z. B. Arnold *Reisberg*, An den Quellen der Einheitsfrontpolitik. Der Kampf der KPD um die Aktionseinheit in Deutschland 1921–1922, 2 Bde., Berlin 1971; oder Hans-Joachim *Krusch*, Um die Einheitsfront und eine Arbeiterregierung. Zur Geschichte der Arbeiterbewegung im Erzgebirge – Vogtland – Januar–August 1923, Berlin 1966.

52 Vgl. z. B. die Vorgänge in Essen 1923: »Nach einem Bericht des Oberpräsidenten in Koblenz forderten sie (= die Arbeitslosen) die Belieferung mit verbilligten Lebensmitteln, die Auszahlung einer einmaligen Entschädigungssumme und die Anerkennung des Erwerbslosenrates durch die Stadtverwaltung.« Die Erwerbslosen (unter Führung der KPD) drohten damit, nach einem Demonstrationszug durch die Stadt das Rathaus zu besetzen und in die Stadtverordnetenversammlung einzudringen, falls ihre Wünsche nicht erfüllt werden sollten. S. Hermann Emil *Kromberg*, Politische Strömungen und Wahlen im Stadt- und Landkreis Essen von der Novemberrevolution bis zur Reichstagswahl vom Dezember 1924, phil. Diss. Bonn 1968, S. 193.

Ein wichtiger Ansatz zu einer praktischen Wiederbelebung der Rätebewegung gelang der KPD 1922/23 in Form der kommunalen Kontrollausschüsse. In einem Aufruf zur Bildung dieser Ausschüsse hieß
es:

»Die Gemeindevertretungen sind aufzufordern:
1. Die Kontrollausschüsse anzuerkennen,
2. Den Kontrollausschüssen amtliche Räume zur Verfügung zu stellen,
3. Den Kontrollausschüssen auf allen Gebieten der Lebensmittel- und
   Preiskontrolle, der Beschlagnahme, Preisfestsetzung und Verteilung
   von Nahrungs-, Heiz- und Bekleidungsmitteln und von Wohnungen
   amtliche Vollmachten zu erteilen.
Sachlich ist zu fordern:
1. Sofortige Inangriffnahme produktiver Arbeiten zur Einreihung der
   Erwerbslosen in den Produktionsprozeß.
2. Gemeindliche Erhöhung der Armen-, Erwerbslosen-, Kriegsopfer- und
   Sozialrentnerunterstützungen auf das vom zuständigen statistischen
   Amte errechnete Existenzminimum.
3. Staffelung aller gemeindlichen Steuern, Abgaben ... nach Einkommen
   und Kinderzahl unter schärfster Heranziehung der Besitzenden.
4. Umquartierung der kinderreichen Proletarierfamilien in die Groß-
   wohnungen der Bourgeoisie ...
5. Sofortige Einrichtung von Volksspeisungen ... u. a. m.«[53]

Der politische Sinn dieser Kontrollausschüsse liegt auf der Hand: Aus-
gehend von der Selbsthilfe der Bevölkerung gegen die Wucherpreise
der galoppierenden Inflation, sollten sie sich allmählich der wichtigsten
kommunalen Probleme annehmen. Sie waren als Organe der Einheitsfront konzipiert und sollten daher auch sozialdemokratische Arbeiter
umfassen. Da es an Untersuchungen fehlt, kann hier nicht beurteilt
werden, wieweit dieser Plan Wirklichkeit wurde. Sicher ist, daß es solche Ausschüsse in Sachsen und Thüringen gegeben hat und daß sie dort
ein wichtiger politischer Faktor im Jahre 1923 waren.[54] Außer der
Kontrollausschußbewegung gab es noch drei weitere Aktionen, die in
ähnlicher Weise ein überregionales Problem (wie oben die Inflation) in
Form von kommunaler Mobilisierung angingen: die Unterstützung
der ausgesperrten süddeutschen Metallarbeiter durch die Gemeinden;
die Bekämpfung der Konterrevolution nach dem Rathenaumord durch
Entlassung von reaktionären Gemeindebeamten, Beseitigung monarchistischer Denkmäler usw.; und die Beantragung kommunaler Zu-

---

53 *Die Kommune*, 2. Jg. 1922, Nr. 8/9 und Nr. 11 (September und November).
54 Lfde. Berichte in: *Die Kommune* und Helmut *Gast*, Die proletarischen
   Hundertschaften als Organe der Einheitsfront im Jahre 1923, in: *ZfG*
   4/1956, S. 441; vgl. auch August *Thalheimer*, 1923: Eine verpaßte Revolution? Die deutsche Oktoberlegende und die wirkliche Geschichte von
   1923, Berlin 1931.

schüsse für die Hungerhilfe für Sowjetrußland.[55] Übrigens scheint auch der kommunistische Einfluß in den Gewerkschaften der kommunalen Arbeiter in dieser Zeit erheblich gewachsen zu sein.[56]

Die Zeitschrift *Kommune* war in ihrem ersten Jahrgang ein wahres Stiefkind der kommunistischen Presse gewesen. Sie brachte ohne erkennbare Richtung theoretische Artikel und sporadische Meldungen aus einzelnen Gemeinden. Das änderte sich von April 1922 an; unter den Rubriken »Verfassung; Sozialpolitik; Betriebe, Arbeiter« usw. brachte sie nun laufend Berichte und Analysen aus der kommunalpolitischen Arbeit in den einzelnen Orten. Damit entwickelte sie sich zu einem Diskussionsforum aktueller politischer Erfahrungen. Die Redaktion hatte den Plan gehabt, die theoretische Diskussion unterdessen in die *Internationale* zu verlagern.[57] Dort kam sie aber nicht in Gang, und es erschien darin nur das Kommunalprogramm.

2.2.2 Kommunalprogramm (1922) und Leipziger Parteitag

Wie schon erwähnt, wurden in der zweiten Hälfte des Jahres 1922 die drei Teile des neuen Kommunalprogramms der KPD herausgegeben.[58] Schon der große Umfang dieses Dokuments (47 S.) weist darauf hin, daß es sich dabei eher um eine Zusammenstellung von Richtlinien auf allen Gebieten der Gemeindepolitik handelte als um ein Programm im engeren Sinne. Der streitbare Theodor Neubauer äußerte sich herablassend dazu in der *Roten Fahne:* »Was dieser Entwurf nun bringt, ist weder ein Kommunalprogramm, noch gar ein kommunistisches! Es ist vielmehr eine zum großen Teile sehr gut brauchbare Sammlung von Anweisungen an unsere Kommunalvertreter, wie sie sich durch alle tausend Klippen der Kommunalpolitik hindurchschlängeln können.«[59] So überwiegen im »Programm« tatsächlich praktische Ratschläge aller Art; angefangen bei der Einhaltung strengster Fraktionsdisziplin bis zum persönlichen Verhalten der Kommunalvertreter und der Placierung von Anträgen in der Tagesordnung. Die Zustände im Gesundheitswesen und ihre gesetzlichen Grundlagen werden im Detail erörtert, »damit auch auf hygienisch-technischem Gebiete unsere Genossen

---

55 Bericht über den 3. Parteitag, S. 101. Der Aufruf »Zur Bekämpfung der Konterrevolution«, der genaue Anweisungen für die Kampagne enthielt, findet sich in der *Kommune*, 2/1922, Nr. 7 (Juli).

56 S. Franz Josef *Furtwängler,* ÖTV. Die Geschichte einer Gewerkschaft, Stuttgart, 4. Aufl. 1964, S. 348 f. und 353 f.

57 S. Mitteilung in der *Kommune* 2/1922, Nr. 4 (April).

58 S. o. Anm. 47.

59 *Rote Fahne,* 6. 1. 1923 (in: DZA Potsdam, 61 Re).

sich von der sabotierenden Beeinflussung der fast durchweg kapitalistisch eingestellten kommunalen Berufsbeamten emanzipieren können«.[60]

Das Programm bekennt sich zur »Verbindung aller kommunalpolitischen Tätigkeit mit Massen und Massenbewegungen außerhalb des Parlaments«. Dieser Punkt, der das Programm von allen vorhergegangenen, sozialdemokratischen unterscheidet, wird aber nur unter anderen erwähnt und nicht in den Mittelpunkt gestellt. Dem Verfasser des Entwurfs gelingt es weder, die grundsätzliche Bedeutung dieses Punktes klarzumachen, noch entfaltet er die nächsten politischen Ziele der laufenden politischen Bewegungen in den Kommunen (Erwerbslose, Mieter usw.). An diesem Punkt wird deutlich, daß das Kommunalprogramm von 1922 weder die Aufgaben eines Grundsatzprogramms noch die eines Aktionsprogramms erfüllt. Es hinkt der vielfältigen Praxis dieses Jahres nach und versucht lediglich, sie auf einen Nenner zu bringen.

Das Programm stellt den Ortsvereinen Listenverbindungen mit der SPD und der USP bei Wahlen frei. Auch können die Kommunalvertreter Etats bewilligen, die sie nicht selbst aufgestellt haben, falls sonst ein sozialdemokratischer Magistrat stürzen oder sich der Etat für das Proletariat »verschlechtern« müßte. Diese Bestimmungen stehen also ganz im Zeichen der Einheitsfronttaktik.

Im Abschnitt »Kommunalisierung« des Programms ist der klare Trennungsstrich gegenüber der Sozialdemokratie, den Max Sievers gezogen hatte (s. o.), wieder verschwunden. Statt dessen füllt Iwan Katz wieder den ganzen kommunalsozialistischen Wunschzettel aus (Übernahme der Wasserwerke, Straßenbahnen, Apotheken usf.), so daß die kommunale »Gemeinschaft« als ein Allheilmittel gegen die Übel der privatkapitalistischen Produktionsweise erscheint. Ganz in der Tradition Bernsteins kehrt Katz heraus, daß die Kommunalisierung eine »Vorschulung« der Proletarier für die Übernahme der Gesamtwirtschaft sein würde; »so wird die Kommunalisierung eine allen sichtbare und erlebbare Propaganda für den Nutzen der Gemeinwirtschaft, des Sozialismus und Kommunismus überhaupt«.[61]

Sievers hatte 1920 die Erfahrung formuliert, daß die mustergültige

---

60 Kommunalprogramm Teil II, Einleitung.
61 Kommunalprogramm (Einleitung), *Die Internationale*, 4/1922 S. 277 ff. Es besteht kein Zweifel, daß auch nach 1920 innerhalb der KPD ein starker Flügel von Funktionären bestand, der die Sozialisierungskampagnen etwa im Sinne der USP fortführen wollte: vgl. Karl *Bittel-Erdmann*, Das Gebot der Stunde: Schleunigste Kommunalisierung, in: *Die Kommune* 1/1921, Nr. 5, S. 37 f.

Verwirklichung des Sozialismus in einer Gemeinde vor der nationalen Revolution eine Illusion sei. Nun räumt auch Katz ein, daß jede kommunalsozialistische Maßnahme zu »Behinderungen« durch den kapitalistischen Staat führen müsse. Aber er glaubt wieder an die Möglichkeit, daß einzelne Gemeinden unter dem Machteinfluß des Proletariats »gleichsam gemeinwirtschaftliche (kommunistische) Zellen im kapitalistischen Staat« bilden können.[62] Damit verläßt Katz auch den Boden der »Leitsätze« der Komintern. Die Leitsätze hatten klargestellt, daß die Kommunen – ebensowenig wie die Parlamente – auf die Dauer nicht erobert werden könnten; sie könnten lediglich als »Hilfsstützpunkte« mit politischer Bedeutung dienen (s. o.). Katz hingegen wollte die Kommunen zu »festen Stützpunkten« des Proletariats machen, vor allem auch in wirtschaftlicher Hinsicht. Diese Denkweise taucht noch häufiger in der KPD der Weimarer Republik auf. Dafür war auch die Metapher von der »Insel« im kapitalistischen Meer gebräuchlich.

Während so der Kern des Programms von 1922 eine rechte Tendenz hat[63], finden sich auf einige Ausfälle nach links darin. Im Abschnitt »Verfassung und Verwaltung« heißt es z. B.: »... Die Kommunisten bekämpfen daher auch das demokratische allgemeine Wahlrecht.« An dieser Formulierung wird nicht nur überraschen, daß hier das Bekenntnis zum Rätesystem mit dem Kampf gegen das allgemeine Wahlrecht verbunden wird. Sie steht auch in merkwürdigem Widerspruch zu den Ansätzen zur Einheitsfrontpolitik. Andere Formulierungen verraten klar, daß hier Mangel an politischer Konkretheit mit Verbalradikalismus überdeckt wird: »Die Kommunalpolitik der kommunistischen Partei hat auf die finanziellen Grenzen des kapitalistischen Staates keine Rücksicht zu nehmen.« Oder: »Die Tätigkeit der Kommunisten in den Gemeinden darf niemals auf eine Anpassung an die bestehenden kapitalistischen Einrichtungen hinauslaufen ...« Oder: »Auch der Kampf um die Milderung der Wohnungsnot im kapitalistischen Staat kann nur in einen Kampf zur Zertrümmerung des kapitalistischen Staates ausmünden.«[64] Es ist noch zu erwähnen, daß Iwan Katz keineswegs zum rechten Flügel der Partei zählte. Er gehörte schon auf dem Leipziger Parteitag zur Linken und mußte Anfang 1926 als ein führender Kopf der »Ultralinken« die Partei verlassen.[65]

---

62 Gesundheits- und Lebensmittelversorgungsprogramm, S. 19 f.

63 Die Unterscheidung »rechts« – »links« geht davon aus, daß sich die kommunistische Politik nach rechts gegen die Sozialdemokratie und nach links gegen Syndikalismus und Anarchismus abgrenzt.

64 Kommunalprogramm, Einleitung, S. 280 u. 283; Siedlungsprogramm, S. 5.

65 Weber, Die Wandlung des deutschen Kommunismus, Bd. I, S. 46 Anm. und 139 ff.

Auf dem Leipziger Parteitag im Januar 1923 nahm das Referat von Katz über die Kommunalpolitik einen breiten Raum ein. Katz leistete aber wenig mehr, als das oben besprochene Kommunalprogramm darzulegen; er wärmte noch einmal die alte sozialdemokratische Vorstellung vom »besonderen Charakter« der Selbstverwaltung auf, indem er der deutschen Gemeinde einen Doppelcharakter zusprach: Auf der einen Seite sei sie eine Zelle des kapitalistischen Staates; »auf der anderen Seite ist die Gemeinde ein selbständiger Wirtschaftsverband, eine selbständige Genossenschaft, deren Mitglieder ... ziemlich ungehindert und unbeschränkt Maßnahmen für die Wohlfahrt ihrer Gemeinschaft durchführen können«.[66] – Das Ganze war eine ähnlich müde Vorstellung wie die kommunalpolitischen Referate auf den Parteitagen der Vorkriegs-SPD. Der Brandler-Führung kam die Entfaltung der Kommunalpolitik lediglich zupaß, um sie als Argument für die angestrebte Einheitsfront- und Arbeiterregierungstaktik zu verwenden, die dann auch beschlossen wurde. Die neue linke Opposition schien sich nicht um die Kommunalpolitik zu kümmern. Während des Referates von Katz leerte sich der Saal[67], und schließlich wurde das Programm ohne Diskussion einer Kommission übergeben, die nie wieder etwas von sich hören ließ.

Das Jahr 1923 brachte eine starke Radikalisierung und Linksentwicklung der Arbeiter und teilweise auch der Kleinbürger. Nach Meinung von Arthur Rosenberg war der Sommer 1923 die günstigste Gelegenheit für die Revolution in der neueren deutschen Geschichte, und die KPD verpaßte sie.[68] Nicht von ungefähr ist daher dem Leipziger Parteitag und der Brandler-Zentrale nachher immer wieder vorgeworfen worden, sie hätten diese Linksentwicklung zu spät erkannt und ihr politisch nicht Rechnung getragen – mußte doch die Marschrichtung auf Arbeiterregierung und Einheitsfront im wesentlichen nur einen defensiven Charakter haben. Diesem Vorwurf ist im Hinblick auf die Kommunalpolitik insofern beizupflichten, als Katz' Ausführungen die neuen Organisationsformen der Bevölkerung in den Kommunen (bes. die Kontrollausschüsse) nur am Rande erwähnten; im Grunde ging Katz von der Festigkeit der alten Selbstverwaltungsinstitutionen aus, statt diese Ausschüsse als eine praktische Gelegenheit zur Wiederbelebung der Rätebewegung ernst zu nehmen und ihnen vorwärtsweisende Ziele einzuhauchen. Im rein ressortmäßigen Sinne gibt es aus dem Jahre 1923 nicht viel Kommunalpolitik zu berichten. Wahlen, die der

---

66 Bericht über den 3. Parteitag, S. 379.
67 S. Bemerkung von Katz, a.a.O., S. 378.
68 Arthur *Rosenberg*, Geschichte der Weimarer Republik, 11. Aufl., Frankfurt 1970, S. 134 f.

KPD mit Sicherheit große Gewinne gebracht hätten, fanden nicht statt. In Preußen, wo zuletzt im März 1919 Gemeindewahlen abgehalten worden waren, wurde der neue Wahltermin mehrmals verschoben, schließlich bis 1924. *Die Kommune* stellte ihr Erscheinen im März 1923 ein. Vermutlich waren dafür finanzielle Schwierigkeiten maßgebend, die für alle Periodika aus der galoppierenden Inflation erwuchsen. Andererseits wird aus dieser Tatsache aber auch deutlich, wie gering die politische Bedeutung dieser Zeitschrift eingestuft wurde.

2.2.3 Erfolge bei den Kommunalwahlen 1924; Neubeginn im Zeichen der »ultralinken Taktik«

Ebenso wie die gleichzeitig stattfindenden Reichtagswahlen brachten die Gemeindewahlen vom Mai 1924 der KPD sehr gute Ergebnisse, während die SPD böse Verluste hinnehmen mußte. Der Erfolg in diesen Wahlen wird allgemein als ein Nachklang der großen Stärke der Partei 1923 angesehen.[69] Die Dezemberwahlen zum Reichstag in demselben Jahr 1924 brachten dann auch wieder einen Rückschlag.

Während die überwiegende Zahl der Gemeindevertreter der KPD bis 1924 hauptsächlich in den kleineren Ländern tätig war, brachten die Maiwahlen der Partei endlich auch eine starke Vertretung in den wichtigen preußischen Großstädten. Dabei darf besonders hervorgehoben werden, daß die KPD in den kreisfreien Städten Preußens 15,3 % der Stadtverordnetensitze einnehmen konnte und damit über ihrem Ergebnis in der Reichstagswahl (12,6 % der Stimmen) lag.[70] In den preußischen Städten mit mehr als 100 000 Einwohnern (ohne Berlin) lag die KPD nun sogar gleichauf mit der SPD; beide konnten je 330 Sitze = 18,3 % erobern. Diese Zahlen zeigen übrigens auch, daß beide Parteien zusammen ein ganzes Stück von der Mehrheit entfernt waren, wofür vor allem die Stärke des Zentrums im Rheinland verantwortlich war.

Nach dem Fehlschlag vom Oktober 1923 setzten in der KPD erbitterte Diskussionen über die Ursachen dieser Niederlage ein.[71] Die alte Führung mußte abtreten, und in der neuen Zentrale übernahm die bisherige Linksopposition unter Ruth Fischer die führende Rolle. Auf dem Frankfurter Parteitag vom April 1924 wurde das Ausmaß der Nieder-

---

69 S. z. B. Flechtheim, Die KPD in der Weimarer Republik, S. 211.
70 Errechnet nach: Zusammensetzung der städtischen Gemeindevertretungen in Preußen, in: *Mitteilungen des Deutschen Städtetages* XI, Nr. 9, 1924, Sp. 123 ff.
71 Siehe Flechtheim, S. 194 ff.

lage nicht geleugnet; die Delegierten irrten aber in der Einschätzung der neuen Stabilisierungsperiode. Sie hielten dafür, daß das Kapital sich nur eine »Atempause« verschafft habe, eine »revolutionäre Situation« aber fortbestehe. Um die politischen Möglichkeiten, die damit verbunden waren, nicht noch einmal zu verpassen, richteten sie ihre Politik weit nach links aus: Von nun an wurde die Einheitsfronttaktik verworfen, die SPD frontal angegriffen und die Revolution in den Parolen direkt und ohne kompromisselnde Übergangsforderungen angesteuert. Dieser Linkskurs, der wegen der Stabilität der neuen Verhältnisse Stück für Stück gemildert werden mußte, bestimmte bis Ende 1925 die Politik der KPD.

Auch in der Kommunalpolitik wurde im Frühjahr 1924 eine neue Orientierung eingeführt. Kaum war das Parteiverbot vom November 1923 aufgehoben, trat die »Abteilung Kommunalpolitik« der Zentrale schon mit genauen Anweisungen für die Vorbereitung der Wahlen hervor, die im Mai in Preußen ins Haus standen.[72] Diese Anweisungen legten besonderen Wert darauf, daß überall rein kommunistische Listen aufgestellt wurden: »Wo auch nur ein Kommunist vorhanden ist, der als solcher kandidieren kann, müssen wir die Liste nur mit diesem einen Namen in den Wahlkampf zu führen versuchen. Gemeinsame Listen und Listenverbindungen mit anderen Parteien sind unzulässig.« Dieser Passus richtete sich selbstverständlich gegen die Listenverbindungen mit der SPD, die es vorher wohl häufig gegeben hatte. Die neue Frontstellung gegen die SPD zeigt sich auch daran, daß den Referenten die Anlage eines »Sündenregisters der Bürgerlichen und der Sozialdemokraten« empfohlen wird. Den Kandidaten wird die enge Verbindung zu den Erwerbslosen, Kriegsopfern, Mietern und anderen Gruppen ihrer Orte nahegelegt; wichtig sei auch die Einberufung einer Betriebsrätevollversammlung, einer Spezialversammlung für Frauen am Ort usf. Damit knüpfen die Anweisungen an den praktischen Stil der Kommunalpolitik der vorangegangenen Jahre an.

Unmittelbar nach den Maiwahlen erschien die »Instruktion für die neugewählten Gemeindevertreter usw.«[73]. Darin wird die strengste Fraktionsdisziplin verlangt und die Frontstellung gegen die SPD versteift: »Die Sozialdemokratie ist keine Arbeiterpartei. Sozialdemokratische Anträge, die dem Interesse des Proletariats zuwiderlaufen, sind ebenso scharf zu bekämpfen, wie die von bürgerlicher Seite . . .« Die

---

72 *Vorbereitungen für die Gemeindewahlen in Preußen,* hg. v. Zentrale der KPD, Abteilung Kommunalpolitik (Berlin 1924).

73 *Instruktion für die neugewählten kommunistischen Gemeindevertreter* usw., hg. v. der Zentrale der KPD, Abt. Kommunalpolitik, Berlin Mai 1924.

kommunistischen Stadtverordneten werden darauf verpflichtet, bei Vorsteherwahlen nur für den Kandidaten der KPD, gegen jeden Bürgerlichen und gegen jeden Sozialdemokraten zu stimmen. Das gleiche gilt natürlich für Bürgermeister- und Beigeordnetenwahlen. Wenn die eigene Partei nicht die Mehrheit hat, wird der Gesamtetat jeder Gemeinde prinzipiell abgelehnt.

Besonderes Augenmerk richten die Verfasser der »Instruktion« auf das Verhalten der Stadtverordneten in den Sitzungen. Die Genossen werden darin aufgefordert, »die Geschäftsordnung so weit wie möglich für ein wirksames Auftreten auszunutzen; wo das nicht geht, setzen sie der bürgerlichen Geschäftsordnung ihre eigene proletarische Geschäftsordnung entgegen«. Für die eigenen Anträge soll grundsätzlich Dringlichkeit und damit ihre Behandlung am Anfang jeder Sitzung verlangt werden. Falls das keinen Erfolg habe, wird die Umgehung der Geschäftsordnung empfohlen. Falls das wiederum zur Zurechtweisung der Stadtverordneten führe, soll Obstruktion bis zur polizeilichen Entfernung geübt werden usw.

In der »Instruktion« werden auch vier Beispiele von Anträgen formuliert, die die Kommunalvertreter in der ersten Sitzung der neuen Stadtparlamente stellen sollten. Sie lauteten:

»a) Die ausgesperrten (oder streikenden) ... Arbeiter sind sofort von der Gemeinde zu unterstützen ...

b) Für die Arbeiter, Angestellten und Beamten der Gemeinde ist der achtstündige Arbeitstag sofort wieder einzuführen ...

c) Alle Unterstützungssätze für Erwerbslose, Kriegsopfer, Sozialrentner ... usw. sind sofort mindestens auf das vom zuständigen statistischen Amte errechnete Existenzminimum und, sofern der Arbeitslohn eines Vollarbeiters höher ist, auf dieses Arbeitseinkommen aufzuhöhen.

d) Alle Abgaben, Gebühren, Beiträge, Steuern und Preise sind nach Einkommen und Kinderzahl der Zahlungspflichtigen zu staffeln ...«

Kein Zweifel, daß diese Anträge aktuell waren: Im Frühjahr 1924 gab es eine Welle von Streiks und Aussperrungen, bei denen überall auch kommunale Unterstützung verlangt wurde; der Achtstundentag war durch Erlaß der Regierung Luther teilweise aufgehoben worden; die Empfänger öffentlicher Unterstützungen waren mit der Einführung der Rentenmark auf eine besonders knappe Ration gesetzt worden; und die Staffelung der kommunalen Gebühren war in den Zeiten niedriger Löhne ohnehin eine populäre Forderung.

Diese Anträge wurden im Sommer 1924 in den meisten preußischen Städten von den kommunistischen Fraktionen gestellt[74], und noch viele

---

74 Beatrix *Herlemann* (Kommunalpolitik der KPD im Ruhrgebiet 1924 bis 1933) hat in ihrer Arbeit die Tätigkeit der KP-Fraktionen Stadt für Stadt verfolgt. Zur Behandlung der erwähnten Anträge vgl. S. 42 ff.

mehr. Eine Zeit neuer Aktivität war angebrochen. Die Zentrale nahm die Anleitung der Fraktionen straff in die Hand und versuchte, überall den Zusammenhang der kommunalpolitischen mit den nationalen Problemen herzustellen. Z. B. wies sie bereits im Mai 1924 auf den fundamentalen Zusammenhang zwischen dem Sachverständigengutachten (Dawes-Plan), den öffentlichen Finanzen und der Sozialpolitik der Kommunen hin – ein Thema, das dann bis 1930 von zentraler Bedeutung war.[75] Die »Instruktion« forderte die Bildung kommunalpolitischer Beiräte und die jährliche Abhaltung von Kommunalkonferenzen in jedem Bezirk. Am 5./6. Juli tagte in Berlin eine Reichskonferenz der kommunistischen Gemeindevertreter. Ab Mai erschien auch *Die Kommune* wieder.

2.2.4 Severings Radikalenerlaß von 1924 und die Kommunisten

Bei der Einführung der neuen Stadtverordneten in ihr Amt kam es in einigen Städten zu Skandalen, die im ganzen Reich Aufsehen erregten und die kommunistische Kommunalpolitik der Weimarer Zeit in den Geruch der Radaupolitik gebracht haben. Nachdem die Kommunisten – gemäß der Preußischen Städteordnung – per Handschlag auf die pflichtgemäße Ausübung ihres Mandates verpflichtet wurden, gaben sie überall einen zusätzliche Erklärung ab, etwa folgenden Inhalts: Sie fühlten sich durch diesen bürgerlichen Akt zu nichts verpflichtet, ihre Verpflichtung bestehe nur gegenüber ihren Wählern, der Arbeiterklasse und der KPD. Ihre Anwesenheit im Parlament gelte der Entlarvung der kapitalistischen Gesellschaft. An manchen Orten versuchten die neuen Fraktionen darüber hinaus, ihre Verachtung für das Parlament durch regelrechte Happenings zu demonstrieren: In Dortmund erschienen die Kommunisten mit roten Handschuhen, die sie erhoben hielten und dem protestierenden Bürgermeister vor die Füße warfen; in Gelsenkirchen wuschen sie sich nach der Verpflichtung durch Handschlag in mitgebrachten Waschschüsseln die Hände rein.[76]
Innenminister Severing reagierte mit einem Erlaß, in dem alle Einführungen von Stadtverordneten, die mit der Abgabe einer besonderen Erklärung verbunden gewesen waren, für ungültig erklärt wurden. Er wies die Bürgermeister an, von den Kommunisten besondere schriftliche Erklärungen einzuholen, in denen sie sich auf die Verfassung, die Einhaltung der Verschwiegenheitspflicht usw. verpflichten mußten.

---

75 Vgl. dazu unten Teil 3.2.
76 Herlemann, S. 32 f. Die Abgabe einer besonderen Erklärung wurde auch von der Zentrale empfohlen: *Die Kommune* 4/1924, Nr. 1, S. 2.

Wer sich weigerte, die Erklärung abzugeben, blieb von den Sitzungen ausgeschlossen.[77] Diese Ausschlußandrohung wurde an vielen Orten wahrgemacht, wo die Kommunisten die geforderte Erklärung nicht abgeben wollten. Die Parteileitung erkannte ihr Verhalten bald als einen Fehler und drängte auf ein Einlenken in dieser Frage. In einem Rundschreiben des Unterbezirks Essen vom 21. 6. 1924 heißt es:

> »Wie wir bereits festgelegt hatten, ist es nicht zweckmäßig, aus rein for-
> mellen Gründen den Ausschluß unserer Kommunalparlamentarier her-
> beizuführen. Den Ausschluß dürfen wir nur provozieren auf Grund
> großer politischer Ereignisse, die Massenbewegungen auslösen können.
> In diesem Falle handelt es sich aber um eine rein formelle Angelegenheit.
> Es ist deshalb erforderlich, daß wir so schnell wie möglich die Wiederzu-
> lassung unserer Vertreter erreichen ...«[78]

Von weitaus größerer Tragweite war die verschärfte Anwendung des *Bestätigungsrechtes,* die die preußische Staatsbehörde von nun an ge-genüber KPD-Mitgliedern praktizierte, die zu Beigeordneten oder Bürgermeistern gewählt wurden. Bereits im Juni 1921 hatte der da-malige Innenminister Dominicus die Oberpräsidenten angewiesen, An-hängern der KPD die Bestätigung für kommunale Ämter zu verwei-gern. Sein Nachfolger Severing schränkte im Dezember 1921 dieses Bestätigungsverbot auf diejenigen ein, die den Umsturz der bestehen-den Staatsordnung »durch positive Handlung fördern oder zu fördern beabsichtigen«.[79] Kurz nach den Maiwahlen 1924 hielt Severing nun die Zeit für gekommen, das bürokratische Machtmittel der Bestäti-gungsverweigerung generell allen Kommunisten anzudrohen. In sei-nem Erlaß vom 4. 6. 1924 heißt es:

> »Nach den Organisationsbeschlüssen für die Umstellung der Partei-
> organisation der KPD vom Mai 1924 ... ist eine derartige Gebundenheit
> der Mitglieder der KPD an die Instruktionen der Parteiorgane und der
> Kommunistischen Internationale ausgesprochen, wie sie mit den Pflichten
> eines unmittelbaren oder mittelbaren Staatsbeamten schlechterdings un-
> vereinbar ist.
> Während es nach meinem Erlaß vom 8. Dezember 1921 eines positiven
> Anhalts dafür bedurfte, daß das einzelne Mitglied der KPD das Ziel
> seiner Partei durch positive Handlungen fördert, oder zu fördern ver-
> sucht, wird jetzt die Vermutung dafür sprechen müssen, daß dies der
> Fall ist, und es umgekehrt eines positiven Anhalts dafür bedürfe, daß
> der Betreffende sein Amt unabhängig von Parteiinstruktionen nach
> Recht und Pflicht zu führen gewillt ist.
> Ich weise daher die Kommunal-Aufsichtsbehörden an, in Zukunft die
> Bestätigung von Mitgliedern der KPD ... nur dann zu erteilen, wenn im

---

77 *Die Kommune* 4/1924, Nr. 3, S. 3, wo der »Amtliche preußische Pressedienst« zitiert wird.
78 Abschrift in: StA Solingen, 618-10-2.
79 Herlemann, S. 38 f.; Severing, Mein Lebensweg, Bd. 1, S. 337 f.

Einzelfalle die pflichtgemäße Amtsführung im Rahmen der bestehenden Staatsordnung und unabhängig von Parteiinstruktionen als gesichert nachgewiesen erscheint ...«[80]

Überall wurde daraufhin den Kommunisten, die in kommunale Ämter gewählt worden waren (meistens handelte es sich um unbesoldete Beigeordnete), eine Erklärung zur Unterschrift vorgelegt, in der sie sich zu ihren Pflichten als Beamte und zur Unabhängigkeit von ihrer Partei bekennen mußten. Auch wenn sie diese Voraussetzungen erfüllt hatten, mußten sie noch Monate oder Jahre auf ihre Bestätigung warten, während ihre Kollegen von den anderen Parteien schon die Arbeit aufgenommen hatten.

Es liegt einigermaßen nahe, einen direkten Zusammenhang zwischen dem provokativen Auftreten der Kommunisten und den Erlassen Severings herzustellen.[81] Dennoch muß man im Auge behalten, daß es eine verschärfte Bestätigungspraxis in Preußen auch 1921 und 1929 ff. gab, als die KPD nicht die »Politik der roten Handschuhe« verfolgte. Die neuen Erlasse waren die Antwort der Staatsbürokratie auf die enorm gewachsene Stärke der KPD, die sich nun in allen Städten bemerkbar machte und auf die Zusammensetzung der Stadtverwaltungen auszuwirken begann. Bei seinem Vorgehen gegen die Kommunisten machte sich Severing freilich die radikalistischen Eskapaden einzelner KP-Fraktionen zunutze; das oben zitierte Rundschreiben der KPD Essen bestätigte ja indirekt, daß die Vorfälle nicht geeignet gewesen waren, eine positive Massenmobilisierung einzuleiten. Auf diesem Hintergrund ist der außerordentlich scharfe Ton Severings zu sehen. Er verzichtete darauf, an frühere Argumentationen zum Schutz der *Republik* gegen Radikale anzuknüpfen. Seine Erlasse reden nur von der *»Staatsordnung«* und richten sich nicht gegen Radikale verschiedener Couleur, sondern eindeutig und unverblümt gegen die KPD.

In Berlin waren die Behörden schon seit längerem an die Auseinandersetzung mit den Kommunisten gewöhnt. Der Oberpräsident der Provinz Brandenburg hatte schon 1920 dem USP-Mitglied Löwenstein die Bestätigung als Stadtschulrat verweigert. 1924 wurde gleich drei Kandidaten der KPD hintereinander die Bestätigung für denselben Stadtratsposten versagt.[82] Neu war im Jahre 1924, daß dergleichen Auseinandersetzungen nun die Kommunalpolitik des ganzen Landes Preußen ergriffen. Als ein extremes Beispiel kann hier der Fall Dortmund angeführt werden.[83] Nach den bereits erwähnten Zwischenfällen bei der Amtseinführung der Stadtverordneten griffen die bürgerlichen Par-

---

80 StA Solingen, s. 78.
81 So z. B. Herlemann, S. 33.
82 Engeli, Gustav Böß, S. 58 und 65 ff.
83 Herlemann, S. 35 f.

teien und der Magistrat dort zum Mittel des demonstrativen Auszugs aus der Versammlung, als Protest gegen das Benehmen des Kommunisten Lotz als neuer Vorsteher des Stadtparlaments. Die KPD war aus den Wahlen als stärkste Fraktion hervorgegangen und hatte daher Anspruch auf den Vorsitz. Der Bürgermeister ließ sowohl die Mandate als auch das Vorsteheramt der Kommunisten ruhen, bis sie die nach dem Severingerlaß geforderten schriftlichen Reverse abgeliefert hatten. Nach erneuten Zwischenfällen machten die bürgerlichen Parteien durch einen gänzlichen Boykott der Sitzungen die Versammlung dauernd beschlußunfähig. Nach einem Gespräch mit den Vertretern der bürgerlichen Parteien löste Severing schließlich die Versammlung auf und ließ Neuwahlen ausschreiben. In der folgenden Wahl gingen die kommunistischen Stimmen zurück, und die SPD holte wieder auf.

2.2.5 Die Widersprüche der linken Taktik

Es ist generell zu bemerken, daß die linke Richtung in der KPD den bürgerlichen Parlamenten bemerkenswert viel Aufmerksamkeit widmete, gemessen daran, daß sie den Weg zur Revolution möglichst direkt gehen wollte. Sie hatte den Aktionismus der Linksradikalen aus der Anfangsphase der Republik geerbt, nur verkam der bewaffnete Putsch bei ihr zum Klamauk im Plenarsaal. Ihr Motto des »Revolutionären Parlamentarismus« mußte sich als widersprüchlich in sich selbst erweisen und verstieß auch gegen den Sinn der »Leitsätze« der Kommunistischen Internationalen. Zwar sollen nach den »Leitsätzen« die Parlamente zu revolutionärer Propaganda benutzt werden. Wenn nun aber in der »Instruktion« die Kommunalvertreter aufgefordert werden, in der bürgerlichen Stadtverordnetenversammlung eine »proletarische Geschäftsordnung« einzuführen, geht das darüber hinaus, und es schleicht sich eine Tendenz ein, als könnten die Parlamente zu Organen der Revolution werden.

An dieser Stelle muß noch einmal die Vorstellung zur Sprache kommen, daß selbstverwaltete Gemeinden, in denen das Proletariat übermächtigen Einfluß habe, zu sozialistischen Inseln und zu festen Bastionen im Kampf gegen den Staat werden könnten. Diese Vorstellung blieb nicht allein den Anhängern der Einheitsfront und des Kommunalsozialismus von 1922/23 borbehalten; sie wurde von den Linken der Jahre 1924/25 geteilt! Das kam z. B. bei dem stürmischen Auftritt zum Ausdruck, den die kommunistischen Delegierten auf dem Sechsten Deutschen Städtetag im September 1924 gaben.[84] Dort sprachen sie sich zu-

---

84 *Die Kommune* 4/1924, Nr. 6.

nächst wiederum gegen das allgemeine gleiche Wahlrecht aus und forderten, auch das kommunale Stimmrecht auf die werktätige Bevölkerung zu beschränken. In ihrem Resolutionsvorschlag hieß es dann, »die Stadtverwaltungen als Organe des proletarischen Klassenkampfes« sollten helfen, »die Klassenherrschaft der Bourgeoisie zu zerbrechen«. Damit sollte also nicht mehr nur die kommunale Gemeinwirtschaft, sondern sogar die Stadt*verwaltung* zu einem Instrument des Klassenkampfes werden. Zu der rechten kommt hier eine linke Variante derselben Denkweise von der »Insel« hinzu. Vor diesem Hintergrund ist es erklärlich, daß das Kommunalprogramm von 1922 nach der Linksschwenkung unverändert gültig blieb, ja noch bekräftigt wurde.[85] Ebenfalls blieb Iwan Katz, der Leiter der KomPol-Abteilung, im Amt, womit er zu den ganz wenigen gehörte, die das Revirement an der Spitze der Partei überstanden.

2.2.6 Die Politik des »Offenen Briefs«; vorsichtige Zusammenarbeit mit der SPD

Vom Frühjahr 1925 an begann Ruth Fischer, den ultralinken Kräften in der Partei gegenzusteuern. Sie tat das auch auf Drängen der Komintern, die eine Intensivierung der politischen Organisationsarbeit, der Bolschewisierung (Umstellung der Parteistruktur auf Betriebszellen) und der Gewerkschaftsarbeit für geboten hielt. Darüber kam es zum Streit mit der Gruppe Katz-Scholem-Rosenberg, die sich vorübergehend als »Entschiedene Linke« zusammentat und die 1926/27 die Partei verlassen mußte.[86]
Es war ein Kennzeichen der Kurskorrektur, daß die Politik der Konfrontation mit der SPD um jeden Preis geändert wurde. Zum ersten Mal bot die Zentrale der preußischen Regierung im April 1925 die parlamentarische Duldung an. Sie tat das in einem Offenen Brief, in dem sie als Voraussetzung gewisse Minimalforderungen erhob: Erlaß einer Vollamnestie, Achtstundentag in den Staatsbetrieben, Aufhebung der Militarisierung der Schutzpolizei, Beschlagnahme der Fürstenvermögen usw.[87] Die Preußenregierung lehnte ab. Dennoch fand diese neue »Politik des Offenen Briefes« auch Eingang in die Kommunalpolitik der nächsten Jahre.

---

85 S. Instruktion für die neugewählten kommunistischen Gemeindevertreter vom Mai 1924, S. 1.
86 Weber, Die Wandlung des deutschen Kommunismus, S. 104 ff.
87 Flechtheim, S. 214; dieser »Offene Brief« ist nicht mit dem »Offenen Brief« der Komintern an die KPD vom September 1925 zu verwechseln.

Die »Richtlinien für die Arbeit der kommunistischen Gemeindevertreter« (Juni 1925) übernahmen zwar noch Teile der »Instruktion«
von 1924, brachten aber charakteristische Veränderungen: »Bei Wahlen von Stadträten, Bürgermeistern und anderen beamteten Personen,
die die Kommunisten nicht aus eigener Kraft durchbringen können,
treten die Kommunisten *unter bestimmten Bedingungen* für den Sozialdemokraten ein. Als Bedingungen kommen – unter »schärfster
Kritik an der sozialdemokratischen Verratspolitik« – folgende in Betracht:

»a) örtliche, aktuelle, die Arbeitermasse berührende Fragen,
b) Eintreten für die 46-Stunden-Woche,
c) gegen die Pflichtarbeit der Erwerbslosen,
d) Beseitigung monarchistischer Beamter aus der Verwaltung . . .;
k) scharfe Heranziehung der besitzenden Klasse zur Aufbringung der
Lasten und Eintreten für die Erweiterung der Finanzhoheit der Gemeinden . . .;
m) Schaffung großer Kommunalbetriebe mit Kontrolle der Gemeindevertretung und Hinzuziehung der Betriebs- und Beamtenräte . . .«[88]

Zur Etatabstimmung heißt es jetzt: »In Gemeinden mit einer sozialdemokratisch-kommunistischen Mehrheit stimmen die Kommunisten
unter Sicherung der Forderungen [s. o.] für den Etat.« Damit war –
zumindest theoretisch – die Tür für eine lokale Zusammenarbeit mit
der SPD geöffnet, und das blieb so bis zur erneuten Linksschwenkung
1929. Die Frage, wie es tatsächlich um diese Zusammenarbeit bestellt
war, ist um so wichtiger, als beide Parteien in der darauffolgenden
Periode aufs äußerste miteinander verfeindet waren. Sie kann aber
nicht pauschal beantwortet werden. In der Kommunalpolitik hatte die
Zusammenarbeit von Fraktionen selten die Form regelrechter Koali-
tionen wie in der Länder- und Reichspolitik. Die Bürgermeister waren
meist auf 12 Jahre gewählte Beamte, die nicht durch Abstimmung in
der Stadtverordnetenversammlung gestürzt werden konnten; die Ma-
gistrate wurden traditionell von mehreren Parteien beschickt, oft auch
mit parteilosen »Fachleuten« usw. Aus diesem Grunde kann die Frage
des Verhältnisses von SPD und KPD nur durch Untersuchungen geklärt werden, die die Lokalpolitik bis in die Einzelfragen verfolgen.
Als einzige Untersuchung dieser Art konnte die Arbeit von Beatrix
Herlemann herangezogen werden, die sich auf die Städte des Ruhrgebiets bezieht.[89]
Daraus geht hervor, daß es offizielle Absprachen zwischen den SPD-
und KPD-Fraktionen praktisch nicht gab. Wenn sich die Kommunisten

---

88 Richtlinien für die Arbeit der kommunistischen Gemeindevertreter (Diskussionsentwurf zum Parteitag), hg. v. der Zentrale der KPD, Berlin,
den 29. 6. 1925. Als Manuskript gedruckt, S. 4 f.

daran interessiert zeigten, lehnten die Sozialdemokraten meist erschrocken ab. Allerdings kam es häufiger vor, daß beide Parteien gemeinsam Anträge befürworteten, z. B. bei Erwerbslosenbeihilfen, Steuerfragen, Eingemeindungen. Das war naturgemäß besonders dort der Fall, wo die Sozialdemokraten gemeinsam mit der KPD in Opposition gegen einen mächtigen Zentrums- und Bürgerblock standen (Bochum, Essen). Wo die SPD aber selbst in die Stadtverwaltung personell integriert war (Dortmund), griff sie die KPD auch bei den geringsten Anlässen an.[90] In vielen Städten spielte sich dabei regelrecht ein Mechanismus ein: Die KP-Fraktion stellte z. B. einen Antrag auf Winterbeihilfen für die Erwerbslosen; der Antrag verfiel der Ablehnung, weil er angesichts der schlechten Finanzlage nicht tragbar sei; darauf brachte die SPD-Fraktion einen Antrag mit etwas niedrigeren Sätzen ein, der dann mit den Stimmen von KPD, SPD und evtl. noch einer anderen Partei durchging.[91]

Erwähnt sie hier noch, daß im Juli 1925 Paul Hirsch mit den Stimmen von SPD und KPD in Dortmund zum 2. Bürgermeister gewählt wurde. 1927 brachten SPD und KPD gemeinsam einen Mißtrauensantrag gegen den bürgerlichen Oberbürgermeister in Leipzig durch – was allerdings ohne weitere Folgen blieb, weil die SPD dann wieder einen Rückzieher machte. Im Februar 1927 wurde zum ersten Mal in der Weimarer Republik ein Kommunist Bürgermeister einer Stadtgemeinde; es war der Stadtrat Bachmann, der mit den SPD- und KPD-Stimmen in Oelsnitz (Sachsen) gewählt wurde. Im Januar 1928 wurde im kleinen Kochstedt bei Magdeburg der erste KPD-Bürgermeister von Preußen im Amt bestätigt.[92]

Als im Oktober 1925 in Berlin eine neue Stadtverordnetenversammlung zu wählen war, überraschte die KPD mit einem Angebot zur Listenverbindung mit der SPD und der Parole: »Für die rote Arbeiterherrschaft im Roten Hause!« Die SPD lehnte ab. Als dann tatsächlich eine Mehrheit der Linksparteien gegenüber den Bürgerlichen zustande kam, machte die KPD noch weitere Zusammenarbeitsangebote für die Gestaltung des Etats und die Ergänzungswahlen zum Magistrat. Im ersten Fall resultierte daraus die gemeinsame Verabschiedung einer

---

89 S. o. Anm. 74.
90 Herlemann, S. 84 ff.
91 Vgl. viele Beispiele bei Herlemann, a.a.O.; ähnliche Fälle aus Berlin, Dresden und Altona führt der Artikel »kommunale Hilfe für die Erwerbslosen« auf, in: *Die Kommune* 5/1925, Nr. 12, S. 1 f.
92 Herlemann, S. 138 (Anm. 531); *Die Kommune* 7/1927, Nr. 5, S. 39 f. (Die Kommunalpolitik im Leipziger Rathaus); *Die Kommune* 7/1927, Nr. 5, S. 40, und Nr. 6, S. 45 (Ein kommunistischer Bürgermeister); *Die Kommune* 8/1928, Nr. 6, S. 46.

Staffelung der Grundsteuer, die dann aber von der Aufsichtsbehörde (dahinter stand Severing) beanstandet und unwirksam wurde. Daraufhin behauptete die KPD, die SPD-Fraktion habe auf die Beanstandung spekuliert und der Staffelung nur zum Scheine zugestimmt. Im Fall der Magristratswahl entschied sich dann die SPD für eine weitere Zusammenarbeit mit den Parteien der Weimarer Koalition und gegen die KPD.[93]

In Hamburg erzielten sowohl SPD als auch KPD in den Bürgerschaftswahlen im Oktober 1927 ausgezeichnete Ergebnisse und verfügten damit ebenfalls über die Mehrheit der Stimmen. Die KPD bot einer sozialdemokratischen Regierung die parlamentarische Duldung an und schlug ein Minimalprogramm vor. Darauf kam es zu Verhandlungen zwischen Vertretern der SPD, der KPD und der Gewerkschaften, die ziemlich weit gediehen. Nach Hermann Weber scheiterten sie, weil die KPD nicht in die Regierung eintreten, die SPD sich aber mit der Duldung nicht zufriedengeben wollte.[94] Es war tatsächlich völlig ungeklärt, welche Perspektive eine Regierungsbeteiligung der KPD in Städten oder kleinen Ländern unter den gegebenen Umständen gehabt hätte. Am Fall Hamburgs und Berlins ist deutlich zu sehen, daß von der KPD aus nur eine Tolerierung von sozialdemokratischen Administrationen aufgrund sachlich begrenzter Absprachen zur Debatte stand.

Wie ersichtlich geworden ist, waren die Ansätze zu einer Verständigung von KPD und SPD in der Kommunalpolitik mehr als bescheiden. Das heißt aber nicht, daß diese Ansätze keinerlei Wirkung auf die Länder- und Reichspolitik gehabt hätten. Nach dem beachtlichen Erfolg der einzigen größeren gemeinsamen Aktion beider Parteien, der Volksabstimmung zur Enteignung der Fürstenvermögen 1926, bestand zumindest die *Möglichkeit* einer Verständigung auf Kosten der bürgerlichen Parteien; daran hatten einzelne kommunalpolitische Vorgänge ihren Anteil. Die SPD verzichtete aber darauf, diese Möglichkeit auszuspielen. Statt dessen versuchte sie von 1928 an, sich durch eine immer rechtere Politik dem bürgerlichen Lager zu empfehlen. Für die KPD endete die »Politik des Offenen Briefs« mit der Durchführung des neuen Linkskurses 1929.

An dieser Stelle kann sich die Frage stellen, wo denn die Linken geblieben waren, die 1924 so viel Wirbel verursacht hatten. Dazu ist zu

93 Zu den Berliner Vorgängen s. die *Rote Fahne*, 1. 10. 1925; 26. 10. 1925; 28. 10. 1925; außerdem *Die Kommune* 6/1926, Nr. 12, S. 98 f. (Der Sieg des Arbeiterverrats im Berliner Rathaus).

94 Weber, Die Wandlung des deutschen Kommunismus, S. 336 f.; *Die Kommune* 7/1927, Nr. 11, S. 87 f. (Die Wahlen an der Wasserkante).

sagen, daß die engagierten Linken 1924 zwar überall tonangebend, aber keineswegs in der Mehrheit gewesen waren. Auf den Listen standen auch altgediente Funktionäre, die eher der Rechten zuzurechnen waren, und neue Arbeitervertreter, die sich noch nicht auf eine Richtung festgelegt hatten.[95] Bei der Ausschaltung der »Entschiedenen Linken« 1926 traten dann einige von ihren Kommunalmandaten zurück. Stellenweise kam es zur Bildung linkskommunistischer Sonderfraktionen, die auch bei kommunalen Zwischenwahlen 1926 und 1928 eigene Listen aufstellten.[96] Ihnen war aber kein dauernder Erfolg beschieden. Insgesamt war das Interesse der Leute der »Entschiedenen Linken« für Kommunalpolitik nicht groß. Am ehesten hatten sie in der Erwerbslosenbewegung, die ja in die Kommunalpolitik hineinspielte, feste Positionen.

2.2.7 »Kommunen als Bergwerksbesitzer«

Im August 1927 erschien in der *Kommune* ein Artikel des Kölner Stadtverordneten Heider mit dem Titel »Kommunen als Bergwerksbesitzer«. Darin wurde der Ankauf einer Kohlenzeche durch die Stadt Köln begrüßt; die KP-Fraktion hatte diesem Ankauf ihre Zustimmung gegeben. Der Vorgang stand in folgendem Zusammenhang: In der 2. Hälfte der zwanziger Jahre fand ein Konzentrationsprozeß auf dem Gebiet der Gasversorgung statt, der mit ökonomischer Gesetzmäßigkeit zur Schließung der kleinen kommunalen Gaswerke und zum Anschluß der städtischen Netze an die überregionale Ferngasversorgung führte.[97] Diese Ferngasversorgung war in der Hand des westdeutschen Großkapitals, das die Vergasung der Kohle gleich auf den eigenen Zechen vornahm. Sobald alle Städte an die Fernversorgung angeschlossen waren, war abzusehen, daß die Ruhrmagnaten die Preise nach Belieben anheben konnten, weil es keine Konkurrenz mehr gab. Die Kölner Stadtverwaltung verfolgte nun den Plan, zusammen mit anderen Städten eine Großproduktion von Gas mit eigener Kohle zu organisieren, um dieser Gefahr zu begegnen. Darum kaufte sie die bewußte Zeche. – Insoweit es darum ging, eine Gaspreiserhöhung zu vermeiden, ist die Zustimmung der kommunistischen Stadtverordneten zu dieser Transaktion konsequent und nicht verwunderlich. Heider stellt die Aktion aber in einen Zusammenhang, der weit darüber hin-

---

95 Herlemann, S. 30 f.
96 A.a.O., S. 70 ff.
97 Zu diesem Problem vgl. die Situation in Frankfurt/M. und Südwestdeutschland, dargestellt bei: Rebentisch, Ludwig Landmann, S. 252 ff.

ausgeht. Er schreibt: »Unsere Genossen in den Gemeindeparlamenten müssen jetzt alle Kräfte aufbieten und *die Gemeindebehörden zwingen, den Kampf gegen die Industriemagnaten aufzunehmen,* durch die Gasversorgung auf interkommunaler Grundlage.«[98] Zwar grenzt sich Heider gegenüber der SPD ab, die schon in der *Rheinischen Zeitung* erklärt hatte, der »Ring eines Kohlen- und Gasmonopols sei mit diesem Ankauf gesprengt«, und stellt fest, daß von »Sozialisierung« nicht gesprochen werden könne. Wenn man sich aber vor Augen hält, daß die »Leitsätze« die Kommunaleinrichtungen zur bürgerlichen Staatsmaschine rechneten, hier aber ein erfolgreicher Kampf der Gemeindebehörden gegen das Schwerkapital anvisiert wird, springt die große Nähe der Kölner KP-Politik zur SPD schon ins Auge. Ähnliche, uns jetzt schon vertraute Ideen vertritt der Landtagsabgeordnete Otto Kilian in einem Artikel über Kommunistische Gemeindepolitik im »Handwörterbuch der Kommunalwissenschaften« (1927).[99] Darin heißt es, die Gemeinde müsse zum »*Kampforgan* gegen die bürgerlich-kapitalistische, für die proletarisch-sozialistische Herrschaft« werden. Außerdem stellt er fest: »Im bürgerlich-kapitalistischen Staat fordert und betreibt die KPD die *Verwirklichung der kommunalen Selbstverwaltung,* die heute tatsächlich nur eine Fiktion darstellt.«[100]

2.2.8 Ansätze zu einer Auseinandersetzung mit der bürgerlichen Ideologie der Selbstverwaltung

Der Bericht über diese Jahre wäre nicht vollständig, ohne den Artikel »Grundsätzliches zur Kommunalpolitik der KPD« erwähnt zu haben, den Wilhelm Koenen in der *Internationale* 1926 veröffentlichte. Koenen, der 1920 von der USP zur KPD gekommen war, entwickelte sich nach Katz' Ausscheiden zu einem führenden Kommunalexperten der Partei. Er schrieb:

»Die scharfe Trennung, die im Zeichen der Demokratie zwischen der Gemeindeverwaltung und dem polizeilich-militärischen Exekutivapparat des Staates durchgeführt wurde, hat den Charakter der Kommunen in der kapitalistischen Gesellschaft stark verwischt. Sie verfügen nur noch über einen Teil des Staatsapparates, die bürokratische Verwaltung. Ihnen fehlt der andere Teil, die militärische Gewalt, völlig. Die Kommune erscheint deshalb in den Augen der breiten Masse nicht so ohne weiteres als ein

---

98 *Die Kommune* 7/1927, Nr. 8, S. 61; Hervorhebung hinzugefügt.
99 Otto *Kilian,* Kommunalpolitik der politischen Parteien (Kommunisten), Art. im Handwörterbuch der Kommunalwissenschaften, Erg.-Bd. H–Z, Jena 1927, S. 809–815.
100 Kilian, a.a.O., S. 810; Hervorhebung hinzugefügt.

Organ der Unterdrückung, sie gilt nur als Verwalterin ... Durch den *Schein der Selbstverwaltung* werden die Unterdrückten systematisch irregeführt. Sie sollen glauben, daß sie auf dem Wege der Selbstverwaltung in den Kommunen durch Reformen langsam ihre Lage verbessern können. Der Schein der kommunalen Selbstverwaltung soll die proletarischen Schichten von der Aufrollung des Klassenkampfes, *vom Kampfe um die politische Macht planmäßig ablenken.*«[101]

Bisher war in den programmatischen Äußerungen der KPD nur von der objektiven Funktion der Kommunalbehörden die Rede, von ihrem Verhältnis zum Staat und von den spezifischen politischen und wirtschaftlichen Möglichkeiten der Lokalpolitik. In dieser Untersuchung wird die Meinung vertreten, daß die wesentlichen Punkte dazu bereits in dem zitierten Artikel von Max Sievers und in den »Leitsätzen« der Komintern ausgesprochen worden waren. Demgegenüber war Koenen der erste, der auf die Vorstellungen über die Gemeindepolitik einging, die auch unter den Arbeitern weit verbreitet waren; er versuchte zu erklären, wie die Vorstellung von der »Selbstverwaltung« in die Köpfe der Leute gelangt war und aus welchen objektiven Gründen sie dort weiter wirkte. Damit hob er die Auseinandersetzung um die Kommunalpolitik erst auf das ideologische Niveau, auf dem sie das Bürgertum von jeher geführt hatte.[102] Man kann ohne weiteres davon ausgehen, daß die Selbstverwaltungsideologie, deren Ursprung oben in der bürgerlichen Revolution aufgesucht worden ist, in der Weimarer Republik weiterhin vorherrschend war.

Koenen geht auf die Ursachen in zwei Punkten ein: die Kommunalverwaltung habe keinen Anteil am polizeilich-militärischen Exekutivapparat und gelte daher im Gegensatz zum Zentralstaat eher als »neutrale« Sachverwalterin; die konkreten sozialpolitischen Themen der täglichen Kommunalpolitik legten immer wieder eine Politik der kleinen Reformen nahe und ließen die Notwendigkeit der Eroberung der politischen Macht vergessen. Eine echte Erklärung, warum die Arbeiterbewegung auch in der Weimarer Republik den Institutionen der kommunalen Selbstverwaltung so oft einen besonderen, »demokratischeren« Charakter als dem Staat zugestanden hat, müßte gründlicher vorgehen; Koenens Artikel war nicht mehr als ein grober Versuch, dem hier so viel Bedeutung beigemessen wird, weil die Idee der »Selbstverwaltung« schon von der SPD und USPD unkritisch vom Bürgertum übernommen worden war und weil die KPD das Problem meist mit Stillschweigen überging.

---

101 Wilhelm *Koenen*, Grundsätzliches zur Kommunalpolitik der KPD, in: *Die Internationale* 9/1926, Heft 4, S. 110 f.; Hervorhebung im Original.
102 Vgl. dazu Teil 2.1.1.

In einem weiteren Artikel über taktische Fragen in der Kommunalpolitik versuchte Koenen, die Selbstverwaltungsidee noch einmal positiv aufzunehmen; dabei forderte er aber nicht pauschal »Verwirklichung der Selbstverwaltung«, sondern verband damit Forderungen demokratischen Charakters und die Räteidee:

> »Unsere Selbstverwaltungsforderungen . . .
> 1. Beseitigung der Staatsaufsicht und des Bestätigungsrechts . . .
> 4. Ersatz der indirekten Wahl der Bürgermeister und Stadträte durch unmittelbare Verhältniswahl . . .
> 6. Verwirklichung der Selbstverwaltung durch Übertragung aller leitenden Funktionen an die Gemeindevertreter und Gemeinderäte sowie an Gemeindedeputierte, die von den Arbeiterorganisationen zu benennen sind.«[103]

2.3 *Die Linkswendung in der Kommunalpolitik der KPD 1929/30*

2.3.1 Die Linkswendung der Komintern 1928/29; der »ökonomische Katastrophismus« und die Unterschätzung der faschistischen Gefahr

Letztes Thema dieses Überblicks ist die Erörterung der kommunistischen Kommunalpolitik in der Endphase der Weimarer Republik. Dazu ist es notwendig, eine thesenartige Charakterisierung der KPD-Politik in der Phase der »ultralinken Taktik« vorauszuschicken.

Der VI. Weltkongreß der Kommunistischen Internationale, der von Juli bis September 1928 in Moskau tagte, beschloß offiziell eine scharfe Wendung nach links; die kommunistischen Parteien sollten überall den Kampf »Klasse gegen Klasse« propagieren, ohne Rücksicht auf die Legalität revolutionäre Maßnahmen ergreifen und die Sozialdemokratie und die Gewerkschaftsbürokratie kompromißlos bekämpfen. Diese Linkswendung wurde in Deutschland von Dezember 1928 an schrittweise durchgeführt. Sie stieß zuerst auf starken Widerstand in der Partei, bestimmte dann aber die Politik mit nur untergeordneten Modifikationen bis 1933.[104] Der Weltkongreß sagte das Herannahen einer gewaltigen Wirtschaftskrise voraus und leitete daraus das Ende der »relativen Stabilisierung« und den Beginn einer »dritten Periode«

---

103 Wilhelm *Koenen*, Zur kommunalpolitischen Taktik der KPD, in: *Die Internationale* 9/1926, Nr. 10, S. 303.
104 Zur Durchführung der Linkswendung in Deutschland s. Weber, Die Wandlung des deutschen Kommunismus, S. 191 ff., und Flechtheim, Die KPD in der Weimarer Republik, S. 248 ff.

ab, die einen mächtigen revolutionären Aufschwung bringen würde. Ausgangspunkt der Neuorientierung war also eine wirtschaftliche Analyse, die die große Krise zwar etwas verfrüht, aber doch bemerkenswert deutlich vorhersah[105], während z. B. die SPD im Glauben an ein »krisenloses Zeitalter des organisierten Kapitalismus« befangen war.[106] Das Problem der Linkswendung ist in den politischen Konsequenzen zu suchen, die aus der Erwartung der Krise gezogen wurden. Dazu schreibt Flechtheim:

> »Zum Verhängnis wurde hingegen die politische Fehlanalyse, die aus der relativ richtigen ökonomischen Interpretation abgeleitet wurde. Die nun einsetzende ›dritte Periode‹ entwickelte sich nämlich nicht in Richtung auf kapitalistischen Zusammenbruch und revolutionären Sieg; sie entpuppte sich vielmehr als eine Epoche kaum je gekannten Anwachsens reaktionärer nationalistisch-imperialistischer Tendenzen, als ein Zeitalter faschistischer Umwälzung und Vernichtung der gesamten sozialistischen und kommunistischen Bewegung.«[107]

N. Poulantzas hat die Ursachen für diese »politische Fehlanalyse« zum Gegenstand einer umfangreichen Untersuchung gemacht. Darin stellt er u. a. fest, daß die Komintern und die KPD bei ihren Analysen von einem schematischen Abhängigkeitsverhältnis zwischen wirtschaftlicher und politischer Entwicklung ausgingen. Sie verstanden die große Krise vor allem als eine *wirtschaftliche* Krise, aus der der Zusammenbruch des Kapitalismus und der Vormarsch der revolutionären Bewegung *notwendig folgen* müßten. Poulantzas nennt diese Sichtweise »ökonomischen Katastrophismus«[108]; aus ihr folgte die Erwartung, daß große Lohnstreiks bevorstünden und nur noch »ausgelöst« werden müßten, um dann in politische Massenstreiks »umgewandelt« werden zu können.

Trotz aller grundlegenden Unterschiede fühlt man sich hier an ein Grundproblem der Vorkriegs-SPD erinnert: an die Erwartung, daß die politische Revolution durch ökonomische Entwicklungen, gewissermaßen »von außen« ausgelöst werden würde.[109] Auch Poulantzas sieht

---

105 Poulantzas, Faschismus und Diktatur, S. 47. Siegfried *Bahne* (Die KP und das Ende von Weimar, Frankfurt u. a. 1976, S. 12) ist der Meinung, die neue Politik hätte »in keinem ursächlichen Zusammenhang mit der erst später einsetzenden Wirtschaftskrise« gestanden; sein einziger, völlig unzureichender Beleg dafür ist eine politische Überlegung von J. Humbert-Droz.

106 Wolfgang *Abendroth,* Aufstieg und Krise der deutschen Sozialdemokratie, Frankfurt 1964, S. 65.

107 Flechtheim, S. 250.

108 Poulantzas, Faschismus und Diktatur, S. 41 ff.

109 Vgl. Groh, Negative Integration und revolutionärer Attentismus, passim.

im Problem des Ökonomismus eine Kontinuität von der II. zur III. Internationalen.[110] Es entging der KPD, daß sich die gesamte Arbeiterbewegung in einer Verteidigungsstellung befand. Während des Faschisierungsprozesses machte das Bürgertum zwar eine schwere politische Krise durch, verfolgte aber dennoch eine *offensive* Strategie gegenüber der Arbeiterbewegung. Die KPD verschloß die Augen vor dem offensichtlichen Faktum, daß die tatsächlichen Streiks in der Zeit von 1929 bis 1933 nur die Verteidigung der Löhne gegen weiteren Abbau zum Ziel hatten und daß politische Massenaktionen der Arbeiter weitgehend fehlten.[111] Die Partei konnte zwar ihren Wähleranhang, nicht aber ihren tatsächlichen politische Einfluß steigern. Von 1929 bis 1932 gab sie sechsmal die Parole des Generalstreiks aus, ohne damit auf Resonanz zu stoßen.[112] Nur so konnte die groteske Situation eintreten, daß die Parteipropaganda ständig den nahen Sieg in einer wichtigen Schlacht ankündigte, 1933 aber der ganze Krieg verloren war.

Die KPD bekämpfte zwar die NSDAP, unterschätzte aber die faschistische Gefahr. Sie leugnete den qualitativen Unterschied zwischen bürgerlicher Republik und Faschismus, zwischen einem Zustand, in dem gewisse demokratische Grundrechte gewahrt waren, und dem Zustand totaler Zerschlagung der Arbeiterbewegung. Die Gegenüberstellung von bürgerlicher Demokratie und Faschismus, von Hitlerfaschismus und Sozialfaschismus, wurde von Thälmann noch 1931 als »liberaler« Fehler gerügt.[113]

Statt dessen richtete die KPD ihren Hauptangriff gegen die SPD. Lediglich 1932 machte sie einige Angebote zur antifaschistischen Einheitsaktion. Mit der Theorie vom »Sozialfaschismus« überging sie die offensichtliche Tatsache, daß die SPD von Anfang 1930 an selbst von allen bürgerlichen Kräften bekämpft oder gemieden wurde und von der Faschisierung schließlich auch in ihrer Existenz bedroht war.[114] In dieser Situation wäre eine »Politik des Offenen Briefes« zur Verteidigung der Republik und der demokratischen Grundrechte nur logisch gewesen. Die KPD hatte zwar die Politik der Einheitsfront nicht prinzipiell verworfen, sondern wollte sie nur »von unten« durchführen;

---

110 Poulantzas, S. 15 ff.
111 A.a.O., bes. S. 182 ff.
112 Flechtheim, S. 273.
113 »Einige Fehler in unserer theoretischen und praktischen Parteiarbeit und der Weg zu ihrer Überwindung«, in: *Die Internationale* 14/1931, S. 487.
114 Der endgültige Bruch mit der SPD läßt sich im Verlauf der Krise im einzelnen nachverfolgen; s. dazu u. a. Broszat, Der Staat Hitlers, München 1969, S. 13 ff.; vgl. auch Alfred *Sohn-Rethel,* Die soziale Rekonsolidierung des Kapitalismus (September 1932), in: *Kursbuch* 21 (1970) S. 17 ff.

die Betriebskomitees, in denen sie sich hätte abspielen sollen, existierten aber nur auf dem Papier.[115]

Das ökonomische Verständnis der Krise führte bei der KPD dazu, immer wieder die Bedeutung *politischer* und *ideologischer* Faktoren für die historische Entwicklung zu unterschätzen.[116] Das zeigte sich u. a. an der Erwartung, die wirtschaftliche Not würde *zwangsläufig* einen Rückgang des sozialdemokratischen Einflusses auf die Arbeiter haben. Während die KPD ihre Politik auf die ökonomischen Vorgänge abstellte, bezog sie die politischen und ideologischen Dimensionen der Krise nur wenig ein. So griff sie z. B. Severing, Brüning und Hitler en bloque an und stellte sie als verschiedene Ausprägungen ein und desselben Phänomens, nämlich des Faschismus, dar. Dabei repräsentierten diese drei Politiker verschiedene politische Apparate und Ideologien, die im Laufe des Faschisierungsprozesses aufeinander folgten und keineswegs austauschbar waren, vielmehr einander ausschlossen. Der Faschisierungsprozeß bedeutete gerade den heftigen Widerstreit von Ideen (z. B. liberaler Parlamentarismus gegen diktatorischen Einparteienstaat), ja, ganze Apparate von Politikern und Ideologen standen einander gegenüber; und die Machtergreifung bedeutete den endgültigen Bruch mit einer Reihe dieser Apparate (z. B. mit der liberalen Presse).

2.3.2 Die Faschismusanalyse der KPO und die Politik der SPD

Angesichts der politischen Fehlanalyse der KPD muß es immer wieder verwundern, daß die kommunistischen Oppositionsgruppen nicht mehr Erfolg hatten. Vor allem die wichtigste unter ihnen, die Brandler/Thalheimer-Gruppe (KPO), verfügte über eine nüchterne Analyse der Situation; sie erkannte klar, daß sich die Arbeiterbewegung in der Defensive befand, schätzte die faschistische Gefahr realistisch ein und forderte energisch eine andere Politik gegenüber der SPD.[117] Sie scheiterte aber schon 1929/30 sowohl in der Betriebsarbeit als auch bei den Wahlen. Die Erklärung dafür kann nicht nur darin gesucht werden, daß sie es mit dem übermächtigen Apparat der KPD nach ihrem Ausschluß nicht aufnehmen konnte. Sie litt auch unter dem Fehler, das Ausmaß der kommenden Wirtschaftskrise entgegen den KI-Prognosen

---

115 Poulantzas, S. 194.

116 A.a.O., S. 109, 158 und passim.

117 S. *Der Faschismus in Deutschland*. Analysen der KPD-Opposition aus den Jahren 1928–1933, eingel. u. hg. von der Gruppe Arbeiterpolitik, Frankfurt/M. 1973.

leugnen zu wollen.[118] Außerdem wurde ein politischer Erfolg der KPO auch durch das Verhalten der SPD fast unmöglich gemacht.

Gemeint ist die schon erwähnte Tendenz der sozialdemokratischen Führung, sich dem allgemeinen Rechtstrend der deutschen Politik nicht zu widersetzen, sondern immer wieder anzupassen. Das schloß nicht nur die Tolerierung der Brüning-Regierung ein; viele sozialdemokratische Funktionäre in Länder- und Gemeindepositionen übernahmen sogar eine Vorreiterrolle bei der Durchsetzung der Notverordnungs-Sparpolitik und bei der Bekämpfung der KPD.[119] Die strikt antikommunistischen und gegenüber der Rechten kompromißwilligen Kräfte in der SPD (Parteivorstand, preußische Minister, Reichstagsfraktion) behielten auch innerparteilich bis 1933 das Heft fest in der Hand, während die Linksopposition sich nicht durchsetzen konnte und schließlich ausschied, um die kleine »Sozialistische Arbeiterpartei« zu bilden.[120] Schon 1929 gingen Severing und der damalige preußische Innenminister Grzesinski derart rabiat gegen die KPD vor (Berliner Maivorfälle, Verbot des Rotfrontkämpferbundes, Parteiverbot nur aus Zweckmäßigkeitsgründen zurückgestellt)[121], daß der Aufbau einer demokratisch-republikanischen Verteidigungslinie, wie sie 1921/22 ansatzweise bestanden hatte, schon von daher fast aussichtslos geworden war. Mit einem klaren Blick für die hier angesprochenen Probleme schrieb Carl v. Ossietzky 1929 in der »Weltbühne«:

> »Die Ära des Herrn v. Keudell erscheint, gemessen an der gegenwärtigen des Herrn Severing, wie die eines fest umfriedeten, von starker Hand geschirmten Liberalismus ...
> Wird in dem gleichen beschwingten Maitempo weiter gedroschen, geschossen und verboten, so ist in absehbarer Zeit die Gruppe Brandler-Thalheimer ruiniert, die letzte schwache Brücke zwischen den beiden feindlichen roten Parteien ... Was tun die Kommunisten so Gräßliches? Sie vertreten die Sache ihrer Partei. Sie tun es mit den Mitteln einer radikalen Massenpartei ... Die sozialistischen Minister dagegen mobilisieren in ihrer Parteisache den Staat, und weil er einmal, wo es gegen Links geht, ausnahmsweise funktioniert, geben sie sich der bedenklichen Illusion hin, sie beherrschten ihn, und es würde auch so sein, wenn der Feind rechts stünde ...

118 Siehe Flechtheim, S. 250 f.; Tjaden, Struktur und Funktion der »KPD-Opposition«, S. 153 f.

119 Zur Identifikation der SPD mit Preußen und dem Weimarer Staat 1928 ff. s.: Rosenberg, Geschichte der Weimarer Republik, S. 177 ff. und 202 f.; Georg *Fülberth* / Jürgen *Harrer,* Die deutsche Sozialdemokratie 1890–1933, Darmstadt u. a. 1974, S. 202 und passim.

120 Hanno *Drechsler,* Die Sozialistische Arbeiterpartei Deutschlands, Meisenheim 1965, S. 56 ff.

121 Darstellung der Ministerverhandlungen bei: Gotthard *Jasper,* Der Schutz der Republik, Tübingen 1963, S. 162 ff.

Was hier geschieht, geht nicht nur die beiden Arbeiterparteien an, sondern jeden Republikaner, der nicht das eigene Sehen verlernt hat. Das Kommunistengesetz muß fort, der Staat selbst endlich wieder den legalen Boden finden, den er von der Opposition fordert. Sonst wird eines traurigen Tages der in der Stille gewachsene und vom Überdruß am Kampfe Rot gegen Rot genährte Faschismus da sein und das Prävenire spielen.«[122]

Hier hat Ossietzky 1929 erkannt, daß die SPD mit ihrem Verhalten die Sozialfaschismustheorie fortwährend »bestätigte«, d. h. ihr in den Augen der kommunistischen Arbeiter eine gewisse Plausibilität verlieh. Das ist ein wichtiger Grund, warum sich diese Theorie so weit verbreiten konnte und weshalb die Einheitsappelle der KPO weitgehend unrealistisch erscheinen mußten.[123]

2.3.3 Die Linkswendung in der Kommunalpolitik und der Weddinger Parteitag

Die Wendung in der kommunistischen Politik brachte grundlegende Veränderungen in der Programmatik und Taktik der Kommunalpolitik mit sich. Die Neuorientierung vollzog sich in den Jahren 1929 und 1930 in zwei Etappen, die – wie zu zeigen sein wird – deutlich voneinander unterschieden werden können.

Erstes Anzeichen der neuen Linksorientierung war wieder eine Neubestimmung des Verhältnisses zur SPD bei der Besetzung kommunaler Ämter. Eine ZK-Direktive bestimmte im November 1928, daß die Gemeindefraktionen in jedem Falle, auch bei sozialdemokratisch-kommunistischen Mehrheiten, nur für die Kandidaten der eigenen Partei stimmen dürften. Damit waren die »Richtlinien für die Parlamentspolitik« vom März 1928 außer Kraft gesetzt.[124]

Das Frühjahr 1929 stand überall noch im Zeichen der Auseinandersetzungen mit der »rechten« Opposition, vor allem den Brandler-Thalheimer-Anhängern. Nach der Parteispitze und den Bezirksleitungen wurden auch die Stadtverordneten-Fraktionen davon betroffen, und

---

122 *Die Weltbühne*, Berlin, Jge. 1929 und 1930; hier Nr. 21, vom 21. 5. 1929, S. 768 ff.

123 S. dazu auch Abendroth, Ein Leben in der Arbeiterbewegung, S. 81 ff. und 108 ff.

124 Die *Richtlinien für die Parlamentspolitik der KPD in den Ländern und Gemeinden* (hg. v. ZK der KPD, Abt. Parlament, Berlin 1928) faßten Artikel zu den wichtigsten Gebieten der Kommunalpolitik zusammen, darunter die oben besprochenen Artikel Koenens aus der *Internationalen* (Anm. 101 und 103); Weber, Die Wandlung des deutschen Kommunismus, S. 337.

viele Parteiausschlüsse trafen altgediente Kommunalvertreter. In manchen Städten kam es zum Rücktritt der ganzen KP-Fraktion oder zur vorübergehenden Bildung von KPO-Sonderfraktionen.[125] Dauerhaften Einfluß auf die Gemeindepolitik konnte die KPO aber nur in Offenbach und in einigen Orten Mitteldeutschlands behalten.[126]

Am 1. Mai 1929 schrieb Wilhelm Koenen in der *Kommune* über die »Auswirkung der taktischen Wendung des 6. Kongresses auf die Kommunalpolitik der KPD«; dieser Artikel steckte die Marschrichtung für den bevorstehenden Parteitag ab.[127] Darin standen vier Themen im Vordergrund: das Verhältnis zur SPD, die Kommunalbürokratie, die Frage der Kommunalisierung und die Rolle der kommunistischen Gemeindevertreter.

Gegenüber der *SPD* war nach den Jahren eines versöhnlicheren Verhältnisses nun wieder die schroffe Ablehnung vorgeschrieben. Bei der Etatverabschiedung und der Wahl der kommunalen Ämter, also bei den wichtigsten »parlamentarischen« Funktionen der Stadtverordnetenversammlung, sollte die politische Ablehnung sowohl des SPD-Etats als auch jedes sozialdemokratischen Kandidaten wieder zur Regel ohne Ausnahme werden. Die Ablehnung des Etats sollte jeder Gemeindeverwaltung, die sich der gründlichen proletarischen Umgestaltung des Haushalts widersetzt und »ohne Differenzen mit den Regierungsorganen und Aufsichtsinstanzen« ihre Kommunalpolitik durchführen will, das »schärfste politische Mißtrauen« bekunden.

Von den Kommunalverwaltungen hieß es, sie machten zwar hier und da noch »durch Erklärungen und Entschließungen eine Scheinopposition« gegen die sozialreaktionären Sparmaßnahmen, träten aber »doch immer deutlicher und unverhüllter als die Vollstrecker des Willens der Trustbourgeoisie gegen die werktätige Bevölkerung ihrer Kommunen in den Vordergrund«. Dabei seien die oberen SPD-Bürokraten führend. In den letzten Jahren habe sich »in immer schnellerem Tempo ein tatsächliches Verwachsen der SPD-Bürokratie an der Spitze der Länder und Gemeinden mit der Trustbourgeoisie und ihren Wirtschaftsorganen« gezeigt.

Hierzu ist zu bemerken, daß die KPD im Mai 1929 zutreffend eine Entwicklung voraussah, die als Folge des bereits abgesteckten Sparprogramms der öffentlichen Hand bei heraufziehender Krise eine bisher ungekannte Verschärfung der Konflikte *innerhalb* der Gemeinden mit sich brachte; dabei wurden die Kommunal*verwaltungen* immer

---

125 Die Vorgänge in Dortmund, Duisburg, Wanne-Eickel und Essen, dargestellt bei: Herlemann, S. 145 ff.
126 Weber, a.a.O., S. 220 f; vgl. a. unten Teil 2.3.6.
127 *Die Kommune* 9/1929, Nr. 9, S. 65 ff.

mehr zu direkten Vollstreckern der Regierungsprogramme, was in der Durchführung der Notverordnungen seinen sichtbaren Ausdruck fand.[128] Die KPD stellte sich auf ihre Weise und gemäß der Theorie der »dritten Periode« darauf ein: Sie rief zum politischen Angriff gegen die Kommunalverwaltungen auf. Was die Behauptung betrifft, es finde ein »Verwachsen der SPD-Bürokratie mit der Trustbourgeoisie« statt, so ist auf die allgemeinen Bemerkungen zum Faschisierungsprozeß (oben) hinzuweisen. Ungeachtet der kompromißlerischen Politik der führenden Sozialdemokraten gegenüber der Rechten waren die bürgerlichen Kräfte seit 1929 gerade in den Kommunen darauf aus, die Sozialdemokraten aus allen Ämtern zu vertreiben. Man vergleiche als besonders krasses Beispiel die Amtsenthebung der SPD-Landräte in Preußen 1932. Zwar gab es Tendenzen zur Verwachsung der SPD-Bürokratie mit dem Staatsapparat, diese Tendenz fand aber 1929 nicht »in immer schnellerem Tempo« statt, sondern war gerade dabei, sich umzukehren.

Koenen definierte in seinem Artikel auch das Verhältnis der KPD zur *Kommunalisierung* neu:

> »Die Kommunisten betrachten die Kommunalisierung in der relativen Stabilisierung nicht als eine Übergangsmaßnahme zum Sozialismus, sie vertreten sie vielmehr als ein Mittel der besseren und billigen Massenversorgung, der sozialen Hilfe für Unbemittelte und der Verstärkung der Aktionskraft der Arbeiterschaft ... Aus diesen Gründen setzen sich die Kommunisten für kommunale Versorgungsbetriebe ein ... Aus den gleichen Gründen müssen wir jeder Verflechtung der kommunalen Versorgungsbetriebe mit den großkapitalistischen Konzernen unbedingt entgegentreten.«

Bisher hatte die KPD die Kommunalisierung pauschal gefordert, ohne sich mit der kommunalsozialistischen Tradition überhaupt auseinanderzusetzen. An dieser Stelle wurde zum ersten Mal festgestellt, daß die Kommunalisierung *nicht* als eine Übergangsmaßnahme zum Sozialismus zu betrachten sei. Der Ausbau der städtischen Betriebe wurde aber weiterhin angestrebt, da ihnen eine große materielle und sozialpolitische Bedeutung für die Bevölkerung zukam. Damit war gewissermaßen ein großer Bogen zurück zu jenen Berliner Sozialdemokraten von 1883 geschlagen, die naheliegenderweise die Kommunalisierung der »lukrativen Pferdebahnen« gefordert hatten und die darin den materiellen Vorteil der Gemeinde und der Fahrgäste, nicht aber den Anbruch des kommunalen Sozialismus erblickt hatten.[129] Koenens Präzisierung der Kommunalisierungsforderungen bedeutete

128 Vgl. unten Teil 3.3.
129 Paul *Hirsch*, 25 Jahre sozialdemokratischer Arbeit in der Gemeinde, Berlin 1908, S. 1 f.

natürlich ebenfalls eine Absetzung von der Sozialdemokratie, die gerade in diesen Jahren (1928/29) ihr Programm der »Gemeinwirtschaft« ausbaute. Sie ist aber nicht unbedingt als ein Charakteristikum der Linkswendung anzusehen; seit dem Beginn der kommunistischen Kommunalprogrammatik mit Max Sievers war sie eigentlich überfällig gewesen.

Weiter heißt es zur Rolle der Kommunalvertreter der Partei:

> »Die taktische Wendung der Verschiebung des Schwergewichts der Einheitsfront nach unten verpflichtet die Kommunalfunktionäre der KPD zu einer noch engeren Verbundenheit mit den Massen und Massenorganisationen als bisher ... Nicht mehr nur als parlamentarische Antragsteller im Sinne der einfachen Agitation und Entlarvung, sondern als *führende und organisierende Kraft* haben sich unsere Kommunalfunktionäre in allen Kämpfen und Bewegungen zu betätigen.« (Hervorh. i. Orig.)

Der Appell, daß die Kommunalvertreter mit der eigenen Massenarbeit ernst machen sollten, war so alt wie die kommunistische Kommunalpolitik selbst. Besonders seit den verstärkten Anstrengungen der Partei für die Durchführung der Bolschewisierung[130] wurde immer wieder über eine mangelhafte Verbindung der Gemeindefraktionen zur Betriebsarbeit geklagt. In der letzten Phase der Politik bis 1933 wurden auf organisatorischem Gebiet sichtbare Anläufe genommen, um das Ziel zu erreichen. So wurde z. B. für die Auswahl der Kandidaten der Kommunalwahl 1929 zur Bedingung gemacht, daß sie gleichzeitig eine führende Position in einer Massenorganisation der Arbeiterschaft innehatten.[131] Inwieweit das »Eigenleben« der Gemeindefraktionen, das ebenfalls in gewiser Hinsicht ein Erbe der alten SPD war, tatsächlich überwunden wurde, kann in dieser Übersicht nicht beurteilt werden.

Auf dem Weddinger Parteitag wurde die Kommunalpolitik in einer Kommission verhandelt, die dem Plenum lediglich eine Resolution zur Abstimmung vorlegte.[132] Die Resolution bestätigte die Ausführungen Koenens in allen wesentlichen Punkten. Die Kommissionsmitglieder unterbreiteten zusätzliche Vorschläge, wie die Verbindung der Kommunalvertreter mit den Massen verbessert werden könnte, z. B. durch

---

130 Dazu s. a. Hans-Dieter *Heilmann* / Bernd *Rabehl,* Die Legende von der »Bolschewisierung« der KPD, *Sozialistische Politik* Nr. 9 (1970), S. 65 bis 114, und Nr. 10 (1971), S. 1–37. Aus diesem Aufsatz geht hervor, daß die zahllosen Bekenntnisse zur Bolschewisierung in umgekehrter Proportion zu ihrer Verwirklichung standen und daß sie oft nur als organisatorisches, nicht aber als politisches Problem aufgefaßt wurde.

131 *Kommunalwahlen 1929.* Anweisungen über Vorbereitung und Durchführung, hg. v. ZK der KPD (Berlin 1929), S. 6 ff.

132 Bericht und Resolutionstext in: *Die Kommune* 9/1929, Nr. 13, S. 101 ff.

die Berücksichtigung spezieller Jugendforderungen und die Aufstellung von Betriebsarbeiterinnen auf den Wahllisten. Die Resolution des Parteitages legte außerdem ganz besonderen Wert auf die finanziellen Forderungen, die an die Kommunalverwaltungen in Zukunft zu stellen seien: Erwerbslosenforderungen, Finanzzuschüsse an die proletarischen Massen- und Sportorganisationen und speziell auch die Unterstützungsforderungen für Streikende und Ausgesperrte.

2.3.4 Zusammenhang zwischen Selbstverwaltung und Demokratie (Koenens ZK-Bericht vom August 1929)

Auf der ersten ZK-Sitzung nach dem Parteitag erstattete Wilhelm Koenen Bericht über die Kommunalpolitik.[133] Darin kommt er – im Gegensatz zu allen späteren politischen Äußerungen der Partei – noch einmal auf das Problem der Selbstverwaltung zu sprechen:

>»Die Machthaber wollen ein einheitliches Organ zur *zentralen Stärkung der Bourgeoisie* (= einen einheitlichen bürokratischen Staatsapparat). Sie wollen die Beseitigung der kümmerlichen Reste der Selbstverwaltung, soweit sie noch bestehen. Das ist das Ziel. Wirtschaftlich und sozial gesehen, soll gleichzeitig die Drosselung der Ausgaben für Wohlfahrt, für soziale und kulturelle Zwecke weiter betrieben werden ... Wir müssen überhaupt den Feind innerhalb der Gemeinde schärfer anprangern als bisher. Es herrscht bei unseren Genossen noch zu sehr das Gefühl, daß schließlich in der *Selbstverwaltung* doch so eine Art von Vertretung der allgemeinen Gemeindeinteressen vorhanden wäre. Diese Vorstellung muß vernichtet werden ...
>Wir haben uns ... aber auch zu wehren gegen jeden Abbau irgendwelcher öffentlichen Kontrolle und jeder demokratischen Institution. Wir sind keineswegs der Meinung, daß wir etwa auf dem Wege der Demokratie den Sozialismus erringen, aber wir verteidigen im Rahmen der kapitalistischen Gesellschaft die demokratischen Grundrechte der Arbeiter: Streikfreiheit, Koalitionsrecht usw. In diesem Sinne verteidigen wir demokratische Grundrechte, indem wir z. B. auch nicht ohne weiteres den Abbau der Parlamente mitmachen ... Gegenüber der Autokratie der Selbstverwaltungsbürokratie verteidigen wir das Mitrederecht der Stadtverordnetenversammlung ...«[134]

Diese Zitate sind nicht die zentralen politischen Pointen des Berichts. Aus ihnen geht aber hervor, daß Koenen bei der Formulierung der Kommunalpolitik der KPD die besondere Selbstverwaltungsproble-

---

133 *Rote Fahne*, 16. 8. 1929; Text des Berichtes, der nur intern verwandt wurde: *Zur Politik und Taktik der KPD in den Kommunen*, hg. v. ZK der KPD, als Manuskript gedruckt (Berlin 1929).

134 Zur Politik und Taktik ..., a.a.O., S. 5; 18; 21 f. Hervorhebung im Original.

matik noch mit einbezog; in Deutschland war Gemeindepolitik eben nicht nur »Lokalpolitik«, sondern spielte sich in der Form der »kommunalen Selbstverwaltung« ab. Das hieß, daß die Kommunalverwaltungen trotz allem bisher einen Entscheidungsspielraum gehabt hatten, der über das Maß hinausging, über das die unterste Instanz einer reinen Zentralverwaltung verfügt hätte; dazu gehörte ein formalisiertes Mitspracherecht der Gemeindeparlamente; und dazu gehörte die besondere Selbstverwaltungsideologie, die von der bürgerlichen Revolution her mit fortschrittlichen und demokratischen Ideen verbunden wurde.[135] Dieses ganze Selbstverwaltungsgebäude geriet in der Krise ins Wanken. Der Entscheidungsspielraum der Kommunalbürokratien wurde plötzlich nicht mehr nur beeinträchtigt, sondern fast ganz beseitigt. Das Mitspracherecht der Gemeindeparlamente wurde ausgeschaltet. Die ganze Selbstverwaltung stand, ähnlich wie Reichs- und Länderparlamente, dem Sparprogramm zur Bewältigung der Krise im Wege, das Schacht und der RDI formuliert hatten und das dann die Notverordnungen verwirklichten. Diese Entwicklung mußte eine tiefgreifende Krise der Selbstverwaltungsideologie nach sich ziehen.[136]

Koenen berücksichtigt diesen Prozeß zumindest ansatzweise, wenn er davon spricht, daß die »Reste der Selbstverwaltung« beseitigt werden und daß mit der Selbstverwaltung noch das »Gefühl« der Vertretung der allgemeinen Gemeindeinteressen verbunden wäre. Beim Thema der demokratischen Grundrechte und des Mitrederechts der Parlamente blinkt unversehens die Einsicht durch, daß augenblicklich in der Selbstverwaltung weniger die revolutionäre Offensive als der massive Abbau demokratischer Rechte zur Debatte steht. Und unversehens ist trotz der Offensivtaktik nun von »Verteidigung« die Rede. Für die kommunistische Kommunalpolitik wäre zwar nicht die »Verwirklichung der Selbstverwaltung«, wohl aber die Verteidigung bedrohter demokratischer Rechte eine logische Antwort auf den Faschisierungsprozeß gewesen.

2.3.5 Die Kommunalwahlen im November 1929

Inzwischen standen Kommunalwahlen bevor; in Preußen, Sachsen, Hessen und Bayern wurden im November und Dezember 1929 neue Gemeindevertretungen gewählt. Die KPD-Führung versuchte, die

---

135 Vgl. Teil 2.1.1.
136 Vgl. Teil 3.2.5 und 3.3.4.

Durchführung des Wahlkampfes im Sinne der neuen Linkswendung zu organisieren.[137] Bei der Aufstellung der Kandidaten wurden verstärkt Betriebsarbeiter und Frauen berücksichtigt. Zusammen mit dem Ausscheiden vieler KPO-Sympathisanten aus den Kommunalfraktionen war eine große Fluktuation der Kommunalvertreter die Folge. Von den 55 Stadtverordneten, die 1929 in Berlin neu gewählt wurden, waren z. B. 48 Neulinge in der Versammlung[138]; in den Städten des Ruhrgebiets lag der Anteil der Neulinge bei durchschnittlich 63 %. Es gilt allgemein für die Fraktionen der KPD, daß sie im Vergleich zu den anderen Parteien den höchsten Anteil an Arbeitern und an Frauen hatten sowie das niedrigste Durchschnittsalter aufwiesen.[139] Diese Tendenz setzte sich 1929 noch verstärkt fort.

Die Kommunalwahlen wurden von den Leitungen der KPD auf allen Ebenen als ein Testfall für die neue Politik und als Maßstab für die Radikalisierung der werktätigen Bevölkerung aufgefaßt.[140] Aber nicht nur die KPD maß den Wahlen 1929 eine größere politische Bedeutung zu als allen vorhergehenden Gemeindewahlen in der Republik. Dasselbe gilt von den bürgerlichen Parteien, die nun auch in bisher ungekanntem Maße Parteipolitik in die Selbstverwaltung trugen, wobei ihre besonders erbitterten Angriffe gegen die Sozialdemokratie gerichtet waren.[141]

Zum ersten Mal machten auch die Nationalsozialisten in diesem Wahlkampf von sich reden. In Sachsen und Bayern, aber auch in einigen Städten Preußens konnten sie dann auch erste Erfolge verbuchen.[142]

Im Wahlkampf 1929 spielten auch bereits kommunale Skandale eine große Rolle. In Berlin beherrschte die Betrugsaffäre der Gebrüder Sklarek die lokale Politik monatelang. Führende Vertreter der Berliner Stadtverwaltung, an ihrer Spitze Oberbürgermeister Böß, gerieten in den Verdacht der passiven Bestechung.[143] »In jenem Augenblick

---

137 Vgl. u. a. die Anweisungen für die Kommunalwahlen 1929, s. o. Anm. 131; *Kommunisten oder Sozialdemokraten*. 1925–1929, 4 Jahre Berliner Kommunalpolitik, Referentenmaterial, 22 u. 38 S., hg. von der Bezirksleitung der KPD-Berlin-Brandenburg (Berlin 1929).

138 Weber, Die Wandlung des deutschen Kommunismus, S. 289.

139 B. Herlemann (a.a.O., S. 200 ff.) weist diese Merkmale an Hand einer Zusammenstellung nach, die sämtliche Stadtverordnete der Ruhrgebietsstädte 1924–1933 erfaßt.

140 S. z. B. Paul *Langner*, Die Gemeindewahlen in Deutschland, *Inprekorr* 1929, Nr. 97, S. 2316.

141 Man vgl. die Kampfschrift: A. *Heinrichsbauer*, Der Sozialismus im Endkampf um die Kommune. Weitere Erfolge der Novemberwahlen?, Essen 1929.

142 S. unten Teil 3.4.2.

143 Vgl. Engeli, Gustav Böß, S. 226 ff.

schlug der Sklarek-Skandal wie eine Bombe ein, weil die Volksmassen schon seit Jahren die hohen städtischen Würdenträger mit ihren Riesengehältern verabscheuten. Jetzt schien der Beweis erbracht, daß die Massen darben mußten, weil die regierenden städtischen Herren mit dem kapitalistischen Schiebertum unter einer Decke steckten ...«[144] Ehe überhaupt die Anschuldigungen im einzelnen geklärt waren, mußte Böß schon zurücktreten, untersuchte ein Ausschuß des Landtages die Mißstände in der Berliner Stadtverwaltung usw. »Der Sklarek-Pelz, den die Frau Oberbürgermeister trug, hatte fast dieselbe Bedeutung für den Zusammenbruch der deutschen Republik wie das Halsband der Königin Marie Antoinette für den Untergang Ludwigs XIV.«[145] Für die KPD, die an der Aufdeckung des Skandals führend beteiligt war, stellte sich peinlicherweise die Verwicklung eigener Parteimitglieder, der Stadträte Gäbel und Degener, heraus. Gäbel, der ein führender Kommunalpolitiker der Partei gewesen war, wurde später zu einer Gefängnisstrafe verurteilt.[146] Das schwindende Vertrauen der Wähler in die Parteien, die das bisherige System der Selbstverwaltung aktiv vertraten, zeigte sich auch am Auftreten zahlreicher neuer, radikaler Mittelstands- und Kleinbürgerparteien. Der Redakteur Schmalix, der die städtische Verwaltung und die hochbezahlten Beamten scharf angriff, konnte z. B. in Erfurt mit seiner Wahlliste einen erdrutschartigen Sieg verbuchen.[147] Das Wahlergebnis zeigte dann so viele verschiedenartige Tendenzen, daß fast alle Parteien für sich einen Sieg daraus konstruieren wollten.[148] Lediglich der Abbau der bürgerlichen Mittelparteien war eine unbestreitbare Tatsache. Die SPD konnte ihr Spit-

---

144 Rosenberg, Geschichte der Weimarer Republik, S. 201.

145 Rosenberg, a.a.O.

146 Otto *Gäbel*, der der KPD seit 1919 angehörte, war längere Zeit Schriftleiter der *Kommune;* außerdem verfaßte er für die Partei die Broschüre: Führer durch das Wahlrecht zu den Berliner Gemeindeparlamenten, Berlin 1929. Fritz *Heckert* äußerte nach den Wahlen die Vermutung, daß »der Korruptionsfall der beiden ehemaligen Stadträte Degener und Gäbel unserer Partei eine Einbuße von vielleicht 30 bis 40 000 Stimmen gebracht hat.« *Inprekorr* 1929, Nr. 109, S. 2579.

147 Rosenberg, S. 198 f.

148 Die einzige umfassende Übersicht ist eine Zusammenstellung des Deutschen Städtetages: *Die Zusammensetzung der Stadtvertretungen nach den letzten Wahlen in den Gemeinden mit mehr als 25 000 Einwohnern,* in: *Statistische Vierteljahresberichte* des Deutschen Städtetages, 2. Jg. 1929, Heft 4, S. 196 ff.; vgl. außerdem: *Die Kommune* 9/1929, Nr. 23, S. 185 f., und 10/1930, Nr. 11, S. 90; *E. K.,* Zu den Ergebnissen der Landtags- und Gemeindewahlen, in: *Die Internationale* 12/1929, S. 750 ff.; Paul *Langner,* Ein glänzender Sieg der Kommunistischen Partei in Berlin, *Inprekorr* 1929, Nr. 108, S. 2561 f.

zenergebnis von der Reichs- und Landtagswahl 1928 nicht wiederholen, schnitt aber – bei einer geringeren Wahlbeteiligung – immer noch gut ab. Die KPD hatte ein ausgezeichnetes Ergebnis in Berlin (56 Stadtverordnetensitze), wo sie zweitstärkste Partei nach der SPD (64 Sitze) wurde. Im Ruhrgebiet konnte sie das einmalige Ergebnis von 1924 nicht wiederholen, behauptete sich aber auch gut. Als beunruhigend mußte sie das starke Abschneiden der Zentrumspartei in den katholischen Großstädten des Rheinlands empfinden.[149] In Hessen und Bayern behauptete sie sich auf einem traditionell niedrigen Niveau. Einen regelrechten Zusammenbruch des Wähleranhangs mußte sie in Sachsen und Thüringen (bei der gleichzeitigen Landtagswahl) hinnehmen. In diesen Ländern verlor sie große Wählermassen an die SPD, die dort einen ausgeprägten linken Flügel hatte.

Eine Bestandsaufnahme aller Stadtverordnetensitze in den preußischen Städten mit mehr als 25 000 Einwohnern zeigt, daß von insgesamt 5 484 Sitzen die SPD 1 457 (26,6 %) und die KPD 682 (12,4 %) errungen hatten.[150] Bei den preußischen Landtagswahlen 1928 waren es bei der SPD noch 30,4 % der Stimmen gewesen, bei der KPD hingegen ebenfalls genau 12,4 %. Einige Artikel der kommunistischen Blätter feierten laut einen großen Sieg über die SPD und versuchten das mit Zahlenspielen zu belegen.[151] Die nüchternen Zahlen zeigen, daß dabei der weiterhin stabile Einfluß der SPD in der Kommunalpolitik unterschätzt wurde.

Das ZK der Partei wertete das Wahlergebnis als Bestätigung für die »absolute Richtigkeit der bolschewistischen Politik des Weddinger Parteitags und des 10. Plenums«.[152] Diese Genugtuung ist allenfalls verständlich im Hinblick darauf, daß die KPO, die landesweit konkurrierende Wahllisten aufgestellt hatte, auf der ganzen Linie gescheitert war. Ansonsten ging aus dem Wahlergebnis keineswegs das »Heranreifen der revolutionären Krise« oder eine allgemeine »Linksentwicklung der Massen« hervor. Zwar gab es Anzeichen für eine Radikalisierung der Wähler: diese Tendenz hatte sich stellenweise aber auch als starker *Rechtsruck* fühlbar gemacht.[153]

---

149 S. Peter *Maslowski*, Der Wahlerfolg der Zentrumspartei. Seine Gründe, seine Lehren, in: *Die Internationale* 12/1929, S. 753 ff.

150 Berechnet nach der Übersicht des Deutschen Städtetages, s. Anm. 148.

151 Die Moskauer *Prawda* ging so weit zu schreiben: »Das wichtigste politische Ergebnis der Kommunalwahlen ist zweifellos die *Niederlage der Sozialfaschisten*.« Inprekorr 1929, Nr. 110, S. 2597; zur Zahlenakrobatik der Wahlberichterstattung s. Herlemann, a.a.O., S. 156.

152 Das ZK der KPD zu den Kommunalwahlen, in: *Inprekorr* 1929, Nr. 112, S. 2640.

153 Dazu schrieb die KPO: »Die Kräfteverhältnisse zwischen den Klassen

2.3.6 Die Kommunalpolitik der KPO

An dieser Stelle ist noch ein Wort dazu zu sagen, wie es um die Kommunalpolitik der KPD-Opposition stand. Bei den Anhängern Brandlers und Thalheimers wurde die neue Linie der Thälmann-KP nicht nur *allgemein* abgelehnt; auch die Wendung der Kommunalpolitik stieß auf eine erbitterte Kritik. Die Opposition wünschte die Fortführung der kommunalpolitischen Linie der Jahre 1925–1928. Sie lehnte die neue Taktik als Rückfall in den »Iwan-Katzismus« und die »Politik der roten Handschuhe« ab.[154] Wie bereits erwähnt, verfügte die KPO über eine politische Analyse der Situation, die die Bedrohung aller republikanischen Einrichtungen durch den Faschismus richtig verstand und die es ihr daher auch ermöglichte, ein anderes Verhältnis zur kommunalen Selbstverwaltung einzunehmen als die KPD. Daraus folgte, daß sich die kommunistische Politik auch dem Abbau der Selbstverwaltungsrechte der Gemeinden in dem Moment widersetzen müsse, wo sie von rechts bedroht seien; dieser Abwehrkampf stehe im Zusammenhang mit dem Kampf um die Erhaltung und den Ausbau der demokratischen Rechte überhaupt. Aus der Analyse der KPO folgte weiter, daß die gefährliche Koalitionspolitik der SPD mit den bürgerlichen Parteien und der Staatsbürokratie auch in den Gemeinden angegriffen werden müsse und daß man versuchen müsse, die SPD auf der Grundlage von Minimalforderungen demokratischer und sozialpolitischer Art zur Zusammenarbeit mit den Kommunisten in einer defensiven Einheitsfront zu bewegen.[155] Um die Wirksamkeit der Politik zu gewährleisten, müsse sie eine allgemeine Mobilisierung der Arbeiter erreichen: die aktive Kontrolle der Gemeindearbeiter über die Kommunalbetriebe, die Aktivierung der Erwerbslosenausschüsse, die Bildung antifaschistischer Komitees usw.

Eine derartige Konzeption, die sich sowohl aus der allgemeinen Programmatik der KPO als auch aus speziellen Äußerungen zum Selbstverwaltungsproblem rekonstruieren läßt, wurde jedoch nie zu einem

---

haben sich gegenüber den Maiwahlen zugunsten der Bourgeoisie verschoben. In stürmischem Vormarsch ist ihr nationalsozialistischer Stoßtrupp begriffen ...« *Gegen den Strom* 1929, Nr. 47, S. 8.

154 S. *Die neue Wendung in der Kommunalpolitik,* in: *Gegen den Strom* 1929, Nr. 34, S. 9 f.; Erich *Kohlrausch,* Young-Plan und Gemeindepolitik, Berlin 1930, bes. S. 49.

155 Der Faschismus in Deutschland. Analysen der KPD-Opposition aus den Jahren 1928–1933, a.a.O., S. 60 ff.; 107 ff.; *Die Schlangenlinie in der kommunalpolitischen Praxis,* in: *Gegen den Strom* 1929, Nr. 51, S. 7; *Mr. Meschugge macht Kommunalpolitik,* in: *Gegen den Strom* 1930, Nr. 13, S. 207 f.

einheitlichen Kommunalprogramm zusammengefaßt. Auch scheint sie in der praktischen Kommunalpolitik nur begrenzt wirksam geworden zu sein.

Als Schulungsmaterial diente der KPO die Broschüre »Young-Plan und Gemeindepolitik«, die der Thüringer Bürgermeister Erich Kohlrausch verfaßt hatte.[156] Kohlrausch, der in einem eigenwilligen, z. T. besserwisserischen Stil schrieb, erreichte darin nur wenig programmatische Klarheit. Er arbeitete den engen Zusammenhang zwischen den Forderungen von Schacht, dem Young-Plan und dem forcierten Abbau der Sozialpolitik und der Selbstverwaltung heraus. Dieser Zusammenhang war allerdings schon seit längerem bekannt gewesen. Die Behauptung der KPD, die kommunale Bürokratie müsse immer offener als Vollstreckerin des reaktionären Sparprogramms auftreten, wies Kohlrausch zurück. Er analysierte sie aber nicht inhaltlich, sondern stellte sie als »Übertreibung« hin. Daraus und aus seiner vergeblichen Hoffnung auf eine scharfe Opposition der Bürgermeister (Reichsstädtebund und Städtetag) gegen die Notverordnungen muß man wohl die Apologie eines engagierten *Bürgermeisters* heraushören. Zur Selbstverwaltung schrieb Kohlrausch, das Proletariat müsse »den Kampf für den Ausbau der bezirklichen und lokalen Selbstverwaltung und die Propaganda des Rätegedankens führen«.[157] Er wollte sich also nicht nur gegen den Abbau der Selbstverwaltung, sondern auch für den Ausbau der Einrichtung einsetzen und das direkt mit der Propaganda für den Rätegedanken verbinden. Diese Formulierung erinnert fast wörtlich an das Programm der USPD von 1919 und tendiert zu einer Position, die die Komintern seit ihrer Gründung als zentristisch abgelehnt hatte. Andere kommunalpolitische Äußerungen der KPO zeigen die Tendenz, die Zusammenarbeit mit der SPD als ein Wundermittel herauszustellen, ohne auf den aktuellen Grund für die Notwendigkeit der Einheitsfront, nämlich die Faschismusgefahr, überhaupt einzugehen. So heißt es im Aufruf zur Kommunalwahl in Berlin: »Für den Bau von Arbeiterwohnungen wurde nicht die Hälfte dessen getan, was möglich gewesen wäre, bei wirklicher Ausnutzung der kommunistisch-sozialdemokratischen Mehrheit im Interesse der wohnungslosen Werktätigen.«[158]

Im thüringischen Ruhla, wo Kohlrausch Bürgermeister war, führte er offenbar einen mutigen Kampf gegen die Eingriffe der Staatsverwal-

---

156 Tjaden, Struktur und Funktion der KPD-O., a.a.O., S. 234; Angabe Kohlrausch, s. Anm. 154.
157 A.a.O., S. 6.
158 *Für eine Arbeitermehrheit in Berlin,* Sonderbeilage von *Gegen den Strom,* November 1929.

tung, die seit Anfang 1930 von dem nationalsozialistischen Innenminister Frick geleitet wurden. 1930 wurde der städtische Haushalt
von der Aufsichtsbehörde nicht genehmigt; das Stadtparlament wurde
aufgelöst. Bei den Neuwahlen konnte die KPO an die 43 % aller
Stimmen erringen. Dennoch geschah es, daß Kohlrausch die Polizeigewalt an die Regierung abgeben mußte und schließlich im Mai 1931
abgesetzt wurde.[159] Während Kohlrausch von der lokalen SPD unterstützt wurde, stieß die starke Offenbacher KPO-Fraktion unter Heinrich Galm bei der SPD auf Ablehnung. Die KPO konnte weder die
Annahme ihrer Minimalforderungen noch die gemeinsame Bildung der
Stadtverwaltungen unter Ausschluß der Bürgerlichen erreichen. Ihr
gelang hingegen die Bildung eines »Kommunalpolitischen Ausschusses«,
der Vertreter von 49 Vereinen und Betrieben vereinigte und aktiv in
die Kommunalpolitik eingriff.[160]
Es ist ziemlich unverständlich, wenn Tjaden den Ausgang der Kommunalwahlen 1929 für die KPO mit vorsichtigem Optimismus beurteilt.[161] Es waren die einzigen Wahlen, an denen die KPO – entsprechend ihren Möglichkeiten – fast reichsweit teilnahm. Zwar konnte sie
in Offenbach und einigen Orten Sachsens Achtungserfolge erzielen.
Aber z. B. im Ruhrgebiet, wo sie mit eigenen Listen in Dortmund,
Essen, Duisburg und Oberhausen auftrat, erhielt sie kein einziges Mandat.[162] Das manifestierte doch ein derartiges Desinteresse – besonders
der bisherigen KP-Wähler –, das die KPO ziemlich unwiderruflich als
kleine Sekte brandmarkte.

2.3.7 Höhepunkt der kommunalpolitischen Anstrengungen der KPD im Frühjahr 1930

Mit dem Zusammentreten der neugewählten Kommunalparlamente im
November/Dezember 1929 begann für die KPD eine Phase fieberhafter
Organisationstätigkeit.
Nur große Anstrengungen und eine stärkere Zentralisierung als bisher
konnten den schwerfälligen Kommunalapparat der Partei (ca. 15 000

---

159 Tjaden, a.a.O., S. 232 f.
160 In Offenbach konnte die KPO 1929 11 Stadtverordnetensitze erringen;
    damit war sie nach der SPD (15 Sitze) die zweitstärkste Partei, während
    die KPD nur 3 Sitze behalten hatte. Zur Offenbacher Politik s. *Das
    Offenbacher Beispiel. Vorbildliche kommunistische Kommunalpolitik*, in:
    Gegen den Strom 1930, Nr. 5, S. 76.
161 Tjaden, a.a.O., S. 231 f.; zum Ausgang der Kommunalwahlen für die
    KPO vgl. auch Weber, S. 220 f.
162 Herlemann, S. 154 f.

Kommunalvertreter) innerhalb kurzer Zeit dazu bringen, die neue Linkspolitik gleichmäßig durchzuführen. Der Grund dafür, daß die Kommunalpolitik stärker als je zuvor im politischen Mittelpunkt stand, ist aber auch in der allgemeinen Entwicklungsphase der Selbstverwaltung zu suchen: Besonders im Frühjahr 1930 schlug die Verschärfung der sozialen, wirtschaftlichen und politischen Spannungen im Deutschen Reich voll auf die Gemeindepolitik durch.

Innerhalb der althergebrachten Selbstverwaltungsinstitutionen traten Konflikte von bisher unbekannter Schärfe auf. Insbesondere der Abbau der Sozialleistungen infolge der diktatorischen Sparpolitik des Staates führte zu erbitterten Zusammenstößen zwischen den Gemeindevertretungen und den Verwaltungen. In dieser Zeit verdoppelten nicht nur die KPD, sondern auch die bürgerlichen Parteien einschließlich der Nationalsozialisten ihre kommunalpolitischen Anstrengungen. Im Herbst 1930 war dieser Höhepunkt bereits wieder überschritten. Die Gemeindevertretungen waren durch die Notverordnungen politisch ausgeschaltet worden, denn die Sparetats und die neuen Steuerbelastungen, die sie abgelehnt hatten, wurden zwangsweise durchgeführt, sei es durch einen Staatskommissar, sei es durch den bevollmächtigten Bürgermeister. Die Politik der Reichs- und Landesregierungen hatte die alte Selbstverwaltung wie eine Dampfwalze überrollt.

B. Herlemann schreibt über den Bezirk Ruhr:

»Die Bezirksleitung ... richtete zu Beginn des Jahres 1930 erstmals eine feste Kommunalabteilung ein. In der Folgezeit bis zum Ende der Weimarer Republik war im Ruhrgebiet ein verstärktes Bemühen um Einbeziehung weiter Bevölkerungskreise in die Kommunalpolitik zu bemerken. Gemeinsame Sitzungen der Kommunalfraktionen mit Betriebsfunktionären, Erwerbslosenausschüssen, Jugendverbänden usw. kamen, wenn auch nicht regelmäßig, so doch häufiger, zustande. Die Bezirksleitung und die einzelnen Unterbezirke führten Kommunalvertreterkonferenzen mit großer Beteiligung durch. Die seit Jahren geforderten kommunalpolitischen Beiräte wurden jetzt erstmalig hier und da geschaffen.«[163]

Der Ausbau der kommunalpolitischen Organisation der Partei machte mit Sicherheit auch in anderen Bezirken große Fortschritte. Doch ist einschränkend zu sagen, daß das Gewicht der Kommunalabteilungen der Bezirksleitungen schon darum organisatorisch klein blieb, weil sie nicht mit hauptamtlichen Funktionären besetzt waren.[164] Auch scheint die Arbeit der kommunalpolitischen Beiräte, die – im Zeichen der Bolschewisierung – überall den Zusammenhalt von Betriebsarbeit und Gemeindepolitik garantieren sollten, nur sporadisch stattgefunden zu

---

163 Herlemann, a.a.O., S. 157.
164 Vgl. Weber, S. 266.

haben; noch im Februar 1932 klagte Fritz Jendrosch in der *Kommune*, daß es meistens solche Beiräte gar nicht gebe.[165]

Die neuen Kommunalfraktionen der KPD traten mit einer Flut von eigenen Anträgen hervor; noch im Dezember 1929 ging es z. B. um die Weihnachtsbeihilfen, die die Notlage der Erwerbslosen und Fürsorgeempfänger mildern sollten. An vielen Orten organisierten die Erwerbslosenausschüsse, in denen die KPD traditionell dominierte, Demonstrationen vor die Rathäuser zur Unterstützung der kommunistischen Anträge. Andere Vorstöße der KPD beantragten Steuernachlässe für das Kleingewerbe, die Einführung einer Luxus- und Millionärssteuer, die Ablehnung des Young-Plans mit seinen neuen Steuerbelastungen, den Abbau der Gehälter für die hohen Gemeindebeamten usf.[166] In Bochum brachten die Kommunisten bei der Haushaltsberatung 1930 insgesamt 300 Anträge ein.[167] Die Vielzahl der Anträge war Ausdruck des Bestrebens der KPD, auf allen Gebieten selbständig aufzutreten. So hatten auch die Richtlinien des 12. Parteitages verlangt, zu allen Punkten *eigene* Anträge einzubringen, um sich so auch formal von der SPD abzugrenzen.[168] Die Parteiführung legte den Kommunalfraktionen in den Rundschreiben des ZK und der Kom-Pol-Abteilungen der Bezirke eine große Zahl von Musteranträgen zu aktuellen Themen vor.

Es ist hinreichend bekannt, daß die Kommunisten seit der Linkswendung keinerlei Rücksichten mehr auf die parlamentarischen Gewohnheiten nahmen, die bisher den politischen Alltag der Selbstverwaltung bestimmt hatten. Sie setzten zur Unterstützung ihrer Anträge den Druck der Tribüne und von Straßendemonstrationen ein. Sie benutzten ihre Etatreden zur Agitation gegen die Staatspolitik und das Kapital. Wenn die Stadtverwaltungen ihre Machtstellung dazu ausnutzten, die kommunistischen Anträge überhaupt von der Tagesordnung fernzuhalten (was häufig geschah), wehrten sich die KP-Fraktionen mit anhaltender Obstruktion. Die tumultartigen Zusammenstöße, die vielfach die Folge davon waren, erinnerten der Form nach an die Periode ultralinker Politik 1924, und die SPD sprach auch höhnisch von der Rückkehr der »Politik der roten Handschuhe«, die KPO von einem neuen »Iwan-Katzismus«.[169]

165 Fritz *Jendrosch*, Auf dem Wege zur Massenmobilisierung, in: *Die Kommune* 12/1932, Nr. 4, S. 29.
166 Beispiele bei Herlemann, S. 166 ff.; vgl. a. Solingen, oben Kap. 1.5.
167 Herlemann, S. 169.
168 S. *Die Kommune* 9/1929, Nr. 13, S. 103 ff.
169 Kohlrausch, Youngplan und Gemeindepolitik, S. 49 ff.; Herlemann, S. 153.

Dennoch muß der Unterschied zur Situation von 1924 hervorgehoben werden. Der politische Konsens innerhalb der Selbstverwaltung zerbrach nicht am ungehörigen Betragen der Kommunisten, sondern an seiner Unfähigkeit, die verschärften sozialen Widersprüche politisch zu verarbeiten.[170] Die neuen Steuern und Zwangssparmaßnahmen waren so unpopulär, daß nach und nach selbst viele Kommunalfraktionen der Weimarer Koalitionsparteien ihre Zustimmung versagten und die Etats wiederholt ablehnten; damit waren sie selbst zur »Obstruktionspolitik« übergegangen. Wo sie die Sparpolitik noch deckten, gerieten sie auch noch unter starken Druck von rechts, da die Deutschnationalen und Nationalsozialisten die Erbitterung des Volkes demagogisch für sich ausnutzten. Außerdem ist zu bemerken, daß dieselben Weimarer Parteien, die das Auftreten eines Erwerbslosen auf der Gemeindeparlamentstribüne entrüstet als eine Verletzung der »Würde des Hauses« brandmarkten, kurze Zeit darauf durch ihre Zustimmung zu den Notverordnungen die verbliebenen Kontrollrechte der Gemeindeparlamente gründlich und endgültig beseitigten.

2.3.8 Zwei Gesichter der sozialdemokratischen Kommunalpolitik; Ohnmacht der linken Opposition in der SPD

Noch im Dezember 1929 ging beim Berliner Magistrat ein Erlaß des Oberpräsidenten der Provinz Brandenburg ein, in dem es hieß:

> »Neue Aufgaben dürfen bis zur Regulierung der kurzfristigen Verschuldung nicht übernommen werden, auch dürfen Ausgaben nicht geleistet werden, die sich auf solche Maßnahmen beziehen.
> Für den Monat Dezember 1929 sind die dort ermittelten Ausgaben für den Bedarf nach Maßgabe *vorliegender Aufstellung* unbedingt einzuhalten. Überschüsse aus den Tariferhöhungen und etwaigen Steuererhöhungen sind ... in einen besonderen Tilgungsfonds ... einzuzahlen ...«[171]

Dieser Eingriff in die finanzielle Selbstverwaltung bewirkte, daß die 5½ Mio. Mark Weihnachtsunterstützung an die Fürsorgeberechtigten der Stadt, die die Stadtverordnetenversammlung soeben beschlossen hatte, nicht ausgezahlt werden durften; die Einnahmen aus der Tariferhöhung für Verkehrsmittel, Strom und Wasser um ca. 20 % waren damit für die Schuldentilgung festgelegt, so daß die Kassenlage der städtischen Betriebe neue Erhöhungen notwendig machte. Nicht umsonst nannte das Kommunalorgan der SPD, *Die Gemeinde,* den Erlaß

---

170 Vgl. unten Teil 3.3.4.
171 *Die Gemeinde* 1930, Bd. I, S. 82 f.; Hervorhebung hinzugefügt.

einen »überaus peinlichen Schritt«.[172] Peinlich war er nicht nur für die betroffene Bevölkerung; er war auch politisch höchst peinlich für die SPD. Sie hatte nämlich die Weihnachtsunterstützung in der Stadtverordnetenversammlung selbst beantragt; die Auszahlung wurde aber verhindert durch den Oberpräsidenten, der der direkte Befehlsempfänger des Innenministers Grzesinski (SPD) war.

Oben ist bereits berichtet worden, daß seit 1928/29 im preußischen Innenministerium Pläne für eine autoritäre Neuordnung der Selbstverwaltung geschmiedet wurden. Diese Gesetzgebungspläne führten dann zu dem Berlin-Gesetz von 1931.[173] Schon der Entwurf für dieses Gesetz rief in den kommunalpolitischen Kreisen der SPD starke Beunruhigung hervor. *Die Gemeinde* wollte geklärt wissen, warum ausgerechnet die preußische Staatsregierung »das reaktionärste aller kommunalen Verfassungssysteme der Reichshauptstadt auferlegen« wolle.[174] Der Parteilinke Löwenstein nannte die Vorlage verzweifelt den »Gesetzentwurf zur Abschaffung der Selbstverwaltung« und »geradezu den Artikel 48 der Selbstverwaltung«.[175] Dennoch ermöglichte die Berliner SPD-Fraktion schließlich die Durchführung der Neuordnung, indem sie der Wahl des rechtskonservativen Kandidaten Sahm zum Oberbürgermeister zustimmte; ihre Bedingung bei der Wahl war es, daß der undankbarste Posten der Stadtverwaltung, nämlich der des Kämmerers, ihrem Experten Bruno Asch zufallen sollte.[176] So beteiligte sich die SPD als Partei freiwillig am Abbau der Selbstverwaltung bis zum bitteren Ende der Republik.

Die Unzufriedenen in der Partei beugten sich in allen entscheidenden Punkten der Parteidisziplin. Diese allgemeine Erscheinung gilt auch für die unzufriedenen Kommunalpolitiker in der Partei. Anstatt wirklich Front zu machen gegen den Abbau der Selbstverwaltung durch die SPD-geführte Preußenkoalition, verlegten sich einzelne Linke z. B. auf eine verstärkte Propagierung des Gemeindesozialismus. Im Dezember 1929 schrieb O. Edel im *Klassenkampf,* die sozialdemokratischen Gemeindevertreter würden nun »sozialistische Pionierarbeit« leisten.[177] Ende 1931 schmiedete die »Hohensyburgtagung« große Zukunftspläne

172 A.a.O., S. 82.

173 Vgl. unten Teil 3.3.4.

174 Das neue Berliner Selbstverwaltungsgesetz, in: *Die Gemeinde,* 1930, Bd. I, S. 293.

175 Kurt *Löwenstein,* Das Ausnahmegesetz für Berlin, in: *Der Klassenkampf,* Nr. 7/1930, S. 201 ff.

176 Heinrich *Sprenger,* Heinrich Sahm. Kommunalpolitiker und Staatsmann, Köln u. Berlin 1969, S. 216 f.

177 Oskar *Edel,* Lehren der Gemeindewahlen, in: *Der Klassenkampf,* Nr. 23/1929, S. 715.

für den Ausbau der Gemeinwirtschaft und ging dabei von der Voraussetzung aus, daß die Wirtschaftskrise »die Reihen der bürgerlichen Anhänger des Kapitalismus« gelichtet habe.[178] Wie illusionär und politisch zwiespältig solche Äußerungen waren, lehrt schon ein Blick auf den Gang der Kommunalpolitik in Berlin. Hier hatte die Stadtverwaltung die einträgliche Elektrizitätsgesellschaft BEWAG im Mai 1931 an ein internationales Konsortium verkauft, um die erheblichen Finanzierungslücken im laufenden Haushalt zu verringern. Die Reprivatisierung dieses kommunalen Großunternehmens (Verkaufspreis 195 Mio. Mark) war nur möglich gewesen durch die Zustimmung der sozialdemokratischen Stadtverordnetenfraktion.[179] Die kleine Oppositionsgruppe, die schließlich 1931 die Partei verließ und die »Sozialistische Arbeiterpartei Deutschlands« gründete, konnte kaum regionale Bedeutung gewinnen.[180]

2.3.9 Ein neuer Radikalenerlaß des SPD-Innenministers (Februar 1930)

Anfang Februar 1930 gab Grzesinski einen Erlaß an alle kommunalen Aufsichtsbehörden in Preußen heraus, in dem er verfügte, daß allen Mitgliedern der KPD und NSDAP die Bestätigung als leitende Kommunalbeamte ausnahmslos zu verweigern sei; die Bestätigung in anderen Funktionen (z. B. als unbesoldete Stadträte) sei von der Unterzeichnung einer Erklärung abhängig zu machen, in der der Kandidat eine Amtsführung unabhängig von den Instruktionen seiner Partei versicherte.[181] Anfang Juli 1930 erließ die preußische Staatsregierung darüber hinaus, daß allen Beamten in Staat und Gemeinde die Mitgliedschaft in der KPD und der NSDAP verboten sei.[182] Obwohl die preußische Regierung diese Erlasse mit der bekannten Argumentation der »Verfassungsfeinde von rechts und links« rechtfertigte, richteten sie sich in der Praxis lediglich gegen die KPD. In der Folge dieser Erlasse kam es zur Nichtbestätigung einer großen Zahl neugewählter kommunistischer Stadträte, z. B. in Bochum, Duisburg, Essen, Herne

---

178 S. *Die Hohensyburgtagung für Gemeinwirtschaft 1931,* Neuausgabe des 1932 vom SPD-Bezirk Westliches Westfalen veröffentlichten Tagungsprotokolls, Göttingen 1969, S. 18.
179 Sprenger, Heinrich Sahm, S. 219 ff.; Otto *Büsch,* Geschichte der Berliner Kommunalwirtschaft in der Weimarer Epoche, Berlin 1960, S. 194 ff.
180 Vgl. dazu Drechsler, Die Sozialistische Arbeiterpartei Deutschlands (Anm. 120).
181 Text in: *Mitteilungen des Deutschen Städtetages,* Nr. 3, 24/1930, S. 141.
182 Text in: *Die Kommune* 10/1930, Nr. 14, S. 111.

und Wanne-Eickel.[183] Sie hatten sich zur Unterzeichnung der geforderten Reverse bereitgefunden, den Parteiaustritt aber selbstverständlich abgelehnt.

Die Bestätigungserlasse sind ein krasses Beispiel dafür, welchen Beitrag Sozialdemokraten in der Staatsbürokratie zum Abbau demokratischer Rechte leisteten; schließlich waren die abgelehnten Kommunisten ordnungsgemäß von den Selbstverwaltungsorganen gewählt worden, sogar fast alle *mit* den Stimmen der Sozialdemokraten am Ort. Das Görlitzer Parteiprogramm (1921) hatte noch prinzipiell die »Beseitigung des Bestätigungsrechts der Aufsichtsbehörden für Gemeindeorgane« gefordert.[184] Es ist selbstverständlich, daß diese Maßnahme der SPD-Minister und die Haltung der Parteiführung in der KPD der Sozialfaschismusthese immer wieder eine gewisse Plausibilität verlieh. Sie sprachen von »Aufhebung aller Auswirkungen des allgemeinen gleichen ... Wahlrechts«, »Neuetablierung der Klassenwahlrechtsschande« und »kapitalistisch-sozialfaschistischer Diktatur«.[185]

Andererseits ist klar, daß die KPD aufgrund ihrer politischen Linie nicht in der Lage war, die erwähnten Differenzen in der SPD taktisch auszunutzen.[186] Die Linkswendung hatte es zum vordringlichen Ziel erklärt, den Einfluß der SPD auf die Arbeiterklasse überhaupt zu beenden; darum galten »linke Sozialfaschisten« nicht als mögliche Bündnispartner gegen einen bestimmten Rechtskurs in der SPD, sondern als »besonders gefährlich«, da sie den Lernprozeß der Arbeiter über den wahren Charakter der SPD mit ihrer linken Demagogie nur aufhielten.[187]

Die *Berliner Börsen-Zeitung,* das Blatt der Berliner Großfinanzkreise, beschäftigte sich im Januar 1930 bemerkenswert eingehend mit der Kommunalpolitik der KPD. Dabei analysierte sie auch das Konkurrenzverhalten der Sozialdemokraten gegen die Kommunisten in den Gemeinden. Für die Bekämpfung der KPD erntete die SPD allerdings nicht den Dank der Börse, sondern den Vorwurf, daß das kommunistische Unkraut überhaupt auf ihrem Mist gewachsen sei:

183 Herlemann, S. 160 f.

184 Abgedruckt bei: Abendroth, Aufstieg und Krise der deutschen Sozialdemokratie (Anm. 106), S. 105.

185 »Grzesinskis ergänzende Sicherung der Hungerdiktatur«, in: *Die Kommune* 10/1930, Nr. 4, S. 29 f.

186 Vgl. a. Abendroth, Ein Leben in der Arbeiterbewegung, S. 110.

187 S. z. B. W. *Molotow,* Der sechste Weltkonkreß und der Kampf für den Kommunismus, Hamburg-Berlin 1928, S. 18; wie es darin heißt, »betonte der Kongreß mit besonderem Nachdruck die Notwendigkeit der entschlossenen Entlarvung der ›linken‹ sozialdemokratischen Führer als der verfeinerten und deshalb um so schädlicheren Wegbereiter der bürgerlichen Politik in den Arbeitermassen«.

»Die Bedeutung der Kommunen für die KPD liegt darin, daß durch die Kommunen die Befriedigung unmittelbarer Forderungen gerade der Schichten erfolgt bzw. erfolgen soll, die der kommunistischen Propaganda am meisten zugänglich sind (Erwerbslose, Kleinrentner, Kleinmieter, Siedler usw.) und daß die Sozialdemokratie gerade ihre Position in den Gemeinden und ihren Einrichtungen (Arbeitsamt, Wohlfahrtsamt, allgemeine Verwaltung usw.) zur Bekämpfung ihres schärfsten taktischen Gegners, der KPD, ausnutzen kann und ausgenutzt hat; besonders der Einfluß der SPD in der Personalpolitik der städtischen Betriebe hat der Tätigkeit der KPD vielerorts empfindlich Abbruch getan und mußte daher von deren Standpunkt aus bekämpft werden ...

Die (SPD) hat selbst eine Bewegung erzeugt, die – konsequent fortgesetzt und durchgeführt – ihr nun höchst unangenehm zu werden anfängt und der sie selber gerade wegen der Verlogenheit ihrer Agitation stets neuen Stoff bietet. Mag die SPD sehen, wie sie mit der KPD fertig wird.«[188]

2.4 Die zweite Etappe der Linkswendung (März 1930) und der Verfall der Kommunalpolitik in der Krise

2.4.1 Endgültiger Bruch mit der kommunalsozialistischen Tradition und der Vorstellung von der Selbstverwaltung als »Insel«

Das »erweiterte Präsidium des Exekutivkomitees der Kommunistischen Internationale« beschäftigte sich auf seiner Tagung Ende Februar 1930 ausführlich mit der Kommunalpolitik – wahrscheinlich zum ersten Mal seit seinem Bestehen. Dabei ging es von folgender Einschätzung aus:

»Während die kommunistischen Sektionen auf allen Gebieten ihrer Tätigkeit (insbesondere auf dem Gebiete der Gewerkschaftsarbeit) bereits begonnen haben, ihre Taktik entsprechend dieser neuen Etappe des Klassenkampfes zu ändern, ist die Kommunalarbeit fast in allen Sektionen der KI ein Gebiet geblieben, wo die Wendung nicht *nur nicht vollzogen*, sondern in der Regel noch *nicht einmal eingeleitet* worden ist. Ja, noch mehr. Die Kommunalarbeit der Sektionen der KI trägt den Stempel des *Opportunismus in der Praxis* ... und ist in allen Sektionen der KI die Zufluchtsstätte opportunistischer Elemente. Die entschiedene Wendung in der Kommunalarbeit gehört zu den wichtigsten allgemein-politischen Aufgaben der Sektionen der KI.«[189]

Die politischen Konsequenzen aus dieser Einschätzung trug Ernst Thäl-

---

188 *Berliner Börsenzeitung*, 4. 1. 1930 (in: DZA Potsdam, 61 Re).

189 *Die Aufgaben der Sektionen der KI auf dem Gebiete der Kommunalpolitik*. Resolution des Erweiterten Präsidiums des EKKI, in: *Die Kommune* 10/1930, Nr. 12, S. 94; Hervorhebungen im Original. Vorbereitet wurden die Beratungen durch den Artikel »*Für eine bolschewistische Kommunalarbeit*« in: *Die Kommunistische Internationale* 11/1930, Nr. 7, S. 361–373, teilweise abgedruckt in: *Die Kommune* 10/1930, Nr. 6, S. 45 ff.

mann bald darauf dem ZK der KPD vor. Sie lassen sich so zusammenfassen:

(1) In den Kommunen hätten sich die verschiedensten Formen des Einverständnisses zwischen den Kommunisten und den Sozialdemokraten erhalten; die Konflikte mit den Verwaltungen und dem bürgerlichen Staat hätten die Kommunalvertreter der Partei lediglich propagandistisch ausgenutzt, im übrigen die Kommunalpolitik aber weiter »ressortmäßig« erledigt. Es käme jetzt aber darauf an, die Kommunalarbeit aus »dem Rahmen des jetzigen Legalismus« herauszureißen; sie dürfe »nicht nur vom Standpunkt der Propaganda und Agitation, sondern im wesentlichen vom *Standpunkt der revolutionären Politik und Massenmobilisierung*« betrachtet werden.

(2) Die Forderung nach der *Kommunalisierung* von Wirtschaftsbetrieben sei »*unzulässig und falsch*«. Da die Kommunen Bestandteil des bürgerlichen Staates seien, liefe jede Kommunalisierung auf eine Verstaatlichung hinaus, die wiederum von der KPD schon länger abgelehnt werde. Einer Entkommunalisierung (= Reprivatisierung) habe man entgegenzuwirken, aber auch hier gelte, daß ein wirklicher Kampf gegen die Monopolbestrebungen der Bourgeoisie »nur als ein revolutionärer Kampf geführt werden kann«.

(3) Das große Problem sei es, »daß wir unsere Kommunalpolitik verbinden mit den revolutionären Aufgaben, die nur erfüllt werden können durch die Eroberung der politischen Macht«. Daraus ist zu folgern, daß alle Teilforderungen einen »revolutionären Charakter tragen müssen« und nicht den »demokratischen Illusionen der Massen entgegenkommen dürfen, die noch im Lager der Sozialdemokratie, der Nationalsozialisten und der Bourgeoisie sich befinden, sondern wir müssen *Propaganda machen für die Sowjets als die wirklichen Vertreter des Proletariats* und der Werktätigen auf dem Lande«.[190]

Die Februartagung des EKKI ist allgemein bekannt wegen ihres Eintretens gegen die ultralinken Auswüchse in der Gewerkschaftspolitik.[191] Auf dem Gebiet der Kommunalpolitik hingegen verlangte sie eine Linkswendung, die in Deutschland über die Resolutionen des Weddinger Parteitages vom Sommer 1929 noch erheblich hinausging. Z. B. war im Kommunalwahlkampf 1929 die Forderung nach Kommunalisierung in modifizierter Form (s. o.) noch erhoben worden. Erst jetzt brach die KPD radikal mit der kommunalsozialistischen Tradi-

190 Ernst *Thälmann*, Die Eroberung der Mehrheit der Arbeiterklasse. Bericht des Gen. Thälmann über die Tagung des Erweiterten Präsidiums des EKKI. Gehalten im ZK der KPD am 20. 3. 1930, Berlin (1930), S. 11 ff.; Hervorhebungen hinzugefügt.
191 Vgl. Flechtheim, S. 274; Weber, S. 244 f.

tion der 2. Internationale, die auf einer qualitativen Unterscheidung zwischen den Kommunen und dem bürgerlichen Staat beruhte; diese Tradition geht z. B. aus Bebels Erklärung 1878 hervor, die Sozialdemokratie lehne die Verstaatlichung von Betrieben ab, da sie unter den bestehenden Verhältnissen eine Verstärkung der staatlichen Macht mit sich brächten – die Kommunalisierung sei aber zu befürworten, weil die »Aufgaben der Gemeinde kulturfördernder« Natur seien.[192] Mit der pauschalen Analyse, daß die Gemeinden Bestandteil des bürgerlichen Staates seien, war es im Frühjahr 1930 auch endgültig mit den Vorstellungen von der Selbstverwaltung als einer »Insel« im kapitalistischen Staate vorbei, die – wie gezeigt – teils in rechter, teils in linker Form immer wieder in der Kommunalpolitik der KPD aufgetaucht waren.

2.4.2 Die Propagierung der Räte und die Ablehnung politischer Teilforderungen in der Kommunalpolitik

Gleichzeitig brach die KPD aber auch mit der radikaldemokratischen Tradition der Arbeiterbewegung in der Selbstverwaltung, die bisher immer eine Selbstverständlichkeit gewesen war. Denn nun wurde nicht nur die Forderung nach »Erweiterung der Selbstverwaltung« als irreführend abgelehnt, da sie auf den Ausbau einer politischen Institution des Bürgertums abziele. Auch die Forderung der »Wählbarkeit der Gemeindebeamten« galt jetzt als falsch und lediglich dazu geeignet, »die demokratischen Illusionen der Massen zu konservieren«.[193] In dieser Arbeit ist die Tradition demokratischer Forderungen in der Selbstverwaltung ausführlich dargelegt worden. Hier sei nur daran erinnert, daß die KPD mit ihrer Ablehnung der Beamtenwahl u. a. Friedrich Engels korrigierte, der 1891 folgenden Passus für das sozialdemokratische Parteiprogramm vorgeschlagen hatte: »Vollständige Selbstverwaltung in Provinz, Kreis und Gemeinde durch nach allgemeinem Stimmrecht gewählte Beamte.«[194] Auch im »Aktionsprogramm der KPD« von 1925 war noch die »Wählbarkeit und Absetzbarkeit der Beamten« gefordert worden.[195] 1929 hatte Wilhelm Koenen noch von der »Verteidigung demokratischer Rechte« in der Selbstverwaltung gesprochen (s. o.).

---

192 Zit. nach Susanne *Miller,* Das Problem der Freiheit im Sozialismus, Frankfurt, 2. Aufl. 1964, S. 89.
193 Die Aufgaben der Sektionen der KI auf dem Gebiete der Kommunalpolitik, a.a.O., S. 94.
194 Marx/Engels, Werke, Bd. 22, S. 237.
195 Zit. nach Flechtheim, S. 227.

Bei Thälmann und dem EKKI war an die Stelle demokratischer Forderungen die unmittelbare Propaganda für die Arbeiterräte (Sowjets) als die Träger der neuen Demokratie getreten. Der Ruf nach Räten war aber nur ein allgemeines Bekenntnis und keine konkrete Forderung, denn 1930 existierten in Deutschland keine solchen Räte, und ihre Bildung war auch nicht abzusehen. In den Richtlinien des II. Weltkongresses zum Parlamentarismus, auf die sich die KP-Kommunalpolitik von 1930 an wieder verstärkt berief, war die Ersetzung der Gemeindeverwaltungen etc. durch lokale Arbeiterräte *unter gewissen Bedingungen* gefordert worden. Die Führung der KPD hätte sich darüber im klaren sein müssen, daß diese Bedingungen 1930 einfach nicht vorlagen.

Im Zeichen der Erwartung, daß bald eine revolutionäre Situation eintreten werde, wurde die Entwicklung konkreter Teilforderungen in der Kommunalpolitik vernachlässigt. Unter der Überschrift »Wofür kämpfen die Kommunisten in den Gemeindeverwaltungen« wurde als erstes Ziel der »schonungslose Kampf gegen Faschisten und Sozialfaschisten mittels Stoßtrupps« genannt.[196] Daneben proklamierte die *Kommune* eine Kampagne gegen den Krieg und die Anknüpfung von Patenschaften mit Kommunen in der Sowjetunion. Die übrigen sechs Forderungen bezogen sich auf die finanzielle Unterstützung von streikenden Arbeitern, Erwerbslosen und proletarischen Massenorganisationen durch die Gemeinden, die Herabsetzung von Mieten und Gebühren usw. Das Schwergewicht lag also auf internationalistischen und ökonomischen Forderungen; der Weg zur politischen Entfaltung dieser Forderungen blieb aber unklar, wenn es gleichzeitig für illusionär erklärt wurde, Staatssubventionen zur Deckung der kommunalen Defizite zu verlangen, die Unternehmer zur Bezahlung der Notstandsarbeiten heranzuziehen und die Gemeinden zur direkten Verteilung von Boden an die landarmen Bauern zu bewegen.[197]

2.4.3 Der Verfall der Kommunalpolitik im Verlauf der Krise

Die Entwicklung in der kommunalpolitischen Programmatik spiegelt die Prioritäten wider, die die KPD-Führung in der sogenannten »dritten Periode« des Klassenkampfes gesetzt hatte. Sie erwartete, daß automatisch aufgrund der wirtschaftlichen Entwicklung Streiks einsetzen und die revolutionäre Krise ausbrechen werde (»ökonomischer

---

196 Für eine bolschewistische Kommunalarbeit, a.a.O., S. 47.
197 Für eine bolschewistische Kommunalarbeit, S. 46.

Katastrophismus«).[198] Es scheint, als habe sie deswegen der Kommunalpolitik hauptsächlich die Rolle der *materiellen* Unterstützung in den großen Streikkämpfen zugeordnet; jedenfalls traten die Forderungen zur Unterstützung von Streikenden in den Jahren 1931/32 immer mehr in den Vordergrund.[199] Eine politisch-ideologische Auseinandersetzung mit der Rolle der Selbstverwaltung fand hingegen nicht mehr statt. Die KPD hoffte ganz offensichtlich, daß die Wirkung der althergebrachten Selbstverwaltungsideologie auf die Arbeiter und ihr Vertrauen in die nach dem gleichen Wahlrecht gewählten Kommunalinstitutionen von selbst verschwinden würden.[200] Sie erklärte die Kommunalpolitik zu einem integrativen Teil ihrer revolutionären Strategie, reduzierte sie aber in Wirklichkeit auf eine ökonomische Hilfsfunktion. Sie war im weiteren Verlauf der Krise nicht in der Lage, zur Entfaltung einer politischen Massenbewegung in den Kommunen beizutragen.

Die KPD unternahm einige Versuche, neue Aktionsformen in der Krise zu entwickeln. So wurde 1930 die örtliche Wahl von »Kampfausschüssen« gegen die Diktatursteuern proklamiert.[201] Damit sollte offensichtlich an die Tradition der »Kontrollausschüsse« von 1923 angeknüpft werden (s. o.), mit denen sich nicht nur Arbeiter, sondern auch viele Kleinbürger gegen die Verschlechterung der Lebensbedingungen gewehrt hatten. 1930 wurden jedoch nicht die besonderen Voraussetzungen und Aktionsformen solcher Kampfausschüsse analysiert, sondern fast nur die bekannten Hauptziele der politischen Arbeit (»Organisierung und Auslösung von Lohn- und Arbeitszeitkämpfen«; »Kampf für die Errichtung eines Sowjetdeutschland«) wiederholt. Eine Konferenz der Kommunalvertreter des Bezirks Halle-Merseburg Anfang November 1930 ergab, daß selbst dort, also an einem der Schwerpunkte der kommunistischen Arbeit, Kampfausschüsse nicht gebildet worden waren.[202]

---

198 Vgl. dazu grundsätzlich die Kritik von Poulantzas, Faschismus und Diktatur, S. 41 ff.

199 Vgl. die Artikel in der *Kommune* in den Jahren 1931 und 1932; und Herlemann, S. 187 ff.

200 Diese Hoffnung erwies sich als ebenso trügerisch wie die Erwartung, daß der Einfluß der Sozialdemokratie unweigerlich abnehmen werde; vgl. Poulantzas, S. 154 ff. Außerdem profitierten die Faschisten weitaus geschickter vom tatsächlichen Vertrauensschwund in die republikanischen Institutionen.

201 *ZK der KPD* (Parlament), Rundschreiben an alle Fraktionen der Landes- und Kommunalparlamente, Berlin, den 15. 8. 1930; Abschrift im StA Solingen.

202 *Kampf für ein Sowjetdeutschland.* Hauptaufgaben der revolutionären Kommunalvertreter, in: *Die Kommune* 10/1930, Nr. 22, S. 177 f.

Gleichzeitig mit der Aufforderung zur Bildung von Kampfausschüssen hatte das ZK im August die Parole des »Steuerstreiks« ausgegeben. Da eine Organisationsstruktur – wie z. B. die Kampfausschüsse – zur Durchführung einer massenhaften Steuerverweigerung fehlte, waren der Adressat dieser Parole tatsächlich nur die alten Selbstverwaltungsinstitutionen: In einer ganzen Reihe von Gemeindeparlamenten schlossen sich andere Parteien den KP-Fraktionen in der Ablehnung der neuen Bürgersteuern an.[203]

Auf dem Deutschen Städtetag in Dresden (September 1930) forderte Wilhelm Pieck sogar die Gemeinde*verwaltungen* auf, die Finanzabgaben an den Staat zu verweigern und die neuen Notverordnungen nicht durchzuführen.[204] Dieser Schritt erscheint zwar als politisch durchaus konsequent, stand aber in eindeutigem Widerspruch zur kommunalpolitischen Programmatik seit März des Jahres, die oben ausführlich dargelegt worden ist.

Erfolge konnte die KPD noch am ehesten in der Organisierung der Erwerbslosenbewegung erzielen. B. Herlemann berichtet von den Ereignissen im Ruhrgebiet 1931/32, wo sich die Erwerbslosenausschüsse zu überregionalen Konferenzen zusammenfanden und zur Bildung sogenannter »*Erwerbslosenstaffeln*« übergingen. Die Hungermärsche vor die Rathäuser, die zentralen Massentreffen, die Streiks der Pflichtarbeiter und die Arbeit der Beratungsstellen der Arbeitsgemeinschaft sozialpolitischer Organisationen (ARSO) entfalteten einen beachtlichen politischen Einfluß, der in auffälligem Gegensatz zur politischen Stagnation der KPD in diesen Jahren steht.[205] Wie es um die Erwerbslosenstaffeln in anderen Teilen des Reiches stand, kann mangels anderer Regionalstudien nicht beurteilt werden.

Für die Gesamtlage der Kommunalpolitik dieser Krisenjahre ist es typisch, daß sich bei fortschreitendem Verfall der alten Selbstverwaltungsinstitutionen die Unzufriedenheit der Bevölkerung in revolteartigen Zuständen entlud, die das öffentliche Leben oft tagelang paralysierten.[206] Der Protest war aus der wirtschaftlichen Not geboren, nahm aber keine deutliche politische Richtung. Auch der KPD gelang es nicht, dem Abbau der demokratischen Rechte und der Ausbreitung des Faschismus eine konkrete politische Alternative entgegenzustellen. Die KPD war nach der »taktischen Wendung« nicht mehr in der Lage, auf die Schläge gegen die Selbstverwaltung politisch zu reagieren.

---

203 Herlemann, S. 167 f.; vgl. auch *Für Steuerstreik im Ruhrgebiet,* in: *Die Kommune* 10/1930, Nr. 18.
204 *Der Städtetag für Brüning-Diktatur,* in: *Die Kommune* 10/1930, Nr. 19, S. 154 f.
205 Herlemann, S. 171–183.
206 A.a.O., S. 184 ff. (Beispiel Essen).

2.4.4 Die Einheitsfront mit der SPD in Braunschweig 1931

Obwohl sich die Frage des Verhältnisses zur SPD in der praktischen Kommunalpolitik täglich neu stellte, war es seit der großen Auseinandersetzung 1929 kaum noch zu Protesten gegen den scharfen Linkskurs in der Partei gekommen. Größeres Aufsehen hatte lediglich die Opposition von 60 Berliner Funktionären Ende Februar 1930 hervorgerufen, die als »Erklärung der 60« bekanntgeworden ist. Unter der Federführung der KP-Stadträte Raddatz und Letz verbreitete diese Gruppe Flugblätter und Material, worin sie die politische Linie der »Stalin-Gruppe« angriffen und die Versuche, um jeden Preis Streiks auszulösen, als illusionär und für die Arbeiterbewegung schädlich darstellten.[207] Da sie keine greifbare Alternative boten, ging ihr Protest politisch unter. Sie wurden aus der KPD ausgeschlossen, und die meisten traten zur SPD über.[208] Wenige Tage, bevor sie mit ihrem ersten Flugblatt an die Öffentlichkeit traten, war in der *Kommunistischen Internationalen* der Artikel »Für eine bolschewistische Kommunalarbeit« erschienen (19. Februar), der die verschärfte Linkswendung in der Kommunalpolitik einleitete (s. o.). Es ist möglich, daß der Protest der »60« auch damit zusammenhängt. Übrigens hatten die Aufsichtsbehörden die Bestätigung der betreffenden Stadträte Letz und Raddatz seit ihrer Wahl Ende 1929 zurückgehalten; auf ihre Opposition gegen die KPD-Führer hin wurden sie dann umgehend zu ihren Ämtern zugelassen.[209]

Die Tatsache, daß die NSDAP im Jahre 1930 zum ersten Mal an der Regierung deutscher Länder beteiligt wurde (Thüringen und Braunschweig), stellte die bisherige Linie der KPD gegenüber dem Faschismus auch in der Kommunalpolitik auf eine unerwartete Probe. Das wird aus den Vorgängen um die Kommunalwahl am 1. März 1931 im Lande Braunschweig deutlich, das seit dem vorangegangenen September eine Koalitionsregierung aus NSDAP und bürgerlichen Parteien hatte.[210] Die Situation der NSDAP in der Regierung war im Frühjahr 1931 keineswegs gesichert, besonders wegen des politischen Siechtums ihrer rechtsbürgerlichen Partner, und in der Thüringer Koalition kriselte es gleichzeitig noch ernsthafter. Die NSDAP wollte darum in der Braunschweiger Kommunalwahl um jeden Preis vorweisbare Erfolge erzie-

---

207 Das Flugblatt mit der »Erklärung der 60« ist abgedruckt im *Vorwärts* vom 28. 2. 1930.
208 Weber, S. 245.
209 *Frankfurter Zeitung*, 28. 2. 1930; *Vorwärts* (Abendausg.), 27. 2. 1930.
210 Ernst-August *Roloff*, Bürgertum und Nationalsozialismus 1930–1933. Braunschweigs Weg ins Dritte Reich, Hannover 1961, S. 19 ff.

len, und zu diesem Zweck stellten sich die bekanntesten Parteiführer einschließlich Hitlers für den Wahlkampf zur Verfügung.[211] Auf der anderen Seite stand nicht nur die KPD, sondern auch die SPD in scharfer Opposition zu dieser Regierung; das Reichsbanner hatte im Gegensatz zu seiner sonstigen Zurückhaltung wirklich entschiedene Massenkundgebungen gegen den Faschismus in Braunschweig organisiert.[212] Im Ausgang der Wahl standen sich in der Stadtverordnetenversammlung von Braunschweig-Stadt 4 Kommunisten, 14 Sozialdemokraten, 10 Nationalsozialisten und 7 Vertreter der Bürgerlichen Einheitsliste gegenüber. Damit hatte die SPD die absolute Mehrheit verloren; wenn die KPD nicht mit ihr zusammen stimmte, mußten sowohl Vorsitz des Stadtparlaments als auch das Bürgermeisteramt (bisher Böhme, SPD) an die bürgerlich-faschistische Koalition fallen. In dieser Lage wich die KPD von ihrer gängigen Praxis ab: Sie stimmte für den SPD-Bürgermeister, stellte einen eigenen Stadtrat und bildete mit der SPD zusammen den Vorsitz der Versammlung. Auch in den Gemeinderäten anderer Orte im Land Braunschweig verfuhren die Kommunisten so.[213]

Das ZK der KPD stellte danach fest, dieses Vorgehen stehe nicht im Widerspruch zur bisherigen Taktik. Man habe lediglich auf die besonderen politischen Bedingungen in Braunschweig reagiert und auf der Grundlage von proletarischen Mindestforderungen an die SPD gehandelt; es gebe kein »gemeinsames Zusammengehen mit der SPD«, sondern nur den »Kampf bis zur Vernichtung«.[214]

Diese politische Darstellung ist unglaubwürdig. Das Verhalten der Braunschweiger Kommunisten war das genaue Gegenteil der bisherigen Taktik, denn die Wahl von sozialdemokratischen Stadtvorständen war bisher in jedem Fall, mit oder ohne proletarische Mindestforderungen, untersagt gewesen. Außerdem verschwieg das ZK, daß die SPD die

211 Vgl. Kurz *Schmalz*, Nationalsozialisten ringen um Braunschweig, Braunschweig 1934, S. 154 ff.

212 Waltraut *Ireland*, The Lost Gamble: The theory and practice of the Communist Party of Germany between Social Democracy and National Socialism, 1929–1931, Diss. Ann Arbor/USA 1971, S. 474 ff. Ireland ist bisher die einzige Historikerin, die die Bedeutung der Braunschweiger Ereignisse im Hinblick auf die antifaschistische Einheit am Ende der Weimarer Republik erkannt hat.

213 *Die Gemeinde* I/1931, S. 330.

214 S. *Unsere Taktik in Braunschweig*, in: *Rote Fahne* vom 26. 3. 1931; *Die politische Kapitulation der SPD in Braunschweig*. Ein Erfolg der kommunistischen Taktik in der Kommunalpolitik, in: *Die Kommune* 11/1931, Nr. 7, S. 51 f.

gestellten Mindestforderungen überhaupt nicht akzeptiert hatte.[215] Nicht die SPD, sondern die KPD war in der politischen Zwangslage. Angesichts einer breiten antifaschistischen Massenmobilisierung, an der sowohl SPD- als auch KPD-Mitglieder beteiligt waren, wäre der Antifaschismus der KPD vollkommen unglaubwürdig geworden, wenn sie die Bildung einer bürgerlich-faschistischen Mehrheit zugelassen hätte. Die Braunschweiger KPD handelte nicht auf eigene Faust, sondern in Abstimmung mit dem Politbüro der Partei. Aber die Zusammenarbeit mit der SPD auf antifaschistischer Grundlage (sie dauerte auch in Braunschweig nicht lange[216]) blieb ein Einzelfall und wurde bis 1933 nicht fortgesetzt. Bei den Gemeindewahlen in Württemberg im Dezember 1931 hatte die Bezirksleitung der KPD unter dem Eindruck des nationalsozialistischen Vormarsches bei den Hessenwahlen begonnen, »das strategische Hauptfeuer gegen die Nazis statt gegen die SPD und gegen die Renegaten (= KPO) zu richten.«[217] Daraufhin kam es zu einer örtlichen Zusammenarbeit von SPD- und KPD-Gemeindefraktionen und sogar stellenweise zur Einreichung gemeinsamer Listen.[218] Diese Haltung beruhte aber auf einer Eigeninitiative und wurde außerdem von der Parteileitung und der *Internationalen* als »opportunistische Entgleisung« gebrandmarkt.[219] Ein Abweichen von der taktischen Linie gegenüber der SPD kam also für die KPD in der ganzen Endphase der Weimarer Republik nur in dem *einen* Fall in Frage, wo der Nationalsozialismus bereits an der Regierung war.

---

215 Ireland, The Lost Gamble, S. 478 f.; Ireland gibt eine sehr plausible Darstellung der Zwangslage der KPD.

216 Vgl. *SPDist und Nazi für Staatskommissare*, in: *Die Kommune* 11/1931, Nr. 13, S. 103 f.

217 S. *Schwab*, Energischer Kampf gegen den Opportunismus, in: *Die Kommunistische Internationale*, Heft 4, 1932, S. 316 f.

218 Bahne, Die KPD und das Ende von Weimar, S. 23.

219 S. Schwab, a.a.O., S. 317.

3. Die kommunale Selbstverwaltung und das Scheitern der Weimarer Republik

3.1 *Der vergebliche Anlauf zu einer republikanischen Selbstverwaltung: Die Thüringer Gemeindeordnung von 1922*

3.1.1 Republik und Selbstverwaltung

Das Thüringer Beispiel, das von der Forschung bisher unbeachtet geblieben ist, läßt klar erkennen, in welcher Richtung eine republikanische Reform der kommunalen Selbstverwaltung nach 1918 denkbar gewesen wäre. Für eine solche Reform, die das Erbe des Kaiserreichs beseitigt und ein Stück bürgerlicher Revolution »nachgeholt« hätte, fand sich aber keine Unterstützung der Weimarer Parteien, nicht einmal der SPD. Es war paradoxerweise eine Nebenströmung der Arbeiterbewegung in Gestalt der Thüringer USPD, die den einzigen Versuch in dieser Richtung unternahm.

Es ist eine bekannte, nachträglich viel beklagte Tatsache, daß der Weimarer Staat von Anfang an den Stempel des Kompromisses mit den herrschenden Kräften des kaiserlichen Deutschland trug. Vom Scheitern der Sozialisierung und der Rätedemokratie soll hier nicht die Rede sein; auch vom Standpunkt der bürgerlichen Republik aus leistete die Nationalversammlung nur halbe Arbeit. So wurde beispielsweise die Trennung von Staat und Kirche nicht durchgeführt; dem monarchisch gesinnten Offizierskorps wurde die Reichswehr überlassen, kaiserlichen Richtern und preußischen Ministerialbürokraten mehr Einfluß denn je zugeschanzt. Die Weimarer Verfassung brachte auch nicht den demokratischen Einheitsstaat, den die republikanischen Richtungen der deutschen Politik seit 1848 als die einzig konsequente Form der Republik angestrebt hatten. Nachdem die Novemberrevolution den dynastischen Zierat hinweggefegt hatte, wurden die deutschen Bundesstaaten en bloc in die neue Republik hineingenommen. Das hieß nichts anderes als die unveränderte Übernahme des größten Teils der deutschen Staatsmaschinerie und damit auch des gesamten Bereichs der kommunalen Selbstverwaltung.

Ein Bündnis republikanischer Kräfte gegen die antidemokratische Reaktion bildete sich nicht als wichtige politische Linie heraus. Die Front verlief anders, denn nach der Oktoberrevolution stand der Sozialismus vor der Tür. Die Klassenkämpfe spitzten sich im Brennpunkt Berlin schon im Januar 1919 derartig zu, daß sich alle politischen Kräfte für diese oder jene Seite der Barrikade entscheiden mußten. Und da be-

gaben sich rechte Sozialdemokraten und bürgerliche Demokraten auf
dieselbe Seite wie die Ultramontanen, die Partikularisten und die
vaterländische Reaktion. Bei der gemeinsamen Abwehr der proletarischen Revolution blieb kein Raum für einen großzügigen republikanischen Neuaufbau. Konsequenterweise hat Arthur Rosenberg darum
auch die Geschichte der Republik als das schrittweise Vorrücken der
Gegenrevolution beschrieben.[1]

Im November 1918 wurden im ganzen deutschen Reich kommunale
Arbeiter- und Soldatenräte gebildet; das bürgerliche System der Selbstverwaltung schien damit vorübergehend an sein Ende gekommen zu
sein.[2] Der tatsächliche Einfluß dieser Räte auf die Kommunalpolitik
mag je nach Stadt und politischer Zusammensetzung stark geschwankt
haben; ihr Charakter als Alternative zu den bisherigen Institutionen
der Selbstverwaltung, vor allem zur mächtigen Kommunalbürokratie,
war jedoch deutlich genug. Die Räte wurden nicht als Organe der Republik anerkannt, sondern von oben entmachtet und ausgeschaltet, sobald es die politischen Kräfteverhältnisse zuließen.

Diese Entwicklung kann nach dem Scheitern der Revolution nicht weiter überraschen. Es bleibt darum doch bemerkenswert, warum darüber
hinaus auch jede *politische Reform* der Selbstverwaltung unterblieb.
Eine solche Reform wäre z. B. in der Richtung denkbar gewesen, daß
die gewählten Vertretungen in den Gemeinden gegenüber den mächtigen Bürgermeistern aufgewertet worden wären. Bescheidene Ansätze
gab es dazu vielleicht in den neuen Gemeindeordnungen, die 1919 in
den süddeutschen Ländern eingeführt wurden. Aber insgesamt konnten
die kommunalen Spitzenbeamten ihren großen Einfluß aus dem Kaiserreich nicht nur in die Republik hinüberretten, sondern sogar erheblich vergrößern.[3]

Die einzige Bestimmung, die durchgängig in die Gemeindeordnung neu
eingesetzt wurde, war das gleiche Stimmrecht für Männer und Frauen.
Selbst diesen überfälligen Schritt unternahm die preußische Regierung

1 Geschichte der Weimarer Republik, Frankfurt, 11. Aufl. 1970.
2 Seit dem wichtigen Buch von Eberhard *Kolb* (Die Arbeiterräte in der
  deutschen Innenpolitik 1918–1919, Düsseldorf 1962) sind eine große
  Zahl von Regional- und Lokalstudien über die Räteherrschaft erschienen,
  z. B.: Erhard *Lucas,* Frankfurt unter der Herrschaft des Arbeiter- und
  Soldatenrats 1918/19, Frankfurt 1969. Diese Studien zeigen in ihrer
  Gesamtheit deutlich, daß die Räte die Kommunalpolitik stellenweise
  sehr gründlich revolutioniert hatten. Vgl. a. oben Teil 1.2.1 und
  Kap. 2.1.
3 Wolfgang *Hofmann,* Zwischen Rathaus und Reichskanzlei. Die Oberbürgermeister in der Kommunal- und Staatspolitik des Deutschen Reiches
  von 1890–1933, Stuttgart u. a. 1974, passim.

im Frühjahr 1919 nur nach vorsichtigem Zögern.[4] Es versteht sich, daß das gleiche Wahlrecht keinerlei Gegengewicht zur Macht der Kommunal- und Ministerialbürokratie bilden konnte, wenn es nicht von entsprechenden Verfassungsreformen der Selbstverwaltung begleitet war.

Während des Ersten Weltkriegs waren die Gemeinden gewissermaßen zum Unterbau der neu entstehenden Reichsverwaltung geworden. Die Weimarer Verfassung ließ die staatlichen Selbstverwaltungskompetenzen trotzdem in der Zuständigkeit der Länder.[5] Im wichtigsten Land Preußen wiederum kam eine Neuordnung der Selbstverwaltung nicht zustande. Von 1919 an schleppten sich die parlamentarischen Verhandlungen dahin, ohne zu einem Ergebnis zu kommen.[6] Es wurden schließlich nur zwei kommunale Gebietsreformen verwirklicht, nämlich das Großberlin-Gesetz von 1920 und die Neuordnung des rheinisch-westfälischen Industriegebietes 1928/29. Es demonstriert eine überraschende Kontinuität von königlicher Machtvollkommenheit zum preußischen Regiment der Weimarer Koalition, wenn in diesem Land die Städte- und Gemeindeordnungen aus der Reaktionszeit der 1850er Jahre nahezu unverändert in Kraft blieben.

3.1.2 Die Bildung des Landes Thüringen und seine politische Entwicklung bis 1923

Im Thüringer Raum war nach dem Weltkrieg die Neuorganisation eines Landes unumgänglich notwendig geworden. Aber selbst dabei schloß die halbherzige Republik nur notdürftige Kompromisse.

Thüringen war bis 1918 ein Inbegriff deutschen Kleinstaatenjammers gewesen. Rechnet man den König von Preußen mit, hielten nicht weniger als 10 souveräne Landesfürsten das Zepter über diese zerrissene Region. Im Dezember 1918 trafen sich die Vertreter der Arbeiter- und Soldatenräte und der provisorischen Regierungen aus den Kleinstaaten und aus den preußischen Teilen Thüringens (Regierungsbezirk Erfurt, Teile des Regierungsbezirks Merseburg und der Kreis Schmalkalden) zu einer Konferenz.[7] Sie einigten sich mehrheitlich auf die Bildung

---

4 Bey-Heard, Hauptstadt und Staatsumwälzung, S. 171 ff.
5 Wolfgang *Hofmann*, Städtetag und Verfassungsordnung. Position und Politik der Hauptgeschäftsführer eines kommunalen Spitzenverbandes, Stuttgart u. a. 1966, S. 17 f.; vgl. a. unten Kap. 3.2.
6 Heinrich *Heffter*, Die deutsche Selbstverwaltung im 19. Jahrhundert, Stuttgart 1950, S. 778 ff.; Hofmann, Zwischen Rathaus und Reichskanzlei, S. 74 ff.
7 Da die Geschichte Thüringens in der Weimarer Republik fast völlig un-

eines einheitlichen Landes Thüringen, das als Provinz der neuen deutschen Republik eingegliedert werden sollte.

Offenbar konnte in dieser Frage eine Übereinstimmung zwischen sozialistischen und bürgerlich-republikanischen Kräften erzielt werden – eine Übereinstimmung, die freilich regional begrenzt blieb, denn die Pläne für die Vereinigung Thüringens waren zum Scheitern verurteilt. Die preußische Regierung weigerte sich schlicht, ihre thüringischen Gebiete freizugeben. Das Land Coburg wurde vom großen Nachbarn Bayern geschluckt. Nach langem Hin und Her kam 1920 ein Land Thüringen zustande, das nur die restlichen Gebiete mit ca. 1,6 Mio. Einwohnern umfaßte und damit zu den schwächsten deutschen Ländern zählte. In den revolutionären Kämpfen der Jahre 1920–1923, die durch eine starke regionale Ungleichheit der Bewegung gekennzeichnet waren,[8] erwies es sich als ein wichtiger Nachteil, daß das »rote« Thüringen nur ein Zwergland war.

Das Land Thüringen, das 1920 gebildet wurde, hatte eine eigentümliche Struktur aufzuweisen, die bei der Erklärung seiner politischen Entwicklung berücksichtigt werden muß. In Thüringen herrschte eine dörflich-kleinstädtische Siedlungsform vor; es gab keine Großstadt, und 43,8 % der Bevölkerung lebte in Orten mit weniger als 2 000 Einwohnern (zum Vergleich: im Reich 35,6 %; Rheinprovinz 18,0 %).[9] Trotzdem war Thüringen eines der am stärksten industrialisierten Gebiete Deutschlands. Der Anteil der Erwerbstätigen, die in »Industrie und Handwerk« beschäftigt waren, lag bei 50,0 % (Reich 41,3 %; Rheinprovinz 50,9 %); der Anteil der »Arbeiter« an allen Berufszugehörigen war ebenfalls hoch, nämlich 45,5 % (Reich 42,6 % Rheinprovinz 46,6 %). Die Struktur der Industrie war ganz auf die Endfertigung spezialisierter Produkte ausgerichtet (Waffen, Spielzeug, Feinmechanik, Textilien); in diesen Bereichen war die Klein- und Hausindustrie noch vorherrschend. Rein landwirtschaftliche Regionen fehlten; dagegen war der Ackerbau als Nebenbeschäftigung weit verbreitet.[10] Siedlungsmäßig und wirtschaftlich waren hier Proletariat und

---

erforscht ist, muß in diesem Kapitel hauptsächlich auf zeitgenössische Darstellungen und Erinnerungsliteratur zurückgegriffen werden. Für die Bildung des Landes Thüringen s. *Leutheusser*, Von sieben Einzelstaaten zum Einheitsstaat, in: *Thüringer Jahrbuch* 1/1926, S. 3 ff.

8 Vgl. dazu Erhard *Lucas*, Märzrevolution 1920. Der bewaffnete Arbeiteraufstand im Ruhrgebiet . . ., Bd. 2, Frankfurt 1973, S. 166 und passim.

9 Die Angaben sind dem *Statistischen Jahrbuch für das Deutsche Reich* 46/1927 entnommen und beruhen auf der Volks-, Berufs- und Betriebszählung von 1925.

10 Johannes *Müller*, Thüringen und seine Stellung in und zu Mitteldeutschland, Weimar 1929, S. 20 ff.

Kleinbürgertum eng miteinander verzahnt, wie sich z. B. an der Siedlungsform der Arbeiterdörfer im Thüringer Wald zeigt. Man kann darum annehmen, daß es auch politisch fließende Übergänge zwischen beiden Klassen gab.

Politisch hatte Thüringen von 1848 her eine ausgeprägte liberale Tradition, die sich in ihrem Selbstverständnis stark von den preußischen Zuständen abhob. Außerdem hatte sich seit 1890 eine mächtige Arbeiterbewegung entwickelt. Die 11 Reichstagsabgeordneten Thüringens teilten sich 1912 auf in acht Sozialdemokraten und drei Liberale.

Der erste Weltkrieg zog die Bevölkerung Thüringens besonders stark in Mitleidenschaft. Unter den Folgen des Krieges litten nicht nur die Arbeiter, die in den Kriegsindustrien beschäftigt waren, sondern auch die Kleinbauern, die durch den Kriegsdienst und die hohen Ablieferungsquoten mit der unbarmherzigen Staatsbürokratie konfrontiert wurden.[11] Bei den Auswüchsen der Kleinstaaterei scheint die Brüchigkeit der alten Ordnung noch besonders deutlich geworden zu sein, denn gerade in den thüringischen Duodezländchen nahm die Novemberrevolution einen stürmischen Verlauf.[12]

Die Rätebewegung konnte hier besonders gründlich Fuß fassen; sie muß von breiten antibürokratischen und republikanischen Tendenzen im Kleinbürgertum unterstützt worden sein. In manchen thüringischen Staaten blieben die Räte und Revolutionsregierungen weitaus länger an der Macht als in anderen Teilen des Reiches. In Gotha z. B. gab es eine Räteregierung bis 1920; hier hatte die USP die absolute Mehrheit in der Landesversammlung, und nur die groben militärischen Drohungen der Reichsregierung konnte die Verfechter des Rätegedankens dazu bewegen, Ende 1919 eine parlamentarische Verfassung einzuführen.[13]

Im Juni 1920 wurde der erste Gesamt-Thüringer Landtag gewählt. In ihm wurde die USP die stärkste Fraktion (15 Sitze), blieb aber in der Opposition, während SPD (11 Sitze) und DDP (4 Sitze) eine Koalitionsregierung bildeten. Einen Moment lang sah es so aus, als würde Thüringen einen ähnlichen politischen Weg wie der große Nach-

---

11 Die Thüringer Löhne lagen weit unter dem Durchschnitt anderer Industriegebiete; die Landwirtschaft produzierte auf schlechten Böden und in Kleinbetrieben; s. Müller, a.a.O., S. 23 f. und 45 ff.

12 Die Darstellung der politischen Ereignisse stützt sich teilweise auf Georg *Witzmann*, Thüringen 1918–1933. Erinnerungen eines Politikers, Meisenheim 1958.

13 S. dazu die interessante Dokumentation von Georg *Witzmann*, Die Kämpfe um die Gothaische Verfassung im Jahre 1919, in: *Rund um den Friedenstein*. Blätter für Thüringer Geschichte und Heimatgeschehen, hg. v. Gothaer Tageblatt, Nr. 10 vom 19. 5. 1932.

bar Preußen nehmen, mit einer Regierung der Weimarer Koalition an der Spitze. Doch die mitteldeutschen Märzkämpfe 1921 brachten neue Erschütterungen des politischen Lebens. Im Juli 1921 mußte die Koalitionsregierung zurücktreten. Mitten in den Landtagswahlkampf platzte die Ermordung Erzbergers (am 26. August), die alle politischen Kräfte mobilisierte, die zur Verteidigung der demokratischen Rechte bereit waren. Selbst in Berlin wurde damals die Bildung einer SPD/USP-Koalition zum Schutze der Republik erwogen.[14]

Der Linksruck, den die herausfordernde Mordtat an Erzberger auslöste, konnte in Thüringen politisch voll durchschlagen; nicht nur die kämpferische Arbeiterschaft, sondern auch andere, republikanisch gesinnte Teile der Bevölkerung gingen in Frontstellung gegen die Feinde der Republik. Der neue Landtag brachte eine absolute Mehrheit der Linksparteien (SPD 13; USP 9; KPD 6 Sitze). Unter dem Sozialdemokraten Frölich wurde eine SPD/USP-Regierung gebildet, die sich auf die parlamentarische Tolerierung der KPD-Abgeordneten stützen konnte. Diese Regierung blieb bis September 1923 im Amt. Im Oktober traten zwei Kommunisten in die Regierung Frölich ein. Vier Wochen später marschierte die Reichswehr ein, verhaftete die Minister und verhängte ein Verbot der KPD.

3.1.3 Die neue Gemeindeordnung und der Kurs der Regierung Frölich

Im Frühjahr 1922 legte die Regierung Frölich den Entwurf einer neuen »Gemeinde- und Kreisordnung« vor. Sie wurde im Juli vom Landtag mit den Stimmen der SPD, USP und KPD verabschiedet; am 1. Oktober 1922 trat sie in Kraft. Hier sollen zunächst die wichtigsten Züge dieser Gemeindeordnung vorgestellt werden.[15]

Die Gemeindeordnung legte alle öffentliche Verwaltung, soweit sie nicht in die Zuständigkeit der staatlichen Zentral- und Sonderbehörden fiel, in die Hände der Gemeinden und Kreise. Die Gemeindeordnung machte keinen rechtlichen Unterschied zwischen Stadt- und Landgemeinden und verwirklichte damit einen langgehegten Wunsch der Liberalen von 1848. Sie beseitigte die Magistratsverfassung, die noch

---

14 Jasper, Der Schutz der Republik, S. 34 ff. und 40.
15 Der Text des Gesetzes bei Paul *Kieß*, Handbuch des kommunalen Rechts der Gemeinden, Stadt- und Landkreise Thüringens, Jena (1922). Die aufgeführten Paragraphen im Text beziehen sich auf dieses Gesetz. Leider ist dieser Text in die neue, umfassende Sammlung von Christian *Engeli* (Quellen zum modernen Gemeindeverfassungsrecht in Deutschland, Stuttgart 1975) nicht aufgenommen worden.

in einigen Kleinstaaten bestanden hatte, und führte überall das Ein-kammersystem ein.[16]

Die neue Gemeindeordnung gab der Gemeindevertretung (genannt »Gemeinderat«) weitgehende Kontrollmöglichkeiten über die Verwaltung, die auf eine Parlamentarisierung der Stadtregierung hinausliefen: Der Gemeinderat sollte der Verwaltung Richtlinien geben, ihren Vollzug überwachen, ja er konnte sich jederzeit die eigene Mitwirkung beim Vollzug der Verwaltung vorbehalten. Der Bürgermeister wurde alle drei Jahre neu gewählt. Die Beigeordneten waren nicht der Verwaltungsspitze, sondern direkt dem Gemeinderat verantwortlich. Der Gemeinderat entschied über die Einstellung von Gemeindebediensteten und bestimmte sogar die Geschäftsverteilung in der Verwaltung. In der Hand des Gemeinderats waren also wichtige Kompetenzen konzentriert, die z. B. in der Rheinischen Bürgermeisterverfassung beim Bürgermeister lagen.[17]

Außerdem hat die Gemeindeordnung radikaldemokratische Elemente aufzuweisen: Die Wahlperioden des Gemeinderats waren kürzer als anderswo, nämlich auf drei Jahre festgelegt. Die Unterzeichner eines Wahlvorschlages für einen Gemeinevertreter konnten jederzeit seine Abberufung verlangen. Gemeindebegehren und Gemeindeentscheid konnten zu allen kommunalen Entscheidungen durchgeführt werden, wenn ein Viertel der Wahlberechtigten es schriftlich verlangte.

Betrachtet man das Verhältnis der Gemeinde zum Staat, hat die Gemeindeordnung eine weitere Überraschung zu bieten: Formal gesehen ist die Aufsicht durch die Staatsverwaltung verschwunden. Ein Bestätigungsrecht für kommunale Wahlbeamte gab es nicht mehr. Die Aufsicht über die Gemeindebeschlüsse (auf Gesetzmäßigkeit und ordnungsgemäße Finanzgebarung) wurde einer neuen Einrichtung, der sogenannten »Kommunalkammer«, übertragen (§§ 110–119). Die Kommu-

---

16 Vgl. dazu die Übersicht »Haupttypen der deutschen Kommunalverfassung« im Anhang.

17 Im März 1922 nahm ein außerordentlicher Thüringischer Städtetag zum Entwurf der Gemeindeordnung Stellung. An seiner Kritik läßt sich erkennen, in welchen Punkten die Kommunalbürokraten eine Schmälerung ihres Einflusses befürchteten. Der Städtetag verlangte, daß dem Gemeinderat keine Mitwirkung beim Vollzug und keine allgemeine Dienstaufsicht zustehen dürfe. Dem Bürgermeister müsse der Vorsitz des Gemeinderates und die Geschäftsverteilung in der Verwaltung übertragen werden. Auch müsse ein Bürgermeister Beschlüsse des Gemeinderates, die gegen Gesetze oder gegen die Interessen der Stadt verstießen, mit aufschiebender Wirkung beanstanden können; s. W. F. *Müller,* Aufgabenkreis der Gemeindeorgane. Vortrag auf dem o. a. Thüringischen Städtetag am 9. März 1922, in: *Zeitschrift für Kommunalwirtschaft* 12/1922, Sp. 284 ff.

nalkammer wurde aus einem Vorsitzenden und 4 Beigeordneten gebildet. Der Vorsitzende wurde vom Innenminister ernannt; 2 Beigeordnete wurden vom Landtag, zwei von den Vorsitzenden der Gemeinde- und Kreisvertretungen gewählt. Die Kommunalkammer war selbst ein Organ der Selbstverwaltung, das nicht vom Ministerium beaufsichtigt wurde. Die kreisangehörigen Gemeinden verkehrten übrigens ebenso wie die Stadtkreise direkt mit der Kommunalkammer und wurden nicht vom Kreisdirektor (= Landrat) kontrolliert, wie es sonst der Normfall war.

Ein Schönheitsfehler der Gemeindeordnung darf nicht unerwähnt bleiben. Die Kreisdirektoren, die bei der ländlichen Struktur Thüringens eine wichtige Stellung in der Selbstverwaltung innehatten, wurden nicht von der Kreisvertretung gewählt, sondern vom Innenminister ernannt.

Nach dem Einmarsch der Reichswehr wurden Anfang 1924 wichtige Bestimmungen der Gemeindeordnung durch Ausnahmegesetze abgeändert. 1926 verabschiedete dann die nunmehr bürgerliche Landtagsmehrheit eine neue Gemeindeordnung. An den Veränderungen[18] kann man noch einmal ablesen, in welchen Punkten die Gesetzgebung von 1922 vom bürgerlichen Normalmaß der Weimarer Zeit abwich: Die Kommunalkammer wurde beseitigt und die Aufsicht wieder der Ministerialbürokratie übertragen; die Wahlperioden der Gemeindevertretungen von drei auf vier Jahre verlängert; Gemeindebegehren und -entscheid für Entscheidungen über Haushalt, Steuern, Gehälter und Wahltermine untersagt; die Wahlperioden der Bürgermeister auf sechs bzw. zwölf Jahre verlängert; die Geschäftsverteilung, Einstellung der Bediensteten und Rechtsaufsicht wieder in die Hände des Bürgermeisters zurückgelegt u. a. m.

Dieser Versuch zu einer Neuordnung der Selbstverwaltung nimmt, wie gesagt, eine Sonderstellung ein. Ihm läßt sich inhaltlich nur noch die sächsische Gemeindeordnung von 1923 an die Seite stellen, die aber vor der Reichsexekution nicht mehr in Kraft treten konnte.[19] Die Thüringer Neuordnung wurde von allen bürgerlichen Parteien des Landes scharf bekämpft; sie kam nur zustande, weil sie von einer sozialistischen Regierung betrieben wurde, in der die Unabhängigen Sozialdemokraten den politischen Ton angaben.

---

18 Aufgeführt bei Otto *Zieger*, Entwicklung des Thüringischen Verfassungs- und Verwaltungsrechts unter besonderer Berücksichtigung des kommunalen Rechts, in: *Zeitschrift für Kommunalwirtschaft*, 17/1927, Sp. 657 ff.
19 Walter *Fabian*, Klassenkampf in Sachsen, Löbau 1930, S. 91, 129 und 139 ff.

Die USP war 1917 aus Protest gegen die Burgfriedenspolitik der Mehrheit der sozialdemokratischen Reichstagsfraktion gegründet worden.[20] Damals vereinigte sie so gegensätzliche Richtungen der Arbeiterbewegung wie das pazifistische Parteizentrum und die Gruppe Spartakus in sich. Die USP von 1921 war nur noch ein Rumpfgebilde, nachdem sich der weitaus größte Teil der Partei im Oktober 1920 mit der KPD vereinigt hatte. Während die Rest-USP damit in den meisten Gegenden Deutschlands von der politischen Landkarte verschwunden war, ist es typisch für Thüringen, daß sie hier noch ziemlich stark blieb. Das läßt sich sowohl am erwähnten Ergebnis der Landtagswahl vom September 1921 wie auch an ihrer Mitgliederentwicklung ablesen. Von ihren 60 000 Mitgliedern in Thüringen (Stand Oktober 1920) blieben nach dem Parteitag von Halle ca. 35 000 bei der Partei (Stand April 1921), während die KPD auf ca. 25 000 Mitglieder anwuchs (Januar 1921).[21] Im Herbst 1922 vereinigten sich übrigens beide Teile der SPD wieder, ohne daß damit die politische Sonderstellung der Thüringer Regierung verschwunden wäre.

Lenin hat in seinen Schriften und in seinem Referat auf dem I. Kongreß der Kommunistischen Internationale einen scharfen Trennungsstrich zwischen den Kommunisten und den »Zentristen« (USPD und andere Parteien) gezogen; er warf ihnen vor, an die Vereinbarkeit von bürgerlicher und proletarischer Demokratie zu glauben.[22] Diese Trennungslinie läßt sich auch zwischen der Thüringer KPD und dem »Regierungssozialismus« von Frölich ziehen: Die KPD betrachtete ihre Unterstützung für die »Arbeiterregierungen« als eine taktische Frage, die in Zusammenhang mit der politischen Konjunktur des Klassenkampfes stand;[23] auch die Frage der Verfassung (Republik, Kommunalverfassung usw.) änderte für sie nicht grundsätzlich den Klasseninhalt des Weimarer Staates. Die Regierungsparteien in Thüringen stellten ihre Arbeit demgegenüber als ein »sozialistisches Aufbauwerk« hin.[24] Damit leugneten sie die schweren politischen Widersprüche, die aus ihren Maßnahmen erwachsen mußten; denn die soziale Revolution

20 Siehe Prager, Geschichte der USPD, S. 132 ff.
21 Angaben bei Wheeler, Die »21 Bedingungen« und die Spaltung der USPD im Herbst 1920, S. 149.
22 W. I. *Lenin*, Werke, Bd. 28, Berlin 1959, S. 94 ff. und 471 ff.
23 Zur politischen Diskussion 1922/23 s. *Flechtheim*, Die KPD in der Weimarer Republik, S. 173 ff; vgl. a. Theodor *Neubauer*, 9 Monate Praxis der »sozialistischen« Regierung in Thüringen, in: *Die Internationale* 5/1922, H. 1–2, S. 12–20.
24 Vgl. die Broschüre: *Sozialdemokratie und Regierung in Thüringen*. September 1921 bis Juni 1923, hg. v. dem VSPD-Bezirksverband Großthüringen, Jena 1923.

hatte in Deutschland schließlich noch nicht stattgefunden. Aus dieser politischen Haltung heraus richtete die USP/SPD-Regierung ihr Hauptaugenmerk auch nicht auf die Mobilisierung der Volksmassen, sondern auf die Gesetzgebung und den Aufbau der Verwaltung.

Auf diesem Gebiet entfaltete die Regierung Frölich in ihrer kaum zweijährigen Amtszeit wirklich ein enormes Programm. Neben der bereits dargestellten Gemeindeordnung arbeitete sie Gesetze zum Schutz der Republik aus (Staatsbeamtengesetz), zur Trennung von Staat und Kirche, zur Gebietsreform (Kreiseinteilungsgesetz), zur Landespolizei und zum Steuerwesen. Unter dem Volksbildungsminister Greil wurde das Thüringer Schulwesen auf neue Grundlagen gestellt.[25] Die Einführung der Einheitsschule und die Reformen auf dem Gebiet der aktiven Elternmitsprache, der Erwachsenenbildung und der Sozialpädagogik gelten bis heute als vorbildlich. Aber auch diese Reformen wurden 1924 weitgehend beseitigt, worauf die Thüringer Bildungspolitik ganz in das Fahrwasser der preußischen Schulgesetzgebung geriet. Zu erwähnen ist noch die Förderung, die das Bauhaus in Weimar in diesen Jahren durch die Thüringische Regierung erfahren hat.[26]

Das Konzept vom »äußeren und inneren Aufbau« Thüringens, das die Frölich-Regierung vertrat, mußte auf prekären, ja illusionären Grundlagen beruhen; es war so formuliert, als könne das Aufbauwerk unbehelligt im Schatten der Reichsgewalt durchgeführt werden. In Wirklichkeit beobachtete die Reichsregierung die Schritte der Thüringer peinlich genau und mit großem Mißtrauen.[27] Die Reichsexekution vom November 1923 stellt sich bei näherer Betrachtung auch nicht als ein einmaliger Gewaltschlag dar, sondern als Höhepunkt einer ununterbrochenen Serie von Interventionen seit 1919.[28] Außerdem rief die bürgerliche Minderheit im Lande die Reichsgewalt immer wieder um Unterstützung an. Z. B. beklagten sich die bürgerlichen Parteien des Landtags im März 1923 mit einer Denkschrift bei der Reichsregierung

25 Wilhelm *Flitner*, Wissenschaft und Schulwesen in Thüringen von 1550 bis 1933, in: Patze/Schlesinger, Geschichte Thüringens, Bd. IV, Köln/Wien 1972, S. 180 ff.

26 Hans M. *Wingler*, Das Bauhaus 1919–1933, 2. Aufl. Bramsche 1968.

27 Vgl. die zahlreichen Diskussionen über Thüringen im Kabinett Cuno: Karl-Heinz *Harbeck* (bearb.), Das Kabinett Cuno (Akten der Reichskanzlei), Boppard 1968.

28 Während des Kapp-Putsches und der mitteldeutschen Aufstände 1921 wurden Reichskommissare und Truppen entsandt; ein Kartoffelausfuhrverbot wurde vom Reichsernährungsminister untersagt; das Verbot des Jungdeutschen Ordens wurde von einem Reichsgericht aufgehoben usw. S. Witzmann, Thüringen 1918–1933, passim.

über die »Rechtsbrüche« der Thüringer Regierung.[29] Darin behaupteten sie u. a., die Kommunalkammer sei geschaffen worden, um die Selbstverwaltung der Gemeinden »in weitestgehendem Maße zu beseitigen«.[30]

Nur in wenigen Fällen bot die sozialistische Regierung dem Gegner die offene Stirn. Kritischen Fragen ging sie aus dem Wege, z. B. der Frage der Sozialisierung. Der Entwicklung der Betriebsräte, Kontrollausschüsse und proletarischen Hundertschaften – diese Organe des politischen Kampfes waren 1923 natürlich unendlich viel kontroverser als alle Fragen der Kommunalverfassung – stand sie bis zum Herbst abwartend und mißtrauisch gegenüber. Mit ihrem republikanischen Gesetzgebungswerk wollte die sozialistische Regierung den Sack schlagen, hoffte aber vergeblich darauf, daß der Esel nicht fühlen würde, daß er gemeint war.

Um sich die Unterstützung der Arbeiter zu erhalten, versuchte die Regierung, ihre republikanischen Reformen als sozialistische Errungenschaften hinzustellen. So übertrieb Innenminister Hermann (USP) nicht wenig, als er im Landtag zur Gemeindeordnung erklärte, sie sei »ein gutes Stück Arbeit im *sozialistischen* Sinne; sammeln wir die Indifferenten zum Sturm auf die Bastillen der besitzenden Klassen!«[31] Ein Abgeordneter der USP ging noch weiter und sagte zur Gemeindeordnung: »Der Entwurf entspricht dem Klassencharakter des Proletariats; ... er stellt das konsequent durchgeführte Rätegesetz dar.« Ein Anklang an die Räteidee ist auch in der Namengebung der Gemeindeordnung zu erkennen; das war von der Regierung mit Sicherheit beabsichtigt. Z. B. wird die Gemeindevertretung abweichend vom allgemeinen Sprachgebrauch »Gemeinde*rat*« genannt; für das Stadtoberhaupt wird das Wort *Bürger*meister vermieden und die Bezeichnung »Gemeindevorsteher« eingeführt usf. Die Behauptung, die Gemeindeordnung sei eine Räteverfassung der Selbstverwaltung, war aber schlichtweg falsch. In Wirklichkeit brachte sie eine *Parlamentarisierung* der Selbstverwaltung. Der Parteienpluralismus war in ihr ausdrücklich verankert (z. B. Parteienproporz bei der Wahl der Beigeordneten); außerdem war die jederzeitige Abwahl des Gemeindevorstehers nach dem verabschiedeten Gesetz nicht mehr möglich usf. Die Regierung Frölich stand damit in der Nachfolge des USP-Kommunalprogramms von 1919: Dieses Programm bekannte sich zwar

---

29 »Denkschrift über die politischen Verhältnisse in Thüringen vom 3. März 1923«, abgedruckt in der Broschüre: Wahl-ABC, hg. v. *Thüringer Landbund*, Erfurt (1924), S. 8 ff.; vgl. auch Harbeck, Kabinett Cuno, S. 619 ff.
30 A.a.O., S. 11.
31 Diese und die folgende Äußerung werden zitiert nach Witzmann, S. 60 f.; Hervorhebungen hinzugefügt

verbal zur Rädeidee; in seinen praktischen Vorschlägen faßte es aber
eine Erneuerung des Parlamentarismus in der Selbstverwaltung ins
Auge.[32] Ganz zutreffend charakterisiert auch Heffter die Thüringer
Gemeindeordnung als einen »extremen kommunalen *Parlamentarismus*«.[33] Die neue Form der Selbstverwaltung verlagerte einen Teil der
lokalen Macht von der Kommunalbürokratie auf die gewählten Vertretungen; von einer Revolutionierung der Institutionen konnte nicht
die Rede sein. Wenn sie auf die Dauer Wirklichkeit geworden wäre,
hätte sie einen Schritt zur Republik, ein Stück nachgeholter *bürgerlicher* Revolution bedeutet.

In welche Widersprüche die Politik des Regierungssozialismus führte,
zeigt die Bestimmung über die Ernennung der Kreisdirektoren (vgl.
oben). Natürlich wollte die Regierung verhindern, daß die wichtigsten
Posten in der Kreisverwaltung an bürgerliche Persönlichkeiten fielen.
Nun war zu erwarten, daß trotz der Stärke der Linksparteien eine
Anzahl von Kreisvertretungen bürgerliche Mehrheiten erhalten würden; genau das trat dann bei den Kreistagswahlen im September 1922
auch ein.[34] Um diese Stellungen in ihrem Sinne besetzen zu können,
verließ sich die Regierung nicht auf eine Änderung der Kräfteverhältnisse an der Basis; sie setzte vielmehr in die Gemeindeordnung die Bestimmung ein, daß die Kreisdirektoren vom Innenminister zu ernennen
seien. Damit machte das Prinzip der Selbstverwaltung vor der wichtigen Kreisebene halt.

Wenn man den Angaben der Tagesliteratur glauben darf, waren 1922
von insgesamt 23 Landräten noch 22 Bürgerliche und einer Sozialdemokrat.[35] Mit der neuen Kreiseinteilung wurde die Zahl der Landkreise auf 15 reduziert. Von den 15 Kreisdirektoren ernannte die Regierung 1922/23 dann 9 SPD- und 1 USP-Vertreter, u. a. auch in
Kreisen, wo bürgerliche Mehrheiten in den Kreisvertretungen bestanden.[36] Ein solches Vorgehen bedeutete, den sozialistischen Aufbau von
oben zu dekretieren; es machte es der bürgerlichen Gegenpropaganda
leicht, den Sozialismus als Vetternwirtschaft der Linksparteien darzustellen und sich selbst als Verteidiger der Selbstverwaltung aufzu-
spielen.

Die weitere Entwicklung des Weimarer Staates hat den Republikanismus dieser Jahre nicht als zukunftweisenden Ansatz aufgenommen,
sondern als unzeitgemäßes, peinliches Zwischenspiel gebrandmarkt. Es

---

32 Vgl. dazu oben Teil 2.1.4.
33 Heffter, Die deutsche Selbstverwaltung im 19. Jahrhundert, S. 782.
34 Vgl. Wahl-ABC des Thüringer Landbundes, S. 4 ff.
35 Neubauer, 9 Monate Praxis der »sozialistischen« Regierung, S. 15.
36 Wahl-ABC des Thüringer Landbundes, S. 58 f.

ist wirklich auffallend, mit welcher Erbitterung sich alle bürgerlichen Parteien einschließlich der DDP gegen Gesetze gewehrt haben, die als solche einen klar republikanischen Inhalt hatten. Die bürgerlichen Publizisten leugneten schon bald nach 1924, daß es vorher überhaupt andere politische Kräfteverhältnisse gegeben hatte und versuchten, den Gang der Politik bis 1923 als reine Verirrung darzustellen. So schrieb der Reichstagsabgeordnete F. Pfeffer (DVP) 1926:

> »Die Wandlung in Thüringen, wo der junge Staat durch Perioden der radikalen Massenherrschaft zu dem gegenwärtigen rein bürgerlichen Regierungssystem fortgeschritten ist, legt deshalb den Gedanken nahe, daß in Thüringen eine völlige Verschiebung im Stärkeverhältnis der Parteien stattgefunden hat, ja daß vielleicht sogar ein Wechsel in der staatspolitischen Gesinnung des thüringischen Volkes vor sich gegangen ist. Diese Auffassung wird aber den tatsächlichen Verhältnissen nicht gerecht. Richtiger scheint es zu sein, die Jahre nach der Revolution als eine *politische Erkrankung* anzusehen, die hervorgerufen worden ist durch das seelische Erlebnis des Weltkriegs und seines unglücklichen Ausgangs . . .«[37]

In den Jahren 1929/30 machte Thüringen dann eine neue politische Sonderentwicklung durch, diesmal mit der ersten NSDAP-Regierung Deutschlands an der Spitze.

3.2 Verbandspluralismus und Sozialpolitik oder autoritärer Staat?
Das Reichsreformprogramm des Deutschen Städtetages 1926–1930

Während des Ersten Weltkrieges waren die städtischen Verwaltungen rasch zu einer entscheidenden Stütze der allumfassenden Kriegsverwaltung geworden. Die kommunalen Bürokratien spielten – noch deutlicher als vor 1914 – eine Pionierrolle bei der Entstehung der modernen »Leistungsverwaltung«.[38] Der Bedeutungszuwachs der kommunalen Selbstverwaltung vollzog sich nicht im politischen Widerstreit mit der Staatszentrale, sondern in Übereinstimmung mit der Reichsspitze und zum Nutzen der imperialistischen Kriegsmaschinerie. Die Verbandspolitik des Deutschen Städtetages konzentrierte sich dementsprechend auf die Integration der Städte in die zentralen Organisationen der Kriegswirtschaft und Staatsverwaltung. Stellungnahmen zur Innen- und Staatspolitik waren vom Vorstand des Städtetages hingegen nicht

---

37 Friedrich *Pfeffer*, Die politischen Parteien in Thüringen, in: *Thüringer Jahrbuch* 1/1926, S. 12; Hervorhebung hinzugefügt.
38 Hugo *Lindemann*, Die deutsche Stadtgemeinde im Kriege. Tübingen 1917; Bey-Heard, Hauptstadt und Staatsumwälzung, S. 40 ff.; Ernst *Forsthoff*, Die Daseinsvorsorge und die Kommunen, Köln 1958.

zu erwarten; er trat noch nicht einmal 1917 für die Beseitigung des Drei-Klassen-Wahlrechts ein.[39]

In der Novemberrevolution trat die Selbstverwaltungsidee ganz hinter die Identifikation mit dem bedrohten bürgerlichen Staat zurück. Die leitenden Kommunalbeamten richteten ihr Hauptaugenmerk auf die Ausschaltung der Arbeiter- und Soldatenräte; viele Bürgermeister blieben in deutlicher Reserve gegenüber den neuen Institutionen der Republik.[40] Dementsprechend beschränkte der Städtetag seine Aktivitäten auf verwaltungstechnische Fragen. An den Beratungen über die neue Reichsverfassung nahm er keinen Anteil; in der Sozialisierungs- und Kommunalisierungsfrage entwickelte er eine erfolgreiche Verzögerungstaktik.[41] Im weiteren Verlauf der Nachkriegskrise waren die Stadtverwaltungen immer wieder auf direkte Interventionen der Staatsmacht angewiesen; bei revolutionären Unruhen forderten die Oberbürgermeister verschiedentlich die Einsetzung von Reichskommissaren oder holten die Reichswehr in ihre Städte.[42] Auf dem Höhepunkt der Inflation 1923 konnte nur das Reich die Auszahlung der kommunalen Besoldungen gewährleisten.

Die Jahre nach 1924 gaben den Städten dagegen vorübergehend eine gewisse politische und finanzielle Bewegungsfreiheit zurück. Die führende Fraktion des Städtetages trat aus ihrer Reserve der Republik gegenüber heraus. Ab 1926 entwickelte der neue Geschäftsführer (nun »Präsident«), Oskar Mulert, ein umfassendes politisches Programm, das die Stellung der Gemeinde im Staatsgefüge verbessern sollte und gleichzeitig auf eine verbandspluralistische Ausgestaltung der Weimarer Demokratie abzielte.

3.2.1 Der Städtetag als Interessenverband

Der Deutsche Städtetag hatte sich 1905 als der erste und führende kommunale Spitzenverband auf Reichsebene konstituiert.[43] Seine Ar-

---

39 Vgl. Hans *Luther*, Im Dienst des Städtetages. Erinnerungen aus den Jahren 1913 bis 1925, Stuttgart 1959; Kluge, Die Rolle des Deutschen Städtetages, S. 36 ff.; Hofmann, Zwischen Rathaus und Reichskanzlei, S. 55.

40 Hofmann, a.a.O., S. 57 ff.; Bey-Heard, S. 87 ff.

41 Hofmann, Städtetag und Verfassungsordnung, S. 27 f.; Kluge, Die Rolle des Deutschen Städtetages, S. 85 ff.

42 Vgl. z.B. Carl *Severing*, Im Wetter- und Watterwinkel, Bielefeld 1927, S. 18 f. u. 87 f.; Hans *Luther*, Politiker ohne Partei. Erinnerungen, Stuttgart, 2. Aufl. 1960, S. 75 ff.

43 Otto *Ziebill*, Geschichte des Deutschen Städtetages, Stuttgart/Köln, 2. Aufll 1956, S. 30 ff.

beit entwickelte sich von einem losen Erfahrungsaustausch interessierter Oberbürgermeister zu der eines leistungsfähigen, privatrechtlichen Interessenverbandes. Seine Tätigkeit wuchs bald über die Funktionen eines reinen Fachverbandes hinaus und reichte in viele Bereiche der Politik hinein. Den entscheidenden Einfluß auf die Politik des Verbandes hatten die kommunalen Beamten der großen Städte.[44] Der Vorstand und der (1921 gebildete) »engere Vorstand« waren fest in der Hand der mächtigen Oberbürgermeister. 1920 war der Vorstand zu 94 % mit hauptamtlichen Kommunalpolitikern besetzt, 1927 zu 80 % und 1931 zu 82 %.[45] Die Bedeutung der Hauptversammlung nahm hingegen immer mehr ab. Die Sechste Hauptversammlung 1924 erzwang zwar eine Satzungsänderung, nach der mehr (ehrenamtliche) Stadtverordnete in den Vorstand aufgenommen werden sollten, aber der Beschluß blieb ohne Folgen. Nach der Satzung von 1924 war der Vorstand der Hauptversammlung ohnehin nicht mehr verantwortlich.[46] Bei diesem Verbandsaufbau war es ganz unwahrscheinlich, daß sich im Städtetag Auffassungen durchsetzen würden, die den Einfluß der Selbstverwaltungsbürokratie antasten könnten.

Die Standesinteressen der kommunalen Beamtenschaft waren deutlich ein bevorzugtes Interessengebiet der Städtetagsarbeit. Dennoch ist die Annahme irreführend, die vom Städtetag wahrgenommenen Interessen hätten sich mit der Lobby für höhere Beamtengehälter erschöpft. Dieser Vorwurf wurde öfters in der Weimarer Republik laut.[47]

Andererseits macht es sich auch Ziebill mit der formalen Argumentation zu leicht, die kommunalen Spitzenverbände verträten ein »Gesamtinteresse« der Bevölkerung, denn jeder Staatsbürger gehöre auch einer Gemeinde an.[48] Selbst wenn man den Begriff des Gesamtinteresses für sinnvoll hält, geht diese Auffassung daran vorbei, daß die Kommunalverwaltungen im Bereich der öffentlichen Verwaltung ganz bestimmte, für sie charakteristische Aufgaben erfüllen und daß diese Tätigkeit einige Teile der Bevölkerung mehr betrifft als andere. Die Pflege der »Wohlfahrt der ihm angehörenden Gemeindewesen und

---

44 Otto *Ziebill*, Die kommunalen Spitzenorganisationen als Interessenverbände?, in:*AfK* 7/1968, S. 211; Gerhard *Schulz*, Die kommunale Selbstverwaltung in Deutschland vor 1933. Ideen, Institutionen und Interessen, in: *Franz-Lieber-Hefte*. Zeitschrift für politische Wissenschaft, Heft 3/ 1959, S. 14–31, S. 18.

45 Wilhelm *Kampmann*, Die kommunalen Spitzenverbände und die Selbstverwaltung, Diss. Köln 1932, S. 13.

46 Ziebill, Geschichte des Deutschen Städtetages, S. 49. Kluge, Die Rolle des Deutschen Städtetages, S. 70.

47 Z. B. bei Kampmann, a.a.O., S. 35.

48 Ziebill, Die kommunalen Spitzenorganisationen, S. 208 und 216 ff.

ihrer Bewohner« und der »gemeinschaftlichen Interessen der Städte«, die sich der Städtetag zum Ziel gesetzt hatte, bedeutete die Erfüllung eben jener öffentlichen Aufgaben, die den Städten in der Staatsorganisation überlassen waren.

Ein großer Teil dieser Aufgaben lag gerade in den großen Städten, die der Deutsche Städtetag vertrat, auf dem Gebiet der öffentlichen Sozialleistungen im Zusammenhang mit der interventionistischen Sozial- und Wirtschaftspolitik seit der Jahrhundertwende. Zwar nahm auch das Reich einen Teil der »Daseinsvorsorge« wahr, aber die Zentralisierung dieser Aufgaben z. B. in den großen Versicherungsanstalten war in der Weimarer Republik noch nicht so weit fortgeschritten wie heute. »Die ungehemmte wirtschaftliche Freiheit, die zu einem wilden Konkurrenzkampf, der den Schwächeren zu Boden wirft ... und zu einer Übermacht der großen Kapitalkräfte führt, (Adickes) und der Druck der Arbeiterklasse waren es, die die Vertreter der Städte nötigten, nach Wegen zu suchen, die sich ständig verschärfenden sozialen Gegensätze zu mildern. Durch Reformen wollten sie einen Ausgleich zwischen Kapitalismus und Arbeiterklasse erreichen.«[49] Die Bedeutung der Sozialaufgaben in der Selbstverwaltung betont auch Köttgen aus der zeitgenössischen Perspektive:

> »Für die moderne Gemeinde, deren Tätigkeitsfeld unbestreitbar vornehmlich auf dem Gebiet der Sozialpolitik zu suchen ist, stehen auf jeden Fall die wirtschaftlichen Interessen des abhängigen Arbeitnehmers ... im weitesten Sinne durchaus im Vordergrund.«[50]

In dieselbe Richtung deutet das Interesse des Städtetages für die Lebenshaltungskosten und die Kaufkraft der breiten Massen. 1905 war es z. B. das Problem der Fleischteuerung, das u. a. zur Einberufung des ersten Deutschen Städtetages nach Berlin führte. Daher wird dem Städtetag oft die Wahrnehmung von »Konsumenteninteressen« bescheinigt. In diesem Sinne waren die kommunalen Spitzenorganisationen der Weimarer Zeit auch im Reichswirtschaftsrat mit 12 Mandaten für die »Verbraucherschaft« vertreten.[51]

---

49 Fritz *Framke*, Der fiktive Charakter der kommunalen Selbstverwaltung und die Rolle der kommunalen Spitzenverbände im Bonner Staatsmechanismus, in: *Staat und Recht* 11/1962, S. 470.

50 Arnold *Köttgen*, Die Krise der kommunalen Selbstverwaltung, Tübingen 1931, S. 28 f.

51 Ziebill, Geschichte des Deutschen Städtetages, S. 35 und 52; Hans *Herzfeld*, Demokratie und Selbstverwaltung in der Weimarer Epoche, Stuttgart 1957, S. 14; Wolfgang *Hofmann*, Plebiszitäre Demokratie und kommunale Selbstverwaltung in der Weimarer Republik, in: *AfK* 4/1965, S. 267; Kampmann, a.a.O., S. 5.

Das Engagement der Städte für diese Probleme wird verständlich, wenn man sich vor Augen hält, daß sie als »unterster« Teil des Staatsaufbaus die Konflikte, die aus der Notlage der Arbeiterschaft, aus der Arbeitslosigkeit und dem Hunger erwuchsen, besonders zu spüren bekamen; sie, die die allgemeine Fürsorgepflicht hatten, mußten in Notzeiten dafür einstehen, daß die Daseinsvorsorge eine Legitimitätsvoraussetzung der staatlichen Ordnung geworden war. Darum ist der Kampf des Deutschen Städtetages um eine bessere Stellung der Gemeinden wenigstens teilweise als Bemühen um eine »sozialstaatliche« Ausgestaltung der Weimarer Republik zu verstehen. 1930 wandte sich Präsident Mulert warnend gegen die, »die durch eine Abtrennung der Städte vom Kapitalmarkt zugleich eine wirtschaftlich mögliche Besserung des Lebensstandards der städtischen Bevölkerung hintanhalten«.[52]

Ein zweiter umfassender Aufgabenbereich der kommunalen Leistungsverwaltung, der eng mit dem sozialpolitischen verknüpft war, lag auf dem Gebiet der wirtschaftlichen Infrastruktur. Dieses Schwergewicht zeigt sich u. a. an den Aufgaben der Kommunalbetriebe. Während die *industrielle* Betätigung der Kommunalwirtschaft sich in engen Grenzen hielt, fiel der Umfang der Verkehrs- und Versorgungsbetriebe volkswirtschaftlich stark ins Gewicht.[53]

An der Frage der Auslandsanleihen der deutschen Städte entzündete sich in den Jahren 1926/27 eine öffentliche Kontroverse über die Berechtigung kommunaler Ausgaben. Der bekannteste Kritiker der Städte war Reichsbankpräsident Schacht. Mit der Einrichtung der »Beratungsstelle für Auslandskredite« beim Reichsfinanzministerium verband er die Absicht, den steigenden Kreditstrom aus dem Ausland an die Gemeinden zu unterbinden. Er führte dafür währungspolitische Gründe, die steigende Abhängigkeit Deutschlands und die Inflationsgefahr ins Feld.[54]

Tatsächlich ging es bei diesem Streit aber weniger um Devisenprobleme als vielmehr um die Berechtigung und das Ausmaß öffentlicher Investitionen im allgemeinen. Der Deutsche Städtetag beantwortete die Angriffe Schachts dementsprechend immer wieder mit dem Argument, daß

---

52 *Achte Hauptversammlung des Deutschen Städtetages 1930* in Dresden, Stenogr. Bericht Berlin 1930, S. 39.
53 Carl *Böhret*, Aktionen gegen die »kalte Sozialisierung« 1926–1930, Berlin 1966, S. 54 und 172.
54 Eine Darstellung der ganzen Kontroverse, die aber gerade den sozialpolitischen und wirtschaftspolitischen Aspekt des Streits ausklammert, jetzt bei: Karl-Heinrich *Hansmeyer* (Hg.), Kommunale Finanzpolitik in der Weimarer Republik, Stuttgart 1973, S. 160 ff.

die kommunalen Ausgaben für eine volkswirtschaftliche Produktivitätssteigerung unumgänglich notwendig seien.[55]

Angesichts der kommunalfeindlichen Haltung der Privatwirtschaft in diesen Jahren sagte Oberbürgermeister Blüher 1927 fast beschwörend:

> »Die private Wirtschaft ist interessiert an einer leistungsfähigen Gemeinde. Sie bezieht heute nicht bloß Wasser, Gas und elektrischen Strom; sie ist auch interessiert an einem guten Wohnungsbau, sie ist interessiert an einer guten und leistungsfähigen Schule, die einen gut ausgebildeten Arbeiter- und Angestelltenstand heranzieht, sie ist interessiert an guten Krankenhäusern ..., sie ist interessiert vor allem an einem guten Straßenbau.«[56]

Der Berliner Oberbürgermeister Böß sagte 1927:

> »Die öffentlichen und privaten Mittel, die heute in die Verkehrsunternehmen hineingesteckt werden, gehören zu den besten sozialen und wirtschaftlichen Aufwendungen, die überhaupt gemacht werden.«

Für Böß waren Sozialpolitik und Steigerung der Arbeitsleistung ein und dasselbe. Deutlich kritisierte er die kurzsichtige und scharfmacherische Sparsamkeitspolitik des Kapitals seit 1924:

> »Der krasse Arbeitgeberstandpunkt verschärft die Gegensätze, verhindert den Ausgleich und verhindert – was noch viel schlimmer ist – die höchste wirtschaftliche Leistung.«[57]

In seiner bekannten Bochumer Rede 1927 wollte Schacht die kommunalen Investitionen dagegen nicht als produktiv anerkennen:

> »Von kommunalpolitischer Seite ist ... immer wieder betont worden, daß die Kommunen nur für wirklich notwendige wirtschaftliche, sogenannte produktive Zwecke ihre Auslandsanleihen aufnähmen und daß die als Luxus erscheinenden Ausgaben, unter denen immer die berühmten Stadien fungieren, nur einen verschwindenden Bruchteil der Gesamtausgaben ausmachten. Ich stelle hier fest, daß, wenn die Städte jene Luxusausgaben bzw. nicht dringlichen Ausgaben unterlassen hätten, wir wahrscheinlich nicht eine einzige Auslandsanleihe hätten aufzunehmen brauchen.«[58]

Schachts leitendes Motiv für seinen Feldzug gegen die Finanzwirtschaft der Städte war, wie Arthur Rosenberg bemerkt, »der fanatische Haß der großen Privatkapitalisten gegen jede öffentliche Wirtschaft und

---

55 Böhret, Aktionen gegen die kalte Sozialisierung, S. 216.
56 *Der Siebente Deutsche Städtetag 1927* in Magdeburg, Berlin 1927, S. 84.
57 Böß 1927, zitiert nach: Ruth *Wimmer*, Charakteristika der Berliner Kommunalpolitik in den Jahren der Weimarer Republik, untersucht an der wirtschaftspolitischen Konzeption des Berliner Oberbürgermeisters Gustav Böß (1921–1929) in: *Jahrbuch für Wirtschaftsgeschichte* 1969, Teil I, S. 94 f.
58 Hjalmar *Schacht*, Eigene oder geborgte Währung?, Leipzig 1927, S. 22.

gegen die demokratischen Elemente in der städtischen Selbstverwaltung«.[59]

Es ist wichtig zu betonen, daß Schacht seine Kampagne nicht im Allein-
gang unternahm, sondern sich damit nur an die Spitze ähnlicher Aktionen der industriellen Spitzenverbände setzte. In diesen Jahren führten
der Reichsverband der Industrie und andere Unternehmerverbände
verschärfte Angriffe gegen die angeblichen Sozialisierungsmaßnahmen
der Kommunalwirtschaft. Innerhalb des Kapitals setzte sich immer
deutlicher die schwerindustrielle »Sparsamkeitsfraktion« durch.[60]

Ein wichtiges Dokument dieser Politik ist das Memorandum des
Reichsverbandes der Deutschen Industrie (RDI) für die Reichsregierung vom Dezember 1927. Darin analysierte der RDI eine »Selbst-
kostenkrisis« der Industrie und die Notwendigkeit, die Produktionskosten drastisch zu senken. Aus diesem Grunde forderte der RDI von
der Reichsregierung gebieterisch eine Einschränkung der Verwaltungsaufgaben, um die Steuerbelastung der Wirtschaft zu reduzieren. Der
RDI legte dar, daß dieses Ziel nur mit einer verfassungsändernden
Reichsreform verwirklicht werden könne. Dieser Anstoß führte dann
auch zur Einberufung der Länderkonferenz und setzte die Reichsreformdebatte in Gang.[61] Steuersenkung durch Verfassungsänderung –
das hieß im Klartext: Ausschaltung oder zumindest Entmachtung der
Gemeinde-, Länder- und Reichsparlamente. Es handelte sich also letztlich um einen Angriff auf die Substanz der Republik.

Es war ein Charakteristikum dieser Politik, die sich dann in großem
Maßstab unter Brüning durchsetzen sollte[62], daß sie um die sozialen
Folgen im einzelnen unbekümmert war. Die Städte aber, den sozialen
und politischen Auswirkungen so viel näher (z. B. »Radikalisierung«
der Erwerbslosen bei Kürzung der Unterstützungen), unterstrichen dagegen immer wieder die stabilisierende Funktion und die Bedeutung
ihrer Arbeit:

> »Dringende Notstände, insbesondere in unseren Großstädten, z. B. auf
> dem Gebiet des Schulbaus, des Wohnungsbaus und der sozialen Fürsorge

---

59 Rosenberg, Geschichte der Weimarer Republik, S. 168; deutlich erkennbar bei Schacht, a.a.O., S. 19 und 29; vgl. Böhret, a.a.O., S. 173 ff.

60 Vgl. Jürgen *Kuczynski*, Studien zur Geschichte des staatsmonopolistischen Kapitalismus in Deutschland 1918–1945, (Geschichte der Lage der
Arbeiter, Bd. 16), Berlin 1963, S. 81 ff.

61 Gerhard *Schulz*, Zwischen Demokratie und Diktatur. Verfassungspolitik
und Reichsreform in der Weimarer Republik, Bd. I, Berlin 1963,
S. 574 ff. u. 659–672.

62 Vgl. dazu u. a. Rolf *Sonnemann* und Rudolf *Sauerzapf*, Monopole und
Staat 1917–1933, in: Monopole und Staat in Deutschland 1917–1945,
Berlin 1966.

sind noch nicht behoben. Unmöglich ist es aber gerade hier, einen völligen Stillstand eintreten zu lassen. Das hieße die Aufgaben, die den Gemeinden übertragen sind und deren Erfüllung in schwierigen Zeiten mehr als einmal zur Sicherung des inneren Staatsgefüges beigetragen hat, selbst negieren.«[63]

Es ist schon erwähnt worden, daß der Deutsche Städtetag in den Jahren 1919 ff. alle Sozialisierungspläne hintertrieben hatte. Er stand fest auf dem Standpunkt, daß die kommunalen Betriebe nur eine komplementäre und untergeordnete Rolle gegenüber der Privatwirtschaft spielen dürften. In der Frage der Sozialpolitik und der kommunalen Investitionen vertrat er aber in den Jahren 1926–1930 deutlich eine *andere* Position als die führende Kapitalfraktion und die Reichsregierung, und diese Position brachte er mit den Mitteln zur Geltung, die ihm zur Verfügung standen.

3.2.2 Mulerts Reichsreformprogramm

Gleich zu Anfang seiner Tätigkeit für den Deutschen Städtetag tat sich der neue Präsident Oskar Mulert durch eine enorme Intensivierung der Verbandsarbeit hervor: Information von Parlamentariern, Öffentlichkeitsarbeit, Kontakte zur Ministerialbürokratie usw. In seinem Referat »Reichspolitik und Städte« trat er dann 1927 mit einem durchgearbeiteten Reichsreformprogramm hervor.[64] Mulert ging darin von einer eingehenden Analyse der schlechten Finanzlage der Städte aus, deren Ursache er in ihrer schwachen rechtlichen Stellung im Staatsaufbau suchte. Mit einer direkten Verbindung der Städte zum Reich sollte seiner Meinung nach die Konsequenz daraus gezogen werden, daß »sich das Schwergewicht staatspolitischer und verwaltungsmäßiger Entscheidungen in Hauptfragen kommunaler Arbeit nach dem Reich« verschoben hatte. So sollten auch die kommunalen Interessen nicht mehr zwischen der Länderzuständigkeit und den tatsächlich vorhandenen, aber verfassungsrechtlich unsicheren Reichskompetenzen zerrieben werden.
Mulert legte seinen Finger auf eine offensichtliche Schwäche der Weimarer Staatskonstruktion. Obwohl während des Krieges die Zentralisation große Fortschritte gemacht hatte und gerade die Bedeutung der Gemeinden als Durchführungsorgane für die Reichsverwaltung deut-

63 Mulert auf der Jahreshauptversammlung des *Deutschen Städtetages 1929* in Frankfurt; Bericht Berlin 1929, S. 37.
64 Siebter Deutscher Städtetag 1927, a.a.O., S. 37 ff.

lich geworden war[65], ließ die neue Reichsverfassung die Gemeinden in der ausschließlichen Zuständigkeit der Länder; und das von Ländern ganz unterschiedlicher Größe, von denen einige nicht die Einwohnerzahl einer Großstadt erreichten. Auch die Zurückdrängung der Länder in der Erzbergerschen Finanzreform, vom SPD-Abgeordneten Keil in der Nationalversammlung schon als »entscheidender Schritt zum Einheitsstaat« gefeiert, war in dieser Hinsicht auf halbem Wege stehengeblieben; die Abhängigkeit der Gemeinden von den Ländern machte sich gerade auf finanziellem Gebiet unangenehm bemerkbar. Um eine angemessene Berücksichtigung der kommunalen Angelegenheiten beim Reich zu gewährleisten, stellte Mulert drei Forderungen auf: Die Bildung eines kommunalpolitischen Ausschusses im Reichstag, die Einrichtung einer kommunalpolitischen Abteilung im Reichsinnenministerium und eine Vertretung der Städte im Reichsrat.

Mit der Bildung eines kommunalpolitischen Ausschusses im Reichstag verband sich die Hoffnung, durch institutionalisierte Kontakte auf die parlamentarische Arbeit Einfluß zu gewinnen; ein Ziel, das sich wegen des kommunalpolitischen Desinteresses der Abgeordneten bisher nicht hatte verwirklichen lassen.

Die kommunalpolitische Abteilung im Reichsinnenministerium sollte nach Mulerts Vorstellungen eine übersichtliche Gestaltung der vielfältigen Arbeit der Reichsverwaltung auf diesem Gebiet ermöglichen und es gegenüber anderen Ressorts stärker zur Geltung bringen. Naturgemäß hätten die kommunalen Spitzenverbände bei einer Konzentration ihrer Arbeit auf diese eine Stelle Hoffnung auf beträchtlichen Einfluß haben können.

Die Vertretung der Städte und Landkreise im Reichsrat war Mulerts am weitesten reichende Forderung. Bisher war die einzige staatsrechtlich anerkannte Verbindung der Städte zur Reichszentrale ihre Vertretung im Reichswirtschaftsrat gewesen. Gegenüber der Arbeit in diesem ziemlich einflußlosen Gremium hätte die Vertretung im Reichsrat den Sprung in die große Politik bedeutet. Mulert ging es dabei nicht nur um eine Erweiterung der Verbandsmacht, obwohl die Erfüllung dieser Forderung dem Deutschen Städtetag als Organisaion ungeheuren Machtzuwachs gebracht hätte. Er wollte damit die Gemeinden überhaupt als quasi-staatliche Gebietskörperschaften etablieren. Seiner Vorstellung nach sollten die Großstädte, die Landkreise und die neu zu ordnenden Länder über neugeschaffene Wahlverbände ständige Vertreter in den Reichsrat entsenden. Anstatt die Mitwirkung des Reichs-

---

65 Siehe Hofmann, Städtetag und Verfassungsordnung, S. 18; vgl. auch oben Anmerkung 38.

rats an der Reichspolitik auf das staatlich-föderale Prinzip der Ländervertretung zu begründen, sollte der Reichszentralismus durch Selbstverwaltungseinheiten verschiedener Größe beschränkt werden. »Hier führte Mulert in Anlehnung an die Idee des dezentralisierten Einheitsstaates das Prinzip der Repräsentation der öffentlich-rechtlichen Gebietskörperschaften ein. Unter diesem Aspekt waren Reich, Länder und Gemeinden von gleicher Qualität.«[66] An der Reichsratsforderung zeigt sich deutlicher als an den beiden anderen Programmpunkten, daß Mulerts Pläne natürlich nicht nur eine Stärkung der Reichskompetenzen, sondern auch eine Verstärkung des kommunalen Einflusses beim Reich verfolgten.

Ein Bestandteil des Reichsreformprogramms von 1927, nämlich die Forderung nach einer Reichsstädteordnung, knüpfte an die Städtetagsarbeit vor Mulerts Amtsantritt an. Diese Städteordnung sollte eine Rahmengesetzgebung für die 26 Städte- und Gemeindeordnungen in den einzelnen Ländern bringen. Dementsprechend sah der Verfassungsänderungsentwurf des Deutschen Städtetages von 1928 eine Ergänzung des Art. 7 der Reichsverfassung vor, mit der das Reich die Gesetzgebung über das »kommunale Verfassungs- und Verwaltungsrecht« erhalten sollte. Auch im Entwurf der Reichsstädteordnung wurde aber deutlich, daß das Reformprogramm außer der Vereinheitlichung des Kommunalrechts und der konstitutionellen Fixierung der Reichskompetenzen eine beträchtliche Erweiterung der kommunalen Selbständigkeit verfolgte. Es versuchte daher, die ausschließliche Verwaltungszuständigkeit der Kommunen als örtlicher Instanz zu etablieren, deren universaler Wirkungskreis nur in besonderen Fällen eingeschränkt werden durfte. »Die Städte haben die Aufgabe, die geistige, sittliche, körperliche und wirtschaftliche Wohlfahrt ihrer Einwohner zu pflegen. Sie sind zu diesem Zwecke befugt, alle Aufgaben zu übernehmen, die nicht durch Gesetz anderen Stellen ausschließlich vorbehalten sind. Sie sind Träger der örtlichen Verwaltung. Reich und Länder können Aufgaben der örtlichen Verwaltung örtlichen Sonderbehörden nur durch Gesetz und nur dann übertragen, wenn das staatliche Interesse es dringend erfordert.«[67]

Das Programm des Deutschen Städtetages kann eine gewisse Konsistenz und Folgerichtigkeit für sich verbuchen. Es geht von der Finanzmisere der Städte aus und sucht den Ausweg in einer besseren Stellung der Gemeinden im Verwaltungs- und Staatsaufbau. Der Weg dazu soll über eine Stärkung ihres Interessenverbandes, des Deutschen Städtetages, laufen.

---

66 A.a.O., S. 93.
67 *Reichsstädteordnung.* Entwurf und Begründung, Berlin 1930, S. 3 f.

Mulerts Pläne können insofern als modern gelten, als er die Gemeinde als Gebietskörperschaft und Verwaltungsinstanz ansah, während die Reichsverfassung in ihr noch eine gesellschaftliche Institution erblickt hatte, weshalb die Selbstverwaltungsbestimmungen auch im Abschnitt »Gemeinschaftsleben« ihren Platz gefunden hatten. Im Ausbau der Selbstverwaltung unter Zurückdrängung der Staatsaufsicht griff Mulert in vieler Hinsicht auf die genossenschaftlichen Ideen zurück, die Hugo Preuß in seinem nachher abgelehnten Verfassungsentwurf niedergelegt hatte.[68] Eine Abkehr von der immer noch vorherrschenden Gneistschen Selbstverwaltungstheorie bedeutete auch der Verzicht Mulerts, die antiparlamentarische Komponente der Selbstverwaltungstradition herauszustellen. Der Entwurf zur Reichsstädteordnung sah natürlich für das Amt des Oberbürgermeisters eine große Machtfülle vor. Im Gegensatz zur älteren und zur kommenden Generation der leitenden Kommunalbeamten schien Mulert in den Jahren der Stabilisierung aber den Status quo der kommunalen Demokratisierung zumindest zu akzeptieren. Die finanzwirtschaftlichen und staatspolitischen Vorschläge des Städtetages wurden übrigens von der SPD und dem ADGB weitgehend unterstützt.[69]

3.2.3 Reichsreform, Lutherbund und die Opposition im Städtetag

Es ist klar, daß Mulerts Reichsreformpläne sich in ihrer Konsequenz gegen die Machtstellung der Länder richten mußten. Obwohl er Spitzen gegen die Länder sorgfältig vermieden hatte, wandte sich auf dem Magdeburger Städtetag prompt der preußische Innenminister Grzesinski gegen die Ausweitung der Reichskompetenzen auf kommunalem Gebiet. Mit Reichsinnenminister Severing kam Mulert dagegen schon beim ersten Treffen im nächsten Jahr leicht zu einem Einverständnis über gegenseitige Unterstützung.[70] Wie sehr die Städtetag mit diesem Programm auf dem Weg zum Einheitsstaat war, zeigt auch ein Vergleich mit den föderalistischen Vorstellungen Oberbürgermeister Knorrs, des Vorsitzenden des Bayerischen Städtebundes. Knorr machte in einem Vortrag im gleichen Jahr (1927) klar, daß das Schicksal der Gemeinden an das der Länder gekettet sei. Er forderte die Beseitigung aller Reichseingriffe in die Kommunalkompetenz der Länder und die

---

68 Siehe Schulz, Zwischen Demokratie und Diktatur, S. 129 und 134.
69 Hofmann, Zwischen Rathaus und Reichskanzlei, S. 89; Böhret, S. 176 f.; Städtetag und Verfassungsordnung, S. 75.
70 Siebter Deutscher Städtetag, bes. S. 71; Hofmann, Städtetag und Verfassungsordnung, S. 82.

Wiederherstellung der Finanzkraft der Einzelstaaten wie vor 1914, auf daß es dann auch den Gemeinden besser gehe.[71] Solche föderalistischen Konzepte wurden in den Debatten des Städtetages gar nicht mehr laut.

Eine Reihe von Berührungspunkten, namentlich in der Stärkung der Reichskompetenzen, verband die Reformvorstellungen des Deutschen Städtetages mit den Plänen des »Bundes zur Erneuerung des Reiches« (Lutherbund), der 1928 gegründet wurde. Der Lutherbund arbeitete die »differenzierte Gesamtlösung« der Reichsreform aus, die die Verschmelzung der Regierung Preußens mit der Reichsspitze vorsah und aus den preußischen Provinzen Reichsländer mit Selbstverwaltungsrechten machen wollte.[72]

Eine Gruppe von einflußreichen Oberbürgermeistern (Jarres/Duisburg, Adenauer/Köln, Bracht/Essen u. a.), die Mitglieder des Bundes waren und gleichzeitig Einfluß im Deutschen Städetag hatten, wollten eine Verschmelzung beider Reformpläne erreichen. Mulert aber blieb auf Distanz zum Lutherbund, wohl hauptsächlich aus taktischen Erwägungen: Er wollte es nicht mit den Sozialdemokraten verderben, die in den Plänen des Lutherbundes ganz richtig einen Anschlag auf ihre Machtposition in der preußischen Regierung vermuteten.

Aber auch aus anderen Gründen ging Mulerts Plan mit den Zielen des Lutherbundes nicht konform. Der Lutherbund, der »ein nahezu perfektes Spiegelbild der herrschenden Kräfte in der Weimarer Republik« abgab[73], war in der Hauptsache von führenden Kräften der Großindustrie und des Finanzkapitals bestimmt[74], die bereits die Reichsreformdebatte mit ihren Forderungen nach »Verbilligung« des Staates und Senkung der Steuerlasten in Gang gesetzt hatten. In welcher Hinsicht sich ihre Ziele von denen des Deutschen Städtetages unterschieden, ist bereits dargelegt worden. In dem oben angeführten Memorandum war die Kürzung aller Reichs-, Länder- und Gemeindeausgaben sofort um mindestens 10 % und die Beschränkung der Bewilligungsbefugnisse der Parlamente in einem Finanznotgesetz gefordert worden.[75] Proklamierung der Selbstverwaltung hieß im Lutherbund nicht, für die Städte Stellung zu nehmen. Dort, wo man in geschickter Weise auf die Besei-

71 Knorrs Referat in: *Popitz/Knorr,* Finanzausgleichsprobleme, Berlin-Friedenau 1927, passim.

72 Schulz, S. 590 f.

73 Schulz, S. 590.

74 Vgl. Kurt *Gossweiler,* Bund zur Erneuerung des Reiches, Art. in: Die bürgerlichen Parteien in Deutschland (Handbuch), Bd. 1, Berlin 1968, bes. S. 196 ff.

75 Schulz, S. 575 f.

tigung des Länderparlamentarismus hinarbeitete, war die »Selbstverwaltung« ein willkommenes (weil populäres), entpolitisierendes Verwaltungsprinzip, auf das man die Länderpolitik reduzieren wollte. Eine politische Stellung der Gemeinden und ein dementsprechend starker Städtetag, der sich anschickte, zu einem der wirklich mächtigen Verbände zu werden, mußten ihren »reformierten« Einheitsstaat nur stören. Mulert kam von der Peripherie der Macht her und mußte in seinen Zielen auch das Reich als politischen Kontrahenten ansehen; der Lutherbund wollte nur die Machtvollkommenheit der Zentrale ausbauen.

Es muß noch darauf hingewiesen werden, daß sich die Ideen des Lutherbundes bei all jenen Kommunalpolitikern großer Sympathie erfreuten, die sich noch an den Zuständen vor 1914 in den Städten orientierten und auch im Städtetag bis 1926 tonangebend gewesen waren. Mulerts Vorgänger Mitzlaff hatte sich noch gegen die Parlamentarisierung der Selbstverwaltung gewandt, sie im Bereich der »Gesellschaft« ansiedeln wollen und einen Weg zur politischen Erziehung des Volkes in der Entpolitisierung der Selbstverwaltung gesehen.[76] Charakteristische Merkmale der nun etwas angepaßten Ansichten dieser Gruppe waren: Verzicht auf die »politische Dimension« der Selbstverwaltung in Hinsicht auf Reichs- und Verbandspolitik; statt dessen Betonung des Werts der Selbstverwaltung als Dezentralisierungsprinzip der Verwaltung; Frontstellung gegen die Parteipolitik in den Kommunalparlamenten und Engagement für die Machtvollkommenheit der Selbstverwaltungsbürokratie. In diesem Sinne schlug Oberbürgermeister Lohmeyer 1928 vor, das Reich nach den Plänen des Lutherbundes neu zu gliedern und als »dezentralisierten Selbstverwaltungsstaat« aufzubauen. Darin sollte die Selbstverwaltung gestärkt werden; gleichzeitig empfahl er, die Befugnisse der Stadt- und Provinzparlamente zu beschränken und die politische Kontrolle durch die Staatsaufsicht zu verschärfen.[77] Diese Gruppe stand in Opposition zu einigen zentralen Punkten aus Mulerts Programm; sie war stark genug, um zu erreichen, daß die Forderung nach Vertretung im Reichsrat vom Deutschen Städtetag nie offiziell gebilligt oder in eine Resolution aufgenommen wurde. Schließlich scheiterte Mulert damit auf der ganzen Linie.

---

76 Hofmann, S. 36 ff.; Mitzlaff in der Einleitung zu *Die Zukunftsaufgaben der deutschen Städte*, Berlin-Friedenau 1925, S. 2.
77 Hans *Lohmeyer*, Zentralismus oder Selbstverwaltung? Ein Beitrag zur Verfassungs- und Verwaltungsreform, Berlin 1928.

3.2.4 Forsthoffs und Köttgens Pluralismusvorwurf

Mulerts Vorschläge hatten sofort nach ihrer Publizierung ausgiebige Beachtung in der Öffentlichkeit gefunden. Kritisch regten sich dagegen nicht nur die Föderalisten, deren Interessen ja direkt betroffen waren; verschiedene reaktionäre Kräfte in Politik und Wissenschaft wandten sich in aller Schärfe gerade gegen die Punkte, in denen Mulerts Ziele von den Vorstellungen des Lutherbundes und des RDI abwichen: Die Aussicht auf politischen und finanziellen Machtzuwachs der Städte erregte ihre Besorgnis. Ein Teil der Vorwürfe gegen die Städte, für die in geschickter Weise auch das provinzielle Ressentiment gegen die großstädtische Lebensweise mobilisiert wurde, fand sich in der von Staatsrechtlern und Historikern geführten Pluralismusdebatte. »Genauso wie die Parteien und Verbände kam die kommunale Selbstverwaltung als wichtige politische Institution in das Feuer der antipluralistischen Kritik.«[78] Wortführer der Kritik waren Staatsrechtler, denen das Bekenntnis zu einer plebiszitären Demokratie Rousseauscher Prägung gemeinsam war, wie Hoffmann gezeigt hat.[79] In diesem Fall muß die Betonung eines in der Weimarer Verfassung »nur halb« durchgeführten Demokratieverständnisses nur als ein anderer Ausdruck dafür gewertet werden, daß sie die 1919 vollzogene Demokratisierung der Gemeinden bekämpften.[80] Vorher oft latente Vorbehalte gegen die kommunale Demokratie wurden besonders unter dem Eindruck der Wirtschaftskrise aktualisiert.

Es lohnt sich, im einzelnen den Argumentationen Forsthoffs zu folgen, der 1931 mit einer geharnischten Antwort auf das Mulertsche Programm hervortrat.[81] Forsthoff griff die Politik des Städtetages schon deshalb an, weil er eine »scharf umrissene innenpolitische Position« überhaupt nicht einnehmen dürfe. Schon die Tatsache, daß er sich in

---

78 Hofmann, Städtetag und Verfassungsordnung. S. 101.

79 In seinem bereits angeführten Aufsatz »Plebiszitäre Demokratie und kommunale Selbstverwaltung in der Weimarer Republik«, *AfK* 4/1965.

80 Zu diesen Kritikern müssen außer Schmitt, Forsthoff und Köttgen auch Peters sowie große Teile der historischen Literatur zum Stein-Gedenkjahr 1931 gerechnet werden, vgl. Hofmann, Plebiszitäre Demokratie und kommunale Selbstverwaltung, S. 264 ff. und Herzfeld, S. 32 f. Nach Herzfeld gerieten die konservativen Kritiker in einen »unlösbaren Widerspruch zu der seit 1919 vollzogenen Demokratisierung der Gemeinden und Städte« (S. 36).

81 Um die kommunale Selbstverwaltung. Grundsätzliche Bemerkungen, in: *Zeitschrift für Politik* 21/1931, S. 248–267. Eine ausführliche Begründung folgte in der Schrift: Die Krise der Gemeindeverwaltung im heutigen Staat, Berlin 1932.

die Innenpolitik einmischte, stellte seiner Meinung nach ein »sehr beunruhigendes Symptom der Situation« dar, »in der sich unsere staatliche Ordnung gegenwärtig befindet, denn es muß doch als ... auffällig angesehen werden, wenn der Staatsorganisation teils angegliederte, teils eingegliederte Körperschaften ... unter Umgehung der ihnen verfassungsmäßig übergeordneten Länder dem Reich mit bestimmten Ansprüchen gegenübertreten«.[82] Bedenklich fand Forsthoff, daß »die Gemeinden mehr und mehr zu Trägern eines eigenen politischen Willens wurden«[83], denn damit sei die Möglichkeit gegeben, daß dieser Wille verschieden von dem des Staates sei.

Wollte Mulert mit dem Begriff der Gebietskörperschaft Staat und Gemeinde parallelisieren und damit den Anspruch auf größere Selbständigkeit der Städte begründen, lehnte Forsthoff den Begriff aus denselben Gründen als »farblose und darum sehr gefährliche Vokabel« ab. Statt dessen griff Forsthoff auf Lorenz von Steins Differenzierung zwischen »Regierung« und »Verwaltung« und die gegenständliche Unterscheidung von Staatsverwaltung und Selbstverwaltung zurück, die daraus folgte. Die Abtrennung der Selbstverwaltung von »Regierungsaufgaben« bedeutete zugleich, ihr jedes eigene politische Gestaltungsrecht abzusprechen. Die politische Funktion, die ihr bleiben konnte, war die Integration des Staates. Forsthoff bot dazu eine historische Einordnung von Steins Selbstverwaltungslehre:

> »Freie Verwaltung war Steins etatistische Vokabel, mit der er den Dualismus von Staat und Gesellschaft überwand, der wissenschaftliche Ausdruck für die Tatsache, daß das Bürgertum den Staat erobert hatte, so daß es nunmehr darauf ankam, das bisher gesellschaftliche Handeln nicht mehr im polemischen, sondern im integrierenden Sinne auf den Staat zu beziehen ... Das ist die erste Interpretation der Selbstverwaltung im modernen bürgerlichen Rechtsstaat ... Sie ist auch heute noch verbindlich.«[84]

Forsthoff wandte sich nicht gegen die Tendenz zum Einheitsstaat, wohl aber gegen die politischen Möglichkeiten der Selbstverwaltung darin. Wenn die durch die Reichsreform frei werdende »politische Substanz« von den Kommunen übernommen werde, bestehe die Gefahr eines »Nebeneinanderregierens und womöglich Rivalisierens auf kleinstem Raum«, also der »Polykratie« und der »Auflockerung des staatlichen Gefüges«. Er wandte sich deswegen gegen die Einschränkung der staatlichen Kommunalaufsicht, wie sie z. B. im Entwurf der Reichsstädteordnung vorgesehen war und natürlich besonders gegen die Vertretung

---

82 Um die kommunale Selbstverwaltung, S. 259.
83 Krise, S. 62.
84 Krise, S. 16 f.

der Städte im Reichsrat. »Die Hereinnahme kommunaler Vertreter in ein hochpolitisches Organ wie den Reichsrat würde unvermeidlich zu einer weiteren Politisierung des gemeindlichen Lebens führen.«[85] Das Übel der Politisierung, gegen das Forsthoff polemisierte, hatte mit der Einführung des allgemeinen Wahlrechts seinen Anfang genommen. War die Bürokratie zunächst ein zuverlässiges Gegengewicht gegen die Gemeindeparlamente und die Parteien, fürchtete Forsthoff nun, aufgeschreckt durch die Vorschläge des Städtetages, auch die Unzuverlässigkeit der Verwaltungen und warf ihnen aktive Teilnahme an der Politisierung vor. Diese Politisierung lief seiner Meinung nach nicht allein über die Parteien, sondern war auch die Folge von Rivalitäten zwischen Selbstverwaltungskörpern als ganzen, »in denen ein völlig deformierendes politisches Eigenbewußtsein der Gemeinden« hervortrete. Das könne sich aber nur darum entwickeln,

> »weil die Gemeinden im Widerspruch zu ihrer eigentlichen, unpolitischen Funktion an Verwaltungsaufgaben beteiligt sind, die aus den großen politischen Zusammenhängen nicht herausgelöst werden können. Die Politisierung der Gemeinden ist also in erster Linie durch eine nicht mehr haltbare ... Kompetenzverteilung zwischen Staat und Gemeinde verursacht.«[86]

Zu ähnlichen Folgerungen wie Forsthoff kommt auch Arnold Köttgen, obwohl er von anderen Voraussetzungen ausgeht. Köttgen betont den ursprünglich genossenschaftlichen Charakter der Siedlungsgemeinschaft. Er erblickt die »Krise« der Selbstverwaltung vor allem darin, daß das im 19. Jahrhundert auf den Gemeinschaftsgeist der Bürgerschaft gegründete Wesen der Gemeinde von einer »flugsandartigen Auflockerung des kommunalen Bodens« bedroht wird.[87] Verantwortlich für diese Entwicklung macht er die Tendenzen im modernen Wirtschafts- und Staatsleben, die zur Umwandlung der Bürgergemeinde in die Einwohnergemeinde, zur Binnenwanderung und zur »Veräußerlichung der Beziehungen zwischen Bürger und Gemeinde« geführt haben; auch das Vordringen der Berufsbeamten im kommunalen Bereich begreift Köttgen als Verfallserscheinung. Es besteht aber kein Grund, Köttgen von Forsthoff und Schmitt (Urheber des Pluralismusvorwurfs) deswegen stark abzusetzen. Die Hoffnung auf eine Wiederbelebung des genossenschaftlichen Wesens der Gemeinde gibt er schnell auf; er verläßt sich bei der Analyse der zeitgenössischen Wirklichkeit ganz auf Carl Schmitt: Jetzt sei die Selbstverwaltung vom Parteienstaat bedroht, zu dem sie in »unaufhebbarem Antagonismus« stehe. Die ihrem Wesen nach zen-

---

85 Um die kommunale Selbstverwaltung, S. 249; Krise, S. 68.
86 Krise, S. 57.
87 In: Die Krise der kommunalen Selbstverwaltung, Tübingen 1931, S. 17.

tralistischen Parteien trieben in den Gemeinden Staatspolitik und miß-
brauchten die Selbstverwaltung damit für kommunalfremde Ziele.
Vom Standpunkt der politischen Wirklichkeit aus revidiert er auch seine zuerst negative Beurteilung der Kommunalbürokratie. Als Bollwerk
gegen die Politisierung habe sie den Abbau kommunaler zugunsten
parteipolitischer Bindungen noch weitgehend aufhalten können.[88] Die
Ablehnung der Reformpläne des Städtetages, die Köttgen mit dem
Vorwurf der pluralistischen Zersetzung des Staates begründet, wird
durch seine grundsätzlich großstadtfeindliche Haltung noch verschärft.
Der Großstadt fehlt nach Köttgen jede Möglichkeit, die Zersetzung
der genossenschaftlichen Grundlagen zu kompensieren, da ihr »jene besondere Intensität nachbarlicher Verbundenheit« abgeht, »die nun einmal das Wesen der Gemeinde als lokaler Einheit ausmachen soll«. Daher sei die Großstadt innerpolitisch »zu unausgeglichen«, um im bun-
desstaatlichen Aufbau staatliche Aufgaben übernehmen zu können.[89]
Tendenzen zu einer großen Politik der großen Städte müsse daher
unter allen Umständen begegnet werden, »soll die Großstadt sich nicht
zu einem pluralistischen Sprengkörper im Gefüge des Staates entwickeln«.

3.2.5 Krise der Selbstverwaltungsideologie und Faschisierungsprozeß

W. Hofmann hat herausgearbeitet, daß der gesamten Pluralismuskritik gemeinsame ideologische Positionen zugrunde lagen, wie z. B.
Rousseaus Begriff der Demokratie des homogenen Volkes.[90] Bei der
Verwirklichung einer solchen Demokratie, die auf die »umfassende,
d. h. Regierende wie Regierte umschließende Identität des homogenen
Volkes« (Schmitt) abzielte, kam es darauf an, daß die politische Zentrale den einheitlichen Gesamtwillen ungehindert durchsetzen konnte.
Diese »Demokratieauffassung« richtete sich nicht nur gegen das Klas-
senkampfkonzept des Marxismus. Sie ließ nicht einmal mehr Raum für
den politischen »Teilwillen« der Kommunen und ihrer Verbände.
Forsthoff bestritt, daß der Selbstverwaltungsartikel der Reichsverfassung eine materielle Garantie der Selbstverwaltung insofern bedeute,
als der ihr überlassene Bereich »ungeschmälert erhalten bleiben müsse«.
Er forderte gesetzliche Handhaben zu einer Ausweitung der Staats-

---

88 S. 11, 24, 34.
89 D. h. z. B.: überdurchschnittlich viele SPD- und KPD-Stimmen; Köttgen,
   S. 24 ff.
90 In dem bereits angeführten Aufsatz »Plebiszitäre Demokratie und kommunale Selbstverwaltung in der Weimarer Republik«.

aufsicht, die über die bloße Beaufsichtigung hinausging und, wenn eine »geordnete Verwaltung gefährdet« sei, zur direkten Verwaltung anstelle der Gemeinde übergehen könne. Für ihn sprach vieles dafür, »hier einer Reform das Wort zu reden, die freilich der Selbstverwaltung wenigstens der größeren Städte weithin ein Ende machen würde«.[91] Die Pluralismuskritik war, genauso wie die Kritik an der »Politisierung der Selbstverwaltung« durchaus eine »politische Grundströmung« in der ganzen Weimarer Republik.[92] Dennoch muß hier die Frage gestellt werden, warum die Abschaffung der Selbstverwaltung (im politischen Sinne) gerade jetzt, 1930/31, in so radikaler und unverhüllter Form gefordert wurde.

Die Erklärung dafür ist, daß diese Forderungen im Laufe des *Faschisierungsprozesses* eine besondere Bedeutung erlangten. Poulantzas hat gezeigt, daß mit dem Faschisierungsprozeß eine akute Krise der herrschenden Ideologie einherging. Nicht zufällig haben die Bücher von Forsthoff und Köttgen die programmatischen Titel »Die Krise der Gemeindeverwaltung« und »Die Krise der Selbstverwaltung«. Die politische Auffassung der kommunalen Selbstverwaltung war ein wichtiger Teil der herrschenden Ideologie der Republik, von der sich das Bürgertum im Laufe des Faschisierungsprozesses distanzierte. Dieser Ablösungsprozeß war unter den besonderen deutschen Verhältnissen dadurch erleichtert, daß die politische Auffassung der Selbstverwaltung ohnehin nicht tief verankert war; Forsthoff konnte so mühelos auf die reaktionären und halb-feudalen Ideen Savignys und Lorenz v. Steins zurückgreifen.

In seiner Analyse des Faschisierungsprozesses beobachtet Poulantzas weiter, daß sich der ideologische Ablösungsvorgang in der Form eines *Bruchs* zwischen den »politischen Repräsentanten« der Bourgeoisie einerseits und ihren »ideologischen Wachhunden« andererseits vollzieht.[93] Auch diese Beobachtung läßt sich an der Auseinandersetzung um die Selbstverwaltung verifizieren: In den Jahren 1930/31 wurden die politischen Beschlußorgane der Kommunalverwaltung im Rahmen der Notverordnungspolitik Schritt für Schritt ausgeschaltet;[94] die Verfassungsrevision war in vollem Gange. Die politischen *Repräsentanten* des Bürgertums (Minister, Parteiführer, Oberbürgermeister) gaben aber keineswegs zu, daß sie damit die Selbstverwaltung abschafften. Sie erklärten auch die krassesten Eingriffe als »vorübergehende Maß-

91 Forsthoff, Krise, S. 24, 27, 54 f.
92 Hofmann, Plebiszitäre Demokratie, S. 274.
93 Poulantzas, Faschismus und Diktatur, S. 78.
94 Vgl. unten Kap. 3.3.

nahmen«, die angeblich der Rettung und Wiederherstellung der Selbstverwaltung dienen sollten. Die Staatsrechtler Forsthoff und Köttgen dagegen spielten die Rolle der ideologischen »Wachhunde«; sie brachen mit der Selbstverwaltungsideologie der Republik und gingen schnell zum Faschismus über.

Bei Köttgen läßt sich dieser Übergang z. B. leicht nachweisen. Er sah den Grund für die »Krise der repräsentativen Demokratie« darin, daß sich die Parteien im »isolierten« Interesse mächtiger Gruppen betätigten und Bindungen an das »Ganze der Volksgemeinschaft« vermissen ließen.

> »Gelingt es daher nicht, den ursprünglich genossenschaftlichen Charakter der Gemeinde ... zu vertiefen« – und daran glaubte Köttgen 1931 nicht –, »so hat die Gemeinde damit nicht allein ihren ursprünglichen Sinn, sondern jede Daseinsberechtigung überhaupt verloren. Hat aber die Kommune einmal ... jeden Eigenwert eingebüßt, so muß ... auch die Beseitigung der kommunalen Organisation gefordert werden.«

Hoffnung auf eine neue repräsentative Ordnung sah er nur darin, daß eine

> »zur Herrschaft gelangte Partei von sich aus die Beziehung zu einer Wertewelt wiedergewinnt, von der aus eine über die Grenzen der Partei hinaus wirksame Legitimation ihrer Herrschaft möglich erscheint«.[95]

Der Vorgriff auf die Machtergreifung mit ihrer völkischen Gemeinschaftsideologie ist darin deutlich erkennbar.[96]

3.3 Gemeindefinanzen, Notverordnungsregime und Selbstverwaltung

3.3.1 Erzbergers Finanzreform und die Gemeinden

Die wichtigste Einnahmequelle der öffentlichen Verwaltung im 20. Jahrhundert ist die Einkommensteuer. Der Anteil dieser Personalsteuer am gesamten Steueraufkommen hat sich besonders seit dem Ersten Weltkrieg beständig erhöht.

Bis 1918 lag die Steuerhoheit für die Einkommensteuererhebung bei den deutschen Ländern. Die Länder begnügten sich jedoch damit, ihren Anteil daran in etatunabhängigen Gesetzen zu begrenzen. »Demgegenüber waren die *Gemeinden* dazu berechtigt, selbständig Zuschläge zur

---

95 Köttgen, a.a.O., S. 47, 31, 51.
96 Vgl. auch Horst *Matzerath*, Nationalsozialismus und kommunale Selbstverwaltung, Stuttgart 1970, S. 30.

staatlichen Einkommensteuer zu erheben, deren Höhe sie nach Maß-
gabe des Bedarfs alljährlich festsetzten.«[97]

Mit diesem Zuschlagsrecht verfügten die Gemeinden über eine elasti-
sche Einnahmequelle, die sie in die Lage versetzte, den enorm gestie-
genen Finanzbedarf seit der Reichsgründung zu decken. Die kommunale Selbstverwaltung hatte also ein selbständiges Besteuerungsrecht.
In der Weimarer Republik fand unter Finanzminister Erzberger
(1919/20) eine Umwälzung des ganzen Steuersystems statt.[98] Das
Reich errichtete nun seine Finanzhoheit auf Kosten der Länder und
Gemeinden; vor allem sicherte es sich die Einkommensteuer. Die Steuerarten, die bei den Ländern und Gemeinden blieben (besonders die
sog. Realsteuern: Gewerbe-, Grund- und Gebäudesteuern), waren nur
von untergeordneter Bedeutung. Die Einnahmen aus diesen Steuerarten reichten zur Deckung des eigenen Bedarfs nicht aus. Deshalb beteiligte das Reich die Länder und Gemeinden an seinen Steuereinnahmen in der Form von Überweisungen: Die von der Reichsverwaltung
eingezogenen Steuern wurden, nachdem das Reich seinen Anteil einbe-
halten hatte, wieder an die Länder verwiesen. Die Länder verteilten
dann, nachdem sie sich selbst Gerechtigkeit hatten widerfahren lassen,
den Rest an die Gemeinden nach dem sogenannten Reichsschlüssel. Das
Zuschlagsrecht zur Einkommensteuer wurde den Gemeinden genommen. Ihnen blieb zur eigenen Ausschöpfung lediglich ein Teil der Realsteuern.

Mit dieser Finanzreform wurden die Gemeinden noch deutlicher als
zuvor zum schwächsten Glied in der Instanzenkette der öffentlichen
Verwaltung. Zu den greifbaren Folgen gehörte die relative Verschlechterung ihrer finanziellen Lage gegenüber dem Kaiserreich; sie waren
nun »Kostgänger« des Reiches geworden. Das Überweisungssystem
war eine unmittelbare Voraussetzung für den Zusammenbruch der
Gemeindefinanzen in der Wirtschaftskrise.

Da man davon ausgehen muß, daß Selbstverwaltungsautonomie und
Finanzhoheit eng miteinander zusammenhängen, bedeutete die Finanzreform einen schweren Substanzverlust für die kommunale Selbstverwaltung. Der Schritt zum Einheitsstaat, den Erzbergers Plan be-

---

97 Oskar *Mulert*, Kommunalsteuern und Finanzausgleich (Reichsfinanzreform), Artikel in: Handwörterbuch der Kommunalwissenschaften, Erg.-
   Band H–Z, Jena 1927, S. 1490 ff. Bei Vorliegen bestimmter Voraussetzungen konnten die Gemeinden sogar eigene Einkommensteuer-
   ordnungen erlassen.
98 Zur Erzbergerschen Finanzreform s.: Mulert, a.a.O.; Hansmeyer, Kommunale Finanzpolitik in der Weimarer Republik, S. 35 ff.; Klaus *Epstein*,
   Matthias Erzberger und das Dilemma der deutschen Demokratie, Berlin–
   Frankfurt 1962.

deutete, ging keineswegs nur auf Kosten des Länder-Partikularismus; die politische Bewegungsfreiheit der *Selbstverwaltungsorgane* war ebenfalls stark beeinträchtigt worden.

Hier soll noch ein kurzer Blick auf die Motive geworfen werden, die zur Zentralisierung des gesamten Finanzwesens geführt haben. Im Vordergrund stand 1919 das Argument, daß der Finanzbedarf des Reiches durch die Kriegsfolgen ins Unermeßliche gestiegen sei und daß die Deckung dieses Bedarfs natürlich vorrangig gesichert werden müßte. Außerdem wurde ins Feld geführt, daß die zu erwartenden Reparationsforderungen eine zentrale Kontrolle der Besteuerung notwendig machten. Tatsächlich haben die Reparationskommissionen und -agenten im Laufe der Republik die deutsche Steuerpolitik immer wieder in ihre Stellungnahmen einbezogen.[99]

Ein wichtiges Argument für die Reichseinkommensteuer war auch die Vereinheitlichung der Steuerbelastung im ganzen Reich. Tatsächlich wurden dadurch die sogenannten »Steueroasen« der Vorkriegszeit abgeschafft; das waren reiche Wohngemeinden, in denen der Einkommensteuersatz sehr niedrig gehalten war, während der arbeitenden Bevölkerung in den Industrieorten hohe Lasten aufgebürdet wurden. Aus diesem Grunde lehnte übrigens auch die Sozialdemokratie die Wiedereinführung des kommunalen Einkommensteuerzuschlages in der zweiten Hälfte der zwanziger Jahre ab.

Es überrascht einigermaßen, daß die allgemeine politische Lage, in der die Finanzreform durchgeführt wurde, in der Literatur wenig Beachtung findet. Erzberger wurde Minister in einer Reichsregierung, die »sich auf die Abwehr der besonders bedrohlich erscheinenden bolschewistischen Gefahr konzentrierte«.[100] Mit dem Ausgang der Januarkämpfe 1919 in Berlin hatte sich die Reichszentrale der politischen Macht wieder stabilisiert.[101] Revolutionäre Bewegungen fanden danach aber noch in vielen Teilen des Reiches statt: Räterepubliken in München, Bremen, Braunschweig, Gotha u. a.; Märzrevolution 1920 im Ruhrgebiet; Märzaufstand 1921 in Mitteldeutschland usw. In diesem Stadium der politischen Entwicklung nahmen diese Bewegungen freilich nur noch die Form regionaler oder lokaler Auflehnung an.

Jeglicher Autonomiebereich der kommunalen Selbstverwaltung bedeutete in dieser Krise für die Reichszentrale das Risiko politischer Unbotmäßigkeit. Die Reichseinkommensteuer war ein administratives Mittel zu dem Zweck, die politische Gewalt um so fester in die Hand zu be-

---

99 Vgl. Hansmeyer, S. 28 f., 33, 166 f.
100 Epstein, Matthias Erzberger, S. 373.
101 Rosenberg (Geschichte der Weimarer Republik, S. 60) bezeichnet die Januarkämpfe als »die entscheidende Wende der deutschen Revolution«.

kommen. Severing bezeichnet sie auch entsprechend als »eines der feste-
sten Bänder zum Zusammenhalt des Reichs in einer sehr bewegten
Zeit«.[102]

Zu erwähnen ist auch, daß die Einführung des gleichen Wahlrechts in
den Gemeinden erst kurze Zeit zurücklag. Die Konzentration linker
Wählerstimmen in einigen Städten hätte ohne die Finanzreform dazu
führen können, daß die Gemeindevertretungen Steuerordnungen beschlossen hätten, die gegen Großverdiener und Kapitalbesitzer gerichtet waren. Der Kommunist Letz schrieb 1921:

> »Der steuerliche Eingriff in Mehrwert und Besitz ist der Steuerhoheit der
> Gemeindeverwaltungen entzogen, und sicherlich nicht zuletzt deshalb,
> weil gerade in den Arbeitnehmergemeinden die Möglichkeit der Bildung
> sozialistischer, ja kommunistischer Mehrheiten in den Vertretungskörper-
> schaften gegeben ist.«[103]

In der Nationalversammlung argumentierten nicht nur partikularisti-
sche Rechtsparteien, sondern auch die USPD gegen die Einführung der
Reichseinkommensteuer.[104]

Wozu das Überweisungssystem dienen konnte und welch mächtige
Waffe sich die Zentralgewalt damit geschmiedet hatte, geht übrigens
auch aus den finanziellen Schwierigkeiten hervor, die der Thüringischen Linksregierung 1922/23 bereitet wurden.[105]

3.3.2 Politische Folgen der neuen Situation

Innerhalb der Gemeinden bedeutete die Finanzreform generell eine
Schwächung der gewählten Vertretungen; ihnen war das selbständige
Beschlußrecht über wichtige Steuerarten damit genommen. Um so stär-
ker intensivierten sich die Bindungen der Selbstverwaltungs-Bürokra-
tie zur Staatsverwaltung, insbesondere zur Ministerialbürokratie der
Länder, denn dort fiel die Entscheidung über die Finanzzuweisungen.

Eine krisenhafte Entwicklung der Finanzlage war in der Weimarer
Republik natürlich nicht nur auf die Gemeinden beschränkt; auch die
Länder und das Reich mußten weit hinter der Vorkriegsprosperität
zurückbleiben. Dennoch kann es kaum bestritten werden, daß die zen-

---

102 Severing, Mein Lebensweg, Bd. 1, S. 310 und 329.
103 *Die Kommune* 1/1921, Nr. 5 (November), S. 34.
104 Stellungnahme von E. Wurm, in: *Die deutsche Nationalversammlung
1919/1920*, hg. v. Eduard Heilfron, Berlin o. J., Bd. 7, S. 222 f.; Hansmeyer, a.a.O., S. 44; Gabriele *Höfler*, Erzbergers Finanzreform und ihre
Rückwirkung auf die bundesstaatliche Struktur des Reiches, phil. Diss.
Freiburg, 1955, S. 73.
105 Witzmann, Thüringen 1918–1933, S. 76.

tralistisch-hierarchische Konstruktion des Überweisungssystems für die Gemeinden eine strukturelle Benachteiligung bringen mußte:

> »Das Ergebnis der Neuregelung war bis zum Ende der Weimarer Zeit, daß diese Dotationen durch Reich und Länder stets zu knapp bemessen und zu spät ausgeschüttet wurden. Die Städte, deren finanzielle Lage jetzt ebenso von den Zentralbehörden wie den Ländern abhängig geworden war, standen in der Hauptsache vor der Zerstörung ihrer finanziellen Bewegungsfreiheit ... Schon 1921 mußten sie durch Konrad Adenauer den vorsorglichen Notruf ausstoßen, daß sie bald ›am Ende‹ angelangt seien.«[106]

Nach dem Verlust des Zuschlagrechtes zur Einkommensteuer gingen die kommunalen Finanzpolitiker auf die Suche nach neuen »beweglichen Faktoren« auf der Einnahmeseite, d. h. nach zusätzlichen Deckungsmöglichkeiten für die ständig steigenden Ausgaben. Hier kamen zunächst die kommunalen Zuschläge auf die Realsteuern in Frage (Gewerbe-, Grund- und Gebäudesteuern).

Während die Einkommensteuer 1925 nur noch 29 % des kommunalen Steuerbedarfs deckte (1913: 52 %), stieg der Anteil der Realsteuern auf 31 % an.[107] Die Anspannung der Realsteuern hatte schwere politische Konflikte zur Folge. Besondere Erbitterung zeigte die Industrie über die Erhöhung der Gewerbesteuern; regelrechte Kampagnen gegen die angeblich »verschwenderischen« Ausgaben der Kommunen waren die Folge. Betroffen war auch das grundbesitzende Handwerk und Kleingewerbe, das besonders ab 1924 durch die Hauszinssteuer zur Kasse gebeten wurde. Dieses Kleinbürgertum fühlte sich nach Krieg und Inflation immer ungerechter behandelt. Anstatt mit der Zentralisierung der Steuerhoheit auch alle politischen Konflikte auf sich zu nehmen, schickte das Reich die Gemeinden an die heiß umkämpfte Steuerfront.

Mit der Bedeutungssteigerung der Gewerbesteuer mußten andererseits die Kommunalverwaltungen zunehmend von den ansässigen Industriebetrieben abhängig werden. Die Gefahr zog herauf, daß die Gemeindepolitik nur noch »eine Funktion des Gewerbesteueraufkommens« (Ellwein) sein konnte.

Ein anderer Ausweg aus den Finanznöten wurde während der großen Inflation bei den Kommunen immer üblicher: die Verschuldung.

> »Der Kredit verlor ... immer mehr seinen außerordentlichen Charakter; die Gemeinden arbeiteten mit ihm vielmehr wie mit einem ›ordentlichen‹ Deckungsmittel, dessen Aufnahme und Verwendungszweck keinen be-

---

106 Herzfeld, Demokratie und Selbstverwaltung in der Weimarer Epoche, S. 20.
107 Mulert, Kommunalsteuern, a.a.O., S. 1520.

sonderen Bedingungen unterliegt. Auf diese Weise wurde die Schuld-aufnahme der im kommunalen Steuersystem seit der Erzbergerschen Reform nicht mehr vorhandene ›bewegliche Faktor‹.«[108]

Auch nach 1924 stieg die kommunale Verschuldung steil an. Die Zins- und Tilgungslasten stellten eine immer größere Belastung der Haushal-te dar. Der Anteil mittel- und kurzfristiger Kredite an der Neuver-schuldung lag 1928 bei ca. 40 % und stieg bis 1930 auf über 44 %.[109] Dieser hohe Prozentsatz war teilweise eine Folge davon, daß die Re-striktionen der Reichsbank und des Reichsfinanzministers die Städte von den besten Kreditmärkten abgeschnitten hatten.

Kluge hat mit Recht darauf hingewiesen, daß die Verschuldung der Städte – auch zu besseren Bedingungen – keine Lösung ihrer ökonomi-schen Probleme darstellen konnte. Die Orientierung des Deutschen Städtetages auf eine aktive Anleihepolitik war nur ein oberflächlicher Ausweg aus diesen Problemen. Außerdem mußte die Verschuldung die direkte Abhängigkeit der Städte vom Finanzkapital mit sich brin-gen.[110] In der Wirtschaftskrise gehörte es zum täglichen Bild der Kom-munalpolitik, daß private Bankenkonsortien den Vertretungskörper-schaften politische Bedingungen stellten, z. B. die Verabschiedung von Deckungsvorlagen.

Unter dem neuen Finanzsystem mußten *die* Einnahmen an Bedeutung gewinnen, die die Gemeinden aus ihren Wirtschaftsbetrieben erzielten. Die Verwendung dieser Gelder war an keine Bedingungen gebunden und war oft die letzte Rettung der Kämmerer vor drohenden Etat-defiziten. Die Überschüsse der Erwerbsunternehmen aller deutschen Gemeinden wurden dementsprechend von 234 Mio. RM (1913) auf 516 Mio. RM (1927/28) gesteigert.[111] Das bedeutete, daß die soziale Zielsetzung der städtischen Verkehrs-, Versorgungsbetriebe usw. im-mer mehr in den Hintergrund trat; die Erzielung von Überschüssen war vorrangig. Die Angleichung der kommunalwirtschaftlichen Methoden an den Privatkapitalismus wurde in den Jahren der Rationalisierung und der Wirtschaftskrise immer offensichtlicher.

Um diese »Kommerzialisierung« der Kommunalbetriebe durchzuset-zen, bestanden die Verwaltungen darauf, die Unternehmen aus der städtischen Regie herauszunehmen und ihnen eine privatrechtliche Ge-

---

108 Hansmeyer, a.a.O., S. 77.
109 Ein Überblick über die Gemeindeverschuldung im Reich ist erst von der Reichsfinanzstatistik 1928 an möglich. Diese Zahlen (Gemeinden ohne Hansestädte) in: *Statistisches Jahrbuch* für das deutsche Reich 51/1932, S. 479.
110 Kluge, Die Rolle des Deutschen Städtetages, Thesen Nr. 10 und 11.
111 Berechnungen des *Kommunalen Jahrbuchs*, zit. nach Kluge, Die Rolle des Deutschen Städtetages, S. 83.

sellschaftsform zu verleihen.[112] Damit blieben die Betriebe zwar in kommunalem Besitz. Aber der direkte Einfluß der Gemeindevertretungen auf die Betriebsführung, Preisgestaltung usw. wurde ausgeschaltet. Die Bürgermeister bzw. Stadträte erhielten die Direktoren- oder Aufsichtsratsposten. Auch mit dieser Entwicklung wurde die Machtverlagerung von den gewählten Vertretungen zur Selbstverwaltungsbürokratie fortgesetzt.

3.3.3 Die Gemeindefinanzen in der Wirtschaftskrise

Als die große Wirtschaftskrise über Deutschland hereinbrach, erhob sich der Ruf nach »Sparsamkeit« noch lauter als zuvor. »Aber es fragte sich, auf wessen Kosten gespart werden sollte. Die Großkapitalisten wollten wie 1923 die Lasten der Krise den werktätigen Massen aufbürden ...«[113] Die Wirtschafts- und Finanzpolitik der Regierung Brüning knüpfte wirklich eng an ein Sparsamkeitsmemorandum des »Reichsverbandes der Deutschen Industrie« vom Dezember 1929 an. So wurden die sozialen, personellen und kulturellen Ausgaben der öffentlichen Hand radikal gekürzt und die Privatwirtschaft steuerlich begünstigt.

> »Lohnabbau, Kurzarbeit und Massenarbeitslosigkeit, Abbau von Sozialleistungen und steigende Steuerlasten drückten den Lebensstandard der werktätigen Massen auf ein extrem niedriges Niveau. Um diese Lastenverteilung ... durchsetzen zu können, wurde die bürgerliche Demokratie weitgehend aufgehoben und durch die Notverordnungsdiktatur des Reichspräsidenten ersetzt.«[114]

Die Schrumpfung der Gemeindehaushalte, an deren besondere soziale Bedeutung schon wiederholt erinnert wurde, und die Ausschaltung aller gewählten Selbstverwaltungsorgane, die der Diktatur der leeren Kassen ihre Zustimmung verweigerten, muß als eine drastische Konsequenz der Brüningschen Politik verstanden werden. Nach der Veröffentlichung von Brünings Memoiren kann man nun endgültig sagen, daß dies nicht Begleiterscheinungen von vorübergehenden Notlösungen waren, sondern daß diese Entwicklung einer ausgesprochen antirepublikanischen Zielsetzung entsprach.[115]

---

112 S. ausführlich Hansmeyer, S. 90 ff.; der beispielhafte Fall Frankfurt/M. behandelt bei Rebentisch, Ludwig Landmann, S. 232 ff.
113 Rosenberg, Geschichte der Weimarer Republik, S. 196.
114 Sonnemann/Sauerzapf, S. 18 ff. u. 27.
115 Vgl. Karl-Dietrich *Bracher*, Brünings unpolitische Politik und die Auflösung der Weimarer Republik, in *VhfZ* 19/1971, S. 113–123.

Schon die erste Notverordnung vom Juli 1930 beschränkte sich nicht auf rein technische Sparsamkeitsvorkehrungen, sondern offenbarte sogleich ihren sozialen Inhalt: Die Erhöhung der Grund- und Gewerbesteuer wurde den Gemeinden untersagt bzw. von der zwangsweisen Einführung der Bürgersteuer und der kommunalen Biersteuer abhängig gemacht.[116] Die Biersteuer ist typisch für die kommunalen Verbrauchssteuern, die im Laufe der Krise überall erhöht oder neu eingeführt wurden. Die Bürgersteuer, im ersten Entwurf nach Art einer Kopfsteuer, später mit einer groben sozialen Staffelung eingeführt, wurde in den deutschen Kommunen überall die Regel und mußte immer wieder erhöht werden. Sie mußte gerade die verarmte Bevölkerung und die großen Familien treffen. Der SPD-Bürgermeister Bruno Asch hatte bereits im Frühjahr 1930 darauf hingewiesen, daß die Demokratisierung der Selbstverwaltung durch die Dekretierung der Kopfsteuer inhaltlich zurückgenommen würde:

»Ich wehre mich mit allem Nachdruck gegen eine gefährliche und sinnlose, verbitternde Steuer, die kein anderes Ziel haben kann, als den arbeitenden Schichten der städtischen Einwohnerschaft praktisch die durch das allgemeine ... Wahlrecht gewonnene demokratische Herrschaft in den Gemeindestuben auf dem Wege über die Steuergesetzgebung wieder zu entziehen.«[117]

Besonders verhängnisvoll wirkte sich für die Gemeinden die Regelung der Erwerbslosenversorgung aus, die 1927 im »Arbeitsvermittlungs- und Arbeitslosenversicherungsgesetz« erfolgt war. Danach war der Empfang der Hauptunterstützung auf 26 Wochen begrenzt. Die Versicherten erhielten dann weitere 26 Wochen eine reduzierte sogenannte Krisenunterstützung. Sodann erlosch ihr Versicherungsanspruch, und die kommunale Wohlfahrt mußte ihre Versorgung übernehmen. Die Gemeinden waren an der Aufbringung der Hauptunterstützung gar nicht, an der Krisenunterstützung mit einem Fünftel beteiligt. Obwohl das Gesetz als Entlastung der kommunalen Sozialausgaben propagiert worden war, hatte es einen entscheidenden Nachteil: Die Kosten einer langfristigen Arbeitslosigkeit blieben den Gemeinden aufgebürdet. In Wirklichkeit waren die *Länder* Nutznießer dieses Gesetzes, das sie von jeder finanziellen Verpflichtung für die Erwerbslosigkeit überhaupt befreite. Aber auch das Reich »hatte durch Vermittlung der Reichsanstalt ... sein Risiko durch die Bestimmungen über Anwartschaft und Dauer der Unterstützung begrenzt«.[118] In einer mehrjährigen Krise

---

116 *Reichsgesetzblatt* 1930 I, S. 311 ff.
117 Bruno *Asch*, Finanzausgleich und Gemeinden, in: *Die Gesellschaft* 1930 I, S. 40.
118 Kampmann, Die kommunalen Spitzenverbände, S. 38.

mußte die Zahl der kommunalen Wohlfahrtsempfänger steil ansteigen. Die vielen Dauererwerbslosen blieben daher auf unbegrenzte Zeit auf die Fürsorge angewiesen, weil der Anspruch auf Neuaufnahme in die Hauptunterstützung von einem Arbeitsverhältnis längerer Dauer abhängig war.

Die entsprechende Entwicklung zeigte sich in der Wirtschaftskrise in aller Schärfe. Von 1929 bis 1932/33 sank der Anteil der Hauptunterstützungsempfänger an allen registrierten Arbeitslosen von 73,1 % auf 15,0 %, während das Kontingent der Wohlfahrtserwerbslosen von 15,3 % auf 52,4 % anstieg. Damit hatten die Gemeinden ein Heer von Dauerarbeitslosen zu versorgen, das im Rechnungsjahr 1932/33 auf 2,4 Millionen angeschwollen war. Die Dreiteilung der Arbeitslosenversicherung hieß nichts anderes, als das sozialpolitische Krisenproblem Nr. 1 auf die Gemeinden abzuwälzen. Der Anteil des Wohlfahrtswesens an den kommunalen Ausgaben erhöhte sich im Zeitraum 1929/30–1932/33 von 27,3 % auf 49,5 %: »Die Gemeindehaushalte wurden ausgesprochene Wohlfahrtshaushalte.«

Den rapide steigenden Kosten für Wohlfahrt und Krisenfolgen standen sinkende Steuereinnahmen gegenüber. Die Reichssteuerüberweisungen sanken im genannten Zeitraum von 1 595,8 Mill. RM auf 772 Mill. RM, d. h. rund um die Hälfte.[119] So waren die Gemeinden gezwungen, ihre Ausgaben von insgesamt 8 030,4 Mill. RM auf 5 408,1 Mill. RM zu senken.[120] Berücksichtigt man, daß darin die sprunghaft steigenden Wohlfahrtslasten enthalten sind, bekommt man einen Eindruck vom Ausmaß des kommunalen Leistungsabbaus. Die Zins- und Tilgungslasten besonders der kurzfristigen Kredite aus der Zeit bis 1929 waren ein peinliches, jedes Jahr drückenderes Problem für die Kämmerer. Umgekehrt waren Kredite vom privaten Kapitalmarkt überhaupt nicht mehr zu bekommen.

Ein rücksichtsloser Schlag gegen die Finanzwirtschaft der Städte wurde im Anschluß an die Bankenkrise 1931 geführt: Den kommunalen Sparkassen und Giroverbänden wurde durch Notverordnung des Reichspräsidenten untersagt, den Städten Anleihen, Darlehen oder Kassenkredite zu gewähren. Dabei waren die Städte eben dabei gewesen, eine Umschulungsaktion mit Hilfe ihrer Sparkassen einzuleiten, um der kurzfristigen Verpflichtungen Herr zu werden. Damit wurden die Städte nicht nur vom Kredit ihrer »Hausbanken« getrennt. »Besonders scharf wirkte die Absperrung der Kassenkredite ... Da die Ge-

---

119 *Die Gemeindefinanzen in der Wirtschaftskrise,* Einzelschrift Nr. 32 zur *Statistik des Deutschen Reiches,* Berlin 1936, S. 11 und 13.
120 Reiner Finanzbedarf, unter Abzug der Sonderzuschüsse von Reich und Ländern, a.a.O., S. 17.

meinden mit diesen Kreditinstituten in ständigem Verkehr stehen, mußte die plötzliche und unerwartete Untersagung dieses Kassenverkehrs die ordnungsgemäße Kassenverwaltung der Gemeinden gefährden.«[121] Auch K. E. Born betont die Einseitigkeit dieser staatlichen Maßnahme, die sich nicht einmal ansatzweise um die Erschließung anderer Finanzierungsmöglichkeiten für die Kommunen kümmerte. »Die kommunale Selbstverwaltung wurde als schwächstes Glied im Bereich der öffentlichen Gewalt finanziell einfach abgehängt.«[122]
Trotz der drakonischen Sparmaßnahmen und trotz der langsam anlaufenden Sonderzuschüsse von Reich und Ländern schlossen fast alle Gemeinden ihre Haushalte mit Deckungslücken ab. Von den 89 Städten im Deutschen Reich mit mehr als 50 000 Einwohnern konnten 1932/33 – bei Berücksichtigung aller freiwilligen und erzwungenen Ausgabekürzungen – nur vier ihren Haushalt ausgleichen. 14 hatten Fehlbeträge bis zu 10 % des Zuschußbedarfs aufzuweisen, 71 hatten Lücken über 10 %. Davon erreichten 12 Städte Fehlbeträge von mehr als 80 %![123] Deshalb muß von einem fast vollständigen Zusammenbruch der kommunalen Finanzen gesprochen werden. Viele Verwaltungen mußten nicht nur Leistungen abbauen, sondern auch Substanz freigeben. Das spektakulärste Beispiel war der Verkauf der Berliner Elektrizitätswerke an ein internationales Firmenkonsortium, der weit unter Preis erfolgte.[124] »Vielfach wird sogar die Vermögenssubstanz durch Veräußerung von Vermögensteilen, insbesondere von Beteiligungen an vergesellschafteten Betrieben, angegriffen, ein Verfahren, das später auch für den Ausfall an laufenden Einnahmen Anwendung finden mußte.«[125] Im zweiten Teil der Krise zwang der akute Geldmangel auf breiter Ebene selbst die Gemeindeverwaltungen, im Auftrag eingezogene Staatssteuern einfach einzubehalten; damit glichen sie sich nur an die Praxis der Länder an, die schon seit geraumer Zeit Überweisungen zurückhielten, die den Gemeinden zustanden.

121 Kampmann, a.a.O., S. 33.
122 Karl Erich *Born,* Die deutsche Bankenkrise 1931. Finanzen und Politik, München 1967, S. 134.
123 Die Gemeindefinanzen in der Wirtschaftskrise, S. 20.
124 S. oben Teil 2.3.8.
125 *Die Finanzlage der Gemeinden und Gemeindeverbände,* Sonderheft zu *Wirtschaft und Statistik* Nr. 9, Berlin 1932, S. 5; s. a. die Verschleuderung von Liegenschaften in Frankfurt, dargestellt bei Rebentisch, a.a.O., S. 287.

3.3.4 Die sozialen Folgen und die Ausschaltung der gewählten Vertretungen in der Selbstverwaltung

Die sozialen Auswirkungen der kommunalen Finanzlage waren schwerwiegend. Zu dem allgemeinen Leistungsabbau kamen Erhöhungen der Krankenhauskosten und des Schulgelds; Tarifanhebungen der städtischen Werke mußten überall zur Herauswirtschaftung entsprechender Überschüsse herhalten. Gehaltskürzungen und Lohnabbau betrafen alle städtischen Bediensteten; Entlassungen wurden besonders im Schulwesen vorgenommen. Die kulturellen Leistungen, der Wohnungsbau und der Straßenbau kamen völlig zum Erliegen. Die Sparmaßnahmen, die auf die vierte Notberordnung im Januar 1932 folgten, warfen nach W. Mann »Berlin in hygienischer und pädagogischer Hinsicht auf den Stand der neunziger Jahre« zurück.[126] Alle Fürsorgeleistungen, die nicht die Erwerbslosigkeit betrafen, wurden um mehr als ein Drittel eingeschränkt (von 922,0 auf 544,3 Mio. RM im genannten Zeitraum); dabei traf die allgemeine Not nicht nur die Arbeitslosen. Daß die Verwaltung hier hart an der Grenze des Zumutbaren wirtschaftete, zeigt die Begründung, mit der Minister Severing Reichsfinanzminister Dietrich um Hilfe für die Gemeinden anging: »Unruhen in den größeren Industriestädten« könnten »allzu leicht das Signal für allgemeine Erhebungen der hungernden und verzweifelten Arbeitslosen werden«.[127]
Es bedarf eigentlich keiner weiteren Erklärung, warum sich die Gemeindevertretungen gegen die geschilderte Entwicklung zu wehren versuchten. Die Sparmaßnahmen riefen in den Gemeinden nicht nur dieselben Gegner Brünings wie im Reichstag auf den Plan. Auch örtliche SPD-, Zentrums- und Mittelstandsfraktionen weigerten sich, einer diktatorischen Finanzpolitik zuzustimmen, die sie zu Recht als eine überproportionale Krisenbelastung der Kommunen ansahen. Aktive Wirtschaftspolitik zugunsten des örtlichen Gewerbes, die bei kommunaler Auftragserteilung aus ungedeckten Etatmitteln möglicherweise die Wirkung eines konjunkturpolitischen deficit spending gehabt hätte, war bei dem geringen Grad wirtschaftspolitischer Autonomie der Selbstverwaltungsorgane ganz ausgeschlossen. Auch sozialpolitische Programme der Kommunalfraktionen hatten bei der Knappheit der zur Verfügung stehenden Mittel keine Aussicht auf Verwirklichung. So blieb nur der Weg der Anpassung oder der Verweigerung.

---

126 Willy *Mann*, Berlin zur Zeit der Weimarer Republik, Berlin 1957, S. 167 f.
127 Severing, Mein Lebensweg, Bd. 2, S. 279.

Typisch sind z. B. die Vorgänge in Ludwigshafen. Hier konnten sich die bürgerlichen Parteien und die SPD noch zu einem Ausgleich des Haushalts 1930/31 durchringen. Aber von der Mitte des Jahres 1930 an lehnte die Mehrheit des Stadtrats die Einführung der Getränkesteuern und der Bürgersteuer ab. Die Steuern wurden dann von den Staatsbehörden zwangsweise angeordnet. Ablehnung und Zwangsdurchführung wiederholten sich 1931 und 1932.[128]

Die staatlichen Eingriffe in die Selbstverwaltung im Laufe der Krise waren einschneidend. Nach den erwähnten Vorschriften der ersten Brüningschen Notverordnung griff die zweite vom Dezember 1930 unmittelbar in das kommunale Haushaltswesen ein und stellte nicht nur für die Einnahmeseite, sondern erstmals auch für die Ausgabenstruktur eigene Normen auf.[129] 1931 folgten zwei weitere Notverordnungen, die die Gemeinden betrafen; die erste enthielt die erwähnte Kommunalkreditsperre für die Sparkassen. Die Verordnung »zur Sicherung der Haushalte von Ländern und Gemeinden«[130] ermächtigte die Landesregierungen, alle erforderlichen Maßnahmen zum Ausgleich der Haushalte im Verordnungswege zu treffen. Die Vergabe von Mitteln wurde darin auch an politische Bedingungen geknüpft. Allein in Preußen wurden durch die Aufsichtsbehörden in über 600 Gemeinden sogenannte Staatskommissare eingesetzt, die alle strittigen Fragen im Sinne des Staates zwangsweise regelten. Die kreisangehörigen Städte wurden im Herbst 1932 direkt der Aufsicht der Landräte unterstellt, eine auch darum peinliche Verschärfung der Staatsaufsicht, als nach dem »Preußenschlag« sozialdemokratische Landräte in zunehmendem Maße durch konservative Beamte ersetzt wurden.[131]

Sofern man das Haushaltsbewilligungsrecht der gewählten Gemeindevertretung als einen unverzichtbaren Bestandteil der Selbstverwaltung ansieht, war damit das Selbstverwaltungsrecht schon vor der Machtergreifung faktisch beseitigt. Deutlich sichtbares Symbol dieser Entwicklung war die Einsetzung der Staatskommissare. Hier muß noch einmal deutlich darauf hingewiesen werden, daß die Veränderungen in

---

128 Fritz *Blaich,* Möglichkeiten und Grenzen kommunaler Wirtschaftspolitik während der Weltwirtschaftskrise 1929–1932. Dargestellt am Beispiel der Stadt Ludwigshafen am Rhein, in: *AfK* 9/1970, S. 93 und 98 ff.
129 Kampmann, Die kommunalen Spitzenverbände, S. 33.
130 *Reichsgesetzblatt* 1931 I, S. 453 ff.
131 Herzfeld, S. 22; zum Beispiel Frankfurt/M. s. Rebentisch, a.a.O., S. 271 ff.; vgl. a. *Die Wahrheit über Preußen,* Material der kommunistischen Landtagsfraktion zum Preußenwahlkampf 1932 (Berlin 1932), S. 8 ff,; Matzerath, Nationalsozialismus und kommunale Selbstverwaltung, S. 113.

der Kommunalverwaltung nicht einfach umkehrbar waren; eine baldige Rückkehr zu republikanischen Zuständen war von den wichtigsten Akteuren gar nicht beabsichtigt. Diese Behauptung ist nicht nur darum gerechtfertigt, weil die Absichten von Brüning eine autoritäre Neuordnung der Selbstverwaltung natürlich einschlossen. Eine tiefgreifende Verfassungsrevision in der Selbstverwaltung wurde seit 1929 auch von der preußischen Regierung betrieben – allerdings zunächst mit mäßigem Erfolg.

Schon der Entwurf für ein neues preußisches Selbstverwaltungsgesetz 1928/29 hatte einen unverhältnismäßigen Machtzuwachs für den Oberbürgermeister und für die Staatsaufsicht vorgesehen.[132] Nachdem dieser Entwurf auf wenig Gegenliebe bei den Parteien gestoßen war, folgte im Frühjahr 1930 die Vorlage eines neuen Berlin-Gesetzes; eine Neuordnung war in Berlin besonders dringend, weil die Stadtverwaltung durch den »Sklarek-Skandal« schwer erschüttert war und außerdem seit dem Dezember 1929 unter der direkten Finanzaufsicht des Oberpräsidenten der Provinz Brandenburg stand.[133] Nach dem neuen Berlin-Gesetz aus dem sozialdemokratisch geleiteten Innenministerium sollte die gewählte Stadtvertretung nur noch dekorative Funktionen haben: Sie würde nur noch drei- bis viermal im Jahr zusammentreten, und der Oberbürgermeister konnte alle ihre Beschlüsse beanstanden, die nach seinem Ermessen »gegen das Interesse der Stadt« verstießen. Soweit nicht alle Befugnisse an den mächtigen Oberbürgermeister übergingen, hatte noch ein neugeschaffener, kleiner »Stadtgemeindeausschuß« mitzureden, der geheime Sitzungen abhielt. Die Staatsaufsicht sollte jederzeit die Führung der Geschäfte selbst übernehmen können. Dieser Entwurf, der für die kommunale Verwaltungs- und Verfassungsreform in ganz Preußen Maßstäbe setzen sollte, wurde in den parlamentarischen Beratungen noch modifiziert, aber schließlich als Novelle zum alten Berlin-Gesetz verabschiedet und im März 1931 in Kraft gesetzt.[134] Eine generelle gesetzliche Neuordnung der preußischen Selbstverwaltung verzögerte sich schließlich bis nach der Machtergreifung.

In der Literatur wird häufig der Vorwurf erhoben, die Gemeindevertretungen hätten sich durch die beharrliche Etatablehnung »selbst ausgeschaltet«. Forsthoff macht daraus sogar eine Unfähigkeit der Groß-

---

132 Zu diesem Entwurf und zum Folgenden s. Hofmann, Zwischen Rathaus und Reichskanzlei, S. 92 ff.
133 Zum Sklarek-Skandal s. oben Teil 2.3.5.
134 *Das neue Berliner Selbstverwaltungsgesetz*, in: *Die Gemeinde*, 1930 I, S. 291 ff.; Sprenger, Heinrich Sahm, S. 215 ff.

städte, »ihre Finanzen selbst in Ordnung zu halten«.[135] Aber auch Matzerath und Ziebill sprechen davon, daß die Parteien zur »Mitarbeit an Sachfragen« nicht mehr bereit gewesen seien und »kommunalfremde Ziele« und die »politische Radikalisierung« in die Beschlußkörper hineingetragen hätten.[136] Diese Sichtweise stellt das reibungslose Funktionieren der Selbstverwaltung einfach über die *Qualität* ihrer Institutionen, die in der Krise ja akut bedroht waren. Demgegenüber räumt Rebentisch in seiner Arbeit über Ludwig Landmann (1975) immerhin ein, daß die Handlungsunfähigkeit der Stadtverordneten (soweit man davon überhaupt sprechen kann) nicht selbstverschuldet war, sondern daß sie in der Krise schlicht überfordert waren. Wo die Stadtverordneten keine Wahl mehr hatten und den Notverordnungen immer nur zustimmen sollten, mußte sich im lokalen Parlamentarismus notwendigerweise eine »Insuffizienz« einstellen.[137] Alle diese Autoren übersehen aber, daß die Ausschaltung der gewählten Selbstverwaltungsinstitutionen bewußt von oben betrieben wurde, daß sie ein sehr wichtiges Element des Faschisierungsprozesses darstellten und daß der Widerstand gegen die Regierungspolitik letztlich eine republikanische Pflicht sein mußte.

3.4 *Der Nationalsozialismus und die kommunale Selbstverwaltung bis 1933*

Nach der Machtergreifung schrieb Hitlers Pressechef Otto Dietrich rückblickend:

> »Mit der Eroberung Koburgs Ende 1929 hatte der Führer planmäßig eine Demonstrations- und Einkreisungspolitik eingeleitet, die darauf abgestellt war, von der Seite der Kommunen und Länder her vorzudringen und sich dort eine Machtposition nach der anderen zu schaffen, solange das Reich selbst für die NSDAP noch nicht sturmreif war.«[138]

Diese Darstellung des Machtergreifungsvorgangs muß zweifellos dem Reich der Legenden zugerechnet werden, mit denen sich die Nationalsozialisten ihre eigene Unwiderstehlichkeit zu bestätigen pflegten. Dennoch wird im folgenden Kapitel deutlich werden, daß der Stellenwert

135 Ernst *Forsthoff*, Deutsche Verfassungsgeschichte der Neuzeit, Stuttgart 1961², S. 190.
136 Otto *Ziebill*, Politische Parteien und kommunale Selbstverwaltung, Stuttgart 1964, S. 21; Matzerath, Nationalsozialismus und kommunale Selbstverwaltung, S. 31 f.
137 Rebentisch, Ludwig Landmann, S. 265 und 270.
138 Otto *Dietrich*, Mit Hitler in die Macht. Persönliche Erlebnisse mit meinem Führer, München, 17. Aufl. 1934, S. 34.

der Selbstverwaltungsagitation für den Aufstieg der Bewegung zur Massenpartei nicht gering zu veranschlagen ist. Die Idee, den Gegensatz von Staat und Selbstverwaltung politisch auszunutzen, hatte die NSDAP den »Marxisten« abgeschaut, die gerade in der Kommunalpolitik vielfach als organisatorisches Vorbild galten.[139]

3.4.1 Die NSDAP als faschistische Bewegung

Im Laufe des Jahres 1932 setzte sich in der Wirtschaftspolitik des Deutschen Reiches allgemein die Auffassung durch, daß nicht die Verschärfung der diktatorischen Sparsamkeit, sondern nur eine massive öffentliche Auftragsvergabe den Weg aus der Wirtschaftskrise bahnen könnte. Nachdem Papens Wirtschaftsprogramm in die politische Isolierung geraten war, wurde die Konzeption der aktiven öffentlichen Arbeitsbeschaffung unter seinem Nachfolger Schleicher zur offiziellen Doktrin der Reichsregierung erhoben. Schleicher bestellte am 3. Dezember zum »Reichskommissar für Arbeitsbeschaffung« den Experten Dr. Gereke, dessen Pläne auf Unterstützung durch Teile der Gewerkschaften und der SPD rechnen konnten.[140] Schleichers Hoffnungen auf den Strasser-Flügel der NSDAP zerschlugen sich indessen. So blieb nach dem unrühmlichen Abgang aller anderen bürgerlichen Kräfte nur noch eine einzige Alternative zu seiner Regierungspraxis: Hitler und die NSDAP.
Eine historische Funktion der Machtergreifung bestand darin, die Verwertungsbedingungen des Kapitals »schlagartig und gewaltsam zugunsten der entscheidenden Gruppen des Monopolkapitalismus zu ändern«.[141] Wenn nun, wie Petzina festgestellt hat, sich das nationalsozialistische Wirtschaftsprogramm in den ersten beiden Jahren nicht wesentlich von Schleichers Plänen unterschied, was die Aktivität des Staates und die Finanzierungsmethoden der Ankurbelungsmaßnahmen betrifft, so stellt sich die Frage, warum gerade Hitler 1933 doch noch die Macht zugespielt wurde.
Jetzt, am Ende des langen Faschisierungsprozesses in Deutschland, war ein Ausweg aus der Staatskrise mit den technischen Mitteln einer starken Exekutive, wie sie Schleicher vorschwebten, nicht mehr möglich. Es

---

139 S. z. B. *Mitteilungsblatt* für die Nationalsozialisten in den Parlamenten und den Gemeinderäten, Jg. 1928/29, S. 10.
140 Dieter *Petzina*, Hauptprobleme der deutschen Wirtschaftspolitik 1932/33, in: *VhfZ* 15/1967, S. 24 ff.
141 Ernest *Mandel*, Trotzkis Faschismustheorie (Einleitung zu Leo Trotzki, Schriften über Deutschland Bd. I, Frankfurt 1971), S. 21.

ging nicht mehr allein um die Durchsetzung bestimmter Wirtschaftsprogramme; es ging darum, der Republik den letzten Schlag zu versetzen und zum faschistischen Ausnahmestaat überzugehen. Die Machtergreifung bedeutete den abrupten Bruch mit den politischen und ideologischen Apparaten der Republik und die vollständige Zerschlagung der Arbeiterbewegung.[142] Nur die NSDAP bot die politischen Voraussetzungen, die für diesen Übergang notwendig waren: Sie verfügte über einen mobilisierten Massenanhang, ihre Ideologie war die kompromißloseste Negation der Republik, und ihre Demagogie konnte die diktatorische Gegenrevolution sogar als »nationalsozialistische Revolution« hinstellen.

Freilich erhielt die NSDAP in der Zwangsversteigerung der Republik auch darum den Zuschlag, weil sie auch auf wirtschaftlichem Gebiet dem Kapital das höchste Angebot machen konnte: Die Zerschlagung der Arbeiterbewegung machte es möglich, in den Jahren nach 1933 die Löhne unwidersprochen auf dem niedrigen Krisenniveau einzufrieren, während die Profite schwindelnde Höhen erreichten.[143]

Die NSDAP konnte im Laufe des Faschisierungsprozesses darum eine entscheidende Rolle übernehmen, weil sie die einzige »unverbrauchte Kraft« im völkisch-gegenrevolutionären Lager war und keinerlei Kompromisse mit der Republik (wie z. B. die DNVP) eingegangen war; außerdem war sie die einzige völkische Organisation, »der die breiten Volksmassen eine antikapitalistische Gesinnung glaubten«.[144] Die NSDAP unterschied sich durch einen neuen politischen Stil von der Reaktion alten Schlages. Die Stärke ihrer Propaganda lag darin, daß sie an wirklich drängende gesellschaftliche Widersprüche anknüpfte, die in der Wirtschaftskrise täglich neu aufbrachen. So fand sie mit ihren Angriffen auf das »System« breiten Widerhall in den Reihen des Mittelstandes und jener Proletarier, die außerhalb oder am Rande der Arbeiterbewegung standen. Die Arbeiterparteien SPD und KPD waren nicht in der Lage, ihr den wachsenden Masseneinfluß streitig zu machen, weil sie sich selbst in einer tiefgreifenden Krise befanden.[145]

---

142 Poulantzas, Faschismus und Diktatur, S. 66 ff.
143 Nach der Berechnung von Charles *Bettelheim* (L'Economie Allemande sous le Nazisme, Paris 1946, S. 210 ff.) betrug der Durchschnittslohn eines Facharbeiters (in Rpf.): 1933: 70,5; 1936: 78,3; 1938: 79,0. Die Profite aller Industrie- und Handelsfirmen stiegen von 6,6 Mrd. RM (1933) auf 15,0 Mrd. RM (1938). Reallohnberechnungen mit sinkender Tendenz finden sich bei: Jürgen *Kuczynski*, Die Geschichte der Lage der Arbeiter, Bd. 6, S. 157. Vgl. auch Stuart J. *Woolf*, The Nature of Fascism, London 1969, S. 130 ff.
144 Rosenberg, Geschichte der Weimarer Republik, S. 203.
145 Poulantzas, S. 143 ff.

So konnte die NSDAP zu einer quasi-revolutionären Massenbewegung werden. Der Klassencharakter der NSDAP als Massenbewegung mußte im Gegensatz zum Klassencharakter des späteren Regimes stehen. Der Umschwung 1933 war nur möglich, weil die »linken«, antikapitalistischen Kräfte in der innerparteilichen Auseinandersetzung fortschreitend ausgeschaltet wurden.[146] Rosenberg unterschied in der NSDAP von 1929 drei Gruppen: Den rechten Flügel mit Hitler, der eindeutig kapitalistisch und militärisch-gegenrevolutionär war; den linken Flügel der »nationalen Sozialisten« um die Brüder Strasser; und die Mittelgruppe der Freikorpsleute und der SA.[147] Es ist auffällig, wie sich in der Parteigeschichte der NSDAP immer Hitler und der rechte Flügel durchsetzen konnten: Zuerst gegen die Arbeitsgemeinschaft Nord-West, dann gegen Otto und Gregor Strasser. Nach der Machtergreifung wurden Antikapitalisten wie Feder kaltgestellt und ein anderer Teil der kleinbürgerlichen Opposition mit Röhm und der SA ausgeschaltet.[148] In der Auseinandersetzung zwischen Partei und Staat in den Jahren nach 1933 blieben weitere »linke« Elemente auf der Strecke. Die Sprechweise des linken Flügels blieb in der täglichen Agitation unterdessen erhalten; die propagandistischen Erfolge der Parteien waren ohne sie kaum denkbar.

3.4.2 Die Kommunalpolitik der NSDAP

In einem Flugblatt zu den sächsischen Gemeindewahlen 1932 heißt es: »Wir fordern dem Reich und Staat gegenüber: Restlose Wiederherstellung des Selbstverwaltungsrechtes der Gemeinden. Sofortige Aufhebung aller Bestimmungen und Gesetze innerhalb und außerhalb der Notverordnungen, die das Selbstverwaltungsrecht der Gemeinden zu einem bloßen Begriff ohne reale Bedeutung gemacht haben.«[149] Wenn sich die Nationalsozialisten so in ihrer Propaganda in großem Ausmaß

---

146 Diese Entwicklung faßt Reinhard *Kühnl* für die Zeit bis 1933 zusammen: Zum Funktionswandel der NSDAP von ihrer Gründung bis zur Machtergreifung, in: *Blätter für deutsche und internationale Politik* 12/1967, S. 802 ff.

147 Rosenberg, S. 204.

148 Vgl. dazu das Kapitel »Parteispitze und Großindustrie siegen«, in: Arthur *Schweitzer,* Die Nazifizierung des Mittelstandes, Stuttgart 1970, S. 126 ff.

149 *Bundesarchiv* NS 25/329 (Sachsen), f. 82. Der umfangreiche Bestand NS 25 »Hauptamt für Kommunalpolitik« stand für diese Untersuchung zur Verfügung, wurde aber nur unter einigen gezielten Fragestellungen ausgewertet.

zum Anwalt der Selbstverwaltung machten[150], knüpften sie auch hier geschickt an eine tatsächliche Notlage an, nämlich den drohenden Zusammenbruch der Kommunen. Es ist bereits erläutert worden, wie die Aushungerung der Städte zu interpretieren ist: sozial als Überwälzung der Krisenlasten auf die Arbeiterschaft und das Kleinbürgertum, politisch als manifestes Mißtrauen gegen die in den Städten starken Arbeiterparteien.

So legte die NSDAP ihren Finger auf wirklich wunde Punkte, wenn sie in ihrem 1929 erstmals erschienenen Kommunalprogramm die schlechte Finanzlage der Gemeinden in den schwärzesten Farben malte, wenn sie die Genehmigung von gewaltsam ausbalancierten Haushalten prinzipiell ablehnte, wenn sie sich gegen jede Steuererhöhung wandte, »die eine weitere Belastung der Allgemeinheit oder einzelner wirtschaftlich schwacher Volksschichten bedeutet«, und besonders die Kopfsteuer bekämpfte.[151]

In der Analyse der Ursachen herrschten dagegen die bekannten kurzschlüssigen Ableitungen aus der nationalen Notlage vor: Die Reparationen und die Erfüllungspolitik seien an allem schuld.

Es bleibt bemerkenswert, einen wie breiten Raum ausgesprochen linke Programmforderungen in Fiehlers Broschüre einnehmen. Fiehler selbst, Stadtrat in München und seit 1930 Leiter des Hauptamts für Kommunalpolitik in der Reichsleitung der NSDAP[152], schien Gottfried Feder nahezustehen, auf dessen Schriften er sich häufig berief. Die Rede von der »Brechung der Zinsknechtschaft« ließ sich bei dem hohen Stand der kommunalen Verschuldung leicht auf die Situation der Selbstverwaltung anwenden.

Hier gewann sie an besonderer Aktualität, weil ja der hohe Zinsfuß der kurzfristigen Anleihen eine crux der kommunalen Finanzpolitik darstellte und die Heranziehung der Sparkassen im Laufe der Krise staatlicherseits unterbunden wurde. An mehreren Stellen fordert Fiehler die Verstaatlichung der Banken und der Monopole. Die Privatisierung rentabler Gemeindebetriebe lehnte er scharf ab. Auch die versprochenen Aktionen gegen die Warenhäuser liegen auf dieser Linie. Fiehler wiederholt zwar nicht die Kommunalisierungsforderung aus dem Parteiprogramm von 1920, verheißt aber einschneidende Warenhaus-, Filial- und Luxussteuern.[153] Die nationalsozialistischen Kommu-

---

150 Vgl. *Bracher/Sauer/Schulz*, Die nationalsozialistische Machtergreifung, Köln und Opladen 1962 (2. Aufl.), S. 445.
151 Karl *Fiehler*, Nationalsozialistische Gemeindepolitik (NS-Bibliothek Heft 10), München 1929, S. 3, 23, 27.
152 S. *Zu Karl Fiehlers 40. Geburtstag*, in: *Die nationalsozialistische Gemeinde* Jg. 3 (1936), S. 537.
153 Fiehler, a.a.O., S. 21 ff., 53 und 55 ff.

nalpolitiker des Gaues Hessen-Nassau-Nord taten in einer öffentlichen Erklärung 1931 die Absicht kund, »durch Weckung des ... Lebenswillens des deutschen Volkes in den Gemeinden, als den Zellen des Volkskörpers das Verantwortungsbewußtsein des Volkes zu stärken und damit die Voraussetzung für die Wiedererweckung der gemeindlichen Selbstverwaltung zu schaffen; ... die Quellen der heutigen Korruption, Ungerechtigkeit und Unsachlichkeit zu verstopfen, um damit die Voraussetzung für den Aufbau eines sozialistischen, d. h. gerechten antimarxistischen und antikapitalistischen Wirtschaftssystems zu schaffen.«[154]

Ein erster kommunaler Wahlerfolg war den Nationalsozialisten 1924 in Nürnberg gelungen, als in der Stadtratswahl die »Liste Streicher« sechs von insgesamt 50 Mandaten erhielt und damit zur drittstärksten Fraktion wurde. In den folgenden Jahren brachte es die NSDAP in Mittel- und Oberfranken auf ca. 1,5 % aller kommunalen Mandate, da sich viele völkische Gemeinderäte der Partei anschlossen.[155] Bei den Kommunalwahlen 1929 in Hessen, Sachsen, Preußen und Bayern gelang der NSDAP ein Anfangserfolg, der etwa im Rahmen der ansteigenden Stimmzahlen zwischen den Reichstagswahlen 1928 und 1930 lag.[156] In Preußen konnte die Partei immerhin 4,6 % aller Stimmen verbuchen[157]; das hieß z. B., daß die NSDAP nun in alle wichtigen Stadtverordnetenversammlungen des Ruhrgebiets einzog.[158] Naturgemäß waren die Wahlerfolge von Ort zu Ort sehr unterschiedlich.[159] Schon die bescheidenen Ergebnisse der Kommunalwahlen des Jahres 1929 bedeuteten ein enormes Anwachsen der Zahl der nationalsozialistischen Kommunalvertreter; diese Zahl erhöhte sich durch einzelne Nachwahlen in den folgenden Jahren weiter. Allein die badischen Ge-

---

154 *Mitteilungsblatt* für die Nationalsozialisten in den Parlamenten und den Gemeinderäten Jg. 1931, S. 454.

155 Rainer *Hambrecht*, Der Aufstieg der NSDAP in Mittel- und Oberfranken 1925–1933, Nürnberg 1976, S. 82 und 225.

156 Eine Übersicht über den Stimmenzuwachs gegenüber 1928 wird auf einer »Nachrichtenkonferenz« im April 1930 vorgetragen, in: *Staat und NSDAP 1930–1932*. Quellen zur Ära Brüning, bearb. v. I. Maurer und U. Wengst, Düsseldorf 1977, S. 24 f.

157 In Bayern insgesamt 2,1 %; in bayrischen Städten über 25 000 Einwohnern 12,1 %. Vgl. u. a. Matzerath, Nationalsozialismus und kommunale Selbstverwaltung, S. 47 f.

158 Ergebnisse in den Ruhrgebietsstädten bei: Wilfried *Böhnke*, Die NSDAP im Ruhrgebiet 1920–1933, Bonn-Bad Godesberg 1974, S. 134 f.

159 In Franken, wo die NSDAP schon länger kommunalpolitisch in Erscheinung getreten war, blieb das Ergebnis stark hinter den Erwartungen zurück; doch konnten in Bayreuth von 30 Stadtratssitzen 9 besetzt werden, in Coburg sogar die absolute Mehrheit; s. Hambrecht, Der Aufstieg der NSDAP, S. 178 f.

meindewahlen im November 1930 brachten nach eigenen Angaben ca. 2 700 Abgeordnete in die Gemeinderäte.[160]

Die Reichsleitung der Partei in München ließ es angesichts der daraus erwachsenden organisatorischen Probleme mit einer ziemlich kümmerlichen Ausstattung des »Hauptamtes für Kommunalpolitik« bewenden. Bis kurz vor der Machtergreifung erledigte Fiehler die ganze Arbeit allein in seiner Freizeit, z. T. sogar auf eigene Kosten.[161] »Die Organisation nationalistischer Kommunalpolitik wies vor 1933 alle Zeichen eines zeitweise überstürzten Wachstums auf. Nur unzureichend gelenkt und durch innerparteiliche Krisen mehrfach erschüttert, förderte sie die Tendenz zu regionalen und lokalen Sonderentwicklungen eher, als daß sie sie zu hemmen vermochte.«[162] Dieser Feststellung ist aber unbedingt hinzuzufügen, daß man hinter der Schwäche des Ressorts Methode vermuten muß. Hitler und seine engsten Vertrauten verhinderten so, daß ihnen eine starke Unterorganisation »Kommunalpolitik« mit dezidierten Vorstellungen gegenübertreten konnte, in der sicher kleinbürgerlich-antikapitalistische Elemente den Ton angegeben hätten. So konnte sich Hitler in gesellschafts- und wirtschaftspolitischen Fragen »alle Türen offenhalten«, was er schon mit der Frustrierung der Wirtschaftsabteilung der Reichsleitung unter Beweis gestellt hatte.[163]

Die Arbeit des Hauptamtes beschränkte sich im wesentlichen auf die Beantwortung von Anfragen; gelegentlich wurde eine Gauorganisation auf übergeordnete Weisung zurückgepfiffen, wenn der Verdacht auf eine eigenständige Entwicklung vorlag.[164] Die Schwäche Fiehlers wird auch von folgendem Vorfall beleuchtet: Im Februar 1932 war er zu einer kommunalpolitischen Rede in Pforzheim eingeladen, der sich ein Gespräch mit lokalen Fabrikanten über die »Chancen der Uhren- und Schmuckindustrie im kommenden Dritten Reich« anschließen sollte. Vier Tage vor dem Termin intervenierte die Org.-Abt. II (Wirtschaft) und untersagte Fiehler das Auftreten, »da sich der Führer persönlich derartige Vorträge vor Industriellen vorbehalten hat«.[165] 1933 wurde

---

160 *Bundesarchiv* NS 25/181 (Baden), f. 51.

161 Vgl. Fiehlers Beschwerden *BA* NS 25/118 (Reichsleitung), f. 114, 128 f., 213. Zur Organisation des Hauptamtes s. Waldemar *Schön*, Das Hauptamt für Kommunalpolitik, in: *Die nationalsozialistische Gemeinde* Jg. 3 (1935), S. 679 ff.

162 Matzerath, Nationalsozialismus und kommunale Selbstverwaltung, S. 39.

163 Martin *Broszat*, Der Staat Hitlers, München 1969, S. 78 f.

164 Z. B. erhielt der kommunalpolitisch starke Gau Baden von Buttmann nicht die Erlaubnis, ein eigenes Mitteilungsblatt aufzuziehen, obwohl Fiehler diese Forderung unterstützte. Zu dem Streit s. *BA* NS 25/181 (Baden), f. 14 und 51; NS 25/110 (Buttmann), f. 12; NS 25/117 (Reichsleitung), f. 218 f.

165 *BA* NS 25/181 (Baden), f. 162–167.

Fiehler zwar Oberbürgermeister von München und Vorsitzender des neugeschaffenen »Deutschen Gemeindetages«, aber er und das Hauptamt hatten nur relativ geringfügigen Einfluß auf die Neugestaltung der deutschen Kommunalverfassung, die im wesentlichen zwischen den Ministerialbeamten in Berlin, Goerdeler und dem Stab Heß ausgehandelt wurde.

Die militärisch-geographische Vorstellung, die Macht im Reich von den Städten her zu erobern, ist fast so alt wie die NSDAP selbst. Hitlers Bewunderung für die Novemberrevolution und Mussolinis Machtübernahme 1922 (so wie er sie verstand) haben dabei eine Rolle gespielt. 1926 schlug die NSDAP eine politische Taktik ein, die D. Orlow den »Urban Plan« genannt hat;[166] wie die »Marxisten« 1918 wollte die Partei »zwei Dutzend Städte in unerschütterliche Festungen unserer Bewegung« verwandeln (Goebbels 1926). Das Ergebnis der Reichstagswahlen 1928 führte dann zu einer wichtigen Modifikation dieser Taktik. Während die Agitations- und Organisationsanstrengungen der Partei auf die Großstädte und Industriegebiete konzentriert worden waren, hatten sich die deutlichsten Wahlerfolge überraschenderweise auf dem Lande und in den Kleinstädten eingestellt.[167] Von nun an stand endgültig das Kleinbürgertum im Vordergrund der Parteiarbeit. In der Kommunalpolitik hieß das notwendigerweise, daß sich das Hauptaugenmerk von der Großstadt zur Kleinstadt verlagerte; dabei blieb es bis 1933.

Es ist eine vielbelegte Tatsache, daß die NSDAP ihre Massenbasis in den Reihen der Mittelschichten fand.[38] Ergänzend dazu teilt Lipset als Ergebnis seiner wahlsoziologischen Untersuchungen mit: Bei zunehmender Größe der Stadt nahm der Anteil der nationalsozialistischen Stimmen ab.[168] Dieser Sachverhalt ist nicht nur ein Ausdruck für die große Stärke der Partei auf dem Lande; er besagt auch, daß sie in den Klein- und Mittelstädten erfolgreicher war als in den Großstädten. Um eine Antwort auf die Frage zu geben, wie denn die NSDAP überhaupt in der kommunalen Selbstverwaltung an Einfluß gewinnen konnte, deren entscheidende Positionen doch bisher als ein Bollwerk der Weimarer und Arbeiter-Parteien geschildert wurden, ist es notwendig, auf den Unterschied zwischen Groß- und Kleinstadt näher einzugehen.

Die Ungleichzeitigkeit der kapitalistischen Gesellschaft in Deutschland,

---

166 Dietrich *Orlow*, The History of the Nazi Party 1919–1933, Pittsburgh 1969, S. 76 ff., bes. S. 90.

167 Orlow, a.a.O., S. 128 ff.

168 Seymour Martin *Lipset*, Der »Faschismus«, die Linke, die Rechte und die Mitte, in: Theorien über den Faschismus, hg. v. E. Nolte, Köln 1967, S. 456 ff.

zu der sich Ernst Bloch zuerst 1935 geäußert hat,[169] stellt sich insofern geographisch dar, als sich die vor- und frühkapitalistischen Produktions- und Bewußtseinsformen in den kommunalen Einheiten außerhalb der großen Industrie- und Handelsstädte besonders hartnäckig halten. Im Augenblick der politischen Krise gewannen diese ungleichzeitigen Bestände eine besondere Bedeutung.

> »Der revisionistische Schwindel der Sozialdemokraten und sein Oberhaus: die Demokratie volksstaatlicher Illusionen – verfangen bei der Masse nicht mehr. So greift das Kapital, in höchster Bedrohung, zu einem neuen Betrug, zu einem mythologischen, und setzt Prämien auf alle ›ungleichzeitigen‹ Bestände, welche diesen Betrug ehrlich nähren oder in sich, zeitfremd, unbewußt, verkapselt sind.«[170]

In den Kleinstädten hieß diese Strategie: die organisierte Arbeiterschaft mit Hilfe der Kleinbürger majorisieren; im Reich bedeutete sie: die Provinz gegen alle fortschrittlichen Elemente in den Zentralen in Marsch setzen, auch mit Hilfe der provinziellen Kräfte, die sich in der Großstadt selbst fanden.[171] »Die Arbeiter sind mit sich und den Unternehmern nicht mehr allein. Viel frühere Kräfte, von ganz anderem Unten her, beginnen dazwischen.«[172]
So wie 1920 die Freikorps vom Sauer- und Münsterland aus in das Ruhrgebiet einmarschiert waren, versuchte die NSDAP in der Kleinstadt Hattingen am Rande des Reviers Fuß zu fassen und von dort aus Boden zu gewinnen. Umgekehrt zogen die Lastwagenkolonnen der SA aus Berlin, wo sie doch immer deutlich in der Minderzahl bleiben mußten, hinaus in die Provinzorte der Mark, die sie mit ein paar Aufmärschen mühelos majorisierten.[173] Während das Land Braunschweig von 1930 an eine Regierung mit nationalsozialistischer Führung hatte,

169 Ernst *Bloch*, Erbschaft dieser Zeit, Zürich 1935; s. bes. das Kapitel »Ungleichzeitigkeit und Berauschung«, S. 33 ff.

170 Bloch, a.a.O., S. 48 f.

171 Vgl. dazu Rolf *Schroers*, Provinz in der Großstadt, in: Die Provinz, hg. v. Carl Améry, München 1966, S. 19 ff.; zum Provinzproblem allgemein: *Bellmann, Zang* u. a., Provinz als politisches Problem, in: *Kursbuch* 39, 1975.

172 Bloch, a.a.O., S. 70. Die ideengeschichtliche Arbeit von Klaus *Bergmann* (Agrarromantik und Großstadtfeindschaft, Meisenheim 1968) bestätigt die antisozialistische Komponente jeder Großstadtfeindschaft: »Diese Frontstellung gegen die Sozialdemokratie, die ausdrücklich als ›Feind‹ bezeichnet wurde, stand am Anfang der Großstadtfeindschaft in Deutschland« (S. 78). – Die ideologische Großstadtfeindlichkeit der NSDAP ist bekannt; s. z. B. Adolf *Hitler*, Mein Kampf, München 588–592. Aufl. 1941, S. 288 ff.; dazu auch Bergmann, a.a.O., S. 277 ff.

173 Joseph *Goebbels*, Kampf um Berlin. Der Anfang, München 1935, S. 15 f. und 78 f.

behielt die Großstadt Braunschweig bis zum 30. Januar 1933 eine Stadtverordnetenversammlung mit SPD-KPD-Mehrheit und einen sozialdemokratischen Oberbürgermeister.[174] Obwohl es organisatorisch leichter sein mußte, in der Großstadt kommunalpolitisch Fuß zu fassen, gelangen der NSDAP Einbrüche in die Stadtverwaltungen nur in Kleinstädten.[175]

Zum ersten Experimentierfeld für nationalsozialistische Kommunalpolitik bot sich in den Jahren 1924–1929 die Stadt Nürnberg an. Hier setzte Julius Streicher mit seinen Angriffen gegen Oberbürgermeister Luppe ein Beispiel für die maßlosen Beleidigungs- und Verleumdungskampagnen gegen viele Weimarer Politiker, die dann bei der NSDAP üblich wurden. Mit einer großen Zahl von aufgebauschten Beschwerden, Anträgen auf Disziplinarverfahren, Hochverrats- und Meineidprozessen wollte Streicher das erklärte Ziel erreichen, Luppe aus dem Amt zu drängen. Der Handel mit Kommunal»skandalen« erreichte zumindest ein Ziel sicher: Die NSDAP kam in die Schlagzeilen, obwohl sie insgesamt noch eine unbedeutende Gruppierung war. In Nürnberg selbst war der Erfolg begrenzt: Luppe verteidigte sich hartnäckig und geschickt, so daß sich die Kampagne schließlich totlief; in der Stadtratsfraktion der NSDAP brachen anhaltende Streitigkeiten aus. Nürnberg mußte seine Stellung als stilbildendes Experimentierfeld in der NS-Kommunalpolitik an München abgeben, wo sich Karl Fiehler als gemeindepolitischer Experte hervortat.[176]

Daneben erlebte die kleine Stadt Coburg 1929 den Aufstieg zum viel propagierten Testfall einer nationalsozialistischen Machtergreifung.[177] Hier konnte die Ortsgruppe der NSDAP 1929 die Auflösung des Stadtrats erzwingen und in den darauffolgenden Wahlen die absolute Mehrheit erringen; der Leiter der Ortsgruppe, Franz Schwede, wurde zum Bürgermeister gewählt; Stück für Stück machte sich die NSDAP dann die gesamte Kommunalverwaltung, die städtischen Werke und sogar die Polizei gefügig.

Dieser Durchbruch war der Partei bezeichnenderweise nicht in der Großstadt Nürnberg, sondern in der Kleinstadt Coburg geglückt. Coburg war bis 1918 Residenzstadt eines souveränen Herzogtums gewesen; mit seiner politischen und wirtschaftlichen Degradierung zur bayrischen Landstadt stellte es in der Weimarer Republik einen besonders

---

174 Vgl. oben Teil 2.4.4.
175 Matzerath, S. 49.
176 Hambrecht, Der Aufstieg der NSDAP, S. 212 f. und 225 ff.
177 Vgl. Franz *Schwede,* Kampf um Coburg, München 1941. Seit dieser parteioffiziellen Darstellung ist die nationalsozialistische Herrschaft in Coburg vor 1933 lange unbeachtet geblieben; erst 1976 hat sie Hambrecht (a.a.O., S. 347 ff.) wieder näher betrachtet.

akuten Fall von rückwärtsgewandtem, »ungleichzeitigem« Bewußtsein dar. Coburg stellt den typischen Fall einer nationalsozialistisch beeinflußten Kommunalpolitik dar und wird deshalb hier mehrmals als Beispiel angeführt.

Eine Kleinstadt, die hungrig war auf Neuigkeiten und Skandale (und zwar nicht nur auf Zeitungsmeldungen aus Berlin), schien einen günstigen Rahmen für die Agitation einer Partei zu bieten, die lange anerkannte politische Konventionen mit Berechnung durchbrach und aus einem harmlosen Trödlerjuden den politischen Skandal eines Volksverräters zu machen verstand. Auf dem Coburger Gregoriusfest gaben zwei Parteigenossen ihren Töchtern statt der sonst üblichen Blumen oder Stadtfähnchen zwei Hakenkreuzbanner auf den Kinderumzug mit – eine Angelegenheit, die den Stadtrat und die Öffentlichkeit monatelang beschäftigte.[178]

Aber es blieb nicht dabei, daß man sich ins Gerede brachte. Wenn Hitler 1932 sagte: »Die Straßen und die Plätze unserer Heimat lassen wir uns nicht nehmen«[179], so sprach er damit die Chance der SA gerade in den Kleinstädten an, die Straße zu beherrschen; hier brauchte sie zunächst keine organisierte Gegenwehr zu fürchten. Die politische Bedeutung von offensiven Propagandamärschen ist Hitler nach eigenem Zeugnis nicht im großen München, sondern auf dem »Deutschen Tag« in Coburg 1922 schlagartig klar geworden; dorthin hatte er seine SA zum ersten Mal im Sonderzug verfrachtet.[180] Die Nationalsozialisten veränderten die ganze politische Landschaft in der Kleinstadt, in der noch 1931 V. Lupescu beobachtete: »Es fällt vor allem das völlige Fehlen der Diskussion in den politischen Versammlungen, die etwas schwerfällige Einstellung zu politischer Problematik auf.«[181] Sie trugen ihren quasi-revolutionären Stil gerade in die »friedlichen« Orte am Rande des Zeitgeschehens. Organisatorisch konnte ihnen da nur die SPD mit ihrem Reichsbanner die Stirn bieten, das sich im ersten Teil der Krise auch wacker hielt, wie aus W. S. Allens Untersuchung hervorgeht.[182] In der von den Nationalsozialisten provozierten Eskalation neigte aber in *diesem* Rahmen die Mehrheit der Wähler um so entschiedener den Rechtsparteien zu, je mehr sich die SPD öffentlich engagierte.

Auch rein kommunalpolitische Themen spielten in der lokalen Propa-

---

178 Schwede, Kampf um Coburg, S. 96 f.
179 Zit. bei Schwede, S. 235.
180 Hitler, Mein Kampf, S. 614–618; Schwede, S. 248 f.
181 Valentin *Lupescu*, Zur Soziologie der deutschen Kleinstadt, in: *Die Gesellschaft* 8. Jg. (1931) Bd. I, S. 468.
182 Allen, »Das haben wir nicht gewollt«, Teil I.

ganda der NSDAP eine wichtige Rolle. Aus den öffentlichen Versamm-
lungsdiskussionen folgerten Coburgs Nationalsozialisten, »daß wir die
breite Öffentlichkeit immer mehr auf unsere Seite bekommen werden,
je mehr es uns gelingt, sie für kommunalpolitische Vorgänge zu inter-
essieren«.[183] Auch hier trug ihr neuer politischer Stil quasi-emanzipato-
rische Züge, wenn sie lokale Honoratioren kritisierten, »Licht in die
Mauschelpolitik brachten«, Korruptionsfälle »rücksichtslos aufdeckten«
etc. Die Art der neuen Themen, die so in die Öffentlichkeit getragen
wurden, zeigt freilich auch den leeren, von den gesellschaftlichen Widersprüchen ablenkenden Charakter, der dieser Agitation anhaftete.
Einen wichtigen Platz in der Lokalagitation nahm beispielsweise das
skandalträchtige Schächtverbot ein, das eine leichte Vermittlung kommunalpolitischer Forderungen (Aussprache des Verbots im städtischen
Schlachthof usw.) mit einem nationalen Programmpunkt (Antisemitis-
mus) zuließ.
In seinen Ratschlägen »Wie gewinne ich einen kommunalen Volksentscheid?« schreibt F. Schwede, daß es nicht genüge, große Mißstände in
der Stadtverwaltung aufzudecken.

> »Es empfiehlt sich vielmehr, darüber hinaus einen Skandal, eine Korrup-
> tion, einen Terror in ganz außerordentlicher Weise herauszustellen und
> möglichst unter Zuspitzung und Konzentrierung auf eine der Bevölke-
> rung ohnedies unsympathische Persönlichkeit (kapitalistischer Jude,
> marxistischer Bonze und dergl.) zu einer derartigen grundsätzlichen und
> brennenden Kardinalfrage zu machen, daß die Bevölkerung überhaupt
> nicht mehr aus der Erregung herauskommt und im Schwunge dieser bis
> zum Wahltage immer mehr zu steigernden Hochstimmung sich zu der
> entscheidenden Tat mitreißen läßt.«[184]

Hier stellte die NSDAP in der Gemeinde nicht die kritische, sondern
gewissermaßen die plebiszitäre Öffentlichkeit her – so wie auch öffentliche Hinrichtungen früher unter reger Anteilnahme des Publikums
stattzufinden pflegten; es ist ein Öffentlichkeitsbedürfnis, das – wie ein
Parteigenosse im *Mitteilungblatt* vorschlägt – die Eltern am Tag der
Offenen Tür in die kommunalen Schulen holen will, um die Wiedereinführung der Prügelstrafe durchzusetzen.[185]
Das ganze Ausmaß kultureller Barbarei, das die NSDAP damit verfolgte, kann man vielleicht an ihrem Verhältnis zum »Bauhaus« ermessen: Nach der Gegenrevolution in Thüringen hatte das Bauhaus ab
1924 eine neue Heimat in der Stadt Dessau gefunden, wo es von der
dortigen Stadtverwaltung unterstützt wurde. 1932 beantragte die

---

183 Schwede, S. 102.
184 *Mitteilungsblatt* Jg. 1931, S. 176.
185 *Mitteilungsblatt* Jg. 1930, S. 54 ff.

NSDAP-Fraktion in Dessau, das Bauhaus zu schließen und die bereits errichteten Gebäude abreißen zu lassen.[186] Der Antrag wurde mit den Stimmen der bürgerlichen Parteien angenommen und die Schule geschlossen; der drohende Abriß konnte später noch verhindert werden.

Ein verbindendes Element zwischen dem lokalen Bürgertum und der NSDAP stellten zweifellos die antidemokratischen Traditionen der Selbstverwaltungsideologie aus der Kaiserzeit dar, die sich – zusammen mit dem Honoratiorenliberalismus – in den kleinen Städten länger als anderswo gehalten hatten. Der Selbstverwaltungsbegriff hielt seit seiner konservativen Wendung an der Ideologie der unmittelbaren Beteiligung der Bürger durch das kommunale Ehrenamt fest; er lehnte die Strukturierung der kommunalen Öffentlichkeit durch Parteien und Verbände ab und setzte damit grundlegend homogene Interessen innerhalb der Gemeinden voraus.[187] Einerseits begründete dies in mancher Hinsicht eine Affinität zum geschilderten Öffentlichkeitseinsatz der NSDAP. Andererseits brachte die Partei den kleinstädtischen Besitzbürgern, die schon die Parlamentarisierung 1919 nicht akzeptiert hatten, die antagonistischen Gefahren der Krise in einer Weise bei, die ihre braunen Horden gleichzeitig als Nothelfer empfahl. In Allens »Thalburg« (Northeim) wurde die NSDAP von Anfang an von der DNVP unterstützt[188], die nur dann und wann Bedenken gegen radikale Elemente anmeldete. Die kleineren Bürger- und Mittelstandsparteien, Hausbesitzervereinigungen usw., deren heterogene Elemente oft nur durch die gemeinsame Antipathie gegen die SPD zusammengehalten wurden, gingen im Laufe der Krise fast überall in der NSDAP auf. Im Land Lippe, wo die NSDAP unter besonders günstigen Bedingungen in den Kommunalwahlen im Januar 1932 zur insgesamt stärksten Partei wurde, profitierte sie ganz stark vom Rückgang der bürgerlichen Splitterparteien gegenüber der Reichstagswahl 1930.[189] Kommentar des *Völkischen Beobachters:* »Der Bürgerbrei wurde, so wie er es verdient hat, zerrieben.«[190]

Gerade die Kleinstädte verfügten überdies über eine chauvinistische Tradition; noch im Ersten Weltkrieg hatte sich der Reichsstädtebund durch übereifrige Kriegszielforderungen und Beuteansprüche hervor-

---

186 Wingler, Das Bauhaus 1919–1933, S. 169 f. und 181 ff.

187 Thomas *Ellwein*, Parteien und kommunale Öffentlichkeit, in: *AfK* 10/ 1971, S. 11 ff.

188 Allen, »Das haben wir nicht gewollt«, S. 142.

189 Angaben im *Völkischen Beobachter,* Reichsausgabe vom 12. 1. 1932, S. 1.

190 *Völkischer Beobachter,* 13. 1. 1932, S. 2.

getan.[191] Ihr Patriorismus, der eine politische Grundströmung darstell-te, hatte sich in der Revolution und der Nachkriegszeit grämlich in die Stammtische und Kriegsvereinsreden zurückgezogen. Und nun kam eine Bewegung, die nicht nur das Reich zu neuer Größe hinaufzu-führen versprach; sie appellierte auch an alle lokalen und fragmentier-ten politischen Kräfte, indem sie ihre Probleme – den Ärger mit den Sozialisten, die Warenhäuser, die Vertrustung usw. – immer mit na-tionalpolitischen Fragen verband und so zu lösen versprach.

Hitler, der mehrmals zum kommunalen Volksentscheid und zu den Kommunalwahlen in Coburg sprach, überging einzelne Themen der Kommunalpolitik, kam aber dafür allgemein auf sie zu sprechen: »Das Schicksal der Kommunen wird sich wenden, wenn das Reichsschicksal wieder anders gestaltet wird ...« Die NSDAP war alles andere als eine Rathauspartei, auch wenn sie die Wähler der bürgerlichen Split-tergruppen übernahm. Sie mobilisierte die Provinz als Gewicht im politischen Kräftefeld gerade auf die Zentrale hin. »Und nun tritt dem Marxismus nicht mehr ein Mieterverein entgegen, sondern eine ge-schlossene Weltanschauung.«[192]

Ein propagandistischer Erfolg mußte der Kampf der Coburger Stadt-ratsfraktion mit der Regierung von Oberfranken um die Balancierung des Stadtetats 1930 werden, der in ziemlicher Schärfe entbrannte. Die NSDAP lehnte gewisse Ausgabenkürzungen und alle Steuererhöhun-gen strikt ab, wobei sie verständlicherweise auf die Sympathie der Stadtbevölkerung und die Unterstützung bürgerlicher Kräfte im Stadt-rat hoffen konnte.[193] In ihrer Begründung vom 8. Oktober 1929 nannte die Fraktion die neu einzuführende Verwaltungsabgabe »vollkommen ungerechtfertigte, unsoziale und versteckte Kopfsteuern«.[194] Ihr Haus-haltsentwurf nahm statt dessen Steuerkürzungen vor und reservierte Mittel für Arbeitsbeschaffung und Wohnungsbau. Mit ihren Angriffen gegen die Regierung Oberfranken, die die Stadt Coburg bis zum Ja-nuar 1933 unter finanzielle Zwangsverwaltung stellte[195], konnte die NSDAP den Eindruck erwecken, sie sei gegen all jene Kräfte ange-treten, die hinter der Aushungerung der Gemeinden standen.

Die NSDAP griff viele Möglichkeiten auf, die besonderen Möglichkei-ten der Selbstverwaltung propagandistisch und organisatorisch auszu-nutzen. Z. B. stellte die Coburger Ortspolizei 1932 Waffenscheine für

191 Hans Albert *Berkenhoff*, Zur Verbandsgeschichte des Deutschen Städte-bundes, Göttingen 1964, S. 20 f.
192 Zit. nach Schwede, S. 172 f.
193 S. 162 f.
194 *BA* NS 25/185 (Bayerische Ostmark), f. 125.
195 Hambrecht, a.a.O., S. 354 f.

auswärtige SS-Leute aus, die dort auf dem Trockenen saßen. In Coburg wurde auch zum ersten Mal ein nationalsozialistischer Arbeitsdienst organisiert; die Möglichkeit eines Arbeitsdienstes wurde bald in vielen nationalsozialistisch dominierten Orten diskutiert.[196]

In der ersten Jahreshälfte 1932 wurde der Plan, die Machtergreifung von den Kommunen her vorzubereiten, in der NSDAP noch einmal auf breiter Ebene diskutiert. Viele NS-Ortsgruppen wollten nun die Auflösung der Stadtparlamente erzwingen und die Lokalverwaltung in ihre Hände bringen.[197] Außerdem wurde der Vorschlag gemacht, in den nationalsozialistisch regierten Ländern die Stadtparlamente generell aufzulösen.[198] Im August 1932 fand darüber in der Reichsleitung der Partei eine Aussprache statt, die ein überraschendes Ergebnis brachte: Die Ortsgruppen wurden zurückgepfiffen; vor der Übernahme weiterer Stadtverwaltungen wurde ausdrücklich gewarnt; Volksbegehren zur Auflösung von Stadträten wurden nicht mehr lanciert, z. T. stimmten die NS-Fraktionen sogar gegen ihre eigenen, früher eingebrachten Anträge in dieser Richtung.[199] In seiner Stellungnahme vom 24. August 1932 legt Fiehler einige Gründe für diesem Umschwung dar:

»Auf die Gefahr eines immerhin möglichen Rückschlages bei den Gemeindeneuwahlen gegenüber den letzten Reichs- und Landtagswahlen möchte ich besonders hinweisen. Der Gegner würde nicht versäumen, einen etwaigen Mißerfolg der N.S.D.A.P., der vielleicht rein örtliche Ursachen haben könnte, als Symptom für einen starken Rückgang der nationalsozialistischen Bewegung im ganzen Reiche hinzustellen ... Das Beispiel Coburg hat bewiesen, wie weit es unseren Gegnern gelungen ist, uns im ganzen Reiche in eine Verteidigungsstellung zu bringen, obwohl wir gerade in Coburg über äußerst fähige Parteigenossen in der Gemeindeverwaltung verfügen ... Es muß sehr reiflich überlegt werden, ob die gegenwärtige politische Lage eine auch nur vorübergehende Belastungsprobe dieser oder ähnlicher Art, bei welcher nicht nur eine einzelne Gemeindevertretung, sondern zahlreiche wichtige Städteverwaltungen einer demagogischen Kritik ausgesetzt sein würden, für unsere Bewegung als tragbar erscheinen läßt.«[200]

Die Gefahr, daß das Engagement der Partei in einzelnen Kommunalverwaltungen in örtlichen Schwierigkeiten und einer lähmenden Defensive enden könnte, lag sehr nahe, wenn man daran denkt, daß die praktische Kommunalpolitik der NSDAP auf sehr widersprüchlichen Grundlagen beruhte und konstruktive Lösungen nicht zu bieten hatte. Diese Einsicht scheint durch die aufmerksame Kritik von seiten der

---

196 Schwede, S. 211 ff.; Hambrecht, S. 354; Matzerath, S. 46.
197 Hambrecht, S. 345 ff.
198 Geht hervor aus *BA* NS 25/117 (Reichsleitung), f. 201.
199 Hambrecht, S. 346 f.
200 *BA* NS 25/117 (Reichsleitung), f. 202 f.

SPD und KPD beschleunigt worden zu sein. Es war für die SPD natürlich ein leichtes, den angeblichen Einsatz der NSDAP für die Selbstverwaltung mit der Praxis des nationalsozialistischen Innenministers Frick in Thüringen zu konfrontieren: Hermann Brill stellte in der *Gemeinde* 1930 fest, daß Fricks Änderungen der Gemeinde- und Kreisordnung die Selbstverwaltung endgültig beseitigt hatten. »Die Wirkungen dieser Staatsaufsicht für die Selbstverwaltung sind katastrophal. Zwangsetatisierungen, Bestellung von Kommissaren, Zwangsverwaltungen sind an der Tagesordnung.«[201] Auch die KPD schlachtete die offenkundige Tatsache gehörig aus, daß der Zwangsetat für die Städte Zella-Mehlis und Ruhla 1930 in krassem Gegensatz zu allen kommunalpolitischen Forderungen der NSDAP stand.[202] Die erbitterten Auseinandersetzungen und persönlichen Fehden in der NSDAP, die gerade auch in der Kommunalpolitik wucherten, boten weitere Angriffspunkte für die Kritik der Arbeiterparteien.[203]

Tatsächlich geriet die Kommunalpolitik der NSDAP im Sommer 1932 in eine Krise, aus der sie bis zum Januar 1933 nicht mehr herauskam. Ihre Selbstverwaltungsagitation war ein wichtiger Aktivposten für den Aufstieg der Partei zur Massenbewegung gewesen; von einer planmäßigen Machtergreifung »von unten« her konnte im Januar 1933 jedoch nicht die Rede sein.

Matzerath hat zweifellos recht, wenn er auf die Widersprüchlichkeit des Kommunalprogramms der NSDAP hinweist und feststellt, daß zur Zeit der Machtergreifung keine »klaren Vorstellungen ... für die Rolle der Gemeinden im Dritten Reich« bestanden.[204] Dem ist wiederum hinzuzufügen, daß das eine Voraussetzung dafür war, daß 1933 die radikalen Elemente und das Münchner Hauptamt bald ins Hintertreffen gegenüber einer neuen Gruppe geraten konnten, die von Berlin aus preußisch-etatistische Kommunalpolitik machen wollte. Tatsächlich bildete in Berlin eine Zeitlang Schmitts und Forsthoffs Konzept vom »totalen Staat« den gemeinsamen Nenner für Nationalsozialisten, konservative Politiker und Staatsrechtler.[205] Die neue Selbstverwal-

---

201 Hermann *Brill*, Ein großes Reformwerk?, in: *Die Gemeinde*, 1930, Bd. II, S. 934–944; vgl. a. M. *Lang*, Aufhebung der Selbstverwaltung!, in: *Die Gemeinde*, 1932, Bd. I, S. 921–924; Curt *Böhme*, Kommunalpolitische Bilanz der Frick-Herrschaft, in: *Die Gemeinde*, 1931, Bd. I, S. 1038–1045.
202 Walter *Duddins*, Nationalsozialistische Kommunalpolitik. Nazi-Fricks Kommissarwirtschaft in Thüringen, in: *Die Kommune* 10/1930, Nr. 16, S. 132 f.
203 Vgl. Walter *Auerbach*, Was wollen die Nationalsozialisten in den Gemeinden?, in: *Die Gemeinde*, 1931, S. 493–509.
204 Matzerath, S. 61.
205 S. 114.

tungsgesetzgebung nach 1933 griff dann auf ältere Pläne der preußischen Ministerien zurück; sie brachte nun die erste Anwendung des Führerprinzips außerhalb der Partei: Der Bürgermeister als »Führer« der gesamten Gemeinde profitierte dabei besonders von der Ausschaltung der Gemeinderäte.[206] Das Parteivolk, das die Wahlkämpfe ausgefochten und nach den Märzwahlen 1933 in die Gemeinderäte eingerückt war, hatte seine Schuldigkeit getan: Mit einem Federstrich wurde es entmachtet.

Die Zurückdrängung des örtlichen Parteieinflusses, die Ausweitung der Staatsaufsicht und die Stärkung des staatlich kontrollierten Bürgermeisters bedeuteten eine neue, lückenlose Unterordnung der Selbstverwaltung unter die Kontrolle des Zentralstaates. In diesem Zusammenhang sei auch auf die Gleichschaltung der kommunalen Spitzenverbände verwiesen, die unter dem neuen Namen »Deutscher Gemeindetag« ihr Dasein fortan als Fachverband fristeten.[207] Hatte sich die NSDAP vor 1933 vielfach an die Spitze antizentralistischer Selbstverwaltungs-Ressentiments gesetzt, bedeutete die herrschende Meinung und Praxis im Dritten Reich den Sieg der Forsthoff-Schmittschen Staatskonzeption: »Den Kurs und das Ziel setzen ... die führenden Organe des Staates. Danach hat sich die Gemeinde in allem auszurichten. Sie hat keinerlei politische Initiativkraft. Ihr freier Raum liegt allein in der Ausführung, in der Verwaltung, die von vornherein zielbestimmt – also verhältnismäßig unpolitisch ist.«[208] Es war schon die Rede davon, es sei die Funktion des Nationalsozialismus gewesen, die Staatsorganisation für das Großkapital politisch »zuverlässig« zu machen. Mit der Ausschaltung der Arbeiterbewegung, mit der Abschaffung der demokratischen Selbstverwaltungsorgane und der Zurückdrängung der antikapitalistischen Elemente in der Partei war das in den Gemeinden nun gelungen.

---

206 Peter *Diehl-Thiele*, Partei und Staat im Dritten Reich, München 1969, S. 138 f. u. 155; Matzerath, S. 62 ff. und 92.
207 Matzerath, S. 98 ff.
208 Fritz *Voigt*, Untersuchungen zum Finanzsystem der deutschen gemeindlichen Selbstverwaltung, Leipzig 1936, S. 1.

4. Ein Ausblick auf die Theorie

4.1 Die »Selbstverwaltung« und die Widersprüche der Kommunalpolitik im Kapitalismus

Der Begriff der kommunalen »Selbstverwaltung« ist in der vorliegenden Arbeit nicht ganz widerspruchsfrei verwendet worden: Einerseits bezeichnet »Selbstverwaltung« hier die kommunalen Aufgaben, die als unter- und nachgeordneter Bereich der gesamten öffentlichen Verwaltung zu verstehen sind. In diesem Sinne ist »Selbstverwaltung« nur ein gebräuchlicher Ausdruck für die lokale Ebene der Staatsverwaltung, die zwar auf ein gewisses Maß an Dezentralisierung angewiesen ist, deren zentrale Leitung aber letztlich unbestritten ist. Andererseits taucht eine prägnante Bedeutung von »Selbstverwaltung« auf, die sich auf die besonderen politischen Möglichkeiten der lokalen Interessenartikulation bezieht; damit ist die Politisierung der lokalen Verwaltungsentscheidungen gemeint, die sich mit den Dezentralisierungserfordernissen der Staatsverwaltung oft gerade *nicht* verrechnen läßt. Oder, schärfer ausgedrückt: Einerseits erscheint die kommunale Selbstverwaltung als politische und ideologische Fassade, die der Herrschaft des zentralen Regierungs- und Verwaltungsapparates den Schein lokaler Mitbestimmung verleihen soll. Andererseits steht »Selbstverwaltung« hier für die Gesamtheit des lokalen politischen Prozesses, dem eine wichtige, ja in manchen Fragen entscheidende Bedeutung für die Arbeiterbewegung beigemessen wird.

Es bleibt nun zu klären, daß diese Widersprüchlichkeit nicht die Folge einer oberflächlichen Betrachtungsweise ist; sie reflektiert vielmehr einen Widerspruch, der in dem historischen Gegenstand selbst begründet ist, nämlich im ambivalenten Charakter der kommunalen Selbstverwaltung der Weimarer Republik.

Im 19. Jahrhundert, als sich das aufstrebende Bürgertum in der Sphäre der städtischen Selbstverwaltung gegen den absolutistisch-bürokratischen Staat wandte, gab es eine deutlich sichtbare Antinomie zwischen Selbstverwaltung und Staat.

Seitdem diese Antinomie verschwunden ist, ist die Frage, ob es eine eigene Identität lokaler Politik in der Form der Selbstverwaltung gebe, immer schwieriger zu beantworten. Im Hinblick auf die politische Wirklichkeit der Bundesrepublik wird diese Identität inzwischen von einigen Politikwissenschaftlern gründlich geleugnet.[1]

---

1 Rolf-Richard *Grauhan* sagt über die Selbstverwaltung, daß »die Zeit dieser besonderen Form kommunaler Politik historisch abgelaufen ist«,

Mit der Verallgemeinerung der kapitalistischen Produktionsverhältnisse ist die Stadt kein ökonomisches System mehr, das sich prinzipiell von seiner Umgebung unterscheidet. Mit dem Rückgang der Wirtschaftsautonomie ist auch die Möglichkeit entfallen, eine lokale Eigendynamik auf sozialem und politischem Gebiet zu entwickeln. Da das Kapital im nationalen Rahmen agiert, ist die Bedeutung lokaler Entscheidungen für den Verwertungsprozeß entsprechend zurückgegangen.

Seit das Bürgertum zu einer nationalen Klasse geworden ist, ist auch die politische Macht letztlich unteilbar geworden. Die bürgerliche »Selbstverwaltung« im bürgerlichen Staat ist darum immer in den mehr oder minder engen Rahmen gepreßt, den ihr der Zentralstaat läßt. Seit dem Ende des Konkurrenzkapitalismus ist, parallel mit dem Konzentrationsprozeß des Kapitals, auch ein langfristiger Konzentrationsprozeß der politischen Macht festzustellen. Das zeigt sich u. a. daran, daß die Kommunalverwaltung immer dichter in das Netz der öffentlichen Administration eingebunden wird. Die sogenannten »Auftragsangelegenheiten« gewinnen an Umfang; zentralistisch organisierte Parteien und Verbände vergrößern ihren Einfluß auf die Kommunalpolitik; das öffentliche Steuersystem wird zentralisiert u. a. m. Die Oberbürgermeister vor 1914 konnten zwar noch eine Pionierrolle auf den Gebieten der Sozial- und Infrastrukturpolitik spielen, aber gerade darum wurden ihre Absichten sofort zu Fragen der *nationalen* Politik.

Es ist nur wenig erstaunlich, daß alle Untersuchungen, die den formalen Anspruch der Selbstverwaltung auf ein gewisses Maß lokaler Autonomie noch ernst nehmen, immer wieder zu den negativsten Ergebnissen gekommen sind: Diese Autonomie ist in den letzten hundert Jahren dauernd zurückgegangen, ausgehöhlt oder beseitigt worden.

Daneben gibt es die traditionelle Behauptung, die Selbstverwaltung stelle ein Partizipationsmodell dar, das die Beteiligung der Bürger an den politischen Entscheidungen direkter und damit demokratischer organisiere als der Staat. Dem ist entgegenzuhalten, daß die Vorherrschaft der bürokratischen Apparate seit dem letzten Drittel des ver-

---

läßt aber die Möglichkeit offen, daß sie eine »neue gesellschaftliche Form gewinnt« (Kommunalverfassung als Strukturform politischer Produktion, in: Grenzen des Fortschritts?, München 1975, S. 98); Claus *Offe* verneint die Frage nach der Identität der kommunalen Ebene uneingeschränkt; er bezeichnet die Selbstverwaltung als eine »fiktive Kategorie der staatlichen Organisation«: Zur Frage der »Identität der kommunalen Ebene«, in: R.-R. Grauhan, Lokale Politikforschung, Bd. 2, Frankfurt 1975, S. 306.

gangenen Jahrhunderts auch auf der Gemeindeebene eine allgemein akzeptierte Tatsache ist. Das kommunale Ehrenamt hat demgegenüber eine mehr oder weniger dekorative Funktion erhalten. Vor 1914 war die Bekleidung von Ehrenämtern außerdem ein besonders geschütztes Privileg des Bürgertums; in der Weimarer Zeit wurde dann Arbeitern der Zugang zur ehrenamtlichen Selbstverwaltung prinzipiell geöffnet. Die Kontrollmöglichkeiten, die die gewählte Gemeindevertretung gegenüber der Kommunalbürokratie hatte, blieben auch 1918–1933 außerordentlich begrenzt.

Seit der »konservativen Wende« der Selbstverwaltung (s. o. Teil 2.1.1) ist die Gleichsetzung von Selbstverwaltung und *Selbstbestimmung* eindeutig in den Bereich der Ideologie zu verweisen. Diese Ideologie knüpfte freilich sehr geschickt an die heroische Tradition der Selbstverwaltung aus der Zeit der bürgerlichen Revolution an. Sie hat sich zäh behauptet und eine Wirkung entfaltet, die in politisch-ökonomischen Interpretationen bisweilen unterschätzt wird. Bis heute suggeriert die Selbstverwaltungsideologie Autonomie- und Selbstbestimmungsmöglichkeiten, die schon längst nicht mehr vorhanden sind. Auch verschiedene Teile der Arbeiterbewegung sind ihr immer wieder aufgesessen (vgl. die Teile 2.1.1, 2.1.4, 2.2.8).

Diese Arbeit geht für ihren Untersuchungszeitraum trotz allem von einem besonderen politischen Charakter der Selbstverwaltungsebene aus. Aus den vorangegangenen Überlegungen folgt, daß diese Identität nicht, oder zumindest nicht ausschließlich an dem Sachverhalt der lokalen Autonomie oder dem angeblich besonders demokratischen Charakter der Selbstverwaltung festgemacht werden kann.

1. Um diese Identität zu begründen, muß zunächst an eine Grundvoraussetzung erinnert werden: Auch in den modernen Flächenstaaten stellt die Gemeinde, vor allem die immer wichtigere Großstadt, eine Grundform gesellschaftlichen Zusammenlebens dar; die Kommunalverwaltung ist darum zwangsläufig die unterste Stufe des Staatsaufbaus und nicht eine Behörde, die durch Gesetz einfach eingerichtet oder abgeschafft werden kann. Obwohl alle Gemeindeverfassungen dem entgegenstehen, ist damit zumindest die *Möglichkeit* gegeben, daß sich die Gemeinde zu einem Gemeinwesen mit universal-politischer Zuständigkeit weiterentwickelt, ja daß sich die Einwohnerschaft zum Souverän erklärt und den Konflikt mit dem Zentralstaat riskiert. Die Erklärung mehrerer deutscher Großstädte zu autonomen Räterepubliken im Jahre 1919 ist eine eindringliche Illustration dieser Möglichkeit. Aber nicht nur diese Ausnahmesituation, sondern auch der alltägliche Gang der Konflikte zwischen Gemeinde und Staat in der Weimarer Republik hatte etwas mit dieser Möglichkeit zu tun. So haben sich die Kommunalvertretungen immer wieder das allgemein-politische

Mandat zugetraut, z. B. in Fragen der Sozialisierung, Finanzpolitik, Sozialpolitik, Abrüstung usw.

Die Möglichkeit einer Divergenz mit dem Staat wird außerdem durch die einfache Tatsache verstärkt, daß die sozialen Klassen und politischen Richtungen lokal in ganz anderen Mischungsverhältnissen repräsentiert sein können als im nationalen Durchschnitt. So ist es verständlich, daß die Novemberrevolution im Industriebezirk Solingen ein ganz anderes Gesicht haben konnte als etwa in der Rentnerstadt Bad Godesberg.

2. Hinzu kommt ein Identitätsmoment, das sich aus der besonderen Struktur der Kommunalpolitik im Kapitalismus ergibt. Ein Hinweis darauf findet sich z. B. bei H. Herkner (1905): »In der Tat, die *Natur der Dinge* selbst drängt die Gemeinde zur sozialpolitischen Tätigkeit, sie mag wollen oder nicht. Die soziale Not tritt der *Gemeinde viel unvermittelter gegenüber als den Behörden des Staates.*«[2] Diese »Natur der Dinge« liegt darin begründet, daß die Kommunalpolitik den menschlichen Grundbedürfnissen wie Wohnung, Gesundheit, Bildung, Versorgung usw. »näher« ist als die Staatspolitik. Viele Konflikte auf dem Gebiet dieser Grundbedürfnisse müssen, auch wenn sie allgemeine Ursachen haben, in der Kommunalpolitik ausgetragen werden; das Rathaus ist den Betroffenen eben näher als das Ministerium (Beispiel: Hungerdemonstration der Erwerbslosen vor dem Rathaus; vgl. die Teile 2.4.3 u. 3.2.1).

Ulrich K. Preuß hat versucht, diesen Unterschied zwischen Staats- und Kommunalpolitik systematisch zu erfassen: Er geht davon aus, daß der kapitalistische Verwertungsprozeß u. a. dadurch gekennzeichnet ist, daß er nicht mehr örtlich beschränkt ist. Dementsprechend tritt der bürgerliche Staat (der diesen Verwertungsprozeß garantiert) dem Individuum gegenüber, indem er von dessen konkreten Arbeitszusammenhängen und Lebensformen *abstrahiert.* Die Gemeinde ist dagegen die politische Form, in der sich die Erfüllung der *konkreten,* unmittelbar stoffbestimmten Daseinsfunktionen vollziehen soll. Da diese Erfüllung ständig gefährdet ist, sieht Preuß in der kommunalen Selbstverwaltung »die politische Institution, in der der Widerspruch zwischen dem Verwertungsdrang des Kapitals und den konkreten Lebensbedürfnissen der Menschen am unmittelbarsten zum Ausdruck kommt«.[3]

Auch wenn Preuß die spezifischen Vermittlungsprobleme zwischen

---

2 Heinrich *Herkner*, Die Arbeiterfrage, Berlin [4]1905, S. 576; Hervorhebung hinzugefügt.
3 Ulrich K. *Preuß*, Kommunale Selbstverwaltung im Strukturwandel der politischen Verfassung, in: *Stadtbauwelt,* 1973, Heft 39, S. 205.

ökonomischen Erfordernissen, Verwaltungshandeln und politischen Entscheidungen übergeht, hat er doch klar den Grundwiderspruch definiert, der die Kommunalpolitik im Kapitalismus kennzeichnet. Nicht zufällig heißt es, daß dieser Widerspruch am Ort »zum Ausdruck kommt«; er hat seine Ursache natürlich im Kapitalverhältnis allgemein und kann darum auch nicht lokal, sondern nur national aufgehoben werden. Doch dadurch, daß dieser Widerspruch am Ort dauernd aufbricht, ist die Selbstverwaltung der *Möglichkeit* nach ein wichtiges Element antikapitalistischer Politik.

Mit dieser Struktur steht freilich auch die umgekehrte Möglichkeit offen, daß sich der Staat von den genannten Konflikten entlastet, indem er sie auf die (der Form nach) selbständigen Selbstverwaltungseinrichtungen ausgliedert. Diese Entlastungsfunktion, in die wiederum die »Selbstbestimmungsillusion« der Selbstverwaltungsideologie hineinspielt, wird einseitig von Offe herausgestellt.[4] Eine politische Bewegung, die aufgrund eines lokalen Konfliktes entsteht, kann aber trotzdem ein Bewußtsein von den allgemeinen Ursachen dieses Konfliktes haben. So haben die Kaiserstühler Bürgerinitiativen gegen das Kernkraftwerk Wyhl sehr bald die Zusammenarbeit mit Gleichgesinnten in der ganzen Bundesrepublik gesucht, ja mühelos die Grenzen nach Frankreich und der Schweiz überschritten.

3. In der DDR-Forschung hat der Unterschied zwischen Kommunal- und Staatspolitik eine feste theoretische Einordnung erfahren: Der Gegensatz Selbstverwaltung–Staat sei, so heißt es, ein »Nebenwiderspruch« des Klassenkampfes zwischen Proletariat und Bourgeoisie. Angesichts des wachsenden Widerspruchs zwischen Demokratie und bürgerlichem Staat sei die Selbstverwaltung als eine Sphäre demokratischer Mitbestimmungsmöglichkeiten zu verstehen. Die endgültige »Verwirklichung« der Selbstverwaltung könne freilich erst im »Sozialismus«, d. h. in der DDR erreicht werden.[5]

Diese Interpretation bemüht sich, aus dem fruchtlosen Streit der Staatsrechtler um das »Wesen« der Selbstverwaltung herauszukommen und die auftretenden Widersprüche innerhalb der Staatsorganisa-

4 Offe, Zur Frage der »Identität der kommunalen Ebene«, S. 307 f.
5 Linus *Stiegler*, Der fiktive Charakter der bürgerlichen kommunalen Selbstverwaltung und die Verwirklichung der demokratischen Selbstverwaltungsforderungen in der Deutschen Demokratischen Republik, jur. Diss. Berlin 1957; Framke, Der fiktive Charakter der kommunalen Selbstverwaltung und die Rolle der kommunalen Spitzenverbände im Bonner Staatsmechanismus; stellenweise differenzierter: Kluge, Die Rolle des Deutschen Städtetages in der Zeit der Weimarer Republik von 1919 bis 1933.

tion auf dem Hintergrund des Klassenkampfes zu erklären. Sie tut das jedoch in einer äußerst schematischen Art und Weise. Die Behauptung, die Selbstverwaltung sei »demokratischer« als die Staatspolitik, ist in dieser pauschalen Form leicht zu widerlegen; sie verliert den widersprüchlichen Charakter der Selbstverwaltungsinstitutionen aus den Augen und wird darum zur Neuauflage des Mythos vom »besonders demokratischen Charakter« der Selbstverwaltung. Ebensowenig läßt sich das Verhältnis der Arbeiterbewegung zu den Institutionen der Selbstverwaltung in dieser dogmatischen Weise festlegen. Gerade in der vorliegenden Arbeit dürfte klar geworden sein, daß dieses Verhältnis von den historischen Umständen abhängen mußte: In der Revolution 1918, als die Kommunaleinrichtungen zu den wichtigsten Stützen des bedrohten Staates gehörten, mußte es ein anderes sein als in der Krise 1929 ff., als der faschistische Angriff auf die Republik auch die letzten Reste der kommunalen Selbstverwaltung beseitigen wollte.

Vor allem geht die DDR-Theorie an der Tatsache vorbei, daß sich die Klassenwidersprüche nur *gebrochen* in den Widersprüchen innerhalb der Staatsorganisation widerspiegeln. Hinter den Konflikten Selbstverwaltung–Staat können sich auch ganz andere Inhalte verbergen: eine kleinbürgerliche Opposition gegen die Staatspolitik oder ein innerbürokratischer Machtkampf zwischen Kommunalbeamten und Ministerialbürokratie; sogar die Nationalsozialisten spielten sich zu Verteidigern der Selbstverwaltung gegen den Zentralstaat auf.

4.2. »Parlamentarisierung« der kommunalen Selbstverwaltung?

Anfang 1931 griff der Duisburger Oberbürgermeister Jarres in den Streit um die Stillegung der Meidericher Hütte ein. Er übte auf die betroffenen Arbeiter Druck aus, um sie zur Annahme einer freiwilligen und tarifvertragswidrigen Lohnsenkung von 20 % zu überreden. Als Reaktion auf die Empörung der Bevölkerung sprach ihm die Stadtverordnetenversammlung mit großer Mehrheit das Mißtrauen aus. Natürlich blieb Jarres im Amt. Als die Angelegenheit im Landtagsausschuß zur Sprache kam, erklärte Innenminister Severing dazu: »Er bitte die Stadtverordnetenversammlungen, mit diesem *Unfug* der Mißtrauensvoten endlich ein Ende zu machen. Die Stadtverordnetenversammlungen seien *keine parlamentarischen Körperschaften*.«[6]

---

6 *Rote Fahne*, 12. 3. 1931; vgl. a. *Vorwärts*, 12. 3. 1931, und Rebentisch, Landmann, S. 261 f. Hervorhebung hinzugefügt.

Der Streit, ob den Kommunalvertretungen parlamentarische Rechte zustehen sollen, ist so alt wie die moderne Selbstverwaltung selbst. Dem Buchstaben der Gemeindeordnung nach hatte Severing natürlich recht: Die Kommunalvertreter hatten zwar ein Steuerbewilligungsrecht; eine parlamentarische Verantwortlichkeit der leitenden Kommunalbeamten war aber nicht vorgesehen, ebensowenig wie andere Rechte, die üblicherweise ein »Parlament« kennzeichnen. Dennoch muß gerade anhand des Duisburger Beispiels gefragt werden, ob nicht das Mißtrauensvotum der Stadtverordneten hätte verbindlich sein müssen, wenn die Selbstverwaltung nicht ihren letzten Rest demokratischer Legitimität verlieren sollte.

In dieser Arbeit ist der Standpunkt vertreten worden, daß gerade die *Analogie* zwischen Staat und Gemeinde ein Grundprinzip der bürgerlichen Revolution gewesen ist (vgl. Teil 2.1.1); damit lag die Anwendung des Konstitutionalismus auf die Gemeindeordnung in der Konsequenz der historischen Entwicklung. Selbst Gerhard Ritter muß – wenn auch widerstrebend – einräumen, daß das westeuropäische Schema des Konstitutionalismus und der Gewaltenteilung bei der Stein'schen Städteordnung Pate gestanden habe.[7]

Auch 1918–1933 war eine politische Stärkung und demokratische Legitimierung der Selbstverwaltung, soweit es sich um Maßnahmen im Rahmen des bürgerlichen Verfassungsstaates handelte, nur als die Stärkung der Gemeindevertretung, also als ihre Parlamentarisierung denkbar. Darum wird hier auch die Thüringische Gemeindeordnung mit ihrem »extremen kommunalen Parlamentarismus« (Heffter) als eine republikanische Reform, als ein Stück nachgeholter bürgerlicher Revolution verstanden (Kap. 3.1).

Die Einführung des gleichen Wahlrechts 1919 bedeutete für die politische Funktion der Kommunalvertretungen natürlich einen kritischen Einschnitt. Die soziale und politische Zusammensetzung der Stadtverordnetenversammlungen verschob sich erheblich; sozialistische Mehrheiten ergaben sich allerdings nur an den Brennpunkten der politischen Auseinandersetzung. Da auch die Feinde der Republik das allgemeine Wahlrecht nur schlecht wieder zurücknehmen konnten, entbrannte ein erbitterter Kampf um die ohnehin schon bescheidenen Kompetenzen der Stadtverordneten. »Die Kommune ... gewann (1919) ein Potential historischer Sprengkraft, zu dessen Entschärfung die Staats-Juristen mit dem entpolitisierten ›juristischen‹ Selbst*verwaltung*sbegriff antraten, um die Kommune als politische Organisationsform zur Ret-

---

7 Gerhard *Ritter*, Stein. Eine politische Biographie, Stuttgart, 3. Aufl., 1958, S. 254 f.

tung des Politikmonopols der staatlichen Herrschaftsorganisation zum Verschwinden zu bringen.«[8]

Als Reaktion auf die – wirkliche oder angebliche – Politisierung der Selbstverwaltung gab es in der Weimarer Zeit ein Wiederaufleben konservativer und etatistischer Selbstverwaltungskonzeptionen.[9] Ein Repräsentant dieser Richtung war schon damals der Staatsrechtler Ernst Forsthoff (vgl. Teil 3.2.4); später ist er so weit gegangen, die kommunale Selbstverwaltung dem Begriff der »mittelbaren Staatsverwaltung« unterzuordnen und ihren Inhalt ganz auf das Prinzip dezentraler Verwaltungsführung zu beschränken.[10] Die Existenz gewählter Vertretungen und das Funktionieren der politischen Parteien zählt für ihn lediglich zu den Randbedingungen, nicht aber zu den konstitutiven Elementen der Selbstverwaltung; für diese Sichtweise war auch die faschistische Machtergreifung kein historischer Bruch in der Entwicklung der kommunalen Selbstverwaltung.

---

8 Grauhan, Kommunalverfassung als Strukturform politischer Produktion, S. 104; Hervorhebung im Original.
9 Vgl. Herzfeld, Demokratie und Selbstverwaltung in der Weimarer Epoche, und Hofmann, Plebiszitäre Demokratie und kommunale Selbstverwaltung.
10 Ernst *Forsthoff*, Lehrbuch des Verwaltungsrechts, Bd. I, 2. Aufl., München und Berlin 1951, S. 356 ff.

Anhang

Die wichtigsten Typen der deutschen Kommunalverfassung

Die Karte der verschiedenen Kommunalverfassungen in Deutschland ist bis ins 20. Jahrhundert hinein sehr bunt geblieben. Selbst innerhalb eines straff verwalteten Landes wie Preußen existierte eine Fülle von Regelungen und Traditionen, die von Provinz zu Provinz, von Stadt zu Land und von Ost nach West erhebliche Unterschiede aufwiesen. Da im Laufe dieser Arbeit außerdem noch unterschiedliche Begriffe für die kommunalen Ämter und Organe auftauchen, erschien es notwendig, hier eine kurze Übersicht anzufügen. Es versteht sich, daß die aufgeführten Verfassungstypen zu diesem Zweck stark vereinfacht werden müssen.

1. Die Magistratsverfassung (Zweikörpersystem)

Diese Ordnung sieht zwei Organe der Selbstverwaltung vor: Die *Stadtverordnetenversammlung* und den *Magistrat*. Die Stadtverordnetenversammlung setzt sich aus den gewählten Gemeindevertretern zusammen; sie wählt aus ihren eigenen Reihen einen *Stadtverordnetenvorsteher*. Der Magistrat wird von dem *Bürgermeister* und den *Stadträten* gebildet, die alle von der Stadtverordnetenversammlung gewählt werden. Der Idee nach ist der Magistrat ein kollegiales Verwaltungsorgan. Der Bürgermeister ragt aber durch seine enge Bindung an die Staatsverwaltung daraus hervor. Staatliche Auftragsangelegenheiten (z. B. die Polizeigewalt) werden nicht an den ganzen Magistrat, sondern nur an den Bürgermeister delegiert.

Häufig wird davon gesprochen, daß die Grundidee der Magistratsverfassung der »Dualismus« zweier Selbstverwaltungsorgane sei. Tatsächlich hat der Magistrat aber ein großes Übergewicht über die Stadtverordnetenversammlung. In der Magistratsverfassung haben sich alte Traditionen »kollegialer« Verwaltungsführung erhalten, die dem Ausbau parlamentarischer Rechte der Gemeindevertretung entgegenstehen. So konnte in Preußen nach 1831 kein Beschluß der Stadtverordneten ohne die Zustimmung des Magistrats gültig werden. In der Sozialdemokratie vor 1914 taucht häufig die Forderung nach Abschaffung des Zweikörpersystems in der Selbstverwaltung auf.

In der Weimarer Zeit war die Magistratsverfassung in Nord- und Mitteldeutschland der am weitesten verbreitete Verfassungstyp.

2. Die Bürgermeistereiverfassung (Einkörpersystem)

Die Gemeindevertretung in der Bürgermeistereiverfassung wird meist ebenfalls *Stadtverordnetenversammlung* genannt. Sie wählt den *Bürgermeister* und die *Beigeordneten*. Die Beigeordneten stehen dem Bürgermeister bei der Durchführung der Verwaltung zur Seite. Im Gegensatz zu den »Stadträten« der Magistratsverfassung sind sie ihm aber direkt unterstellt und nehmen damit nur die Stellung von Verwaltungsdezernenten ein. Der Bürgermeister hat selbst den Vorsitz der Stadtverordnetenversammlung. Er hat darin auch ein Stimmrecht, das bei Stichentscheiden ausschlaggebend sein kann.

Wegen seiner großen Machtfülle ist der Bürgermeister dieser Verfassungsart oft als »konstitutioneller Monarch« bezeichnet worden. Die Bürgermeistereiverfassung ist in ihren wesentlichen Zügen das französische Mairiesystem, das durch die Kontroll- und Wahlbefugnisse der Gemeindevertretung ergänzt worden ist. Es kommt der staatlichen Gegenüberstellung von »Legislative« und »Exekutive« am nächsten; dadurch wird freilich auch die Ohnmacht der Gemeindevertretung gegenüber dem Verwaltungsapparat besonders deutlich.

Die Bürgermeistereiverfassung war vor allem im Rheinland verbreitet (preußische Rheinprovinz und linksrheinische Gebiete).

3. Die süddeutsche Ratsverfassung (Ratssystem)

Im Mittelpunkt steht hier der *Gemeinderat* (oder: *Stadtrat*), der sich aus dem *Bürgermeister,* den leitenden Verwaltungsbeamten und den *Gemeinderäten* (oder: *Stadträten),* d. h. den gewählten Gemeindevertretern zusammensetzt. Der Bürgermeister führt den Vorsitz im Gemeinderat; seine Stimme darf aber keine ausschlaggebende Bedeutung haben. Im Gegensatz zur Bürgermeistereiverfassung wird der Bürgermeister in der Regel nicht vom Gemeinderat, sondern direkt von der Bürgerschaft gewählt. Ein zusätzliches Organ der Selbstverwaltung war in Württemberg bis 1919, in Baden bis 1933 der *Bürgerausschuß*. Er setzte sich zusammen aus den Angehörigen des Gemeinderates und speziell dafür gewählten *Bürgerausschußvertretern.* Damit existierte neben dem Gemeinderat eine zweite Gemeindevertretung, die historisch aus der Vollversammlung der Gemeindebürger hervorgegangen war. Der Bürgerausschuß konnte nur zustimmend oder ablehnend über Vorlagen beschließen, die Bürgermeister und Gemeinderat an ihn richteten.

Prinzipiell soll der Gemeinderat in dieser Verfassung nicht nur Beschluß-, sondern auch Ausführungsorgan der Selbstverwaltung sein.

Die herausragende Stellung der Berufsbeamten hat sich unter diesem Verfassungstyp freilich genauso entwickelt wie unter den anderen.

In der Weimarer Republik hatten Baden, Württemberg und Bayern eine Ratsverfassung in der Selbstverwaltung.

4. Kreisverfassung

Die Landkreise haben ihren Ursprung teils in der Notwendigkeit der kleinen Gemeinden, sich zu Zweckverbänden zusammenzuschließen, teils in der Notwendigkeit des Staates, kleine Verwaltungseinheiten auf unterster Ebene zu schaffen. Soweit die Kreise im 19. Jahrhundert Vertretungskörperschaften kannten, hatten sie meist einen ständisch-feudalen Charakter.

Die Preußische Kreisordnung von 1872 entwickelte die Landkreise zu Selbstverwaltungskörperschaften weiter, ließ aber gewisse ständische Vorrechte noch bestehen (z. B. im Wahlmodus). Die Kreise erhielten eine gewählte Vertretung, den *Kreistag*. Dem *Landrat* stand der ehrenamtliche *Kreisausschuß* zur Seite, der sich an den Verwaltungsgeschäften beteiligte und die Sitzungen des Kreistages vorbereitete. Freilich hatten die Kreistage bis 1945 nicht das Recht, den Landrat zu wählen; er wurde vom Ministerium ernannt.

Quellen: Handwörterbuch der Kommunalwissenschaften, hg. v. Josef Brix u. a., Jena 1918 ff.; einschlägige Artikel. Handwörterbuch der kommunalen Wissenschaft und Praxis, hg. v. Hans Peters, Bd. I: Kommunalverfassung, Berlin u. a. 1956. Quellen zum modernen Gemeindeverfassungsrecht in Deutschland, bearb. v. Christian Engeli und Wolfgang Haus, Stuttgart u. a. 1975.

Abkürzungsverzeichnis

AfK	= Archiv für Kommunalwissenschaften
AuSR	= Arbeiter- und Soldatenrat
Bürgerl. Vereinigung	= Bürgerliche Vereinigung (Fraktionszusammenschluß in der Solinger Kommunalpolitik von Volksrechtspartei, Evangelischer Wahlvereinigung, Walder Bürgerblock und NSDAP)
Inprekorr	= Internationale Presse-Korrespondenz
IWK	= Internationale wissenschaftliche Korrespondenz zur Geschichte der deutschen Arbeiterbewegung
RDI	= Reichsverband der deutschen Industrie
VhfZ	= Vierteljahreshefte für Zeitgeschichte
Wahlgemeinschaft	= Bürgerliche Wahlgemeinschaft (Fraktionszusammenschluß in der Solinger Kommunalpolitik von DNVP, DVP, DDP, Zentrum und Wirtschaftspartei)

Quellen- und Literaturverzeichnis

1. Archivmaterial

Deutsches Zentralarchiv I Potsdam (DZA Potsdam)
Reichslandbund/Presseausschnittsarchiv (61 Re)

Deutsches Zentralarchiv, Histor. Abteilung II, Merseburg (DZA Merseburg)
Preußischer Minister des Innern:
– Rep. 77, Titel 3528 Nr. 1, Bd. 3 (Stadt Solingen 1908–1929) und Bd. 4 (Stadt Solingen 1930–1934)
– Rep. 77, Titel 3528 Nr. 4, Bd. 1 (Eingemeindungspropaganda Solingen 1927–28)
Preußischer Minister für Handel und Gewerbe:
– Rep. 120, A II 5 e Nr. 21, Bd. 2 (1930–31, betr. die Finanzwirtschaft der Provinzen etc.)
– Rep. 120, C VIII 1 Nr. 65, Bd. 14 (1931–32, betr. den Handel mit Eisen und Stahl sowie mit Fabrikaten daraus)

Bundesarchiv Koblenz (BA Koblenz)
Hauptamt für Kommunalpolitik der NSDAP (NS 25)

Staatsarchiv Koblenz
Oberpräsidium Rheinprovinz:
– 403/16446 (Kommunale Neugliederung im Bezirk Düsseldorf; Stadt- und Landkreis Solingen 1918–1930)
– 403/16774 (Aufsicht über Kommunisten 1930)

Hauptstaatsarchiv Düsseldorf (HSTA Düsseldorf)
Regierung Düsseldorf:
– 9610–12 (Verwaltungsangelegenheiten Ohligs 1889–1925)
– 9648–49 (Verwaltungsangelegenheiten Solingen 1898–1925)
– 16944 (Kommunistische Bewegung in Solingen-Stadt und Land 1923–1928)
– 17209 (Übersicht über die KPD und ihre Führer 1932)
– 31773 (Verwaltungsangelegenheiten Solingen 1926–1930)
– 32418 (Personalakte Dicke)
– 32557 (Personalakte Krenzer)
– 32620 (Personalakte Merkel)
– 32635 (Personalakte Menge)
– 32668 (Personalakte Pohlig)
– 32948 (Denkschrift des Regierungspräsidenten zur kommunalen Umgliederung 1929)
– 32952–54 (Zeitungsausschnitte zur kommunalen Umgliederung 1928–1930)
– 32958 (Gutachten der Handelskammern zur kommunalen Umgliederung)
Druckschriften:
– RWV 1, KPD 140

Stadtarchiv Solingen (StA Solingen)
Solingen:
– 618–10–2

- 619–10–1–10
- 654–10–3
Ohligs:
- N–6–29
Wald:
- J–1b–12
Protokollbuch der Stadtverordnetenversammlung 1929 ff.
Verwaltungsberichte der Stadt Ohligs 1911–1922 und 1922–1929
Weltkriegssammlung (Plakate und Propaganda der Nationalsozialisten und
ihrer Gegner)
- Mappen A 16/5 und A 15/7
Zeitungsausschnittbände der Stadtverwaltung FA

2. *Interviews*

- mit Willi Dickhut, Solingen, am 11. 12. 1974
- mit Rudolf Leupold, Solingen, am 12. 12. 1974
- mit Paul Meuter, Dresden, am 26. 7. 1975
- mit Hanna Rautenbach, Solingen, am 27. 3. 1975

3. *Zeitungen und Zeitschriften*

Bergische Arbeiterstimme, Solingen (1928–1931)
Die Kommune. Zeitschrift für kommunistische Kommunalpolitik Jg. 1/1921
bis Jg. 13/1933
Gegen den Strom. Organ der KPD (Opposition), 1929/30
Die Weltbühne, Berlin (1929/30)
Mitteilungsblatt für die Nationalsozialisten in den Parlamenten und den
Gemeinderäten, Jg. 1/1927–Jg. 6/1933

4. *Gedruckte Quellen und Darstellungen*

Einleitung
Herlemann, Beatrix: Kommunalpolitik der KPD im Ruhrgebiet 1924–1933,
    Wuppertal 1977
Kluge, Gerhard: Die Rolle des Deutschen Städtetages in der Zeit der Wei-
    marer Republik von 1919 bis 1933, dargestellt an seiner Verhaltensweise
    in wirtschaftspolitischen Fragen und zum Abbau der Selbstverwaltung
    durch den imperialistischen Staat, Diss. maschr., Leipzig 1970
Pelinka, Anton: Kommunalpolitik als Gegenmacht. Das »rote Wien« als
    Beispiel gesellschaftsändernder Reformpolitik, in: K. H. Naßmacher (Hg.),
    Kommunalpolitik und Sozialdemokratie, Bonn-Bad Godesberg 1977,
    S. 63–77
Poulantzas, Nicos: Faschismus und Diktatur. Die Kommunistische Inter-
    nationale und der Faschismus, München 1973
Rebentisch, Dieter: Ludwig Landmann. Frankfurter Oberbürgermeister der
    Weimarer Republik, Wiesbaden 1975

Teil 1: Solinger Kommunalpolitik

Abendroth, Wolfgang: Ein Leben in der Arbeiterbewegung. Gespräche, aufgezeichnet und herausgegeben von Barbara Dietrich und Joachim Perels, Frankfurt 1976

Allen, William Sheridan: »Das haben wir nicht gewollt.« Die nationalsozialistische Machtergreifung in einer Kleinstadt 1930–1935, Gütersloh 1966

Arbeitgeberverband von Solingen und Umgegend e. V.: Geschäftsbericht 1931/32, hektogr., Solingen 1932

Berten, Peter: Lebenslauf eines einfachen Menschen, Düsseldorf 1958

Braun, Otto: Von Weimar zu Hitler, New York, 2. Aufl., 1940

Bry, Gerhard: Wages in Germany 1871–1945, Princeton 1960

Flechtheim, Ossip K.: Die KPD in der Weimarer Republik, Frankfurt/M., 3. Aufl., 1973

Först, Walter: Das Rheinland in preußischer Zeit. 10 Beiträge zur Geschichte der Rheinprovinz, Köln/Berlin 1965

Grzesinski, Albert C.: Inside Germany, New York 1939

Haase, Klaus: Radikale Sozialisten in Solingen unter besonderer Berücksichtigung der KPD während der Weimarer Republik (Hausarbeit zur Staatsprüfung, Köln 1969)

Henckels-Zwillingswerk: 200 Jahre J. A. Henckels Zwillingswerk. Festgabe zum Jubiläum am 13. Juni 1931, (Solingen) 1931

Hendrichs, Franz: Die Geschichte der Solinger Industrie (hg. v. Verein für Technik und Industrie), Solingen 1933

Hüllbüsch, Ursula: Der Ruhreisenstreit in gewerkschaftlicher Sicht, in: Industrielles System und politische Entwicklung der Weimarer Republik, hg. v. Hans Mommsen u. a., Düsseldorf 1974, S. 271–289

Industrie- und Handelskammer Solingen (Hg.): Rückblick auf die Arbeit im Jahre 1935, Solingen 1936

Industriegewerkschaft Druck und Papier: 75 Jahre Ortsverein Solingen. 1890 bis 1965 (Solingen 1965)

Kaiser, Klaus: Braunschweiger Presse und Nationalsozialismus. Der Aufstieg der NSDAP im Lande Braunschweig im Spiegel der Braunschweiger Tageszeitungen 1930 bis 1933, Braunschweig 1970

Kluge, Alexander, und Oskar *Negt:* Öffentlichkeit und Erfahrung, Frankfurt 1972

Knapp, J.: Die Geschichte des Zeitungswesens im Solinger Kreise, Solingen-Wald 1930

KPD: Die Wahrheit über Preußen. Material der kommunistischen Landtagsfraktion zum Preußenwahlkampf 1932, Berlin 1932

Lademacher, Horst: Die nördlichen Rheinlande von der Rheinprovinz bis zur Bildung des Landschaftsverbandes Rheinland (1815–1953), in: Petri/Droege, Rheinische Geschichte, Bd. 2, Düsseldorf, 2. Aufl., 1976, S. 475 bis 866

Lucas, Adolf: Erinnerungen aus meinem Leben, Opladen 1959

Lucas, Erhard: Märzrevolution im Ruhrgebiet. Vom Generalstreik gegen den Militärputsch zum bewaffneten Arbeiteraufstand. März-April 1920, Bd. 1, Frankfurt 1970

Lucas, Erhard: Zwei Formen von Radikalismus in der deutschen Arbeiterbewegung, Frankfurt 1976

Mehring, Franz: Geschichte der deutschen Sozialdemokratie (Gesammelte Schriften, Bd. 1 und 2), Berlin 1976

Milatz, Alfred: Wähler und Wahlen in der Weimarer Republik, Bonn 1965

Mommsen, Hans (Hg.): Sozialdemokratie zwischen Klassenbewegung und Volkspartei, Frankfurt 1974

Opitz, Günter: Der Christlich-Soziale Volksdienst – Versuch einer protestantischen Partei in der Weimarer Republik, Düsseldorf 1969

Otto, Helmuth M.: Vier Jahre nationalsozialistische Kommunalpolitik in Solingen. Ein Rechenschaftsbericht 1933–1937, Solingen 1937

Plato, Alexander v.: Zur Einschätzung der Klassenkämpfe in der Weimarer Republik: KPD und Komintern, Sozialdemokratie und Trotzkismus, Berlin 1973

Preller, Ludwig: Sozialpolitik in der Weimarer Republik, Stuttgart 1949

Reichstagsausschuß: zur Untersuchung der Erzeugungs- und Absatzbedingungen der deutschen Wirtschaft. Die deutsche Eisen- und Stahlwarenindustrie (Verhandlungen und Berichte des Unterausschusses für allgemeine Wirtschaftsstruktur, I. Unterausschuß, 5. Arbeitsgruppe – Außenhandel, 11. Bd.), Berlin 1930

Reulecke, Jürgen (Hg.): Arbeiterbewegung an Rhein und Ruhr. Beiträge zur Geschichte der Arbeiterbewegung in Rheinland-Westfalen, Wuppertal 1974

Rosenthal, Heinz: Der Arbeitgeberverband Solingen e. V. Ein Beitrag zur Sozialgeschichte der Klingenstadt, Manuskript, Solingen 1962

Rosenthal, Heinz: Solingen. Geschichte einer Stadt, Bd. II: 1700–1850, Duisburg 1972

Rosenthal, Heinz: Solingen. Geschichte einer Stadt. Bd. III: Aus der Zeit von der Mitte des 19. Jhs. bis zum Ende des Zweiten Weltkriegs, hg. v. Rüdiger Schneider-Berrenberg, Duisburg 1975

Rosenthal, Heinz: Wie es in Solingen zur KPD-Mehrheit kam, in: *Die Heimat*, Jg. 32/1966, Nr. 8, S. 29 f. (Beilage des *Solinger Tageblatts*)

Runge, Wolfgang: Politik und Beamtentum im Parteienstaat. Die Demokratisierung der politischen Beamten in Preußen zwischen 1918 und 1933 (Industrielle Welt, Bd. 5), Stuttgart 1965

Sbosny, Inge, und Karl *Schabrod:* Widerstand in Solingen. Aus dem Leben antifaschistischer Kämpfer, Frankfurt/M. 1975

Schaberg, Rolf: Die Geschichte der Solinger Arbeiterbewegung von ihren Anfängen bis zum Ausbruch des Ersten Weltkriegs, Diss. Graz 1958

Scheidemann, Philipp: Memoiren eines Sozialdemokraten, Bd. 1, Dresden 1928

Schmude, Alfred: Revision der Stadtwirtschaft?, Berlin 1929

Seifert, Christfried: Die deutsche Gewerkschaftsbewegung in der Weimarer Republik, in: Deppe/Fülberth/Harrer (Hg.), Geschichte der deutschen Gewerkschaftsbewegung, Köln 1977, S. 146–210

Severing, Carl: Mein Lebensweg, Bd. 1: Vom Schlosser zum Minister, Bd. 2: Im Auf und Ab der Republik, Köln 1950

SPD: Protokoll über die Verhandlungen des Parteitages der SPD, abgehalten zu Jena 1911, Berlin 1911

Statistik des Deutschen Reiches, Bd. 401, Bd. 416

Statistisches Jahrbuch für das Deutsche Reich, Bd. 46/1927

Statistisches Reichsamt (Hg.): Industrielle Produktion. Sammlung produktionsstatistischer Ergebnisse bis zum Jahre 1932, Sonderheft Nr. 10 zu: *Wirtschaft und Statistik*, 1933

Stump, Wolfgang: Geschichte und Organisation der Zentrumspartei in Düsseldorf 1917–1933 (Beiträge zur Geschichte des Parlamentarismus und der politischen Parteien, Bd. 43), Düsseldorf 1971

Tampke, Jürgen: The Ruhr and Revolution: The Origin and Course of the

Revolutionary Movement in the Rhenish-Westphalian Industrial Region, 1912–1919, Diss. Phil. Australian National University, February 1975

Theile, Frank: Die Folgewirkungen der kommunalen Neugliederung des rheinisch-westfälischen Industriegebiets in den Jahren 1926–1929, untersucht an Beispielen des östl. Ruhrgebiets, Diss. Bochum 1970

Timm, Helga: Die deutsche Sozialpolitik und der Bruch der großen Koalition im März 1930 (Beiträge zur Geschichte des Parlamentarismus und der politischen Parteien, Heft 1), Düsseldorf 1952

Timmermann, Heinz: Geschichte und Struktur der Arbeitersportbewegung 1893–1933, phil. Diss. Marburg 1969

Tjaden, K. H.: Struktur und Funktion der »KPD-Opposition« (KPO). Eine organisationssoziologische Untersuchung zur »Rechts«-Opposition im deutschen Kommunismus zur Zeit der Weimarer Republik (Marburger Abhandlungen zur Polit. Wissenschaft, Bd. 4), Meisenheim 1964

Vogt, Joachim: Mensch und Arbeit in der Solinger Schneidwaren-Industrie, Ms., Solingen August 1950

Voß, Hellmuth: Krisenzahlen der Stadt Solingen in Schaubildern, 2 Bde. im Ms., Solingen 1932 und 1933

Walther, Henri, und Dieter *Engelmann:* Zur Linksentwicklung der Arbeiterbewegung im Rhein/Ruhrgebiet unter besonderer Berücksichtigung der Herausbildung der USPD und der Entwicklung ihres linken Flügels vom Ausbruch des Ersten Weltkrieges bis zum Heidelberger Parteitag der KPD und dem Leipziger Parteitag der USPD (Juli/August 1914–Dezember 1919), 3 Bde. Diss., Leipzig 1965

Weber, Hermann: Die Wandlung des deutschen Kommunismus. Die Stalinisierung der KPD in der Weimarer Republik, 2 Bde., Frankfurt/M. 1969

Wheeler, Robert F.: Die »21 Bedingungen« und die Spaltung der USPD im Herbst 1920. Zur Meinungsbildung der Basis, in: *VhfZ* 23/1975, S. 117 bis 153

Wielpütz, H.: Über die Heimarbeiter der Solinger Schneidwarenindustrie seit Aufhebung des Koalitionsverbotes 1869, Diss. Gießen 1924

Wunderer, Hartmann: Materialien zur Soziologie der Mitgliedschaft und Wählerschaft der KPD zur Zeit der Weimarer Republik, in: *Gesellschaft.* Beiträge zur Marxschen Theorie 5, Frankfurt 1975, S. 257–280

Teil 2: Kommunalpolitik der KPD

Abendroth, Wolfgang: Aufstieg und Krise der deutschen Sozialdemokratie, Frankfurt 1964

Bahne, Siegfried: Die KPD und das Ende von Weimar. Das Scheitern einer Politik, Frankfurt/New York 1976

Berthold, Lothar, und Ernst *Diehl* (Hg.): Revolutionäre deutsche Parteiprogramme, Berlin 1967

Bey-Heard, Frauke: Hauptstadt und Staatsumwälzung. Berlin 1919. Problematik und Scheitern der Rätebewegung in der Berliner Kommunalpolitik (Schriftenreihe des Vereins für Kommunalwissenschaften Berlin, Bd. 27), Stuttgart 1969

Büsch, Otto: Geschichte der Berliner Kommunalwirtschaft in der Weimarer Epoche, Berlin 1960

Deutscher Städtetag: Zusammensetzung der städtischen Gemeindevertretungen in Preußen, in: *Mitteilungen des Deutschen Städtetages* XI, Nr. 9 (1924), Sp. 123 f.

Deutscher Städtetag: Die Zusammensetzung der Stadtvertretungen nach den letzten Wahlen in den Gemeinden mit mehr als 25 000 Einwohnern, in: *Statistische Vierteljahresberichte* des Deutschen Städtetages 2/1929, Heft 4, S. 196 ff.

Dräger, Udo: Die Kommunalwahlen in Preußen im Jahre 1919, in: *Wiss. Zeitschrift des Pädagogischen Instituts Magdeburg* 4. Jg. 1967, Heft 5, S. 62–100

Drechsler, Hanno: Die Sozialistische Arbeiterpartei Deutschlands (SAPD). Ein Beitrag zur Geschichte der deutschen Arbeiterbewegung am Ende der Weimarer Republik, Meisenheim 1965

Drogmann, Joachim: Grundlagen und Anfänge sozialdemokratischer Kommunalpolitik vor und nach dem Sozialistengesetz, in: *Die demokratische Gemeinde* 15/1963, S. 570–574; 656–661; 747–752; 906–910; 996–999

Edel, Oskar: Lehren der Gemeindewahlen, in: *Der Klassenkampf*, Nr. 23 1929, S. 711–715

Engeli, Christian: Gustav Böß. Oberbürgermeister von Berlin 1921–1930 (Schriftenreihe des Vereins für Kommunalwissenschaften Berlin, Bd. 31), Stuttgart u. a. 1971

Engels, Friedrich: Zur Kritik des sozialdemokratischen Programmentwurfs 1891, in: Marx/Engels Werke, Bd. 22, Berlin 1972, S. 225–240

Evers, Adalbert: Agglomerationsprozeß und Staatsfunktionen, in: Lokale Politikforschung 1, hg. v. R.-R. Grauhan, Frankfurt/M. 1975, S. 41 ff.

Evers, Adalbert, und Michael *Lehmann:* Politisch-Ökonomische Determinanten für Planung und Politik in den Kommunen der Bundesrepublik Deutschland, Offenbach 1972

Fülberth, Georg, und Jürgen *Harrer:* Die deutsche Sozialdemokratie 1890 bis 1933, Darmstadt und Neuwied 1974

Furtwängler, Josef: ÖTV. Die Geschichte einer Gewerkschaft, Stuttgart, 4. Aufl., 1964

Gäbel, Otto: Führer durch das Wahlrecht zu den Berliner Gemeindeparlamenten, Berlin 1929

Gast, Helmut: Die proletarischen Hundertschaften als Organe der Einheitsfront im Jahre 1923, in: *ZfG* 4/1956, S. 439–465

Gossweiler, Kurt: Großbanken, Industriemonopole, Staat. Ökonomie und Politik des staatsmonopolistischen Kapitalismus in Deutschland 1914 bis 1932, Berlin 1971

Groh, Dieter: Negative Integration und revolutionärer Attentismus. Die deutsche Sozialdemokratie am Vorabend des Ersten Weltkriegs, Frankfurt–Berlin–Wien 1973

Gruppe Arbeiterpolitik (Hg.): Der Faschismus in Deutschland. Analysen der KPD-Opposition aus den Jahren 1928–1933, Frankfurt/M. 1973

Heckert, Fritz: Die Gemeindewahlen in Deutschland, in: *Internationale Presse-Korrespondenz* 1929, Nr. 109, S. 2578 f.

Heilmann, Hans-Dieter, und Bernd *Rabehl:* Die Legende von der »Bolschewisierung« der KPD, in: *Sozialistische Politik*, Nr. 9, Dezember 1970, S. 65 bis 114, und Nr. 10, Februar 1971, S. 1–38

Heinrichsbauer, A.: Der Sozialismus im Endkampf um die Kommune. Weitere Erfolge der Novemberwahlen?, Essen 1929

Hemberger, Horst, u. a.: Imperialismus heute. Der staatsmonopolistische Kapitalismus in Westdeutschland, Berlin, 5. Aufl., 1968

Hirsch, Paul: 25 Jahre sozialdemokratischer Arbeit in der Gemeinde. Die Tätigkeit der Sozialdemokratie in der Berliner Stadtverordnetenversammlung, Berlin 1908

Ireland, Waltraud: The Lost Gamble: The Theory and Practice of the Communist Party of Germany between Social Democracy and National Socialism, 1929–1931, phil. Diss., Baltimore, Maryland 1971

Jasper, Gotthard: Der Schutz der Republik. Studien zur staatlichen Sicherung der Demokratie in der Weimarer Republik, 1922–1930 (Tübinger Studien zur Geschichte und Politik, Nr. 16), Tübingen 1963

Kautsky, Karl: Unser neuestes Programm (4), in: *Neue Zeit* 1895 II, S. 586 bis 594

Kilian, Otto: Kommunalpolitik der politischen Parteien (Kommunisten), in: Handwörterbuch der Kommunalwissenschaften, Erg.-Bd. H–Z, Jena 1927, S. 809–815

Koenen, Wilhelm: Grundsätzliches zur Kommunalpolitik der KPD, in: *Die Internationale*, Jg. 9/1926, H. 4, S. 110–114

Koenen, Wilhelm: Zur kommunalpolitischen Taktik der KPD, in: *Die Internationale*, Jg. 9/1926, H. 10, S. 301–306

Kohlrausch, Erich: Youngplan und Gemeindepolitik, Berlin 1930

Kommunistische Internationale: Der zweite Kongreß der Kommunistischen Internationalen. Protokoll der Verhandlungen (1920), Hamburg 1921

KPD: Bericht über den 2. Parteitag der Kommunistischen Partei Deutschlands (Spartakusbund) vom 20.–24. Oktober 1919 (Berlin o. J.)

KPD: Bericht über die Verhandlungen des 2. Parteitages der KPD (Sektion der KI) in Jena v. 22.–26. August 1921, hg. v. der Zentrale der KPD, Berlin 1922

KPD: Bericht über die Verhandlungen des 3. (8.) Parteitages der KPD, abgehalten in Leipzig v. 28. Januar–1. Februar 1923, hg. v. der Zentrale der KPD, Berlin 1923

KPD: Kommunalprogramm (Einleitung), in: *Die Internationale* 4/1922, Heft 12/13, S. 276–285

KPD: Das Siedlungs-, Bau- und Wohnungsprogramm der KPD (Kommunalprogramm Teil I), Berlin 1922

KPD: Gesundheitswesen und Lebensmittelversorgungsprogramm der KPD (Kommunalprogramm Teil II), Berlin 1923

KPD: Zum Berliner Wahlsieg der KPD (aus einem Leitartikel der *Prawda*), in: *Internationale Presse-Korrespondenz* 1929, Nr. 110, S. 2597

KPD: Instruktion für die neugewählten kommunistischen Gemeindevertreter, hg. v. der Zentrale der KPD, Abteilung Kommunalpolitik, Berlin, Mai 1924

KPD: Kommunalwahlen 1929. Anweisungen über Vorbereitung und Durchführung, hg. v. ZK der KPD (Berlin 1929)

KPD: Kommunisten oder Sozialdemokraten. 1925–1929, 4 Jahre Berliner Kommunalpolitik. Referentenmaterial, hg. v. der Bezirksleitung der KPD-Berlin-Brandenburg (Berlin 1929)

KPD: Zur Politik und Taktik der KPD in den Kommunen, hg. v. ZK der KPD (Berlin 1929), als Manuskript gedruckt

KPD: Richtlinien für die Arbeit der kommunistischen Gemeindevertreter (Diskussionsentwurf zum Parteitag), hg. v. der Zentrale der KPD, Berlin, den 29. Juni 1925, als Manuskript gedruckt

KPD: Richtlinien für die Parlamentspolitik der KPD in den Ländern und Gemeinden, hg. v. ZK der KPD, Abteilung Parlament, Berlin 1928

KPD: Vorbereitungen für die Gemeindewahlen in Preußen, hg. v. d. Zentrale der KPD, Abteilung Kommunalpolitik (Berlin 1924)

KPD: Das ZK der KPD zu den Kommunalwahlen, in: *Internationale Pressekorrespondenz* 1929, Nr. 112, S. 2640

Krause, Hartfrid: USPD. Geschichte der Unabhängigen Sozialdemokratischen Partei Deutschlands, Frankfurt/M. 1975

Kromberg, Hermann Emil: Politische Strömungen und Wahlen im Stadt- und Landkreis Essen von der Novemberrevolution 1918 bis zur Reichstagswahl vom Dezember 1924, phil. Diss., Bonn 1968

Krusch, Hans-Joachim: Um die Einheitsfront und eine Arbeiterregierung. Zur Geschichte der Arbeiterbewegung im Bezirk Erzgebirge-Vogtland unter besonderer Berücksichtigung des Klassenkampfes im Zwickau-Oelsnitzer Steinkohlenrevier von Januar bis August 1923, Berlin (1966)

Läpple, Dieter: Staat und allgemeine Produktionsbedingungen. Grundlagen zur Kritik der Infrastrukturtheorien, Berlin 1973

Langner, Paul: Die Gemeindewahlen in Deutschland, in: *Internationale Pressekorrespondenz* 1929, Nr. 97, S. 2316

Langner, Paul: Ein glänzender Sieg der Kommunistischen Partei in Berlin, in: *Internationale Pressekorrespondenz* 1929, Nr. 108, S. 2561 f.

Lenin: W. I.: Brief an die deutschen Kommunisten (August 1921), in: Werke Bd. 32, Berlin 1972, S. 537–548

Löwenstein, Kurt: Das Ausnahmegesetz für Berlin, in: *Der Klassenkampf,* Nr. 7/1930, S. 201–207

Luxemburg, Rosa: Gefährliche Neuerungen; Der Disziplinbruch als Methode; Praktische Politik, in: Gesammelte Werke, Bd. 2, Berlin 1972, S. 505 ff.

Maslowski, Peter: Der Wahlerfolg der Zentrumspartei. Seine Gründe, seine Lehren, in: *Die Internationale* 12/1929, S. 753–756

Miller, Susanne: Das Problem der Freiheit im Sozialismus, Frankfurt/M., 2. Aufl., 1964

Molotow, W.: Der sechste Weltkongreß und der Kampf für den Kommunismus, Hamburg–Berlin 1928

Mommsen, Wolfgang J.: Die deutsche Revolution 1918–1920. Politische Revolution und soziale Protestbewegung, in: *Geschichte und Gesellschaft* 4/1978, S. 362–391

Prager, Eugen: Geschichte der USPD, Berlin, 2. Aufl., 1922 (Neudr. Glashütten 1970)

Reisberg, Arnold: An den Quellen der Einheitsfrontpolitik. Der Kampf der KPD um die Aktionseinheit in Deutschland 1921–22, 2 Bde., Berlin 1971

Reuter, Ernst: Schriften und Reden, hg. v. Hans E. Hirschfeld, Bd. 2, Berlin 1973

Roloff, Ernst-August: Bürgertum und Nationalsozialismus 1930–1933. Braunschweigs Weg ins Dritte Reich, Hannover 1961

Rosenberg, Arthur: Geschichte der Weimarer Republik, Frankfurt, 11. unveränderte Aufl., 1970 (erstm. Karlsbad 1935)

Rotteck Carl v.: Gemeindeverfassung, in: Rotteck/Welcker, Staatslexikon Bd. VI, Altona 1838, S. 428–435

Rürup, Reinhard (Hg.): Arbeiter- und Soldatenräte im rheinisch-westfälischen Industriegebiet. Studien zur Geschichte der Revolution 1918/19, Wuppertal 1975

Saldern, Adelheid v.: Die Gemeinde in Theorie und Praxis der deutschen Arbeiterorganisationen 1863–1920. Ein Überblick, in: *IWK* 12/1976, S. 295–352

Schmalz, Kurt: Nationalsozialisten ringen um Braunschweig, Braunschweig 1934

Schwab, S.: Energischer Kampf gegen den Opportunismus, in: *Die Kommunistische Internationale*, Heft 4, 1932, S. 304–318

Sievers, Max: Kommunistische Kommunalpolitik, in: *Kommunistische Rundschau*, Nr. 5, S. 24–26 und Nr. 6, S. 29–32 (Dez. 1920)

Sohn-Rethel, Alfred: Die soziale Rekonsolidierung des Kapitalismus (September 1932), in: *Kursbuch* 21 (1970), S. 17–35

SPD: Die Hohensyburgtagung für Gemeinwirtschaft 1931. Neuausgabe des 1932 vom SPD-Bezirk Westl. Westfalen veröffentlichten Tagungsprotokolls, Göttingen 1969

SPD: Siegt die Vernunft bei der KPD?, in: *Die Gemeinde* 1931 I, S. 330

SPD: Die Staatsaufsicht über Berlin, in: *Die Gemeinde* 1930, S. 82 ff.

Sprenger, Heinrich: Heinrich Sahm. Kommunalpolitiker und Staatsmann, Köln u. Berlin 1969

Thälmann, Ernst: Einige Fehler in unserer theoretischen und praktischen Parteiarbeit und der Weg zu ihrer Überwindung, in: *Die Internationale* 14/1931, S. 481–509

Thälmann, Ernst: Die Eroberung der Mehrheit der Arbeiterklasse. Bericht des Gen. Thälmann über die Tagung des Erweiterten Präsidiums des EKKI. Gehalten im ZK der KPD am 20. März 1930, Berlin (1930)

Thalheimer, August: 1923: Eine verpaßte Revolution? Die deutsche Oktoberlegende und die wirkliche Geschichte von 1923, Berlin 1931

Wurm, Emanuel: Richtlinien für ein Gemeindeprogramm. Im Auftrag der Parteileitung der USPD entworfen, Berlin: Verlag der *Freiheit* (1919)

Zang, Gert: Provinzialisierung einer Region. Regionale Entwicklung und liberale Politik in der Stadt und im Kreis Konstanz im 19. Jahrhundert. Untersuchungen zur Entstehung der bürgerlichen Gesellschaft in der Provinz, mit Beiträgen von D. Bellmann, W. Hein, H. Siefken, W. Trapp, V. Wünderich, G. Zang, Frankfurt 1978

Zetkin, Clara: Paul Singer, in: Ausgewählte Reden und Schriften, Bd. I, Berlin 1957, S. 506–520

Zoll, Rainer: Der Doppelcharakter der Gewerkschaften. Zur Aktualität der Marxschen Gewerkschaftstheorie, Frankfurt 1976

Teil 3: Selbstverwaltung und Republik

Asch, Bruno: Finanzausgleich und Gemeinden, in: *Die Gesellschaft* 1930, (1. Halbd.), S. 37–40

Auerbach, Walter: Was wollen die Nationalsozialisten in den Gemeinden?, in: *Die Gemeinde* 1931, Bd. I, S. 493–509

Bellmann, Dieter, *Hein*, Wolfgang, *Trapp*, Werner, und *Zang*, Gert: »Provinz« als politisches Problem, in: *Kursbuch* 39/1975, S. 81–127

Bergmann, Klaus: Agrarromantik und Großstadtfeindschaft, (Marburger Abhandlungen zur Politischen Wissenschaft Bd. 20), Meisenheim 1968

Berkenhoff, Hans Albert: Zur Verbandsgeschichte des Deutschen Städtebundes (Schriftenreihe des Deutschen Städtebundes, Heft 3), Göttingen 1964

Bettelheim, Charles: L'Economie allemande sous le Nazisme. Un Aspect de la decadence du capitalisme, Paris 1946

Blaich, Fritz: Möglichkeiten und Grenzen kommunaler Wirtschaftspolitik während der Weltwirtschaftskrise 1929–1932. Dargestellt am Beispiel der Stadt Ludwigshafen am Rhein, in: *AfK* 9/1970, S. 92–108

Bloch, Ernst: Erbschaft dieser Zeit, Zürich 1935

Böhme, Curt: Kommunalpolitische Bilanz der Frick-Herrschaft, in: *Die Gemeinde* 1931 Bd. I, S. 1038–1045

Böhnke, Wilfried: Die NSDAP im Ruhrgebiet 1920–1933, Bonn-Bad Godesberg 1974

Böhret, Carl: Aktionen gegen die »kalte Sozialisierung« 1926–1930. Ein Beitrag zum Wirken ökonomischer Einflußverbände in der Weimarer Republik (Schriften zur Wirtschafts- und Sozialgeschichte Bd. 3), Berlin 1966

Born, Karl Erich: Die deutsche Bankenkrise 1931. Finanzen und Politik, München 1967

Bracher, K. D: Brünings unpolitische Politik und die Auflösung der Weimarer Republik, in: *VhfZ* 19/1971, S. 113–123

Bracher, Karl Dietrich, Wolfgang *Sauer* und Gerhard *Schulz:* Die nationalsozialistische Machtergreifung. Studien zur Errichtung des totalitären Herrschaftssystems in Deutschland 1933/34, Köln und Opladen, 2. Aufl., 1962

Brill, Hermann: Ein großes Reformwerk?, in: *Die Gemeinde* 1930, Bd. II, S. 934–944

Broszat, Martin: Der Staat Hitlers, (dtv-Weltgeschichte des 20. Jahrhunderts Bd. 9), München 1969

Deutscher Städtetag (Hg.): Der Siebente Deutsche Städtetag. Magdeburg 23. September 1927 (Schriftenreihe des DST, H. 1), Berlin (1927)

Deutscher Städtetag (Hg.): Jahresversammlung des Deutschen Städtetages in Frankfurt/M. am 27. September 1929 (Schriftenreihe des Deutschen Städtetages, H. 9), Berlin (1929)

Deutscher Städtetag (Hg.): 8. Hauptversammlung am 26. September 1930 in Dresden (stenogr. Bericht der Verhandlungen) (Schriftenreihe des Deutschen Städtetages, H. 13), Berlin 1930

Deutscher Städtetag (Hg.): Reichsstädteordnung. Entwurf und Begründung, Berlin 1930

Diehl-Thiele, Peter: Partei und Staat im Dritten Reich. Untersuchungen zum Verhältnis von NSDAP und allgemeiner innerer Staatsverwaltung 1933 bis 1945 (Münchener Studien zur Politik, Bd. 9), München 1969

Dietrich, Otto: Mit Hitler in die Macht. Persönliche Erlebnisse mit meinem Führer, München, 17. Aufl., 1934

Duddins, Walter: Nationalsozialistische Kommunalpolitik. Nazi-Fricks Kommissarwirtschaft in Thüringen, in: *Die Kommune* 10/1930 Nr. 16, S. 132 f.

Ellwein, Thomas: Parteien und kommunale Öffentlichkeit, in: *AfK* 10/1971, S. 11–25

Engeli, Christian (Hg.): Quellen zum modernen Gemeindeverfassungsrecht in Deutschland (Schriften des Deutschen Instituts für Urbanistik, Bd. 45), Stuttgart 1975

Epstein, Klaus: Matthias Erzberger und das Dilemma der deutschen Demokratie, Berlin–Frankfurt/M. 1962

Fabian, Walter: Klassenkampf um Sachsen. Ein Stück Geschichte 1918–1930, Löbau 1930

Fiehler, Karl: Nationalsozialistische Gemeindepolitik (Nationalsozialistische Bibliothek Heft 10), München 1929

Flitner, Wilhelm: Wissenschaft und Schulwesen in Thüringen von 1550 bis 1933, in: Patze/Schlesinger, Geschichte Thüringens, Bd. IV, Köln/Wien 1972, S. 53–207

Forsthoff, Ernst: Die Daseinsvorsorge und die Kommunen, Köln 1958

Forsthoff, Ernst: Deutsche Verfassungsgeschichte der Neuzeit, Stuttgart, 2. Aufl., 1961

Forsthoff, Ernst: Die Krise der Gemeindeverwaltung im heutigen Staat (Fachschriften zur Politik und staatsbürgerlichen Erziehung), Berlin 1932

Forsthoff, Ernst: Um die kommunale Selbstverwaltung. Grundsätzliche Bemerkungen, in: *Zeitschrift für Politik* 21, 1931/32, S. 248–267

Framke, Fritz: Der fiktive Charakter der kommunalen Selbstverwaltung und die Rolle der kommunalen Spitzenverbände im Bonner Staatsmechanismus, in: *Staat und Recht* 11/1962, S. 466–488

Goebbels, Joseph: Kampf um Berlin. Der Anfang, München, 8. Aufl. 1935

Gossweiler, Kurt: Der Bund zur Erneuerung des Reiches (Erneuerungsbund, Lutherbund), in: *Die bürgerlichen Parteien in Deutschland* (Handbuch), Bd. I, hg. v. einem Redaktionskollektiv unter Leitung von Dieter Fricke, Berlin 1968, S. 195–200

Hambrecht, Rainer: Der Aufstieg der NSDAP in Mittel- und Oberfranken 1925–1933 (Schriftenreihe des Stadtarchivs Nürnberg), Nürnberg 1976

Hansmeyer, Karl Heinrich (Hg.): Kommunale Finanzpolitik in der Weimarer Republik (Schriftenreihe des VfK, Bd. 36), Stuttgart 1973

Harbeck, Karl-Heinz (Bearb.): Das Kabinett Cuno. 22. November 1922 bis 12. August 1923 (Akten der Reichskanzlei), Boppard 1968

Heffter, Heinrich: Die deutsche Selbstverwaltung im 19. Jahrhundert. Geschichte der Ideen und Institutionen, Stuttgart 1950

Heilfron, Eduard (Hg.): Die deutsche Nationalversammlung 1919/1920 in ihrer Arbeit für den Aufbau des neuen deutschen Volksstaates, Bd. 6 und 7, Berlin o. J.

Herzfeld, Hans: Demokratie und Selbstverwaltung in der Weimarer Epoche (Schriften des Vereins zur Pflege kommunalwissenschaftlicher Aufgaben 2), Stuttgart 1957

Hitler, Adolf: Mein Kampf, München, 588.–592. Aufl., 1941

Höfler, Gabriele: Erzbergers Finanzreform und ihre Rückwirkung auf die bundesstaatliche Struktur des Reiches, vorwiegend am bayerischen Beispiel, phil. Diss., Freiburg 1955

Hofmann, Wolfgang: Plebiszitäre Demokratie und kommunale Selbstverwaltung in der Weimarer Republik, in: *Archiv für Kommunalwissenschaften*, Jg. 4, 1965, S. 264–281

Hofmann, Wolfgang: Zwischen Rathaus und Reichskanzlei. Die Oberbürgermeister in der Kommunal- und Staatspolitik des Deutschen Reiches von 1890–1933 (Schriften des DIFU, Bd. 46), Stuttgart u. a. 1974

Hofmann, Wolfgang: Städtetag und Verfassungsordnung. Position und Politik der Hauptgeschäftsführer eines kommunalen Spitzenverbandes (Schriftenreihe des Vereins f. Kommunalwissenschaften Berlin, Bd. 13), Stuttgart 1966

Kampmann, Wilhelm: Die kommunalen Spitzenverbände und die Selbstverwaltung, Köln, Diss. wirt-soz., 1932

Kieß, Paul: Handbuch des Kommunalen Rechts der Gemeinden, Stadt- und Landkreise Thüringens, Jena 1922

Köttgen, Arnold: Die Krise der kommunalen Selbstverwaltung, Tübingen 1931

Kolb, Eberhard: Die Arbeiterräte in der deutschen Innenpolitik 1918–1919 (Beiträge zur Geschichte des Parlamentarismus und der politischen Parteien, Bd. 23), Düsseldorf 1962

KPD: Die Wahrheit über Preußen. Material der kommunistischen Landtagsfraktion zum Preußenwahlkampf 1932, Berlin 1932

Kuczynski, Jürgen: Darstellung der Lage der Arbeiter in Deutschland von

1933 bis 1945 (Die Geschichte der Lage der Arbeiter unter dem Kapitalismus, Teil I, Bd. 6), Berlin 1964

Kuczynski, Jürgen: Studien zur Geschichte des staatsmonopolistischen Kapitalismus in Deutschland 1918–1945 (Die Geschichte der Lage der Arbeiter unter dem Kapitalismus, Teil I, Bd. 16), Berlin 1963

Kühnl, Reinhard: Zum Funktionswandel der NSDAP von ihrer Gründung bis zur Machtergreifung, in: *Blätter für deutsche und internationale Politik* 12, 1967, S. 802 ff.

Lang, M.: Aufhebung der Selbstverwaltung!, in: *Die Gemeinde* 1932, Bd. I, S. 921–924

Lenin, W. I.: Die proletarische Revolution und der Renegat Kautsky, in: Werke, Bd. 28, Berlin 1959, S. 94–103

Lenin, W. I.: Thesen und Referat über bürgerliche Demokratie und Diktatur des Proletariats (1919), in: Werke, Bd. 28, Berlin 1959, S. 471–490

Leutheusser: Von sieben Einzelstaaten zum Einheitsstaat, in: *Thüringer Jahrbuch* 1/1926, S. 3–11

Lindemann, Hugo: Die deutsche Stadtgemeinde im Kriege, (Kriegswirtschaftliche Zeitfragen, Bd. 6/7), Tübingen 1917

Lipset, Seymour Martin: Der »Faschismus«, die Linke, die Rechte und die Mitte, in: Theorien über den Faschismus, hrsg. Ernst Nolte, Köln 1967, S. 449–491

Lohmeyer, Hans: Zentralismus oder Selbstverwaltung. Ein Beitrag zur Verfassungs- und Verwaltungsreform, Berlin 1928

Lucas, Erhard: Frankfurt unter der Herrschaft des Arbeiter- und Soldatenrats 1918/19, Frankfurt 1969

Lucas, Erhard: Märzrevolution 1920. Bd. II: Der bewaffnete Arbeiteraufstand in seiner inneren Struktur und in seinem Verhältnis zu den Klassenkämpfen in den verschiedenen Regionen des Reiches, Frankfurt 1973

Lupescu, Valentin: Zur Soziologie der deutschen Kleinstadt, in: *Die Gesellschaft* 8. Jg. 1931, Bd. 1, S. 464–471

Luther, Hans: Im Dienst des Städtetages. Erinnerungen aus den Jahren 1913 bis 1923 (Schriftenreihe des Vereins zur Pflege kommunalwiss. Aufgaben, Berlin, Bd. 4), Stuttgart 1959

Luther, Hans: Politiker ohne Partei. Erinnerungen, Stuttgart, 2. Aufl. 1960

Mandel, Ernest: Trotzkis Faschismustheorie, Einleitung zu Leo Trotzki, Schriften über Deutschland Bd. I, Frankfurt/M. 1971, S. 9–52

Mann, Willy: Berlin zur Zeit der Weimarer Republik. Ein Beitrag zur Erforschung der wirtschaftlichen und politischen Entwicklung der deutschen Hauptstadt, Berlin (1957)

Matzerath, Horst: Nationalsozialismus und kommunale Selbstverwaltung (Schriftenreihe des Vereins für Kommunalwissenschaften Berlin, Bd. 29), Stuttgart 1970

Maurer, Ilse, und Udo *Wengst* (Bearb.): Staat und NSDAP 1930–1932. Quellen zur Ära Brüning (Quellen zur Geschichte des Parlamentarismus und der politischen Parteien, 3. Reihe, Bd. 3), Düsseldorf 1977

Mitzlaff, Paul, und *Stein*, Erwin (Hg.): Die Zukunftsaufgaben der deutschen Städte, Berlin-Friedenau 1925

Müller, Johannes: Thüringen und seine Stellung in und zu Mitteldeutschland, Weimar 1929

Müller, W. F.: Aufgabenkreis der Gemeindeorgane. Vortrag auf dem außerordentlichen Thüringer Städtetag am 9. März 1922, in: *Zeitschrift für Kommunalwirtschaft* 12/1922, Sp. 284 ff.

Mulert, Oskar: Kommunalsteuern und Finanzausgleich (Reichsfinanzreform), Art. in: Handwörterbuch der Kommunalwissenschaften, Erg.-Bd. H–Z, Jena 1927, S. 1487–1542

Neubauer, Theodor: 9 Monate Praxis der »sozialistischen« Regierung in Thüringen, in: *Die Internationale* 5/1922, H. 1–2, S. 12–20

Orlow, Dietrich: The History of the Nazi Party; 1919–1933, Pittsburgh 1969

Petzina, Dieter: Hauptprobleme der deutschen Wirtschaftspolitik 1932/33, in: *VhfZ* 15/1967, S. 18–55

Pfeffer, Friedrich: Die politischen Parteien in Thüringen, in: *Thüringer Jahrbuch* 1/1926, S. 12–17

Popitz/Knorr: Finanzausgleichsprobleme (Schriften des Vereins für Kommunalwirtschaft und Kommunalpolitik, H. 22), Berlin-Friedenau 1927

Schacht, Hjalmar: Eigene oder geborgte Währung. Vortrag, gehalten am 18. November 1927, Leipzig 1927

Schön, Waldemar: Das Hauptamt für Kommunalpolitik, in: *Die nationalsozialistische Gemeinde*, Jg. 3 (1935), S. 679–683

Schroers, Rolf: Provinz in der Großstadt, in: Die Provinz, hg. v. Carl Améry, München 1966, S. 19 ff.

Schulz, Gerhard: Die kommunale Selbstverwaltung in Deutschland vor 1933. Ideen, Institutionen und Interessen, in: *Franz-Lieber-Hefte*. Zeitschrift für politische Wissenschaft, Heft 3/1959, S. 14–31

Schulz, Gerhard: Zwischen Demokratie und Diktatur. Verfassungspolitik und Reichsreform in der Weimarer Republik, Bd. I: Die Periode der Konsolidierung und der Revision des Bismarckschen Reichsaufbaus 1919–1930, Berlin 1963

Schwede-Coburg, Franz: Kampf um Coburg, München, 3. Aufl., 1941

Schweitzer, Arthur: Die Nazifizierung des Mittelstandes, Stuttgart 1970

Severing, Carl: 1919/1920 im Wetter- und Watterwinkel. Aufzeichnungen und Erinnerungen des Staatsministers a. D., Bielefeld 1927

Sonnemann, Rolf, und Rudolf *Sauerzapf:* Monopole und Staat in Deutschland 1917–1933, in: *Monopole und Staat in Deutschland 1917–1945*, Deutsche Historiker-Gesellschaft, Protokoll der 2. Tagung der Fachgruppe Geschichte . . . am 20. und 21. März 1965, Berlin 1966

SPD: Das neue Berliner Selbstverwaltungsgesetz, in: *Die Gemeinde* 1930, Bd. I, S. 291–294

SPD: Vereinigte Sozialdemokratische Partei Deutschlands, Bezirksverband Großthüringen (Hg.): Sozialdemokratie und Regierung in Thüringen. September 1921 bis Juni 1923, Jena 1923

Statistisches Jahrbuch für das Deutsche Reich, Bd. 46/1927 und 51/1932

Statistisches Reichsamt (Bearb.): Die Finanzlage der Gemeinden und Gemeindeverbände (Sonderheft zu *Wirtschaft und Statistik* Nr. 9), Berlin 1932

Statistisches Reichsamt: Die Gemeindefinanzen in der Wirtschaftskrise (Einzelschriften zur *Statistik des Deutschen Reichs*, Nr. 32), Berlin 1936

Thüringer Landbund (Hg.): Wahl-ABC, Erfurt (1924)

Voigt, Fritz: Untersuchungen zum Finanzsystem der deutschen gemeindlichen Selbstverwaltung, Leipzig 1936

Wimmer, Ruth: Charakteristika der Berliner Kommunalpolitik in den Jahren der Weimarer Republik, untersucht an der wirtschaftspolitischen Konzeption des Berliner Oberbürgermeisters Gustav Böß (1921–1929), in: *Jahrbuch für Wirtschaftsgeschichte* 1969, Teil I, S. 75–109

Wingler, Hans M.: Das Bauhaus 1919–1933. Weimar, Dessau, Berlin und die Nachfolge in Chicago seit 1937, Bramsche, 2. Aufl., 1968

Witzmann, Georg: Die Kämpfe um die Gothaische Verfassung im Jahre 1919, in: *Rund um den Friedenstein*. Blätter für Thüringer Geschichte und Heimatgeschehen, hg. vom Gothaer Tageblatt, Nr. 10 vom 19. 5. 1932

Witzmann, Georg: Thüringen von 1918–1933. Erinnerungen eines Politikers (Beiträge zur Mitteldeutschen Landes- und Volkskunde, Heft 2), Meisenheim 1958

Woolf, Stuart J. (Hg.): The Nature of Fascism, London 1969

Ziebill, Otto: Geschichte des deutschen Städtetages, Stuttgart/Köln, 2. Aufl., 1956

Ziebill, Otto: Die kommunalen Spitzenorganisationen als Interessenverbände?, in: *Archiv für Kommunalwissenschaften* 7/1968, S. 207–232

Ziebill, Otto: Politische Parteien und kommunale Selbstverwaltung (Schriftenreihe des Vereins für Kommunalwissenschaften, Bd. 7), Stuttgart 1964

Zieger, Otto: Entwicklung des Thüringischen Verfassungs- und Verwaltungsrechts, unter besonderer Berücksichtigung des kommunalen Rechts, in: *Zeitschrift für Kommunalwirtschaft* 17/1927, Sp. 657 ff.

Teil 4: Theorie

Forsthoff, Ernst: Lehrbuch des Verwaltungsrechts, Bd. I, 2. Aufl., München und Berlin 1951

Grauhan, Rolf-Richard: Kommunalverfassung als Strukturform politischer Produktion, in: ders., Grenzen des Fortschritts? Widersprüche der gesellschaftlichen Rationalisierung, München 1975, S. 97–105

Herkner, Heinrich: Die Arbeiterfrage. Eine Einführung, Berlin, 4. Aufl., 1905

Offe, Claus: Zur Frage der »Identität der kommunalen Ebene«, in: R.-R. Grauhan, Lokale Politikforschung, Bd. 2, Frankfurt/New York 1975, S. 303–309

Preuß, Ulrich K.: Kommunale Selbstverwaltung im Strukturwandel der politischen Verfassung, in: *Stadtbauwelt* 1973, Heft 39, S. 202–205

Ritter, Gerhard: Stein. Eine politische Biographie, Stuttgart, 3. Aufl., 1958

Stiegler, Linus: Der fiktive Charakter der bürgerlichen kommunalen Selbstverwaltung und die Verwirklichung der demokratischen Selbstverwaltungsforderungen in der Deutschen Demokratischen Republik, jur. Diss., Berlin 1957

Tabellenverzeichnis

Tabelle 1   Erwerbstätige nach Wirtschaftsabteilungen im Solinger Industriebezirk 1925   20

Tabelle 2   Soziale Schichtung der Bevölkerung im Solinger Industriebezirk nach ihrer Stellung im Beruf 1925   21

Tabelle 3   Arbeiter und Hausgewerbetreibende in der Solinger Eisen- und Stahlwarenindustrie 1925   21

Tabelle 4   Wichtige Wahlen im Industriebezirk Solingen 1919–1932   37

Tabelle 5   Typen von Parteidominanz in Kommunalwahlen der Weimarer Republik   40

Tabelle 6   Sitzverteilung in den Stadtverordnetenversammlungen des Industriebezirks Solingen 1919–1933   42

Joseph Ki-Zerbo
Obervolta

DIE GESCHICHTE
SCHWARZ-AFRIKAS

Aus dem Französischen von
Elke Hammer
776 Seiten,
mit zahlreichen Karten und Tabellen

Es gibt bisher kein vergleichbares Werk über Afrika.
Auf Grund seiner guten Lesbarkeit, Vollständigkeit
und Objektivität der Beschreibung wurde es bereits in
mehrere Sprachen übersetzt. Die deutsche Ausgabe folgt
der im Jahre 1978 herausgegebenen überarbeiteten und
aktualisierten Originalausgabe.
Professor Fernand Braudel: »Ein Geschichtswerk, das
ein Buch der Hoffnung ist . . ., weil es den Schlüssel zur
Identität des afrikanischen Menschen enthält. Es wird
unschätzbare Dienste leisten, weil er es gewagt hat, die
vielgestaltige, ungeordnete und trügerische Vergangenheit Schwarz-Afrikas in ihrer Unübersehbarkeit und
Unbekanntheit zu fassen.«

Peter Hammer Verlag

Aktuelle Geschichte

Lutz Niethammer (Hg)
Wohnen im Wandel
Beiträge zur Geschichte des Alltags in der bürgerlichen Gesellschaft
432 Seiten, DM 38,–

Gerhard Huck (Hg)
Sozialgeschichte der Freizeit
352 Seiten, DM 38,–

Bernd Weisbrod
Schwerindustrie in der Weimarer Republik
Interessenpolitik zwischen Stabilisierung und Krise
552 Seiten, Leinen, DM 60,–

Hans Mommsen (Hg)
Arbeiterbewegung und industrieller Wandel
Studien zu gewerkschaftlichen Organisationsproblemen im Reich
und an der Ruhr
160 Seiten, DM 22,80

Renate Wiggershaus
Geschichte der Frauen und der Frauenbewegung
In der Bundesrepublik Deutschland und der DDR seit 1945
204 Seiten, DM 24,–

Außerdem sind folgende Titel lieferbar:
Kommunalpolitik der KPD im Ruhrgebiet 1924–1933 – Heimkehr ins Un-
bekannte, Eine Darstellung der Einwanderung von Juden aus Deutschland
nach Palästina vom Aufstieg Hitlers zur Macht bis zum Ausbruch des 2. Weltkrieges – *Zwischen Befreiung und Besatzung,* Analysen des US-Geheimdienstes
über Positionen und Strukturen deutscher Politik 1945 – *Arbeiterbewegung*
an Rhein und Ruhr, Beiträge zur Geschichte der Arbeiterbewegung in Rheinland-Westfalen – *Die deutsche Stadt im Industriezeitalter,* Beiträge zur modernen deutschen Stadtgeschichte – *Fabrik – Familie – Feierabend,* Beiträge zur
Sozialgeschichte des Alltags im Industriezeitalter – *Karl Arnold,* Eine politische Biographie – *Die KPD im Widerstand,* Verfolgung und Untergrund-
arbeit an Rhein und Ruhr 1933 bis 1945

Peter Hammer Verlag
Postfach 20 04 15 · 5600 Wuppertal 2